Ingeborg Fleischhauer

Die Chance des Sonderfriedens

Ingeborg Fleischhauer

Die Chance des Sonderfriedens

Deutsch-sowjetische Geheimgespräche 1941–1945

im
Siedler Verlag

Inhalt

Vorwort

Der Krieg gegen die Sowjetunion, den der selbsternannte Führer des deutschen Volkes Adolf Hitler in der Nacht zum 22. Juni 1941 ohne jeden sichtbaren Anlaß vom Zaune brach, lief in den Augen wacher Beobachter des nationalsozialistischen Deutschland im In- und Ausland auf eine Katastrophe für das deutsche Volk und seinen Staat hinaus. Ein Krieg gegen die osteuropäische Großmacht, wie ihn Napoleon mit der totalen Niederlage der Grande Armée und dem Verlust der eigenen Macht, wie ihn danach das deutsche Kaiserreich mit seiner Zerschlagung bezahlt hatten, mußte auch und gerade unter den Vorzeichen des modernen Krieges zu einem gigantischen Akt der Selbstzerstörung werden. Der spezifische Charakter des Hitlerschen Krieges machte diese Perspektive vollends deutlich: Die hemmungslose Vergrößerungssucht und die völkervernichtende Vermessenheit, die die nationalsozialistische Führung, ohne nennenswerte Einwände von seiten des deutschen Generalstabes, bei der Durchführung des als Blitzkrieg konzipierten »Unternehmens Barbarossa« an den Tag legte, ließen bereits in den ersten Kriegsmonaten die Dimensionen aufscheinen, die eine solche Orgie der Zerstörung annehmen mußte.

Wer in Deutschland selber sich nicht vom Taumel der in Polen und Frankreich so leicht errungenen Siege fortreißen ließ, wer im Ausland nicht dem naiven Glauben an neuartig-mythische deutsche Geschichtskräfte anheimfiel, fragte mit Beklommenheit und Unverständnis nach den Männern, die Sand in das Getriebe der deutschen Kriegsmaschine hätten streuen können. Doch weder in der deutschen Generalität noch in den Spitzen der deutschen Diplomatie, die doch sehenden Auges mit in den Untergang liefen, wurden Zeichen des Widerstands oder Warnungen vor diesem vernunftwidrigen Unternehmen gegeben. Es hatte den Anschein, als hätten mit einem fehlgeleiteten Volk auch die gesamte hohe Bürokratie und die Militärführung, welche in ihrem personellen Bestand die traditionellen Eliten repräsentierten, nahezu widerspruchslos die schiefe Ebene eines bedenkenlosen Expansions- und Vernichtungskrieges betreten.

Die innerdeutsche Opposition, die vor dem Münchner Abkommen und noch in den ersten sechs Kriegsmonaten massive Warn- und Hilferufe ins Ausland hatte gelangen lassen, war nun offenbar durch das

Siegesgeschrei der deutschen Wehrmacht im Osten übertönt worden oder hatte vollends resigniert.

Erst die Wende von Stalingrad im Winter 1942/43, die das Ende des Krieges in greifbare Nähe rückte, alarmierte die verantwortlichen Kräfte der deutschen Opposition bis zu dem Grade, daß sie nun in koordinierter Form auch auf die Gefahr einer Anklage wegen Landesverrats Kontakte zu den Alliierten suchten. Nach dem Umschlagen des Kriegsglücks jedoch mußte diesen »Friedensfühlern« grundsätzlich der Makel anhaften, lediglich dem Ziele einer Milderung der Folgen aus der deutschen Niederlage dienen zu wollen. Die großen Momente einer wirkungsvollen Allianz der demokratischen Kräfte über Deutschlands Grenzen hinweg waren - sofern es sie wirklich jemals gegeben hatte - so gut wie verspielt.

Dies galt - trotz mancherlei anderslautender Gerüchte sowie Behauptungen von deutscher Seite - mit gewissen Modifizierungen auch für Versuche deutscher Friedenskontakte zu Vertretern der Sowjetregierung. Die Frage, ob potentiell friedenbringende Verhandlungen zwischen Vertretern der innerdeutschen Opposition, Repräsentanten von nationalsozialistischen Behörden oder der deutschen Reichsregierung mit Bevollmächtigten Stalins stattgefunden haben, hat nicht nur die westlichen Verbündeten der UdSSR über weite Teile der Kriegszeit nachhaltig beunruhigt. Sie hat darüber hinaus auch deutsche Journalisten, Diplomaten und Historiker seit Kriegsende in Bann gehalten. Diese Frage, die bis zum heutigen Tag nicht überzeugend und fundiert beantwortet worden ist, ist von weltpolitischer Bedeutung. Die Geheimnachrichten von deutsch-sowjetischen Sondierungen über die Möglichkeit eines Waffenstillstandes oder Separatfriedens, die in kritischen Momenten des sowjetisch-westlichen Bündnisses Churchill und Roosevelt zur Kenntnis gebracht wurden, sind - so abenteuerlich sie auch häufig klangen - politisch nicht wirkungslos geblieben. Wenngleich im komplizierten Informationsnetz der Kriegsjahre die Möglichkeit ihrer realistischen Überprüfung begrenzt war, haben sie zweifellos einen gewichtigen Faktor im Entscheidungsprozeß der englischen und amerikanischen Führung dargestellt. Das Schreckgespenst einer Erneuerung des deutsch-sowjetischen Paktes hinter dem Rücken der Westmächte hat wiederholt den Hintergrund für die beträchtliche Konzessionsbereitschaft der Westmächte gegenüber dem für sie unberechenbaren osteuropäischen Bündnispartner gebildet. Es war auch wirksam in der nachgiebigen Verhandlungsführung des Westens auf den Konferenzen der Großen Drei und der Duldung des sowjetischen Truppenvorstoßes bis ins Herz Mitteleuropas hinein. Die Tatsache, daß sich die westliche Besorgnis über geheime deutsch-sowjetische Separatfriedensverhandlungen auch auf teils unqualifizierte Geheimdienstberichte, teils gezielte Desinformation von nationalsozialistischer Seite gründete, relativiert vor diesem Hintergrund ihre Bedeutung nicht. Sie gibt ihr vielmehr, im nachhinein betrachtet, eine tragische Dimension.

Dies gilt besonders für die Bemühungen jener Teile des »anderen Deutschland«, die den westlichen Regierungen unter Lebensgefahr Angebote einer Öffnung der deutschen Westfront unter Anerkennung der alliierten Bedingungen unterbreiteten und zugleich bereit waren, auf dem Wege ernstgemeinter Verhandlungen mit Vertretern der Sowjetregierung einen Waffenstillstand im Osten zu erreichen und die Schmach des deutschen Vertragsbruches durch ein neues, dauerhaftes Bündnis aus der Welt zu schaffen.

Die Möglichkeiten und die Grenzen, die diesen Versuchen gesetzt waren, konnten nun, nach vierzig Jahren, aufgeführt werden, da zahlreiche Archive im damals beteiligten und im neutralen Ausland gerade jetzt ihre brisanten Aktenbestände zu öffnen begannen. Auf der Basis dieser neuerschlossenen Materialien ist nun ein differenziertes und umfassendes Bild der vielzitierten deutsch-sowjetischen Friedensfühler während des Zweiten Weltkrieges möglich, das sämtliche verfügbare Literatur als zu persönlich gefaßt oder ideologisch befangen erscheinen läßt.

Mein Dank gilt Freunden und den Verantwortlichen in den königlich schwedischen Institutionen, die mir den Weg in die schwedischen Archive bahnten. Frau Inger Kehlenbach, Kulturreferentin der Schwedischen Botschaft Bonn, und Seine Exzellenz Lennart Eckerberg, der Botschafter Schwedens in Bonn, haben ihrerseits Anstöße gegeben; Herr Prof. Wilhelm Carlgren, Leiter des Politischen Archivs des Schwedischen Außenministeriums, hat in Schweden die Vorbereitungen für meine Archivstudien getroffen. Ihm sowie der Leitung der Sicherheitsabteilung der Schwedischen Reichspolizei, einschließlich meines Betreuers, Herrn Lars Fogelberg, gebührt besonderer Dank für Hilfe und Unterstützung. Ferner sei der neuen schwedischen Bekannten und Freunde, Herr Dr. Klaus Misgeld, Historiker im Arbetarrörelsen eingeschlossen, gedacht, die meine Recherchen unterstützten.

Neben den schwedischen Archiven verdanke ich bestimmten Archivalien der Vereinigten Staaten von Amerika neue Einsichten und Erkenntnisse. Erwähnt seien an erster Stelle die National Archives, in deren State Department Papers und Modern Military Branch ich wertvolle Materialien sichten konnte. Von den Mitarbeitern der Modern Military Branch gebührt besonderer Dank dem Direktor, Herrn Dr. Robert Wolfe, sowie seinen Mitarbeitern John E. Taylor, Dr. J. Mendelson (†) und George Wagner. Zum zweiten Male haben diese Herren mit gezielten Hinweisen und aufwendiger Sucharbeit dazu beigetragen, daß zahlreiche von der bisherigen Forschung unberücksichtigte Archivalien erschlossen, für den Gebrauch freigegeben und von mir benutzt werden konnten. (Ich habe diese speziell im Rahmen meiner Forschungsarbeit freigegebenen Materialien aus den USA mit einem Zeichen * markiert.) Neben den National Archives haben Archivalien aus dem William J. Donovan-Nachlaß, die sich im US Army Military History Institute, Carlisle Barracks, Pennsylvania, befinden, neue Hinweise gegeben. Herr Dr. Richard J. Sommers und seine Mitarbeiter haben mir geholfen, sie in relativ kurzer Zeit zu sichten und auszuwerten. Und der verehrte Harold Deutsch, der dort seinen Alterssitz genommen hat, hat mich mit wertvollen und sachdienlichen Hintergrundinformationen versorgt. Schließlich gewährte mir die Franklin D. Roosevelt Library in Hyde Park, New York, großzügig Einblick in die Papiere und Korrespondenzen des Präsidenten.

Außerdem waren einige Zeitgenossen so freundlich, durch anregende und informative Gespräche meinen Kenntnisstand zu verbessern, mein Urteil zu schärfen und mir bei der Gewichtung der aufgefundenen Fakten und Verbindungen zu helfen. Unter ihnen seien in erster Linie die Altbundeskanzler Dr. Bruno Kreisky und Willy Brandt erwähnt, die sich in dem hier untersuchten Zeitraum auf schwedischem Gebiet befanden. Besonderer Dank gebührt Frau Lilian Brunés, die in der schweren Zeit von 1942 bis 1945 den Mut hatte, Edgar Klaus in ihrer eigenen Wahlheimat in ehelicher Loyalität zur Seite zu stehen. Aus der Sicht des neutralen Schweden machte mich Herr Prof. Wilhelm Carlgren auf viele Zusammenhänge aufmerksam. Herr Botschafter a.D. Gösta Engzell, Frau Irmgard Kersten und Sonnhild Gräfin Schulenburg haben in ihren Gesprächen mit mir wichtige Akzente gesetzt. »Sonny« Schulenburg sowie Fräulein Anna Torén gebührt ferner Dank für die Hilfe, die sie mir in vielwöchiger Arbeit bei der sprachlichen Erschließung der schwedischen Texte leisteten. Für seine aufmerksame, kritische Lektüre des Manuskripts danke ich insbesondere Herrn Henning von Wistinghausen.

Vieler anderer Gesprächspartner werde ich bei der Veröffentlichung eines zweiten Buches gedenken, das im Zusammenhang mit dieser Untersuchung entstand. Es ist der inneren Entwicklung der deutschen Opposition gegen den sogenannten Rußlandfeldzug gewidmet, die sich in den hier nachgezeichneten äußeren Versuchen einer Beendigung dieses Krieges spiegelt. Ursprünglich als Gesamtuntersuchung konzipiert und von der Fritz Thyssen Stiftung gefördert, gewannen beide Teile jeweils so viel Eigengewicht, daß ich mich entschlossen habe, sie separat erscheinen zu lassen. Dies geschah nicht zuletzt unter dem Gesichtspunkt einer besseren Lesbarkeit und eines genaueren Verständnisses dieser wichtigen Episoden deutscher Geschichte, die ins gegenwärtige Bewußtsein zu rufen ich aus vielerlei Gründen für meine Pflicht hielt.

Bonn
Neujahr 1986 *Ingeborg Fleischhauer*

Erstes Kapitel

Die Planung des »Unternehmens Barbarossa« – Mitwisser und Gegner

Es liegt im Wesen einer Zwangsneurose, daß der von ihr Befallene anfangs gelegentlich in Momenten überscharfer geistiger Klarheit die Verderblichkeit der Schritte voraussieht, die er bald darauf, einer unwiderstehlichen inneren Logik folgend, tun wird.

In analoger Weise war Adolf Hitler von den Anfängen seines Nachsinnens über Deutschlands außenpolitische Optionen fixiert auf das »Riesenreich im Osten«, von dessen Erwerb er sich in einer Art infantil-omnipotenter Wahnvorstellung die Gesundung der germanischen Rasse von allen Gebrechen und Entbehrungen versprach. Besessen kreisten seine Gedanken um die Art der Unterwerfung dieses gewaltigen Raumes im Osten. Seine ostpolitischen Reflexionen, in denen das Kleinbürgerlich-Triviale sich mit manisch-grandiosem Ignorantentum verwob, grenzten die als real betrachteten Möglichkeiten vom Undurchführbaren ab. Dabei drängte sich ihm offenbar immer wieder der Gedanke an ein Bündnis mit Deutschlands stärkstem Nachbarn im Osten auf. Doch war der Autor von *Mein Kampf* und dem *Zweiten Buch* (1928) unweigerlich zu der Gewißheit gelangt, daß ein Bündnis Deutschlands mit Rußland »zu einem Kriege Deutschland-Rußlands gegen den Westen Europas, wahrscheinlich aber gegen die ganze übrige Welt« führen und »geradezu katastrophal« ausgehen würde.[1] Es würde Deutschland zum furchtbarsten Schlachtfeld in der Geschichte machen und nur ein Ergebnis haben: »Rußland vor der Vernichtung zu bewahren und dafür Deutschland zum Opfer zu bringen.«[2] Dem ohnmächtigen Führer der noch relativ unbedeutenden Nationalsozialistischen Deutschen Arbeiterpartei erschien eine Allianz Deutschlands mit Rußland als »ein voller Wahnsinn«.[3]

Demgegenüber stand für den Schänder der völkerrechtlichen Tradition schon damals fest, daß ein Bündnis grundsätzlich dem Ziele diene, einen Krieg vorzubereiten und zu führen: »Bündnisse schließt man nur zum Kampf.«[4] Doch hielt er Deutschland auf längere Sicht für ungenügend gerüstet, um die Konsequenzen eines solchen Bündnisses zum Kriege zu tragen. Noch schreckte er deshalb vor der Idee des Bündnisses mit Rußland zurück: »Würde also ein deutsch-russisches Bündnis eines Tages die Probe vor der Wirklichkeit zu bestehen haben, und Bündnisse ohne einen Gedanken an Krieg gibt es nicht, dann würde

Deutschland den konzentrischen Angriffen ganz Westeuropas ausgesetzt sein, ohne einen eigenen Widerstand ernstlicher Art leisten zu können.«[5]

Nach etwa zehn Jahren, in denen sich der Adept Macchiavellis aus tiefster persönlicher Ohnmacht zu höchster nationaler Macht emporgehoben fühlte, war die Klarheit dieser warnenden Vision von ihm gewichen. Geblieben war die zwanghafte Bestimmtheit, das Bündnis zu schließen, das eine Ruhe vor dem Ansturm auf die Nachbarn im Westen und Partner im Osten gewährte. Die gewaltsame Ankurbelung der Rüstungsmaschine ließ ihm Deutschland bald reif vorkommen, die trotzig-arrogante Nutzung einer Vorkriegsdiplomatie seine Gegner ausreichend willfährig erscheinen. Der Molotow-Ribbentrop-Pakt vom Spätsommer 1939, der den Demokratien einen Alptraum und der kommunistischen Weltbewegung den Verlust ihrer Selbstachtung brachte, war Hitlers Bündnis zum Kriege auch im Osten.

Der Bund zwischen den beiden artverwandten Diktatoren gab Hitler – nach der gemeinsam betriebenen Aufteilung der mittelosteuropäischen Beute – freie Hand zur Unterwerfung seiner nördlichen und westlichen Nachbarn. Der die gemäßigten Kräfte im In- und Ausland überwältigende Erfolg des Westfeldzuges versetzte ihn endgültig in jenen Höhenrausch manischer Bestimmtheit, in dem er den Koloß im Osten durch einen wohllancierten Schlag in Trümmer sinken sah. Die Umsetzung dieses wahnwitzigen Planes in militärisch-politische Realität und damit die stufenweise Einbeziehung eines immer größeren Kreises von Planern und Mitwissern setzte schon auf den Wogen der Erfolge des Frankreichfeldzuges ein. Generaloberst Jodl berichtete später, Hitler habe ihm »bereits während des Westfeldzuges seinen grundlegenden Entschluß mitgeteilt, dieser Gefahr [des bolschewistischen Ostens] zu Leibe zu rücken, sobald es unsere militärische Lage irgendwie erlaube«.[6] Doch die Kenntnis eines solchen Entschlusses blieb nicht auf die Person Jodls beschränkt. Im Mai 1940 erfuhr auch der Staatssekretär des Auswärtigen Amtes, Ernst Freiherr von Weizsäcker, daß die Eroberung Rußlands geplant sei[7], eine Nachricht, die in der Sicht Weizsäckers durch im Sommer beobachtete Truppentransporte nach Osten erhärtet schien. Doch erst nach Ablauf eines halben Jahres – der Ausgang des Molotow-Besuches in Berlin im November 1940 ließ die Perspektive eines baldigen Angriffs auf die Sowjetunion als möglich erscheinen – widmete der Staatssekretär diesem Problem einige Abschnitte seiner Aufzeichnungen. Eine Niederwerfung Englands, so räsonierte er, würde die Eroberung Rußlands überflüssig machen, wobei eine Invasion Rußlands sogar die militärische Leistungsfähigkeit Deutschlands überfordern könnte. Allerdings waren in der Zwischenzeit das »Unternehmen Seelöwe«, eine deutsche Landung an der englischen Kanalküste, als undurchführbar und die Luftoffensive Görings allein als unwirksam erkannt worden, was den Verdacht aufkommen lassen mußte, daß die deutsche Wehrmacht mit einem herausgeforderten, jedoch nicht niedergeworfenen englischen Gegner im Rücken im Osten einen schweren Stand haben würde. Dem Staatssekretär war die Nachricht von Hitlers Gelüsten im Osten vermutlich durch Hasso von Etzdorf zugegangen, den er nach Kriegsbeginn als Vertreter des Auswärtigen Amtes zum Oberkommando des Heeres (OKH) entsandt hatte. Etzdorf erlangte seine Informationen, darunter die Nachricht von den im Westen geplanten Offensiven, vom damaligen Chef des Generalstabs des Heeres, Generaloberst Franz Halder; von diesem überbrachte er sie persönlich dem Staatssekretär. Diese Verbindung läßt darauf schließen, daß auch Halder bereits im Mai 1940 konkreten Anlaß zu der Vermutung hatte, Hitler meine es mit seinen seit Abschluß des Molotow-Ribbentrop-Paktes im engeren Kreis wiederholt geführten Reden von der Notwendigkeit der Unterwerfung Rußlands von nun an auch operativ bitter ernst. Dies wurde durch ein Gespräch Hitlers mit der Spitze der Heeresgruppe A Anfang Juni 1940 bestätigt: Vor Feldmarschall Gerd von Rundstedt und seinem Stabschef, Georg von Sodenstern, erklärte Hitler in einem Anflug der in dieser Zeit oft an ihm beobachteten euphorischen Vermessenheit, er werde nach der noch bevorstehenden Lösung der englischen Frage nun endlich bald »die Hände frei für seine große und eigentliche Aufgabe« haben: »die Auseinandersetzung mit dem Bolschewismus«.[8]

Ende Juni 1940 hatte sich die Erwartung, daß Hitler einen baldigen Unterwerfungskrieg im Osten plane, so weit konkretisiert, daß sich Generaloberst Halder und Staatssekretär von Weizsäcker zu einem persönlichen Austausch ihrer Informationen und Ansichten veranlaßt sahen. Für eine »Friedensbildung«, so notierte Halder danach in seinem Tagebuch, gäbe es trotz oder gerade wegen der großen Erfolge im Westen keine Anzeichen. Demgegenüber seien Hitlers »Augen stark auf den Osten gerichtet ... England wird voraussichtlich noch einer Demonstration unserer militärischen Gewalt bedürfen, ehe es nachgibt und uns den Rücken frei läßt für den Osten«.[9]

Vom Chef des Wehrmachtführungsstabes des OKW, Generaloberst Alfred Jodl, und vom Chef des Generalstabs des Heeres, Franz Halder, sickerte die Nachricht von Hitlers Entschluß gleichzeitig zu den nachfolgenden Dienstgraden durch. So teilte Jodl dem Sachbearbeiter für Heeresfragen im Wehrmachtführungsstab des OKW, Generalmajor Bernhard von Loßberg, in den letzten Juni- oder ersten Juli-Tagen 1940 mit, »daß die Absicht bestehe, Rußland anzugreifen«.[10] Und am 3. Juli 1940 setzte Halder den Chef seiner Operationsabteilung, General von Greiffenberg, davon in Kenntnis, daß »im Vordergrund ... zur Zeit ... die Frage des Ostens [stehe]. Letztere muß man unter dem Hauptgesichtspunkt betrachten, wie ein militärischer Schlag gegen

Rußland zu führen ist, um ihm die Anerkennung der beherrschenden Rolle Deutschlands in Europa abzunötigen.«[11] Am 4. Juli erörterte Halder mit dem Chef des Transportwesens im OKH, General Rudolf Gercke, »Fragen des verstärkten Ausbaues des östlichen Bahnnetzes«.[12]

Mit diesen Informationen hatte der Kreis der Mitwisser Anfang Juli 1940 mit Sicherheit zwischen sieben und zehn Personen, wahrscheinlich aber wesentlich mehr umfaßt. Doch sind aus diesem Kreis weder ausdrücklicher Einspruch, Widerspruch noch irgendeine andere Form von Opposition gegen diesen Plan bekannt geworden. Ein wichtiger Grund für das Ausbleiben wirksamer Widerstände lag in der Entmachtung des Generalstabes durch Hitler im Zuge der erfolgreichen Westoffensive. Durch sein Sichhinwegsetzen über alle militärischen Regeln und Empfehlungen hatte er dem Generalstab allem Anschein nach Beweise seiner militärischen Unfehlbarkeit geliefert und diesen somit auf die Rolle eines »unselbständigen Handlangers«[13] reduziert. Dementsprechend wurde - nach den Beobachtungen Etzdorfs - die nachfolgende Kriegsplanung Hitlers, auch die Vorbereitung des Angriffs auf die Sowjetunion, von der Generalität »ohne Widerspruch hingenommen und exekutiert«. Die blinde Unterwürfigkeit der Generalstäbler vor dem erwiesenen »militärischen Genie« Hitlers reichte so weit, daß selbst ein sonst eher zu Besonnenheit und begrenztem Widerstand gegen Hitlers Weltmachtpläne neigender Mann wie Halder sich der Illusion hingab, der sowjetische Widerstand sei in sechs Wochen zu brechen.[14]

Halders Kollegen im Generalstab überboten diese Illusion noch. Am 21. Juli 1940 ließ Hitler die drei Oberbefehlshaber von Heer, Marine und Luftwaffe zu sich kommen. Im Mittelpunkt der Besprechung stand die Verlagerung der strategischen Nahziele von England, das vom ersten Ansturm der deutschen Luftwaffe nicht außer Gefecht gesetzt worden war, auf Rußland. Obgleich und gerade weil damit die Gefahr eines Zweifrontenkrieges - ein Alptraum deutscher militärischer Planung seit Schlieffen - entstand, sollte der Rußlandfeldzug noch im selben Jahr, und zwar im Herbst 1940, stattfinden. Halder hielt die Ergebnisse der Besprechung kommentarlos mit den Worten fest: »Dem Führer ist gemeldet: a) Aufmarsch dauert 4–6 Wochen, b) Russisches Heer schlagen oder wenigstens so weit russischen Boden in die Hand nehmen, als nötig ist, um feindliche Luftabwehr ... zu verhindern. Erwünscht so weit vorzudringen, daß man mit unserer Luftwaffe wichtigste Gebiete Rußlands zerschlagen kann ... Wenn wir in diesem Herbst Rußland angreifen, wird England luftmäßig entlastet.«[15] Die Planspiele, nach denen der Spaziergang durch den russischen Herbst ein bis anderthalb Monate dauern würde, lösten keinen nennenswerten sachlichen Einwand aus. Lediglich die Zeit des Unternehmens, nämlich Spätsommer, rief bei Jodl und Wilhelm Keitel, dem Chef des OKW, Bedenken hervor; immerhin sollte in Rußland vor Wintereinbruch eine längere »Schlammzeit« herrschen... Ernstere Sorgen, etwa in Hinblick auf die Leistungsfähigkeit der sowjetischen Armee, machte man sich nicht, obgleich es an warnenden Stimmen aus den Reihen der von Admiral Canaris geleiteten Abwehr und der an den auswärtigen Botschaften befindlichen Militärattachés nicht mangelte. »Die militärischen Kräfte der russischen Wehrmacht«, so gab eine Denkschrift der Seekriegsleitung vom 28. Juli 1940 die Ergebnisse einer Besprechung der Oberbefehlshaber mit Hitler wieder, »werden gegenüber den deutschen kriegserfahrenen Truppen als weit unterlegen angesehen.«[16]

Wichtig für die weitere Planung des Rußlandfeldzuges und für das Schicksal, das Warnungen und gewisse Widerstände gegen seine Durchführung nahmen, war die Tatsache, daß Hitler selbst bereits in dieser Phase der Vorbereitung keinen Zweifel daran ließ, daß er ohne die geringste Nötigung von sowjetischer Seite einen einseitigen deutschen Offensivkrieg plante. Er gab dies explizit und mit einer für seine Umgebung entwaffnenden Vermessenheit zu, als er – nach einer Aufzeichnung des Kriegstagebuches der Seekriegsleitung – sagte: »Wenn auch Moskau die großen Erfolge Deutschlands mit weinendem Auge sieht, so hat es doch von sich aus kein Bestreben, in den Krieg gegen Deutschland einzutreten.«[17] Und sein Oberbefehlshaber des Heeres, Walther von Brauchitsch, versicherte Halder in diesem Zusammenhang: »Es liegen keine Anzeichen für russische Aktivität gegen uns vor.«[18] Die Tatsache, daß eine solch nüchterne Grundeinschätzung der mangelnden militärischen Bereitschaft der Sowjetunion von Anfang an vorlag, jedoch im Zuge der Kriegsvorbereitungen propagandistisch und diplomatisch immer lauter in Abrede gestellt wurde, hat jene Stimmen des Widerstandes gegen den Rußlandfeldzug von vornherein zum Scheitern verurteilt, die Hitler gerade unter Hinweis auf die mangelnde sowjetische Angriffslust und Bereitschaft vom Feldzug abzuhalten versuchten. Hitler kannte die Tatsache und wußte es besser! Für ihn bedeutete der Angriff auf die Sowjetunion – nach Aussage des ihm nahestehenden Generalmajors W. Warlimont, des stellvertretenden Chefs des Wehrmachtführungsstabes im OKW – »einen unabänderlichen Entschluß«[19], der lediglich Mitte Juli 1940 reale politisch-militärische Konturen annahm.

Ende Juli weitete sich der Kreis der Eingeweihten noch einmal aus. Am 29. Juli setzte der Chef des Wehrmachtführungsstabes, Jodl, seine Mitarbeiter offiziell über die im Generalstab bereits angelaufene Vorbereitung des Rußlandfeldzuges in Kenntnis und verteilte spezielle Planungsaufträge. Auch sein Sachbearbeiter für Heeresfragen, Generalmajor von Loßberg, erhielt den Auftrag zu einer Operationsstudie, der ihm weniger ethisch-moralische als vielmehr militärische Gewissensfragen aufgab: Konnte die deutsche Wehrmacht trotz der von Kennern der Materie immer wieder hervorgehobenen großen Defensivkraft der Sowjetarmee bei einem frühestens im September beginnenden Feldzug vor Einbruch der Schlamm- und später der Frostperiode das geforderte tiefe Eindringen ins Landesinnere erreichen, das etwa entlang der Linie Ladoga-Smolensk-Kiew, möglichst aber bis zur angestrebten Archangelsk-Astrachan-Linie (der sogenannten A-A-Linie) gelingen sollte?

Für den 31. Juli 1940 berief Hitler die Oberbefehlshaber und Stabschefs von Heer und Marine auf den Obersalzberg, wo im Beisein von Keitel und Jodl die erste umfassende Planungsbesprechung über die Offensive stattfinden sollte. Den Vorabend der Besprechung verbrachten Halder und Brauchitsch im Gespräch. Zum ersten und letzten Mal scheinen ihnen hier aus Furcht vor den Dimensionen, die am nächsten Tag zur militärischen Realität werden sollten, Bedenken gekommen zu sein. Halder, dem wohl der aktivere Teil der Gesprächsführung zufiel, schrieb in seinem Tagebuch, er sei an jenem Abend mit Brauchitsch übereingekommen, daß »man« - der Psychologe würde in diesem unpersönlichen Wort ein Ausweichen vor der persönlichen Verantwortung sehen - »besser mit Rußland Freundschaft hält. Besuch bei Stalin wäre erwünscht. Die Bestrebungen Rußlands an den Meerengen und in Richtung auf den Persischen Golf stören uns nicht. ... könnten wir ... uns selbst mit Hilfe Rußlands das in West- und Nordeuropa geschaffene Reich ausbauen.«[20] Doch in der Besprechung am darauffolgenden Morgen scheuten sich beide, diese Gedanken vorzutragen.

Tatsächlich waren die Würfel längst gefallen. Und die Generalstäbler nahmen an diesem Tag widerspruchslos Hitlers lapidare Direktiven für den Ostfeldzug entgegen: »Englands Hoffnung ist Rußland und Amerika. Wenn Rußland wegfällt, fällt auch Amerika weg ... Entschluß: Im Zuge dieser Auseinandersetzung muß Rußland erledigt werden. Frühjahr 1941. Je schneller wir Rußland zerschlagen, desto besser. Operation hat nur Sinn, wenn wir Staat in einem Zug schwer zerschlagen. Gewisser Raumgewinn allein genügt nicht. Stillstehen im Winter bedenklich. Daher besser warten, aber bestimmter Entschluß, Rußland zu erledigen. ... Mai 41. 5 Monate Zeit zur Durchführung. ... Ziel: Vernichtung der Lebenskraft Rußlands.«[21]

Während die Generalität und die von ihr beauftragten Truppenchefs die Angriffspläne ausarbeiteten, drangen aus dem immer größer werdenden Kreis der eingeweihten Militärs erste Nachrichten nach außen. So bat Bernhard von Loßberg seinen Vetter, Hans Herwarth von Bittenfeld, den langjährigen persönlichen Referenten des Deutschen Botschafters in Moskau, Friedrich Werner Graf von der Schulenburg, Mitte August 1940 über Fernschreiben zu sich in den Wehrmachtführungsstab. Hinter dieser dienstlich getarnten Besprechung stand die Sorge

Loßbergs, er selber könne bei der Ausarbeitung der Teilpläne wie Hitler und die Generalität der Faszination der weiten Räume erliegen. Als ihm sein Vetter die starke Defensivkraft der Roten Armee und die gewaltigen Operations- und Nachschubschwierigkeiten vor Augen führte, auf die eine deutsche Angriffsarmee stoßen würde, atmete Loßberg erleichtert auf: Herwarth hatte seine eigenen, eher vagen Vermutungen bestätigt.[22]

Wenig später berichtete Herwarth während eines Moskau-Besuches Botschafter Schulenburg und Militärattaché General Köstring vom Inhalt seines Gespräches mit Loßberg. Die beiden Kenner Rußlands »waren bestürzt. ... Keiner von beiden konnte sich vorstellen, daß Hitler so verrückt sein werde, seinen eigenen Untergang mit einem Angriff auf die Sowjetunion einzuleiten.«

Noch im August 1940 erhärtete sich für General Köstring der Bericht Herwarths. Bei einem Treffen mit Generalstabschef Halder in Fontainebleau teilte ihm dieser streng vertraulich mit, daß Hitler Befehl zur Ausarbeitung der Operationspläne gegen Rußland gegeben habe.[23] Halder nutzte seinerseits die Begegnung mit Köstring, um ihm Fragen über die sowjetische Kampf- und Verteidigungsbereitschaft zu stellen. Zweifellos hat General Köstring in seinen Antworten nachdrücklich vor der Illusion gewarnt, daß man Rußland in einem Blitzkrieg niederwerfen könne. In Fontainebleau wurde ihm auch der »Operationsplan Ost« gezeigt, den Generalmajor Erich Marcks am 5. August 1940 mit den Worten vorgelegt hatte: »Die Russen werden uns nicht den Liebesdienst eines Angriffes erweisen.«[24] Das Kernstück des Marcksschen Operationsentwurfes, die Einnahme von Moskau als dem politischen, industriellen und Transportzentrum des Landes, wurde von Köstring als wertlos verworfen. Die gewaltigen industriellen Reserven Rußlands jenseits des Ural und das Improvisationsgenie der Russen würden den Verlust der politischen Hauptstadt allemal aufwiegen. Nach diesen nüchternen Entgegnungen in Fontainebleau, so kommentierte Köstring am 11. September 1945, »war mir jede Möglichkeit einer Warnung gegen einen Krieg mit Rußland genommen«.

Ebenfalls in Fontainebleau teilte Halder nun dem Verbindungsmann des Auswärtigen Amtes beim OKH, Hasso von Etzdorf, endgültig mit, daß Hitler den Einfall in die Sowjetunion plane.[25] Etzdorf, der in dieser Zeit bei seinem Dienstherrn, Staatssekretär von Weizsäcker, mit seiner Sorge über ein bevorstehendes Rußland-Abenteuer wenig Resonanz fand, verschaffte sich auf eigene Faust Unterlagen über den Zustand der Sowjetarmee. Als Gebhardt von Walther, Botschaftsrat an der Deutschen Botschaft Moskau – der nach Überstellung Herwarths zur Wehrmacht dessen Nachfolge als persönlicher Referent des Botschafters angetreten hatte – sich Anfang Oktober in Berlin aufhielt, legte Etzdorf ihm die Frage vor, welche Wirkung ein deutscher Angriff wohl auf die

UdSSR haben werde. Nach seiner Rückkehr nach Moskau sowie eingehenden Gesprächen mit Botschafter Graf Schulenburg, Militärattaché Köstring und Botschaftsrat Gustav Hilger verfaßte Walther im Auftrag Schulenburgs eine ausführliche Antwort an Etzdorf. Das Memorandum trug den Stempel einer gemeinsamen Denkschrift dieser um die deutsch-russischen Beziehungen besorgten Männer, die hofften, auf diesem Wege endlich einmal wirkungsvoll gegen die verhängnisvolle Planung argumentieren zu können. Anders bestand keine Chance, gehört zu werden.

Diese Denkschrift, datiert vom 10. Oktober 1940, rekapitulierte zunächst die politisch-soziale Entwicklung, die die Union der Sozialistischen Sowjetrepubliken seit ihrer Errichtung genommen hatte. Dabei wurden auch die Strukturähnlichkeiten mit dem nationalsozialistischen Deutschland unterstrichen: Hier wie dort herrschte die Ausschaltung des jüdischen Einflusses sowie der Opposition, eine nationale Diktatur mit (staats-)kapitalistischer Wirtschaftsform, die Schaffung eines vom Diktator absolut abhängigen und ihm ergebenen Beamtenapparates und die eiserne Verklammerung des gesamten Staatsapparates durch die Geheimpolizei als persönliches Machtmittel des Diktators. In der Kriegsfrage schloß die Denkschrift die Möglichkeit eines sowjetischen Offensivkrieges grundsätzlich aus: »Die Sowjet-Union wird einen Angriffskrieg gegen Deutschland auf keinen Fall wagen.« Demgegenüber werde »bei einem Verteidigungskrieg . . . zweifellos die ganze Bevölkerung hinter der Regierung stehen«. Dafür bürge der tiefverwurzelte Patriotismus, die außerordentliche Entbehrungsfähigkeit von Bevölkerung und Armee sowie der totale Mangel jeder Art von Zersetzungserscheinungen in der Gesellschaft. Territorial könne die Sowjetunion unter für Deutschland günstigen Wetterbedingungen »zunächst die Ukraine, Weißrußland und die baltischen Staaten« verlieren. Doch stellten diese Gebiete für Deutschland eine wirtschaftliche Belastung dar – eine vorteilhafte Ausnutzung dieser Gebiete sei aufgrund der bestehenden Kollektivstruktur »nur der Sowjet-Union« möglich; und das Industriepotential werde die deutsche Armee vernichtet vorfinden. Überdies würde eine Bombardierung der hinter der sowjetischen Front gelegenen Gebiete den bestehenden Wirtschaftsapparat aufs schwerste schädigen. Demgegenüber erscheine es zweifelhaft, ob ein Zusammenbruch von Versorgung und Nachschub erreicht werden könne. Mit beschwörenden Worten hob die Denkschrift in ihrem außenpolitischen Teil hervor, daß es für Stalin nur eine Kriegsgefahr gebe: Deutschland. Stalin habe kein Ziel gegen Deutschland, sondern nur das einzige Ziel, »jede kriegerische Verwicklung mit Deutschland zu vermeiden«.

Die Hoffnung, mit der die Männer der Deutschen Botschaft Moskau diese Denkschrift verfaßt und an Etzdorf geleitet hatten, erfüllte sich nicht. Zwar legte Etzdorf die Denkschrift Generalstabschef Halder vor. Halder zeichnete sie am 2. November 1940 als »erhalten« ab und ließ sie, wohl nach eigener Lektüre, an den Absender zurückgehen. In seinem Kriegstagebuch erwähnte er sie nicht. Und auch in dem Vortrag, den er Hitler am 4. November über die im OKH ausgearbeitete Vorbereitung des Ostaufmarsches hielt, kam keines der in der Denkschrift vorgetragenen Argumente zur Sprache. Wohl empfahl Halder, wie zuvor bereits einmal mit Unterstützung Brauchitschs, eine Verlegung des Schwergewichts der Kriegführung auf den östlichen Mittelmeerraum - ein schüchterner Versuch, vom Angriff auf die UdSSR abzulenken. Doch das eigentliche Problem sprach er nicht an - den vernichtenden Wortschwall des monomanisch auf Rußland fixierten obersten Feldherrn wollte er nicht auf sich lenken.

Von nun an nahmen die Kriegsvorbereitungen ihren unaufhaltsamen Gang. Die Rolle des OKH bestand lediglich darin, die halsbrecherischen Extreme der Hitlerschen Militärplanung abzuschwächen. Ein Kriegsspiel, das der Generalstab unter der Leitung des damaligen Generalmajors und späteren Generalfeldmarschalls Friedrich Paulus Ende November/Anfang Dezember veranstaltete, »bewies« die Annahme, daß die deutsche Offensive tatsächlich, wenn auch unter Aufbietung aller Kräfte, innerhalb von acht bis zehn Wochen bis zur »Wolgalinie«, der Linie von Archangelsk bis Astrachan, vorstoßen könne. Am 5. Dezember 1940 legten Halder und Brauchitsch Hitler im Beisein von Jodl und Keitel die von ihnen erstellten Operationspläne vor. Allerdings warf Brauchitsch dabei die Frage auf, ob Hitler die deutsche Luftwaffe denn für einen Zwei- oder Mehrfrontenkrieg gerüstet sehe. Die Antwort, nach der die im Westen verfügbaren Kräfte für die Dauer des geplanten »kurzen Ostfeldzuges« ausreichten, ließ auch diese Warnung wie Sand zerrinnen. Tatsächlich war Hitlers manische Phantasie zu diesem Zeitpunkt schon über die Maximalpläne seiner Generalstäbler hinausgewachsen: Nach dem totalen Zusammenbruch Rußlands und dem Erreichen der Wolgalinie sollten die »weiter entfernt liegenden« Gebiete durch Überraschungsangriffe zerstört werden. Demgegenüber sei nun - so verzeichnete Halder die Worte Hitlers in seinem Tagebuch - »Moskau nicht sehr wichtig«.[26]

Unter dem Einfluß dieser Stimmung arbeitete der Wehrmachtsführungsstab in den nachfolgenden Tagen die »Weisung Nr. 21« für den »Fall Barbarossa« aus. Die Weisung wurde Hitler am 17. Dezember 1940 vorgelegt und mit gewissen Änderungen, die in einen strategisch bereits undurchführbaren Plan noch zusätzliche Konfusion trugen, am 18. Dezember an die Wehrmacht gegeben. An diesem 18. Dezember 1940 wurde es der gesamten höheren Wehrmachtsführung zur Gewißheit, daß »die deutsche Wehrmacht ... darauf vorbereitet sein (muß), auch vor Beendigung des Krieges gegen England Sowjetrußland in einem schnellen Feldzug niederzuwerfen ... Vorbereitungen, die eine längere Anlaufzeit benötigen, sind - soweit noch nicht geschehen - schon jetzt in Angriff zu nehmen und bis zum 15. 5. 41 abzuschließen. Entscheidender Wert wird jetzt darauf zu legen sein, daß die Absicht des Angriffs nicht erkennbar wird ... Das Endziel der Operation ist die Abschirmung gegen das asiatische Rußland aus der allgemeinen Linie Wolga-Archangelsk.«[27]

Zweites Kapitel

Admiral Canaris – eine zentrale Gestalt der Opposition gegen den Rußlandfeldzug

Wenn schon die Einwände gegen die Durchführung des Rußlandfeldzuges im Umfeld des Auswärtigen Dienstes nahezu ausschließlich auf Botschafter Graf Schulenburg und die ihm nahestehenden Angehörigen der Deutschen Botschaft Moskau beschränkt blieben, regte sich dann nicht zumindest in anderen Institutionen des Dritten Reiches irgendeine Form der Opposition gegen diesen Plan? Schließlich sah Hitler selber ja nicht nur die von ihm als stockkonservativ und verknöchert betrachtete Diplomatie als potentiellen Widersacher an: Noch im Oktober 1938 hatte er das Heer als »sein unsicherstes Element im Staat, noch schlimmer als das A. A. und die Justiz«, bezeichnet.[1] Zwar hatte Hitler in Antizipation der Gefahren, die ihm von seiten einer ungenügend kriegswilligen Heeresführung drohten, eine Reihe von Maßnahmen ergriffen, die die Vernichtung des »Geistes von Zossen« zum Ziele hatten. Doch kann das Abrücken der Männer der Obersten Heeresleitung von den Umsturzplänen, die in den Monaten der Sudetenkrise im immer umfassenderen Kreis der national-konservativen Opposition diskutiert wurden[2], nicht allein auf Hitlers Erfolge bei der fortschreitenden kollektiven Entmannung der Generalität zurückgeführt werden. Ihr Ausscheren aus der Oppositionsfront prinzipieller Kriegsskeptiker und -gegner, die nicht zufällig in den Befehlshabern des OKH in Zossen ihr operatives Zentrum zur Planung des Umsturzes zu finden hoffte, hatte überwiegend andere, psychologische Gründe. Mit Beginn des Krieges, besonders aber mit den Blitzsiegen in Polen und später in Frankreich, wurden die »hohen Herren Oberbefehlshaber« auf höchst willkommene Weise von der Qual der »Beschäftigungslosigkeit«[3] befreit, die sie zuvor zeitweilig für eine Aktion im Zusammenwirken mit den Kräften einer konservativ-nationalen Restauration eingenommen hatte. Ihre Indifferenz gegenüber den grundsätzlichen Argumenten der Hitler-Gegner resultierte aus ihrer nun veränderten Grundeinstellung zu Hitler und dem, was er Deutschland versprach: Dem verbissen kämpfenden Volkstribun hätten sie die Gefolgschaft aufkündigen können; dem umjubelten Sieger in Ost und West, der ihr tiefwurzelndes Bedürfnis nach Revision der nationalen Erniedrigung von Versailles mit unwiderstehlicher, eiserner Faust erfüllt hatte, waren sie in der Tiefe ihres Herzens ergeben. Ihr militärischer »Führer« lieferte ihnen mehr, als die schamvoll moralisierenden Intellektuellen des Widerstands ihnen in Aussicht zu stellen vermochten - zumal sich diese nicht einmal der aktiven Unterstützung des Auslandes versichern konnten. Das »veränderte psychologisch-politische Klima«[4], das die Friedenskräfte der deutschen Opposition bei ihren beschwörenden Versuchen, die Spitzen der Heeresleitung vom Weg des Verhängnisses abzubringen, mit Resignation zur Kenntnis nehmen mußten, wurzelte in einem morastigen Grund: der tiefen inneren Komplizenschaft, mit der die Führer des Heeres das gewaltsame außenpolitische Auftrumpfen Hitlers - am Konferenztisch von München wie auf den Schlachtfeldern Polens und den Elysäischen Feldern von Paris - als ihren eigenen Triumph erlebten. Und wenn sich in Vorbereitung und Durchführung des Westfeldzuges im deutschen Offizierskorps hier und da noch das ungute Gefühl erhoben hatte, der Angriff auf ein westeuropäisches Nachbarvolk stelle eine Verletzung der Integrität der westeuropäischen Kulturgemeinschaft dar, so traten solche Bedenklichkeiten bei der Vorbereitung des Rußlandfeldzuges weit in den Hintergrund. Hier war die Komplizenschaft nahezu total. Das Bewußtsein der verpaßten Siege und Gebietserwerbe im Ersten Weltkrieg - der Besitz der Ukraine und des Baltikums -, das in konservativ-nationalistischen Militärkreisen eine Art »Ludendorff-Komplex« hinterlassen hatte, besonders aber die Erinnerung an die kurzlebigen Versuche der Errichtung von »Räterepubliken« nach sowjetischem Vorbild auf deutschem Boden, hatten zugleich jenen dumpfen psychischen Grund des Bedürfnisses nach Revanche und der Angst vor Unterwanderung geschaffen, auf dem Hitler seinen Propagandafeldzug gegen den moskowitisch-bolschewistischen Feind angesiedelt und nun mit Erfolg zur militärischen Option ausgeweitet hatte. Traditionelle Hegemoniewünsche des national orientierten deutschen Bürgertums und Adels, die durch den Verlust der Großmachtstellung bei Ausgang des Ersten Weltkrieges eher eine pathogene Verdrängung als eine wirkliche Kompensation durch das Ergreifen der Möglichkeiten des demokratischen Staates erfahren hatten, beflügelten die Hoffnungen auf Eindämmung des »parasitären Bolschewismus« und Raumgewinn für die »fleißig strebende« deutsche Nation. Hinzu kam, daß neben dem zu grotesker Einseitigkeit entstellten Bild von Rußland unter dem Sowjetstern, das die nationalsozialistische Propagandamaschine produzierte und reproduzierte, ein geradezu frappierender Mangel an verläßlichem Wissen über Rußland herrschte. Zwar waren die gültigen Aussagen über Rußland und die Sowjetunion, wie sie etwa die nationalliberale Schule des Osthistorikers Otto Hoetzsch oder die mit nationalbolschewistischen Vorstellungen sympathisierende Journalistik von Klaus Mehnert machten, um die Mitte der dreißiger Jahre aus dem Prozeß der Meinungsbildung verbannt worden. Doch bleibt unbegreiflich, wie schnell diese kenntnis- und traditionsreichen Strömungen im durchschnittlichen deutschen Bewußtsein versiegten. Sie zerflossen so restlos, daß die führenden deutschen Militärs mit einem rudimentären Zerrbild vom bolschewistischen Rußland den Marschbefehl erwarteten[5] und selbst viele der zum Widerstand gegen das Hitler-System neigenden Kräfte davon ausgingen, daß Rußland so oder so dem Ansturm der deutschen Heere erliegen werde.[6]

Der Boden, auf dem nachhaltige Einwände oder gar wirkungsvoller Protest gegen Hitlers »Unternehmen Barbarossa« im Kreise der führenden Militärs hätten erwachsen können, war infolgedessen in den Jahren 1940/41 nicht mehr vorhanden. »Verhaltene Kritik«[7] wurde gleichwohl in mancher Amtsstube im Flüsterton geäußert. Und diese erhielt ihre Nahrung nur allzuoft von außen.

Denn die führenden Militärs wurden weiter, ja nahezu bis zum letzten Tage gewarnt. Der Mann, der sie persönlich sowie durch seine besten Mitarbeiter auf die Gefahren dieses Krieges aufmerksam machte, war der Chef des Amtes Ausland/Abwehr des Oberkommandos der Wehrmacht, Wilhelm Canaris.[8] Von ihm berichtete bei Kriegsende einer seiner Mitarbeiter, es sei »überflüssig zu betonen, daß jede, wirklich jede Gelegenheit genutzt wurde, die Generäle vor dem Kriege gegen Rußland zu warnen. Aber ... die von ihrem Erfolg berauschten Generäle schenkten den Prognosen ... keinen Glauben mehr.«[9]

Canaris, ein Abkömmling einer aus Griechenland eingewanderten Handwerker- und späteren Industriellenfamilie, der neben fünf westeuropäischen Sprachen und Neugriechisch auch die russische Sprache perfekt beherrschte, war ein Gegner des Krieges von seinen ersten Anfängen an. Beim Zustandekommen des Molotow-Ribbentrop-Paktes wurde er – nach Aussage eines Mitarbeiters – von »einer trostlosen Lähmung« erfaßt.[10] Er verstand, daß Hitler mit diesem genial-verbrecherischen Trick das letzte psychologische Hindernis beseitigt hatte, um den Sprung in den Abgrund zu tun. Dennoch und gerade deshalb hatte Canaris den verzweifelten Versuch unternommen, die Durchführung des Polenfeldzuges zu verhindern, in dem er zu Recht den Beginn des Weltkrieges sah. Über den italienischen Abwehrchef Ruatta hatte er es verstanden, auf Mussolini einzuwirken, dabei aber lediglich eine Verschiebung und nicht die Einstellung des Befehls zum Angriff auf Polen erreicht. Nachdem dann am 31. August 1939 die Würfel gefallen waren, teilte er einem seiner Mitarbeiter mit »tränenerstickter Stimme« seine Vorahnung mit: »Das ist das Ende Deutschlands ...«[11]

In Erkenntnis der großen Gefahr, in der Deutschland nun unter der militärischen Führung einer verbrecherischen Clique von Halbgebildeten zur Weltmachtstellung drängte, ergriff der Abwehrchef eine Reihe von Maßnahmen. Eine Maßnahme bestand darin, daß er sein Amt bereits unmittelbar nach Abschluß des Molotow-Ribbentrop-Paktes durch eine Anzahl von Männern zu verstärken begann, auf deren unzweifelhaft oppositionelle Haltung und menschliche Loyalität er bauen konnte. Durch ihre Anstellung erreichte er zweierlei: einerseits machte er sein Amt zu einer Art Hochburg oppositioneller Gesinnung und einer vom Ungeist des Nazismus relativ unangetasteten Arbeitsmoral. Andererseits bot er einer Reihe von Persönlichkeiten, die durch konspirative Verbindungen im In- und Ausland nur allzu schnell in die Fangnetze der nationalsozialistischen Sicherheitsorgane geraten konnten, durch ihre Arbeit für die Abwehr eine umfassende Deckung. Die Zusammensetzung der deutschen Gegenspionage, deren Zentralkarteien sich in den verläßlichen Händen von Canaris' engstem Mitarbeiter, Generalmajor Hans Oster, im Falle der Mobilisierung Chef des Amtes Ausland/ Abwehr[12], befand und dort selbst für Schnüffler der Dienststellen Heydrichs im Normalfall nicht transparent war, bot alle Mittel der erforderlichen Tarnung. So wurden im Auftrage oder mit Wissen von Canaris wichtige Männer der Opposition wie Reichsgerichtsrat Hans von Dohnányi – Schwager der Brüder Bonhoeffer – und der Gesandte Otto C. Kiep – früherer deutscher Generalkonsul in New York – vom OKW »angefordert«. Sie fungierten zugleich als Verbindungsglieder zu bestimmten Kreisen des Widerstandes, im Falle Dohnányis zum Bonhoeffer- und im Falle Kieps zum Solf-Kreis. Daneben wurden Persönlichkeiten eingestellt, die aufgrund ihrer beruflichen Vorbildung und privaten Verbindungen im In- und Ausland eine wichtige Rolle bei Vermittlungen ausländischer Kontakte zu spielen vermochten. Unter ihnen befanden sich der Berliner Rechtsanwalt Helmuth James Graf von Moltke, der im Amt Ausland/Abwehr des OKW als Sachverständiger für Kriegs- und Völkerrechtsfragen Verwendung fand, der Münchner Anwalt Dr. Joseph Müller (»Ochsen-Sepp«), der durch seine Bekanntschaft mit dem früheren Nuntius Pacelli, dem damaligen Papst Pius XII., eine ideale Verbindung zum Vatikan besaß, und der Wiesbadener Jurist Dr. Otto John, der als Leiter der Rechtsabteilung der Lufthansa unter der Führung ihres Syndikus Klaus Bonhoeffer über gute Beziehungen im Ausland verfügte und im Notfall eventuell freien An- und Abflug sichern konnte. Selbstverständlich gehörte es zu den amtlichen Pflichten eines umsichtigen und auf alle Eventualitäten vorbereiteten Abwehrchefs, sich – zumal bei Eintreten des Kriegsfalls – mit einer Zahl hervorragend spezialisierter und mit erprobten Verbindungen ausgestatteter Kräfte zu umgeben. Doch ließ die von Canaris und Oster getroffene Wahl keinen Zweifel am Ziel der Unternehmungen: Man brauchte einen politisch unabhängigen, für mögliche Umsturzpläne offenen Stab, der insbesondere im Moment einer innenpolitischen Wende die Kontinuität der Arbeit und der Verbindung zum Ausland gewährte. Wie sehr dabei die Kategorien unbestechlichen Rechtsdenkens, persönlich-moralischer Integrität und hohen menschlichen Einsatzes zählten, zeigten schon die ersten Kriegsmonate.

Das Urteil von Canaris über Hitlers Vorgehen in Polen unterschied sich grundsätzlich von dem der meisten national gesinnten Männer der deutschen Opposition, deren verläßlicher, wenn auch »schemenhafter Verbündeter«[13] er war: er sprach ihm »jede sittliche Grundlage« ab.[14] Da er den Polenfeldzug mit den klassischen Mitteln der Geheimdiplomatie nicht hatte verhindern können, sann er auf andere, unkonventionelle Schritte. Aus Verantwortung für den Weltfrieden und das weitere Geschick Deutschlands veranlaßte und tolerierte der Chef der deutschen Abwehr in den ersten zwei Kriegsjahren, daß seine zuverlässigsten Mitarbeiter, vor allem Generalmajor Oster[15], die Angriffstermine der jeweils bevorstehenden Feldzüge insgeheim Vertretern der betroffenen Nationen mitteilten.

Mit dem weiteren Verlauf des Krieges, und besonders aufgrund der Berichte über die besondere Form der Kriegführung im Osten - des bestialischen rassenpolitischen Ausmerzungskrieges gegen Slawen, Juden und jegliche Intelligenz -, wuchsen Entsetzen und Scham über die Mitverantwortung. Die vorbereitenden Richtlinien für den Rußlandfeldzug, die Hitler im Frühjahr bekanntgeben ließ - Auslöschung des europäischen Judentums, Verdrängung des Slawentums hinter den Ural und Vernichtung des Bolschewismus durch Kampf gegen seine Kommissare »mit beispielloser, rücksichtsloser, erbarmungsloser Härte«[16] - ließen den feinsinnigen, universell gebildeten Humanisten erahnen, zu welcher »Sündflut« sich dieser wahnwitzige Marsch nach Osten ausweiten werde.[17] Mit tiefer Sorge und Abscheu gab er die Details dieser Befehle Hitlers, in denen insbesondere die Offiziere aufgefordert wurden, sich »von überkommenen und überholten Theorien« freizumachen, an die ihm verbündeten Männer des Widerstandes weiter. Am 8. April 1941 teilte Hans Oster dem resignierten Botschafter Ulrich von Hassell und dem früheren Generalstabschef, Generaloberst a. D. Ludwig Beck, den Inhalt der verbrecherischen Befehle Hitlers mit. Hassell, der selber im April 1939 in einem Aufsatz über seinen Schwiegervater, Admiral von Tirpitz, den Standpunkt vertreten hatte, daß zwischen Deutschland und Rußland keine unüberwindlichen Interessengegensätze bestünden und daß ein Krieg Deutschlands gegen Rußland der größte Fehler wäre[18], reagierte auf diese Mitteilung Osters mit äußerster Betroffenheit: »Es wird da der Deutsche bewußt zum ›Boche‹, das heißt zu dem Menschentypus erzogen, der bisher nur in der feindlichen Propaganda existierte. Mit dieser Unterwerfung unter Hitlers Befehl opfert Brauchitsch die Ehre der deutschen Armee.«[19]

Schon am 2. März hatte Hassell nach einem Gespräch mit Oster, General von Rabenau, dem Leiter des Heeresarchivs in Potsdam und Biographen Seeckts, General von Falkenhausen, dem Militärbefehlshaber Belgiens, und anderen in die Verschwörung eingeweihten Militärs und Zivilisten in seinem Tagebuch festgehalten, daß sie den Rußlandplan Hitlers militärisch und politisch für »Wahnsinn« hielten, da seine Folgen absehbar seien: »1. Abschneiden der Zufuhren aus Rußland ...; 2. neue schwerste Belastung aller Kriegsmittel und Kräfte; 3. willentlich herbeigeführte, volle Einkreisung«.[20] Jetzt trat zu jenem Akt politisch-verbrecherischen Dilettantismus noch der moralische Aspekt einer unabsehbaren Eskalation von Barbarei und Schuld. Durch den Kreis der Gegner des Rußlandfeldzuges wurde auch Kurt Freiherr von Hammerstein-Equord über die neuen Pläne in Kenntnis gesetzt. Hammerstein, ein Major i.G. der Kaiserlichen Armee und Offizier der Reichswehr vom ersten Tage an, der ab 1930 Chef der Heeresleitung in der Bendlerstraße war und im Oktober 1933 um seinen Abschied eingekommen war, hatte die Sowjetunion auf Inspektionsreisen im Rahmen der militärischen Zusammenarbeit kennengelernt. Er befürwortete Deutschlands Anlehnung an Moskau, solange der Westen nicht bereit war, etwas Ähnliches wie Gleichberechtigung zu gewähren.[21] Wie Beck war auch Hammerstein der Ansicht, daß der Angriff auf Rußland den »endgültigen Verlust des ganzen Krieges« bedeutete.[22] Hammerstein, einer der entschiedensten Gegner Hitlers aus den Kreisen der Militärs, versprach sich allerdings eine nützliche Lektion aus diesem Kriege: Das deutsche Volk - so sah er voraus - würde den Kelch bis zur Neige trinken müssen, dann aber mit dem Verlust des Krieges auch die NS-Herrschaft abwerfen können.

Wenige Tage vor Beginn des Rußlandfeldzuges - der Angriffstermin war den Verschwörern schon bekannt - warf der Skeptiker und Warner Hans Oster in einer Besprechung mit Beck, Goerdeler, Hassell und Popitz noch einmal die Frage der besonderen Richtlinien für das Verhalten der Truppe in Rußland auf. Man fragte sich, ob die bei den Armeeführern eingetroffenen, aber noch nicht weitergegebenen »Befehle eines brutalen, nicht mehr kontrollierten Vorgehens ... gegen den Bolschewismus« nicht ausreichen könnten, um der militärischen Führung die Augen zu öffnen. Doch kam »man zu dem Ergebnis, daß auch diesmal nichts zu erwarten sei. Brauchitsch und Halder haben sich bereits auf das Hitlersche Manöver eingelassen, das Odium der Mordbrennerei der bisher allein belasteten SS auf das Heer zu übertragen.... Hoffnungslose Feldwebel!«[23] Dies war Hassells letzte Tagebucheintragung, bevor er nach Wochen bangen und bedrückten Wartens »das furchtbare Ereignis des vom Zaune gebrochenen Angriffs auf Rußland« verzeichnete.[24]

Der Chef der deutschen Abwehr, der diese Nachrichten aus seinem Amt am Tirpitzufer zu den entsprechenden Kreisen des Widerstandes durchsickern ließ, litt an der Fülle des Wissens, das ihm aus allen seinen Dienststellen zuging. Er hatte nicht nur seit Jahren - in Zusammenarbeit mit Hans Oster - über die Verbrechen Buch geführt, die das nationalsozialistische Regime im Inland beging. Ihm standen über die an den deutschen Auslandsvertretungen »eingebauten« Abwehrleute auch alle Kanäle offen, um sich ein zutreffendes Bild von den außenpolitischen Methoden der Regierung Hitlers und Ribbentrops zu machen. Dabei hatte es Canaris, der in seinen persönlichen Vorlieben eher ein Mann des westeuropäischen Kulturkreises war, über die Jahre hin nie versäumt, sich durch Personen, die aufgrund ihrer politisch-moralischen Integrität und fachlichen Kenntnisse sein Vertrauen genossen, über die wahren Verhältnisse im Sowjetstaat unterrichten zu lassen. Zu Botschafter Graf Schulenburg unterhielt er ein gutes, auf gegenseitiger Achtung und Hochschätzung gegründetes Verhältnis. Verschiedentlich hatte er seine Hilfe in Anspruch genommen und dabei von Schulenburgs hohem Kenntnisstand profitiert.[25] Und der aus Rußland gebürtige Militärattaché an der Deutschen Botschaft Moskau, General Köstring, gehörte zu seinen regelmäßigen Besuchern und Informanten. Er sandte ihm in bestimmten Zeiträumen Berichte zu, wie sie routinemäßig von den Militärattachés der deutschen Auslandsvertretungen, die ursprünglich vom Generalstab kamen und oft durch die Abwehr gegangen waren, angefordert wurden. Und er hielt sich bei seinen Berlin-Besuchen immer längere Zeit in Canaris' Büro am Tirpitzufer auf, um durch mündliche Berichte einen intensiven Austausch in Gang zu halten. In seinen schriftlichen und mündlichen Darlegungen ließ Köstring »über den militärischen Wert der Sowjetarmee und die revolutionäre Initiative einer sowjetischen Kriegführung nicht den mindesten Zweifel« bestehen.[26] Zwar war der Name Köstrings, den aus den gemeinsamen Tagen der Zusammenarbeit von Reichswehr und Roter Armee auch eine feste Kameradschaft und ein Gleichklang der Meinungen mit Generaloberst Freiherr von Hammerstein verband, für Hitler Anathema - dieser hatte, wie er Canaris mitteilte, »für Schwarzseher nichts übrig«. Dafür aber besaß Canaris uneingeschränktes Vertrauen zur Person und zu den Auffassungen Köstrings. So teilte er ihm beispielsweise im Jahre 1937 alle ihm bekannten Details der Mittäterschaft Hitlers und Heydrichs bei der Säuberung des sowjetischen Generalstabs und Offizierskorps im Rahmen der sogenannten Tuchatschewskij-Affäre mit - Nachrichten, die beide Männer aufs tiefste erschütterten und Köstring veranlaßten, von nun an in allen offiziellen, auch Hitler zugehenden Bewertungen darauf hinzuweisen, daß die Sowjetarmee aufgrund der Liquidierung ihrer fähigsten Generale und Offiziere zwar kurzzeitig in ihrer Schlagkraft dezimiert, aber dennoch in ihrer Verteidigungskraft keinesfalls zu unterschätzen sei.

Aus den Berichten Köstrings und den Informationen, die ihm von Beck und Hammerstein zugingen, hatte sich Canaris ein weitgehend zutreffendes Bild von der Lage in der UdSSR und vor allem in der Sowjetarmee machen können. Darüber hinaus wurde er als häufiger Gast im Büro des Staatssekretärs von Weizsäcker in der Wilhelmstraße auch in allen Einzelheiten über die Warnungen in Kenntnis gesetzt, die immer wieder aus der Deutschen Botschaft Moskau ins Auswärtige Amt drangen. Während seiner Anwesenheit in dieser Runde wies auch der damalige Gesandte Dr. Karl Schnurre mit intimer Sachkenntnis auf die Vertragstreue der Stalin-Regierung in allen wirtschaftspolitischen Fragen hin. Ferner gingen Canaris von seinen Mitarbeitern, die in den an die UdSSR angrenzenden Ländern arbeiteten, wichtige Mitteilungen zu. Und schließlich waren einige wenige Agenten in der Sowjetunion selbst tätig. Bei der Auswertung all dieser propagandistisch weitgehend unverfälschten Nachrichten mußte Canaris zu einer mehr oder minder umfassenden Einschätzung der Lage gelangen. Ein Mitarbeiter berichtete später: »Was äußerlich über Gliederung und Stärke der Sowjetarmee, ihre Taktik und Kampfmoral festzustellen war, hatte die Abwehr in Erfahrung gebracht und den Generalstäben der deutschen Wehrmachtsteile zugeleitet. Die Zahl der russischen Divisionen war bekannt, ihre Bewaffnung war kein Geheimnis. Das Ausmaß der industriellen Bereitschaft war größer als angenommen. Als in den Kämpfen vor Moskau im November 1941 der große Rückschlag eingetreten war, konnten Wilhelm Canaris und Hans Oster von der Arbeit der Abwehr rückschauend feststellen, daß sie in allen wesentlichen Beurteilungen Recht behalten hatte.«[27]

Im einzelnen war Canaris in den Monaten der Planung des »Unternehmens Barbarossa« zu der Einsicht gelangt, daß die Sowjetarmee im Hinblick auf Führung und Ausbildung zwar noch nicht dem westeuropäischen Heeresstandard entsprach, daß diese Mängel aber durch andere Vorzüge weitgehend ausgeglichen wurden. So erschien ihm der sowjetische Generalstab »kühn in seinen Plänen und fachlich genügend durchgebildet, um auch größere Heeresmassen einsetzen und leiten zu können«.[28] Während die mittlere sowjetische Armeeführung eine gewisse Neigung zu schwerfälliger Pedanterie besaß, stand für den Abwehrchef fest, daß die untere Führung in einem intensiven Lernprozeß nach westeuropäischem Vorbild begriffen war. Der russische Soldat galt als »hart, genügsam und in der Abwehr zäh und verbissen«. Mangel an Disziplin und eine gewisse Primitivität in der Kampftechnik werde durch seine hohe und schnelle Lernfähigkeit und seine vorzüglichen Naturinstinkte, die er dem westeuropäischen Soldaten voraushabe, ausgeglichen. Im Winterkrieg sei der russische Soldat dem deutschen überlegen. Die Kampfmoral der Roten Armee galt als ambivalent: Während sie bei einem Angriffskrieg Stalins gegen den Westen nur widerwillig kämpfen und für geschickt geleitete westliche Propaganda anfällig sein würde, werde ein Angriffskrieg gegen die Sowjetunion nach kurzer Zeit einen gewaltigen Durchbruch der angestauten patriotischen Kräfte auslösen. Ein solcher Durchbruch könne die russische Armee bis tief ins westliche Hinterland treiben. Wenn im ersten Kriegsjahr die angreifende Seite zunächst einige Vorteile erlangen würde und sich beide Seiten im zweiten und dritten Kriegsjahr die Waage halten würden, so werde die nationalistisch beseelte Masse von 25 Millionen russisch-sowjetischen Soldaten spätestens im vierten Kriegsjahr in der Lage sein, jede angreifende Armee zu zerschlagen und tief ins Hinterland des Feindes einzubrechen. Ein Angriff auf die Sowjetunion könnte folglich allein unter den Bedingungen durchgeführt werden, daß die Befehlsstelle der zentralistisch gelenkten Macht im ersten Augenblick zerstört oder außer Kraft gesetzt würde und zugleich eine starke freiheitliche Volksbewegung entfacht werde. Diese beiden Bedingungen sah Canaris nicht als gegeben an, und daher schloß er, daß »jeder Angriffskrieg gegen die Sowjetunion nicht nur zu einem Rückschlag, sondern zu einer tödlichen Bedrohung für die Angreifernation führen« werde.[29]

Der wohlberatene Chef der deutschen Abwehr hat diese Ansichten unermüdlich vor der deutschen Wehrmachtführung und vor Hitler selbst vertreten. Bei den Generalstäblern fand er keine Resonanz, bei Hitler höhnische Verachtung. Als er kurz vor Beginn des Feldzuges noch einmal mit diesen Argumenten vor Hitler trat, wies dieser die ihm lästigen Nachstellungen mit einer wegwerfenden Handbewegung zurück: Dieser Krieg, so sagte er Canaris, werde ja gar nicht mit Soldaten und Waffen, sondern nur mit Flugblättern und den Lautsprechern der Propagandakompanien geführt ... Canaris antwortete darauf: »Das mag richtig sein. Dann aber muß Deutschland die Unversehrtheit des russischen Territoriums feierlich garantieren, Eigentum und demokratische Grundrechte wieder herstellen und dem russischen Volke als ehrlicher und uneigennütziger Bringer von Fortschritt und Freiheit erscheinen!« Eine Antwort Hitlers ist nicht verzeichnet. Sie erübrigte sich. Zu tief waren der »Führer« und mit ihm die deutsche Heeresleitung bereits in den pathologischen Willen zur totalen Zerstörung gesunken.

Gleich einem homerischen Seher sah »der kleine, listige Grieche«, wie seine Umgebung Canaris oft liebevoll nannte, das Verhängnis seinen Lauf nehmen, das mit der Selbstvernichtung Deutschlands beginnen und den Untergang eines ganzen Kulturkreises nach sich ziehen würde.

Nichts ist qualvoller, schrieb der russische Publizist Michail Katkow ein Jahrhundert zuvor, als eine Lösung für die große Frage zu besitzen und nicht gehört zu werden ...

Drittes Kapitel

Canaris' geheime Friedensmission in Schweden – die Entsendung von Edgar Klaus

Im April 1941 fanden in der Chefetage der Abwehr drei Besprechungen mit einem etwa sechzigjährigen Mann statt, den die Ostspezialisten dieses Amtes als den fähigsten Kenner Rußlands und der Sowjetunion betrachteten. Dieser Mann, dessen gepflegtes Äußeres und verbindliche Umgangsformen ihm den Anschein gaben, ein wichtiger höherer Beamter mit internationalen Gepflogenheiten oder ein arrivierter Geschäftsmann von europäischem Niveau zu sein, war seiner Herkunft nach ein Rigaer Protestant mit jüdischem Familienhintergrund. Das außergewöhnliche Redetalent dieses Mannes, dessen reicher deutscher Sprachschatz von Russizismen durchsetzt war und dem gelegentliche Anklänge an das Lettische und vielleicht auch Jiddische seine Eigenart gaben, war dazu angetan, seine Gesprächspartner in kürzester Zeit für seine Person einzunehmen oder wenigstens doch zu interessieren. Seine brillante Gesprächsführung und große Überzeugungsgabe sowie zahlreiche Details aus seiner Lebensgeschichte ließen ihn in den Augen des deutschen Abwehrchefs als die geeignete Persönlichkeit erscheinen, die im erforderlichen Moment hinter den Kulissen der offiziellen Diplomatie zwischen Deutschland und der Sowjetunion vermitteln könnte. Der Mann für diese Aufgabe war Edgar Klaus.[1]

Edgar Klaus (so zeichnete er selbst, während in deutschen Akten die Schreibweise ›Claus‹, ›Clauß‹ oder ›Clauss‹ anzutreffen ist) wurde am 15.(27.) 10. 1879 in Riga/Livland im Zarenreich geboren. In seiner Geburtsurkunde soll er mit dem Namen Joseph (vielleicht auch mit dem Doppelnamen Joseph Edgar) bezeichnet worden sein. Sein Vater, Itzig Markus Klaus, geboren 1833 in dem kurländischen Städtchen Bauske (lettisch: Bauska, jiddisch: Boysk) trat nach seiner Übersiedlung in das benachbarte Riga (1841 war das Ansiedlungsverbot für Juden in Riga aufgehoben worden) zum Protestantismus über. Er erhielt dabei den Namen Johann. Die Mutter, vor ihrer Heirat Chaja Hausmann, entstammte ebenfalls einer jüdischen Familie. Allerdings war ihre Mutter, die Großmutter von Edgar Klaus, möglicherweise schwedischer Herkunft. Die Entscheidung des Vaters für den Protestantismus – Edgar Klaus wurde nicht beschnitten und alsbald nach seiner Geburt in der evangelisch-lutherischen Kirche zu Riga getauft – findet einerseits in den politischen Verhältnissen der russischen Ostseeprovinzen nach der Gründung des Deutschen Reiches eine Erklärung. Die baltischen Deutschen und besonders die dem deutschen Kulturkreis nahestehenden baltischen Juden standen im Verdacht, ein politisches Ferment zugunsten der Expansion des Deutschen Reiches nach Osten zu sein. Sie wurden daher zum Gegenstand einer Politik verschärfter sprachlich-kultureller Anbindung an das Russische Reich (»Russifizierung«). Um als Jude wirtschaftlich und sozial prosperieren zu können, lag die Versuchung der sprachlich-religiösen Angleichung an die stärkere der beiden unter russischen Druck geratenen Minderheiten, den deutschbaltischen Protestantismus, nahe. Andererseits dürfte im Falle des Vaters von Klaus, der als ausgebildeter Landwirt die Verwaltung eines im Kreis Riga gelegenen Gutes übernahm, eine wirkliche innere Konversion stattgefunden haben. Klaus, der aus dem ärmlichen, von Epidemien heimgesuchten und in seinem geistigen Leben von der jüdischen Orthodoxie bestimmten Schtetl Boysk in die reiche alte deutsche Hansestadt Riga kam, mag wie viele andere vom Zauber des kultivierten, gebildeten, städtischen Lebens in dieser Hochburg des vom Protestantismus geprägten deutschnationalen, ja nationalistischen Geistes erfaßt worden sein. Ein gewisses Schweben zwischen den kulturellen Welten mit einer positiven Anlehnung an die deutschen Kulturwerte übertrug sich jedenfalls vom Vater auf den Sohn.

In Riga besuchte Edgar Klaus das Realgymnasium, ein ursprünglich deutsches Gymnasium, das - wie alle Schulen der russischen Ostseeprovinzen - 1887 die russische Unterrichtssprache eingeführt hatte. Er erhielt damit eine kurzzeitige deutsche Vor- und nachfolgende russische Grundausbildung. Nach Schulabschluß (1895) nahm er das Studium der Geologie an der Universität Kasan auf. Dieser Ausbildungsweg über eine der weniger bekannten Universitäten im Innern Rußlands erwies sich aufgrund der an den russischen Universitäten bestehenden Einschreibungsbegrenzungen für Personen jüdischer Herkunft als zweckdienlich, um schnell und mit guten Ergebnissen ein Studium absolvieren zu können. Während der Sommerferien verdiente sich Klaus sein Studiengeld in einem Bergwerk im Gouvernement Ufa im Ural. Nach Abschluß seiner Studien im Jahre 1903 fand der junge Geologe zunächst eine Anstellung bei der Asowschen Bank in Samara im Wolgagebiet, wenig später offenbar bei der Russisch-Französischen Handelsbank in St. Petersburg. Diese Stellung, die er bis 1910 innehatte, gab dem jüngeren Bankangestellten einen tiefen Einblick in das gesellschaftliche Leben der russischen Metropole. Wie er später schwedischen Freunden erzählte, lernte er das turbulente Leben dieser vom Gründerfieber erfaßten Stadt allerdings eher aus der Perspektive der Armen und Mittellosen als aus der der strahlenden Paläste und Feste kennen.

Mit Grundkenntnissen im Bankgeschäft ausgestattet, kehrte der 31jährige Geologe in seine Heimatstadt Riga zurück. In dieser Zeit wirtschaftlich-politischer Unruhe - die revolutionären Wirren der Jahre 1905/6 hatten die traditionelle Vormachtstellung des deutschbaltischen Landadels erschüttert - stießen deutsche Gutsbesitzer, von bösen Vorahnungen geleitet, ihre Güter ab. Klaus erkannte die Möglichkeiten, die sich in dieser Zeit für einen Mann seiner Ausbildung boten, und stieg ins Immobiliengeschäft ein. In Livland und Kurland ersteigerte er Landgüter, um sie gewinnbringend wieder zu verkaufen. Als ein Mann, der die Gesetze der Konjunktur kannte und durch Landeskenntnis und politisch-soziales Urteil beträchtliche Vorteile ins Geschäft brachte, schuf er sich in wenigen Jahren ein kleines, aber substantielles Vermögen. Bei Ausbruch des Ersten Weltkrieges gemustert, aber - vermutlich aufgrund eines Sehfehlers - vom Militärdienst befreit, blieb er vorerst in Riga, bis im Frühjahr 1915 angesichts der massiven deutschen Offensive größere Teile der in Frontnähe geratenen baltischen Deutschen und deutschsprachigen Juden ins Innere Rußlands zwangsevakuiert wurden. Dieser Präventivmaßnahme, die die Kollaboration deutscher Sympathisanten der russischen Westprovinzen mit dem deutschen Feind verhindern sollte, unterlag auch der deutschsprachige Protestant jüdischer Herkunft Edgar Klaus. Er wurde ins Wolgagebiet verbannt und gelangte wieder in das ihm bereits bekannte Samara. Hier verhalf ihm seine Vielsprachigkeit zu einer Position als Dolmetscher beim Russischen Roten Kreuz. In dieser Eigenschaft war Klaus in einigen Kriegsgefangenenlagern tätig, die in Zusammenarbeit mit dem Schwedischen Roten Kreuz (die sogenannten Elsa-Brändström-Lager) im östlichen Zentralrußland und in Sibirien aufgebaut wurden und die die Kriegsgefangenen aus den Heeresverbänden der Mittelmächte und der mit ihnen verbündeten Türkei zusammenfaßten. Bei dieser Arbeit zwischen Samara, Saratow und Irkutsk wurde Klaus auch mit den Aktivisten der deutschen und österreichischen Sozialdemokratie bekannt, die in diesen Massenlagern politische Agitation betrieben. Mit ihnen erlag auch er in diesen Jahren dem Prozeß einer gewissen Politisierung, wenn nicht Radikalisierung. Die Frage, ob Klaus - wie er später andeutete - hier auch Stalin begegnete, läßt sich grundsätzlich nicht verneinen. Stalin befand sich seit März 1914 in der Verbannung im Nördlichen Polarkreis und dort ab Februar 1915 im Gebiete von Turuchansk im nördlichen Teil des Gouvernements Jenissejsk, das im Osten an das Gouvernement Irkutsk angrenzte. In diesem hielt sich über Monate hinweg auch Edgar Klaus auf. Da Stalin ab Sommer 1915 aktiv an den Treffen und Versammlungen der verbannten Mitglieder der bolschewistischen Fraktion der Russischen Sozialdemokratischen Arbeiterpartei teilnahm, ist eine Begegnung mit dem politisch interessierten Klaus, der in diesen Teilen Sibiriens frei umherreisen konnte, nicht ausgeschlossen. Auch in der Gouvernementshauptstadt von Jenissejsk, Krasnojarsk, wo Stalin die Monate von Dezember 1916 bis zur Februarrevolution 1917, dem Zeitpunkt seiner Entlassung, verbrachte, kann eine Berührung der beiden Männer erfolgt sein.

Die Machtübernahme der Bolschewiki in der Oktoberrevolution von 1917 erlebte Klaus in Irkutsk. In den nachfolgenden Monaten wurden die Kriegsgefangenenlager zum Rekrutierungsfeld der aus der Sicht der Bolschewiki brauchbaren Elemente aus den Reihen der deutschen und österreichisch-ungarischen Sozialdemokraten, die sich unter den Kriegsgefangenen befanden. Diese sollten an der Seite ihrer russischen und polnischen Genossen an der planmäßigen sozialistischen Aufbauarbeit der russischen Räterepublik teilnehmen. Wieder fiel dem des Deutschen, Lettischen und vermutlich auch Jiddischen mächtigen Dolmetscher Klaus eine wichtige Aufgabe zu. Diese weitete sich aus, als nach der Unterzeichnung des Friedens von Brest-Litowsk die Evakuierung von etwa 180000 deutschen und österreichisch-ungarischen Kriegsgefangenen aus den Lagern im Gebiete von Samara und Sibirien in ihre Heimat einsetzte. Das Sommerhalbjahr 1918 verbrachte Klaus nach seiner Darstellung mit den Arbeiten, die ihm als Angestellten der Verwaltung des Roten Kreuzes bei der Evakuierung dieses Personenkreises zufielen.

Dabei machte Klaus auch die Bekanntschaft einiger bolschewistischer Organisatoren, die in der Verwaltung des Wolgagebietes und später in der Regierung Lenins und Stalins eine wichtige Rolle spielten. In einem Schreiben an die Leitung der Schwedischen Ausländerkommission vom 18. Oktober 1945 erwähnte Klaus die Namen »Kujbyschew, Kaganowitsch, Mjagij, Gerasimow, Mikojan, Serebrjannikow, Kagan (Volkskommissar für Bankwesen) und mehrerer anderer Kommunisten«, die sich zeitweilig oder über längere Perioden hinweg auch im Wolgagebiet aufgehalten hätten. Diese Angaben lassen sich im einzelnen nicht nachprüfen. Ebenso kann nicht nachgewiesen werden, ob Klaus diese Personen tatsächlich persönlich kennengelernt hatte und ob dies - im positiven Falle - schon hier im revolutionserschütterten Wolgagebiet oder eventuell zu einem späteren Zeitpunkt an anderen Orten geschah. Berührungen dieser Art liegen allerdings besonders in diesem Zeitraum durchaus im Bereich des Möglichen.

Als nicht nachweisbar erwies sich bereits nach dem Kriege auch für die schwedischen Behörden die Angabe, Klaus habe in Samara mit namhaften Repräsentanten des Schwedischen Roten Kreuzes zusammengearbeitet. Zwar wußte er aus dieser Zeit überraschende Details zu berichten und Personen zu beschreiben, mit denen er dort zusammengetroffen sein wollte. Doch konnten sich die wenigen noch lebenden Personen, vor allem Anna Linder geb. Baronesse Pfeiffer, zwar noch an viele der von Klaus angeführten Details, doch nicht an die Person von Edgar Klaus erinnern. Auch sein Hinweis auf eine Begegnung mit Elsa Brändström konnte nicht erhärtet werden. Allerdings hatte Klaus seit dieser Zeit eine beträchtliche persönliche Entwicklung durchgemacht, und eine flüchtige Begegnung während jener Wirren mochte, besonders aus der antijüdischen und antirussischen Sicht von Anna Linder, längst in Vergessenheit geraten sein.

Im Herbst 1918 kehrte Klaus in seine Heimatstadt Riga zurück, um - wie er später angab - »seine Geschäfte zu ordnen«. Der Vater war inzwischen verstorben, die Mutter benötigte seine Hilfe und Unterstützung. Bei seiner Ankunft in Riga, das zu dieser Zeit von den deutschen Truppen des Oberbefehlshabers Ost, General Ludendorff, besetzt war, wurde Klaus - nach eigener Darstellung - seine Legitimationsurkunde abgenommen; an ihrer Statt wurde er mit einem deutschen Armeepaß ausgestattet. Im November 1918, nach Ausbruch der Revolution in Deutschland, zogen die deutschen Truppen aus Riga ab. Die provisorische demokratische Regierung von Karl Ulmanis rief die Unabhängigkeit Lettlands aus. Doch in das damit entstandene militärische Vakuum entsandte die Regierung der Volkskommissare die Rote Armee. Diese militärische Intervention führte zur Besetzung der Hauptstadt Riga sowie eines großen Teiles von Lettland. Mit Unterstützung der Roten Armee proklamierte schließlich, am 10. Januar 1919, eine lettische Arbeiter- und Bauernregierung die Räterepublik nach sowjetischem Vorbild. Es erfolgten die seitdem üblich gewordenen »Abrechnungen« mit den angeblich konterrevolutionären Elementen. Klaus floh nicht aus Riga, wie viele andere Personen seiner Herkunft und seines Glaubensbekenntnisses, eine Tatsache, die er später, im Verhör durch die schwedischen Behörden, damit begründete, daß er »keine antirussische oder politische Vorgeschichte« gehabt habe.[2] Statt dessen gelang es ihm in diesen Monaten extremer Wirren und zeitweiliger Abgeschnittenheit von den westlichen Ländern, eine Art Vertrauensstellung beim Dänischen Konsulat in Riga zu erlangen. Mit einem Ausweis des Königlich-Dänischen Konsuls in Riga vom 11. April 1919, der seinen Träger als »Sekretär des Königl. Dänischen Konsulats zu Riga« autorisierte, »sich als Kurier in Amtsangelegenheiten nach Berlin« zu begeben, wurde er dem Schutze und der Hilfe aller zuständigen Behörden empfohlen. Der Inhaber dieses mit Paßphoto versehenen Ausweises reiste in der Zeit vom 18. April bis Oktober 1919 mehrfach von Riga nach Berlin, wo ihm ein Aufenthaltsvisum der Königlich-Dänischen Gesandtschaft für Kopenhagen (3.-31. Mai 1919) sowie von hier zur Weiterreise nach Stockholm (19.-16. Mai) erteilt wurde. Klaus reiste in der Eigenschaft eines diplomatischen Kuriers, wobei in Berlin auch das Auswärtige Amt seine Reisen durch entsprechende Sichtvermerke absegnete. Seine Besuche in der Wilhelmstraße wurden offenbar von Vertretern des Auswärtigen Amts zum Anlaß genommen, den weitgereisten, welterfahrenen Mann nach der politischen Lage im sowjetisch besetzten Riga zu fragen. Eine Aktennotiz des Auswärtigen Amts vom 26. April 1919 vermerkt den Bericht des »Herrn Edgar Clauss« über die Lebensumstände in Riga.[3] Eine besondere Begründung seiner Vertrauensstellung beim Dänischen Konsulat in Riga hat Klaus nie gegeben. Möglicherweise genügt bereits die Annahme, daß er aufgrund seiner Sprach- und Landeskenntnis als eine Art Geheimkurier unbemerkt durch die sowjetischen Sicherheitskontrollen gelangen konnte. Die schwedischen Behörden wurden bei ihren Recherchen zur Person Klaus nach Kriegsende von dänischer Seite darüber in Kenntnis gesetzt, daß Edgar Klaus dem Dänischen Konsulat Riga unter den schwierigen Umständen des Jahres 1919 »auf verschiedene Weise behilflich« gewesen sei und für seine Hilfe auch »rein zeitweilig und ausnahmsweise« die Legitimationsurkunden der vorliegenden Form erhalten habe. Der dänische Reisepaß Nr. 24/212, den das Konsulat in Riga am 8. 12. 1919 auf den Namen Edgar Klaus ausgestellt hatte und mit dem Klaus vermutlich Riga verließ, war allerdings in den Protokollen des Konsulats nicht vermerkt.

Während der Abwesenheit von Klaus war Riga am 22. Mai 1919 von der Baltischen Landeswehr, unterstützt von den reichsdeutschen Freikorps des Grafen von der Goltz, zurückerobert worden. Doch hielten die Kämpfe zwischen den gemeinsam operierenden, nationaldemokratischen und konservativen deutschen und lettischen Verbänden und den roten lettischen Truppen, die von der Roten Armee unterstützt wurden, noch bis tief in das Bürgerkriegsjahr 1920 an. Erst im Sommer 1920 erkannte die Regierung Lenins die Unabhängigkeit der Republik Lettland offiziell an. In dieser Phase der Kämpfe, in der nicht absehbar war, welche Seite den Sieg davontragen würde, begab sich Klaus Ende Oktober 1919 aus Riga bereits einmal nach Berlin, wohin er aus Furcht vor den Requisitionen der Bolschewisten auch sein Vermögen überführte, und meldete sich dort am 30. 10. 1919 auch polizeilich an. Er reiste dann noch einmal zurück, vielleicht, um seine erste Frau, Mila Klaus, eine bekannte Harfenistin, abzuholen; in diesem Zeitraum erhielt er im Dezember 1919 den erwähnten dänischen Reisepaß. Vom 16. April 1920 an war er polizeilich in Magdeburg registriert.

Die 20er und 30er Jahre liegen, was die berufliche und mögliche politische Tätigkeit von Edgar Klaus betrifft, weitgehend im dunkeln. Klaus legte – nach eigenen Angaben – das mitgebrachte Kapital in Immobilienbesitz an. Ferner widmete er sich in Deutschland offenbar noch einigen Jura-Studien; in den Jahren 1922/23 war er möglicherweise als Referendar bei dem Berliner Justizrat Landsberger tätig.[4] Im Jahre 1922 lernte er den Juristen Heinz Siebert kennen, dem er die Verwaltung seiner Berliner Immobilien übertrug.[5] In den darauffolgenden Jahren, besonders aber in der Inflationszeit, vergrößerte er seinen Immobilienbesitz beträchtlich, so daß er gegen Ende der zwanziger Jahre als »ein sehr respektabler Geschäftsmann« galt, der mehrere große Immobilien in Berlin und eine Villa in Travemünde besaß.[6] Nach einer Angabe von Klaus vor der Schwedischen Polizei, mit der er während des Krieges seine Position in Schweden zu legitimieren suchte[7], hatte er in Berlin seit Beginn der zwanziger Jahre (auch) »eine eigene Filmproduktionstätigkeit« in Angriff genommen, die er bis zum Ausbruch des Zweiten Weltkrieges betrieben habe. Diese Aussage verdient unseres Erachtens wenig Beachtung: »Filmbetrieb« oder »Filmtätigkeit« waren die Deckbezeichnungen der Abwehrtätigkeit von Klaus in Schweden. Und ein Hinweis darauf, daß er sich seit längerem mit Filmfragen beschäftigt habe, konnte der Fiktion dieser geheimdienstlichen Deckbezeichnung dienen.

Die deutsche Staatsangehörigkeit erhielt Klaus erst relativ spät. Noch 1927 wandte sich die Polizei von Berlin-Schöneberg, wo sich Klaus damals aufhielt, unter Verweis auf den dänischen Reisepaß von Klaus an die Dänische Gesandtschaft in Berlin, um diese Frage zu klären. Von dänischer Seite wurde nun eine dänische Untertanenschaft von Klaus in Abrede gestellt, worauf sich Klaus offenbar forciert um den Erhalt eines deutschen Ausweises bemühte. Am 10. März 1931 wurde ihm in Berlin ein deutscher Reisepaß mit der Nummer 182 133/31 ausgestellt.

Schon im Jahre 1933, unmittelbar nach der Machtergreifung der Nationalsozialisten, verkaufte der weitblickende Jude und überzeugte NS-Gegner seinen Besitz in Berlin und begab sich mit dem Erlös nach Jugoslawien.[8] Im Gebiete von Planckenstein am Südrand der Steiermark erwarb der Emigrant aus Deutschland einen Komplex von Eisenerzgruben und verbrachte von nun an den größten Teil der dreißiger Jahre auf slowenisch-jugoslawischem Gebiet. Eine slowenische Legitimationsurkunde (vermutlich ein Reisevisum) aus der ersten Hälfte des Jahres 1938 mit Gültigkeit bis zum 7. Juli 1938, ausgestellt durch die Ortspolizei von Maribor, gibt die damalige Staatsangehörigkeit von Edgar Klaus mit »deutsch« an. Seine Wohnung befand sich zu dieser Zeit in Maribor, Krekova Str. 4. Unter der Rubrik »Beschäftigung« war ein schräger Strich, gleichbedeutend mit »keine«, gesetzt. Die Zeile, »wie lange der Inhaber dieses Dokumentes an seinem jetzigen Wohnort das Wohnrecht« besitze, war offengelassen. Mit diesem Reisedokument verließ der gutgestellte und vermögende, aber von den Ängsten und Sorgen seines Volkes in dieser Zeit erfaßte Grubenbesitzer vermutlich im Sommer 1938 seine Wahlheimat Jugoslawien. Die politische Entwicklung dieser schwachen Monarchie, die zunehmend unter den Druck ihrer mächtigen Nachbarn Deutschland und Rußland geriet und auch im Innern den rigiden Zwängen des wachsenden Antisemitismus unterlag, veranlaßte in diesen Vorkriegsjahren eine statistisch signifikante Zahl von Juden, das Land zu verlassen. Ihr Entschluß erwies sich als lebensrettend, als im April 1941 die Achsenmächte Jugoslawien besetzten und die restlose Zerstörung der jüdischen Gemeinden begann.

Edgar Klaus begab sich wieder in seine Geburts- und Heimatstadt Riga, zu dem Zeitpunkt Hauptstadt der unabhängigen Republik Lettland. In Riga wurde ihm nun offenbar sein deutscher Reisepaß entzogen: Mit Datum vom 16. Mai 1939 wurde ihm als Staatenlosem der Nansen-Paß Nr. 0003385 ausgestellt. Es ist unbekannt, ob Klaus hier irgendeiner Art von »geregelter Beschäftigung« nachging. Für den Sechzigjährigen, der ein solides, wenn auch unbewegliches Eigentum hinter sich hatte und aufgrund seines tiefgreifenden politischen Verständnisses in hohem Maße über die Entwicklung in Deutschland, und nicht zuletzt über die antijüdischen Maßnahmen, besorgt sein mußte, mag die tagtägliche Auseinandersetzung mit dem politischen Geschehen und das Abwarten der nächsten, einschneidenden Ereignisse eine ausreichende Beschäftigung gewesen sein. Allerdings scheinen seine reichen politischen Kenntnisse schon in dieser Zeit von deutscher Seite für eine bestimmte Informationstätigkeit genutzt worden zu sein.

Der Abschluß des Molotow-Ribbentrop-Paktes und der Beginn des Polenfeldzuges veränderten die Lebenslage von Edgar Klaus. Im September 1939 begab er sich aus Riga in die weiter westlich, nahe der polnischen Ostgrenze gelegene litauische Hauptstadt Kaunas. Hier verbrachte der staatenlose Mann jüdischer Herkunft ein Großteil der ersten Phase des Zweiten Weltkrieges, die Monate von September 1939 bis 30. März 1941.

Für diese Zeit liegen Aussagen über die Tätigkeit von Edgar Klaus vor, die allerdings einige Widersprüche aufweisen. Den schwedischen Untersuchungsbehörden gab Klaus nach Kriegsende[9] an, er habe in Riga und Kaunas »auf eigene Rechnung« den Vertrieb von »deutschen, russischen und polnischen Filmen« geleitet, wobei er das »Alleinvertriebsrecht« bestimmter deutscher Filmgesellschaften besessen habe, die er an Polen, Balten und vor allem Russen weiterverkauft habe. Diese multinationale Filmtätigkeit, die sehr lukrativ gewesen sei, habe ihn zu einem bestimmten Zeitpunkt mit dem deutschen Filmvertreter Werner Boening - in Wahrheit ein Agent der deutschen Abwehr - in Kontakt gebracht, der Klaus Aufträge der deutschen Filmgesellschaften Ufa und Tobis vermittelt habe. Daraus habe sich eine fruchtbare Zusammenarbeit ergeben.

Die Umschreibung seiner Tätigkeit mit Begriffen der Filmbranche legt die Vermutung nahe, daß Klaus in Wahrheit bereits in dieser Zeit nachrichtendienstlich tätig war. Zwar lernte er Boening, einen auf polnische Verhältnisse spezialisierten Abwehragenten, in Wahrheit erst im Mai 1941 in Berlin kennen. Doch geht aus deutschen Akten jener Jahre unzweifelhaft hervor, daß Klaus mit einigen an den deutschen Gesandtschaften der baltischen Länder »eingebauten« Abwehrleuten in Verbindung stand. Von ihnen wurde er in Sachen Sowjetunion konsultiert.

Die Angabe von Klaus, daß er als selbständiger Geschäftsmann »deutsche, russische und polnische Filme« vertrieben habe, deutet zusätzlich auf andere, möglicherweise nachrichtendienstliche Verbindungen hin. Äußerungen, die er im Gespräch mit befreundeten oder bekannten Schweden machte, könnten diese Vermutung stützen. So teilte Klaus Anna Linder im Gespräch mit, er habe die Besetzung des Baltikums durch Sowjettruppen (Juni 1940) mit Freude verfolgt und die Begeisterung der Bevölkerung beobachten können, habe dann von sowjetischer Seite das Angebot eines Reisestipendiums erhalten und sich auf seinen Fahrten durch die Sowjetunion von den Fortschritten der Industrialisierung und dem wachsenden Wohlstand der Bevölkerung überzeugen können. Bei anderen Gelegenheiten[10] betonte Klaus, er habe in dieser Zeit guten Einblick in die Tätigkeit der gemischten deutsch-sowjetischen Kommissionen besessen, der deutschen Seite gewisse Dienste erwiesen und sich als eine Art inoffizieller Anhang einer deutschen Handelsdelegation längere Zeit in Moskau und Umgebung aufgehalten. In dieser Zeit sei er in deutschem Auftrag auch nachrichtendienstlich in der UdSSR tätig gewesen. Seine intime Kenntnis örtlicher und sachlicher Details überzeugte die Gesprächspartner von der Richtigkeit seiner Angaben.

Diese und andere gleichlautende Aussagen gaben dem Generaldirektor des Königlich Schwedischen Sozialamtes (Socialstyrelsen), Kurt J. Höjer, im Jahre 1943 Anlaß zu der folgenden Einschätzung der Tätigkeit von Klaus in jenen Jahren[11]: Vieles spreche dafür, daß Klaus in der ersten Phase des Krieges, bevor der Bruch zwischen Deutschland und Rußland eintrat, im Baltikum als eine Art inoffizieller Verbindungsmann zwischen diesen beiden Ländern fungiert habe, also eine Art graue Eminenz des deutsch-russischen Ausgleiches gewesen sei. Demgegenüber betonen Personen, die in jenen Jahren offiziell an den deutsch-sowjetischen Verhandlungen beteiligt waren und aus diesem Grunde auch in der UdSSR weilten, wie etwa der damalige Gesandte Dr. Karl Schnurre[12], daß ihnen der Name Edgar Klaus bis zum Sommer 1943 unbekannt gewesen sei. Seine Tätigkeit in diesem Rahmen beschränkte sich also bestenfalls auf den geheimdienstlichen Bereich. Wahrscheinlich hat Klaus als ein intimer Kenner Deutschlands und Rußlands in der Zeit des Molotow-Ribbentrop-Paktes an jener empfindlichen baltischen Nahtstelle zwischen den beiden wesensgleichen und auch von gleichem Mißtrauen geleiteten Vertragspartnern für einen gewissen Nachrichtenfluß in beide Richtungen gesorgt. Sein Interesse an der Erhaltung dieses brüchigen Friedens, zu dem das jüdische Interesse kam, daß der nationalsozialistischen Expansion nach Osten Grenzen gesetzt würden, mögen die persönlichen Motive für diese Informationstätigkeit gewesen sein. Die Vermutung, seine menschlichen Sympathien hätten in jener Zeit eher auf sowjetischer Seite – als dem geringeren Übel – gelegen, ergibt sich aus seiner Zugehörigkeit zum jüdischen Volk und dem Wunsche nach nationaler Selbsterhaltung. Doch es besteht nicht der geringste Anlaß, ihm mangelnde Loyalität seinen deutschen Gesprächspartnern gegenüber zu unterstellen: Aufgrund seiner tiefen protestantisch-deutschen Verwurzelung war seine Sympathie für das deutsche Volk und die vom nationalsozialistischen Geist unberührt gebliebenen Teile seiner Eliten ebenso natürlich vorgegeben wie ein abgrundtiefer Haß gegen die nationalsozialistische Führungsschicht, die das ihm vertraute Deutschland usurpiert hatte. Seine später vor den schwedischen Behörden gemachte Aussage, er sei zu allen Zeiten »weder Nazi noch Bolschewist« gewesen[13], dürfte also der Wahrheit entsprochen haben.

Die deutschen Akten dieser Jahre, in denen Edgar Klaus erwähnt wurde, müssen mit einer gewissen Vorsicht gelesen und interpretiert werden. Denn der erste Hinweis, in dem der Name Edgar Klaus an prominenter Stelle auftaucht, ist in einer Akte der Himmler unterstellten Sicherheitspolizei und des SD über »GPU-Agenten in Lettland« vom 24./26. Februar 1940 enthalten.[14] In der »Riga-Liste« dieser Aufstellung befindet sich unter Absatz 9, Buchstabe »K« auch ein ausführlicher Eintrag über Edgar Klaus. Auf der dazugehörigen, angehängten Seite erscheint Klaus zwischen dem englischen Journalisten Kerr-Coventres und mehreren russischen Gräfinnen Kleinmichel im lettischen Exil, alle angeblich Mitarbeiter feindlicher Geheimdienste. Über Edgar Klaus steht hier geschrieben: »Klaus, Edgar, geb. 28. 10. 79 in Riga, getaufter Jude, Kommunist, vermutliche Wohnung Riga, Brivibas jela 80. ... Arbeitet im französischen und sowjetrussischen N.D.« Der Name Edgar Klaus tauchte ferner in den Steckbriefen zweier anderer Personen auf, die in dieser Liste enthalten sind: Im Steckbrief von Frau Cirila Bresownik, die um 1899 in Slowenien geboren wurde und christliche Slowenin war; Frau Bresownik galt dem nationalsozialistischen Sicherheitsdienst als »Kommunistin, judenfreundlich. War Sekretärin von Edgar Klaus. Soll in regem Briefwechsel mit Edgar Klaus stehen, evtl. auch in Riga?«; und im Steckbrief von »Siedentop, Erhard, geb. 4. 9. 95 in Rendsburg. Jetzt noch nicht Sp. Tätigkeit nachgewiesen, besuchte aber Edgar Klaus, ist befreundet mit ihm, wohnt in Riga.«

Die Tatsache, daß die slowenische Orthodoxe ihrem früheren Chef auch in dieser schweren Zeit die Treue hielt, war also belastend genug, um sie auf diese SD-Liste zu setzen – ein Zeichen dafür, wie ernst der SD den »GPU-Agenten« Edgar Klaus nahm. Das gilt verstärkt für den Fall Siedentop. Oberleutnant a. D. Erhard Siedentop hatte sich seit Juli 1939 in Riga aufgehalten. Mit Hilfe der Deutschen Gesandtschaft war es ihm hier gelungen, seine deutschbaltische Herkunft zu eruieren und seinen Namen offiziell in »von Barnstorff-Siedentop« abzuändern. In der Rigaer Deutschen Gesandtschaft ging er in dieser Zeit beim deutschen Militärattaché ein und aus und lernte dabei vermutlich auch

Edgar Klaus kennen. Ob Siedentop – wie auch Klaus – damals mit der Abwehr in Verbindung stand, ist nicht gesichert. Denn die der Abwehr nahestehenden oder ihr angehörenden Militärattachés der deutschen Vertretungen in den baltischen Hauptstädten sowie ihre Gehilfen waren angewiesen, ein Netz von Informanten zu unterhalten, wobei militärische Informationen über eventuelle Bewegungen auf sowjetischer Seite zu den vorrangig interessierenden Auskünften zählten. Diese wenigen, im Falle Siedentop nachgewiesenen Verbindungen reichten bereits aus, um gegen ihn eine »Haftsache« Himmlers als des Chefs der Sicherheitspolizei und des SD zu verhängen. Am 23. Dezember 1939 wurde er auf einem Transport der »heim ins Reich« geleiteten Deutschbalten im Auffanglager Stargard/Pommern »wegen dringenden Verdachts des Landesverrats« verhaftet. Ein Schreiben Himmlers an die Politische Abteilung des Auswärtigen Amts vom 20. Januar 1940[15] beschuldigte von Barnstorff-Siedentop des dringenden Verdachts des Landesverrats zugunsten Englands. Als Beweis wurde die Behauptung angeführt, er habe in Riga mit Agenten des englischen Nachrichtendienstes in Verbindung gestanden. Die Aussage Siedentops, daß er in Riga mit dem deutschen Militärattaché in Verbindung gestanden habe, wurde als unwahre »Schutzbehauptung« zurückgewiesen. Über das weitere Schicksal dieses Mannes in Gestapo-Haft kann kein Zweifel bestehen. Und tragisch dürfte auch das Ende von Cirila Bresownik nach der deutschen Besetzung verlaufen sein. Wie zuvor in Jugoslawien begannen die Einsatzgruppen der Sicherheitspolizei und des SD auch nach der Besetzung von Riga (1. Juli 1941) mit der Ausrottung der »politisch und rassisch unzuverlässigen Elemente«. Einige von ihnen waren in der SD-Liste vom Februar 1940 enthalten; neben ihnen wurden allein in der Stadt Riga 40000 Juden ermordet.

Diese Überlegungen werfen die Frage nach dem Charakter dieser »Agenten«-Liste des SD auf. Ein Überblick ergibt, daß neben zahlreichen Angehörigen des russischen und deutschbaltischen Adels, Personen mit englischen und französischen Familien- oder Kulturverzweigungen und Intellektuellen unterschiedlicher Nationalität mit einer für den SD unverständlichen Beschäftigung (Vielsprachigkeit galt als höchst verdächtig) vor allem Juden ins Visier genommen wurden – kurz, alle jene Elemente, die das besondere Fluidum der Handels- und Kulturmetropole Riga in der Zwischenkriegszeit geprägt hatten. Mit der Stigmatisierung eines potentiellen Agenten enthielt die SD-Liste also zugleich einen Vernichtungsauftrag: Spätestens bei der Besetzung des Baltikums durch deutsche Truppen sollten diese Personen liquidiert werden. Daß der SD aus dieser Bestimmung kein Geheimnis machte, bewies der Fall Siedentop, dessen Spionagetätigkeit ja explizit noch nicht erwiesen war.

Die Frage, aus welchem Grunde Edgar Klaus – abgesehen von seiner jüdischen Herkunft, seiner Rußlandkenntnis, seinem aufwendigen großbürgerlichen Lebensstil und seinen komplizierten biographischen Hintergründen – auf dieser SD-Liste stand, ist nicht eindeutig zu beantworten. Die Annahme, der SD habe über Denunziationen oder sogar wahre Informationen verfügt und Klaus habe tatsächlich im Dienste des sowjetischen Geheimdienstes gestanden, ist grundsätzlich nicht auszuschließen. Sie ist allerdings weder in den deutschen Nachforschungen noch später in den sehr detaillierten schwedischen Untersuchungen durch ein einziges handgreifliches Indiz erhärtet worden. Fest steht demgegenüber die Tatsache, daß Klaus in Riga und besonders in Kaunas in relativ enger Verbindung zum Militärattaché der jeweiligen deutschen Gesandtschaft und besonders zu den jeweiligen Abwehrbeauftragten stand. Er belieferte diese gesprächsweise und möglicherweise durch Aufzeichnungen und Analysen mit Nachrichten über die Sowjetunion und ihre Pläne im Ausland. Da Klaus die Gefahren der Lage erkannte und ein deutsches militärisches Abenteurertum für selbstzerstörerisch hielt, dürften seine Informationen und Expertisen über die sowjetische Infra- und Militärstruktur sich auf nüchtern vorgetragene, sachliche Angaben beschränkt haben, die mit dem Unterton der Beschwörung und der Warnung gemacht wurden. Das wohlverstandene Ziel seiner Informationstätigkeit kann nur Aufklärung über die wahren Sachverhalte, nicht die Stärkung deutscher Illusionen gewesen sein. Und aus diesem Grunde war er für die Abwehrbeauftragten ein unentbehrlicher Informant.

In der Deutschen Gesandtschaft Kaunas, die dem Gesandten Dr. Erich Zechlin unterstand, traf Klaus häufig den Militärbeauftragten und späteren Kanzler Kurschat, dessen Hauptaufgabenbereich die Pflege der Beziehungen zu den östlichen Reichsdeutschen und die Militärspionage war. Kurschat, der nach Beginn des deutsch-sowjetischen Krieges zeitweilig als Verbindungsmann des OKW beim Auswärtigen Amt, Abteilung Pol I M, tätig war, hielt im Sommer 1942 in einer Aufzeichnung fest, daß Herr »Clauss ... s. Zt. Nachrichtenagent beim deutschen Militärattaché in Kowno war«.[16] Er fügte hinzu, daß Klaus »im Verdacht steht, auch russischer Agent zu sein (vgl. die dort vorliegenden Vorgänge)«. Die Frage, ob Kurschat diesen »Verdacht« schon damals den SD-Beauftragten der Gesandtschaft mitgeteilt hatte, also der Informant des SD gewesen war, oder ob er selbst diesen »Verdacht« der genannten SD-Liste entnommen hatte, bleibt unbeantwortet. Jedenfalls fehlte es an der Deutschen Gesandtschaft Kaunas nicht an Munkeleien und Gerüchtebildung. Die Ansichten über Edgar Klaus unterschieden sich offenbar je nach der Abteilung der »eingebauten« Personen: Der Vertreter der Auslandsorganisation der NSDAP – Klaus gab seinen Namen später mit Plamsch wieder[17] –, den Klaus als einen Ignoranten in Sachen Rußland bezeichnete, tat sein möglichstes, um die von Klaus geäußerten Ansichten als unglaubwürdig hinzustellen. Wie bei dem Vertreter der Partei, so war Klaus vermutlich auch von den Angehörigen des Sicherheitsdienstes und der Gestapo, die in der Gesandtschaft tätig waren, aufgrund der von ihm vorgetragenen Meinungen als »Bolschewist« oder »bolschewistisch verseucht« eingestuft worden - dieses Urteil wurde ja im Führerhauptquartier selbst dem deutschen Botschafter in Moskau, Graf Schulenburg, und seinem Stab zuteil, die es wagten, ähnliche Ansichten wie Klaus zu äußern. Hier liegt wohl einer der Gründe dafür, daß Klaus in die SD-Liste aufgenommen wurde. Demgegenüber kam es in den Gesprächen, die Klaus mit den Vertretern der Abwehr und des Militärsektors führte - Klaus erwähnte die Namen Ungern-Sternberg, Jost und Kurschat und betonte, daß diese Männer »keine Nazis« waren -, wohl zu hitzigen Auseinandersetzungen über Pläne und Ziele der sowjetischen Außen- und Militärpolitik. Doch herrschte ein grundlegendes Einverständnis mit den Auslegungen von Klaus vor. Besonders zwischen Klaus und Ungern-Sternberg bestand ein gutes Verhältnis. Reinhold Freiherr von Ungern-Sternberg, von 1937 bis 1940 Legationssekretär in Kowno (Kaunas) und nach Ausbruch des deutsch-sowjetischen Krieges Verbindungsoffizier des Auswärtigen Amts beim AOK 18, war selbst gebürtiger Balte und zeichnete sich in seinen Ansichten über Rußland durch jene liberale, humanistische Einstellung aus, wie sie auch in der Deutschen Botschaft Moskau vorherrschte. Während des Krieges gab er in seinen Situationsberichten die wahren Praktiken der deutschen Besatzungspolitik wieder und hielt mit Kritik nicht zurück.

Nach Kriegsende machte Klaus vor den schwedischen Behörden die Angabe, er habe der Deutschen Gesandtschaft Kowno »Auskunft in russischen Fragen« und, speziell der Abwehr, Informationen »über die Verhältnisse in Rußland« gegeben.[18] Wahrheitsgemäß betonte Klaus in diesem Zusammenhang, es habe in seinem persönlichen Interesse gelegen, mit der deutschen Vertretung auf »möglichst gutem Fuß« zu stehen. Seine Aussage, er habe auch in einigen wichtigen Fragen zwischen den Deutschen und den Russen vermittelt und der deutschen Seite durch seine Verbindungen große Dienste erweisen können, läßt sich indes nicht verifizieren. Es ist nicht erkennbar, auf welchem Gebiete diese Dienste gelegen haben mögen. Wenn Klaus von größeren »Holzlieferungen« sprach, die durch seine Vermittlung von Rußland nach Deutschland gelangt seien, so dürfte es sich hier um eine Umschreibung anderer »Lieferungen« gehandelt haben.

Es fällt auf, daß die Deutsche Gesandtschaft Kowno ihm am 3. Januar 1940, ungeachtet aller gegen ihn erhobenen Verdachtsmomente, den deutschen Reisepaß mit der Nummer 58 ausgestellt hat.[19] Diese Tatsache gibt - berücksichtigt man dabei die von Klaus selbst im Gespräch mit schwedischen Bekannten geäußerten Reiseeindrücke aus der UdSSR - Anlaß zu der Vermutung, Klaus könnte tatsächlich in der

Zeit des Molotow-Ribbentrop-Paktes im deutschen Auftrag Erkundungsfahrten durch die UdSSR unternommen haben. Auch nach der sowjetischen Besetzung, die Klaus vorausgesagt hatte, blieb er zunächst aufgrund seines deutschen Passes noch in Kowno, wo ihm allerdings – nach Aussagen vor den schwedischen Behörden – sein Geschäft zunehmend erschwert worden sei. Schließlich wurde ihm im März 1941 durch Vermittlung Ungern-Sternbergs ein »Deutscher Umsiedler«-Paß (Nr. 10 / 65 / 27/O.B. 1) ausgestellt. Dieser Paß, den die Himmler unterstellte Volksdeutsche Mittelstelle normalerweise an sogenannte Volksdeutsche vergab, um ihnen die Fahrt »heim ins Reich« zu ermöglichen, trug im Falle von Klaus den Vermerk: »Lt.A.O. 2.III?«. Dies könnte bedeuten, daß »laut Auskunft der Auslandsorganisation der Partei an der Deutschen Gesandtschaft der Inhaber dieses Umsiedlerpasses Volksdeutscher der 2. Kategorie der Deutschen Volksliste, nämlich Volksdeutscher mit erhaltenem, wenn auch nicht propagandistisch aktivem Deutschtum« sei. Oder war dies lediglich ein Hinweis darauf, daß dieser Umsiedlerpaß Klaus laut Auskunft der Auslandsorganisation der Partei – einer der Spitzelinstanzen in der Gesandtschaft – am 2. März des Jahres ausgehändigt worden war?

In jedem Falle war die Ausstellung eines volksdeutschen Umsiedlerpasses eine lebensrettende Maßnahme, die den Inhaber gegen Übergriffe der sowjetischen Behörden schützte und dem Netz der Spürhunde des SD entzog. Ohne diesen Paß, den er Ungern-Sternberg verdankte, hätte er die Sommermonate 1941 kaum überleben können.

Als ausgewiesenen »Volksdeutschen« konnten die Abwehrangehörigen der Gesandtschaft Edgar Klaus in dem Moment, als der deutsche Angriff auf die UdSSR bevorstand, in die Reichshauptstadt schleusen. Am 30. März 1941 verließ Klaus Kowno.

In Berlin wurde er von dem Hauptmann d.R. Hans-Ludwig von Lossow, Mitarbeiter der Abwehrabteilung I, Heer Ost, in Empfang genommen und betreut. Lossow mietete Klaus in einer Pension am Nollendorfplatz ein und händigte ihm für seine zukünftige Tätigkeit einen Betrag von etwa 80000 Reichsmark sowie ausländische Valuta aus, die Klaus seinem alten Freund und Anwalt Heinz Siebert (wohnhaft in Berlin-Wilmersdorf, Prager Str. 6 oder 8) mit der Bitte übergab, dieses Geld zu verwalten und in Etappen durch die Abwehrbeauftragten nach Schweden zu schicken. Denn Lossow klärte Klaus nicht nur in allen Details über die Lage in Deutschland, insbesondere über die Entwicklung des Widerstandes und das Reifen der Umsturzpläne, auf; er berichtete ihm auch vom bevorstehenden Angriff auf die Sowjetunion und wies ihn in groben Umrissen in die ihm zugedachte Aufgabe ein.

Nach etwa sechs bis acht Tagen wurde Klaus zu einem Gespräch mit dem Chef Lossows geladen; im Gespräch mit den schwedischen Behörden gab Klaus dessen Namen mit »Prittwitz von Gaffron« an. Die Frage, ob er selbst über die wahre Identität des Abwehrchefs in Unkenntnis gehalten wurde oder ob er diesen Namen zu Deckungszwecken gegenüber den schwedischen Dienststellen verwendete, über deren politische Sympathien er sich kein Urteil zu bilden wußte, kann nicht geklärt werden. In jedem Falle hatte der Name von Prittwitz zu dieser Zeit einen guten Klang: Der ehemalige Deutsche Botschafter in Washington, von Prittwitz und Gaffron, hatte im Moment der Machtübernahme durch die Nationalsozialisten offiziell sein Amt niedergelegt und lebte seitdem im vorzeitigen Ruhestand. Sein Botschaftsrat, Paul Schwarz, hatte den gleichen Entschluß gefaßt und war zudem in den USA geblieben.

Der Amtschef, der sich angeblich als »Prittwitz von Gaffron« vorstellte, empfing Klaus also - nach dessen Darstellung - in seinen Diensträumen in einer großen Villa in der Nähe des Tiergartens.[20] In Anwesenheit zweier hochgestellter Mitarbeiter - bei einem dieser Mitarbeiter handelte es sich aller Wahrscheinlichkeit nach um Oberst Hansen, den Leiter der Abwehrabteilung I, der für den Einsatz von Klaus in Schweden die Verantwortung trug - entwickelte sich nun ein Informationsgespräch über die Lage in Rußland. Das Gespräch kreiste um zwei Fragen: Besteht die Möglichkeit, daß Stalin im Falle einer deutschen Invasion die Macht über die Sowjetvölker verliert und gestürzt wird? Und wie stark ist die Sowjetarmee, was ihre Ausrüstung und ihre moralische Kampfkraft betrifft? In seinen Ausführungen schloß Klaus - nach eigenen Worten - die Möglichkeit eines Zusammenbruches des Sowjetsystems im Moment eines deutschen Angriffes aus und betonte - nicht zuletzt auf seine Beobachtungen im Baltikum im Moment des sowjetischen Einmarsches gestützt - die innere Stärke der Sowjetarmee.

Nach diesem ersten Gespräch wurde Klaus in einen angrenzenden Konferenzraum gebeten, in dem sich etwa zwölf bis fünfzehn hohe Offiziere versammelt hatten; Klaus glaubte später, in einem von ihnen General von Manstein, in einem anderen möglicherweise von Brauchitsch erkannt zu haben. Er wurde gebeten, auf die Fragen dieser Männer zu Rußland zu antworten, und es schloß sich eine etwa zweistündige Fragerunde an. Die gestellten Fragen waren, nach Klaus, recht allgemeiner Natur. Einige von ihnen kreisten um die Unterschiede zwischen dem zaristischen und dem sowjetischen Rußland. Über den Tenor der Antworten von Klaus kann kein Zweifel bestehen: Vor Vertrauten in Schweden ließ er im Januar 1943, unter dem Eindruck der Geschehnisse von Stalingrad, voll Bitterkeit durchblicken, er habe im Frühjahr 1941 in Deutschland die Gelegenheit erhalten und genutzt, an höchster Stelle mit allem Nachdruck vor den Folgen eines deutschen Angriffskrieges zu warnen; er habe durch seine Argumente versucht, die Stimmen in Deutschland zu unterstützen, die in letzter Minute versuchten, den Angriff auf die Sowjetunion zu verhindern.[21] Er erwähnte auch, daß ihm hochgestellte Mitglieder der Oppositionskreise in Deutschland die Möglichkeit gegeben hätten, vor einem ausgewählten Kreis von hohen Militärs seine Meinung vorzutragen. Er habe dabei insbesondere auf den irreführenden Charakter der Theorie von Rußland als dem ›Koloß auf tönernen Füßen‹ und auf die großen Gefahren eines Bruches des deutsch-sowjetischen Bündnisses hingewiesen. Er habe die Fortsetzung dieses Bündnisses unter den gegebenen Umständen als die einzige und vitale Voraussetzung für Deutschlands Stärke, ja für sein Überleben dargestellt. Doch man habe nicht auf die Stimme der Vernünftigen hören wollen.

Einige Tage später wurde Klaus telephonisch erneut zu einem Gespräch zu »Prittwitz von Gaffron« geladen. Am Ende dieses zweiten Meinungsaustausches wurde er gefragt, ob er irgendwelche persönlichen Wünsche habe. Die Truppen der Achsenmächte hatten in den beiden ersten Aprilwochen Jugoslawien besetzt, und Klaus erbat sich nun die Erlaubnis, in seinen Gruben in der Steiermark nach dem Rechten sehen zu dürfen. Er erhielt diese umgehend und reiste in den folgenden Tagen nach Wien, um von dort aus den Versuch zu machen, die ehemalige österreichisch-slowenische Grenze zu überschreiten. Doch die deutschen Militärbehörden versagten ihm dies trotz der vorgezeigten Papiere, und nach etwa zehn bis vierzehn Tagen kehrte Klaus unverrichteter Dinge nach Berlin zurück.

Kurz danach, in den ersten Maitagen 1941, wurde er erneut zu dem Amtschef »Prittwitz von Gaffron« gebeten. Ein drittes ausführliches Gespräch über die sowjetischen Verhältnisse ergab sich. Am Ende wurde Klaus gefragt, ob er besondere Beziehungen zu irgendwelchen sowjetischen Persönlichkeiten im Ausland habe oder sich in der Lage glaube, solche Beziehungen herzustellen. Es schloß sich nun ein operatives Gespräch über die Möglichkeiten an, mit den Vertretern der Sowjetischen Gesandtschaft in Stockholm, deren Leiterin Alexandra Michajlowna Kollontaj eine Altbolschewistin aus dem Kreise Lenins war, in Verbindung zu treten. Klaus gab an, daß er sich zutraue, solche Kontakte herzustellen und verwies auf die Tatsache, daß von allen Sowjetgesandtschaften im neutralen europäischen Ausland die Stockholmer Gesandtschaft aufgrund ihrer personellen Zusammensetzung am ehesten geeignet sei, einen Direktkontakt herzustellen. Ob in diesem Gespräch auch Anweisungen für die Zeit vor Eintreten des *casus belli* – etwa Warnungen, wie sie Canaris auch vor den vorausgegangenen Angriffen über seine Agenten hatte ergehen lassen, oder überwiegend Absprachen für die Zeit des Rußlandfeldzuges –, zur Sprache kamen, ist nicht bekannt. Die Aufgaben, die Canaris Klaus am Ende dieses Gespräches zuwies, erstreckten sich vor allem auf zwei Ebenen: Er sollte einerseits den Weg zu den wichtigen Sowjetdiplomaten in Stockholm bahnen und »mit möglichst vielen Russen Verbindungen herstellen«[22], die sich im gegebenen Moment in entsprechender Weise würden nutzen lassen; und er sollte andererseits Angaben und Berichte über die sowjetischen Verhältnisse, insbesondere die militärischen Dispositionen, zusammenstellen und diese über einen in Stockholm placierten deutschen Abwehragenten an das Amt Ausland/Abwehr in Berlin weiterleiten.

Unmittelbar nach Abschluß dieses Entsendungsgespräches wurde Klaus von einer Ordonnanz in einen Nebenraum geführt, in dem ihm Werner Boening, der für ihn zuständige Abwehrbeauftragte in Stockholm, vorgestellt wurde.[23] Die beiden Männer machten sich in den folgenden Tagen in Berlin miteinander bekannt. Boening, als Spezialist in polnischen Fragen seit 16. September 1939 zu der an der Deutschen Gesandtschaft Stockholm »eingebauten« Abwehrgruppe gehörend, offiziell aber als »Film-Beauftragter« der Gesandtschaft fungierend, war Klaus dabei behilflich, an der Schwedischen Gesandtschaft in Berlin ein Einreisevisum nach Schweden zu erhalten. Am 21. Mai 1941 reiste Klaus nach Schweden. Am 22. Mai, einen Monat vor Beginn des »Unternehmens Barbarossa«, traf er in Stockholm ein.

Lični opis.

Stan ... Oči ...
Stas ... Brki ...
Obraz ... Brada ...
Lasje ... Usta ...
Nos ... Poseb. znaki ...

Veljavno do 7. VII. 1938.
Sedaj stanuje v ...
Zaposlen ...
v svojem stanovanju ima biti do.

Svojeročni podpis:

Br. 96/38

Pečat.

374-31

Eine slowenische Legitimationsurkunde aus dem Jahr 1938 gibt Edgar Klaus' damalige Staatsangehörigkeit mit »deutsch« an. Mit diesem Dokument ausgestattet, verläßt er, vermutlich im Sommer 1938, seine Wahlheimat Jugoslawien.

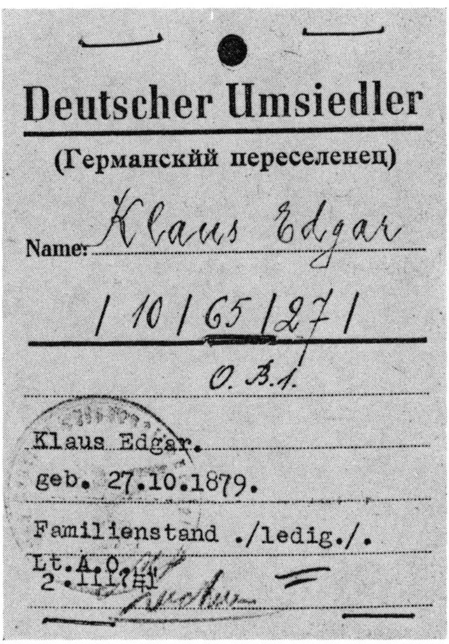

Deutscher Umsiedler

(Германскій переселенец)

Name: Klaus Edgar

1/10/65/271/

O.B.1.

Klaus Edgar.
geb. 27.10.1879.
Familienstand ./ledig./.
Lt.A.O.
2.III.41

Im März 1941 wird Klaus in Kowno ein »Deutscher Umsiedler«-Paß ausgestellt – der normalerweise an sogenannte Volksdeutsche vergeben wird, um ihnen eine Fahrt »heim ins Reich« zu ermöglichen.

Hunter-Blair, Helene, geb. Ezergailis
8. I l g a t s c h, Maria, geb. Johannson
9. K e r r - C o v e n t r e s
Klaus, Edgar
Kleinmichel, Gräfin Marija
Kleinmichel, Gräfin Nina, geb. Chrustschoff
Knie, Dimitri
Krusberg
Kuschkewits

B r e z o v n i k, Cirila, vermutlich geb. in Vitanje bei Celje ca. 1899. Slowenin, Kommunistin, judenfreundlich. War Sekretärin von Edgar Klaus. Soll in regem Schriftwechsel mit Edgar Klaus stehen, evtl. auch in Riga ?

K l a u s, Edgar, geb. 28.1o.79 in Riga, getaufter Jude, Kommunist, vermutliche Wohnung Riga, Brivibas iela 80. Früherer deutscher Reisepass Nr. 182 133/31, ausgestellt in Berlin am 1o.3.1931. Jetzt Nansenpass Nr. 0 003 385 vom 16.5.39. Arbeitet im Französischen und sowjetrussischen N.D.

K l e i n m i c h e l, Gräfin Marija, geb. 1912, ist englische

S i e d e n t o p, Erhard, geb. 4.9.95 in Rendsburg. Jetzt noch nicht Sp-Tätigkeit nachgewiesen, besuchte aber Edgar Klaus, ist befreundet mit ihm, wohnt in Riga.

Der erste Hinweis, in dem der Name Edgar Klaus an prominenter Stelle auftritt, findet sich in einer Akte der Himmler unterstellten Sicherheitspolizei und des SD über »GPU-Agenten in Lettland« vom Februar 1940. Ferner taucht der Name in den Steckbriefen zweier Personen auf, die in dieser Liste enthalten sind.

Zahlreiche Details aus Edgar Klaus' Lebensgeschichte lassen ihn in den Augen des deutschen Abwehrchefs, Admiral Canaris, als geeignet erscheinen, im günstigen Moment hinter den Kulissen der offiziellen Diplomatie zwischen Deutschland und der Sowjetunion zu vermitteln.

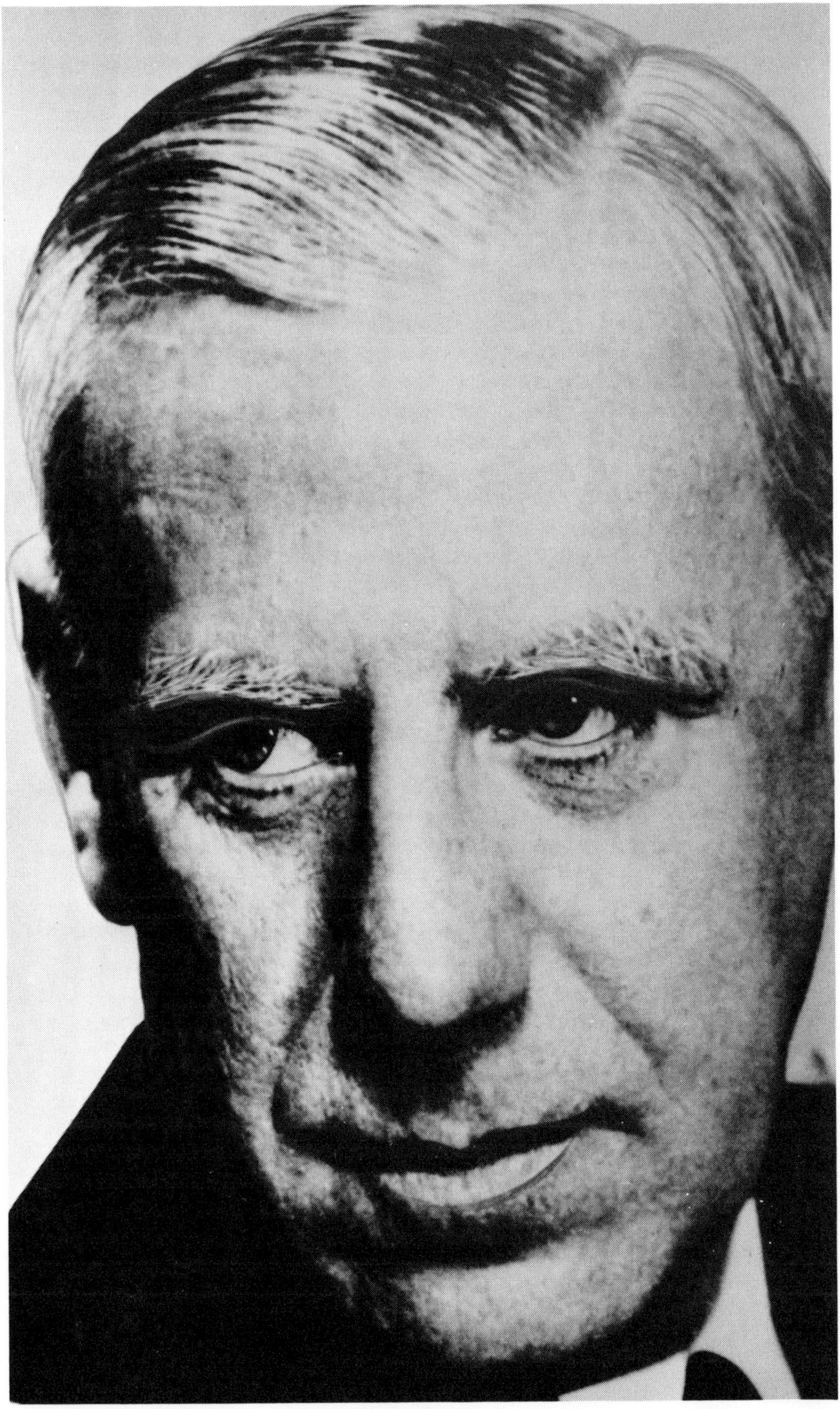

Im Mai 1941 reist Edgar Klaus nach Schweden – genau einen Monat vor Beginn des »Unternehmens Barbarossa« trifft er in Stockholm ein.

Edgar Klaus' zweite Frau Lilian. Er lernt die hochgebildeteundgutaussehende Tochter von »Generator-Algoth« während seines ersten schwedischen Winters kennen.

Viertes Kapitel

Die diplomatische und geheimdienstliche Szene Stockholms

Stockholm, die Hauptstadt des neutralen Landes im Norden Europas, war in der ersten Phase des Zweiten Weltkrieges zu einem der wichtigsten Umschlagplätze geheimer Nachrichten und diplomatischer Demarchen geworden. Diese Funktion weitete sich mit Beginn des deutsch-sowjetischen Krieges noch beträchtlich aus.[1] Für die deutsche Seite besaß die schwedische Hauptstadt neben den vergleichbaren Metropolen der Nachrichten- und Geheimdienste dieser Jahre, nämlich Bern, Ankara und Madrid/Lissabon, den Vorzug der besonderen Art der schwedischen Neutralität. Die wohlwollende Neutralität, die verschiedene politische Instanzen des Königreichs - von Teilen des Königlichen Hauses über das Außenministerium bis hinab zu dem mit Ausländerfragen befaßten Sozialamt - den Vertretern des Dritten Reiches entgegenbrachten[2], hatte neben gewissen gleichgerichteten inneren Tendenzen vor allem einen außenpolitischen Grund: Das Damoklesschwert einer deutschen Invasion in Schweden mit dem Ziel des Zugriffs auf die schwedischen Erzvorhaben und der Ausschaltung der gegen Deutschland gerichteten Aktivitäten der Feindstaaten hing während des gesamten Krieges mehr oder minder drohend über Land und Volk Schwedens.

Zu den Dienststellen des Dritten Reiches, die in besonders hohem Maße von der stillen Duldung und zum Teil geheimen Zusammenarbeit der schwedischen Parallelinstitutionen profitierten, zählte die deutsche Abwehr. Seit 1936 bestanden zwischen beiden Institutionen gute Arbeitsbeziehungen.[3] Der Leiter der Nachrichtenabteilung des schwedischen Generalstabs, Oberstleutnant Helge Jung, hatte in diesem Jahr in Berlin Kontakt zum deutschen Abwehrchef Canaris aufgenommen, um mit ihm insbesondere die Informationstätigkeit in Richtung Osten, unter anderem mit Blick auf die strategischen Fragen der baltischen Staaten, zu besprechen. Unter größter Geheimhaltung fanden in den nachfolgenden Jahren Treffen zwischen führenden Persönlichkeiten der deutschen und schwedischen Abwehr statt. Auf einem dieser Treffen, einer Aussprache zwischen dem langjährigen schwedischen Militärattaché in Helsinki und Nachfolger Jungs im Verteidigungsstab, Adlercreutz, und Canaris, das 1937 in Berlin stattfand, wurde die Vereinbarung getroffen, daß die auf schwedischem Hoheitsgebiet betriebene Tätigkeit der deutschen Abwehr niemals gegen Schweden und die schwedischen Interessen gerichtet sein dürfte. Dieses Versprechen, das über Adlercreutz allen einschlägigen schwedischen Dienststellen bekanntgemacht wurde, hielt die deutsche Abwehr, solange sie unter ihrem Amtschef Canaris arbeitete, weitgehend ein. Bis zum Jahre 1944 galt in den Reihen der Abwehr »das strikte Verbot jeder Tätigkeit gegen Schweden«.

Mit Beginn des Krieges wuchs das schwedische Interesse an den Resultaten der deutschen Abwehrarbeit, und dies besonders im Hinblick auf die Interessen und Intentionen der stärksten Macht in Osteuropa, der UdSSR. Im Oktober 1939 ließ Canaris seinem schwedischen Kollegen Adlercreutz eine Beurteilung der Politik Deutschlands im Falle eines sowjetischen Angriffes auf Finnland zugehen. Und im September 1940 fand in Stockholm ein Treffen zwischen Canaris und Adlercreutz statt, in dem die Möglichkeiten gemeinsamer Abwehrmaßnahmen im Falle eines sowjetischen Vordringens besprochen wurden.[4] Daneben bestanden weiterhin Beziehungen zwischen dem deutschen Abwehrchef und dem schwedischen Militärattaché in Berlin, Juhlin-Dannfeld. Die geheimen Kontakte zwischen diesen beiden Männern hielten bis zur Verhaftung von Canaris an. Ferner bestand über die an der Deutschen Gesandtschaft Stockholm eingebauten Abwehrleute eine indirekte, aber aktive Verbindung zwischen Canaris und dem Chef der Stockholmer Sicherheitspolizei, Martin Lundquist. Lundquist war Parteigänger eines nationalen, nicht aber nationalsozialistischen Deutschland, und bemühte sich, Wilhelm Canaris in jeder Hinsicht behilflich zu sein.

Der Leiter der deutschen Abwehrstelle Stockholm, in der Sprache der Abwehr der »KO-Leiter« Stockholm, war Oberst Dr. Hans (Johann, Hans-Georg) Wagner (Deckname: Dr. Neumann). Seine Abwehrstelle war als »Büro Wagner« in die Militärabteilung der Gesandtschaft »eingebaut«, die dem Militärattaché von Uthmann unterstand. Das »Büro Wagner« hatte seine Amtsräume in der Kaptensgatan 6 im eleganten Stadtteil Östermalm. Die Entfernung von den anderen Dienststellen der Deutschen Gesandtschaft bürgte für eine gewisse Anonymität sowohl gegenüber den deutschen als auch den schwedischen Sicherheitsorganen. Denn Anonymität und Freizügigkeit der Bewegungen waren für Wagners Operationen wünschenswert. Oberst Wagner, der offenbar bis 1940 der Stockholmer Redaktion des *Völkischen Beobachters* angehörte[5], war eine jener Zwitternaturen der nationalsozialistischen Geheimdienste, die ebensowohl mit der Abwehr wie mit dem Reichssicherheitshauptamt (RSHA) zu arbeiten verstanden; nach der Verhaftung seines offiziellen Chefs Canaris unterwarf er sich widerspruchslos den Direktiven Kaltenbrunners und Schellenbergs.

Wagner hat sich später als Meister der Penetration einer schwedischen Dienststelle erwiesen. Mit einer Mischung aus ideologischer

Inanspruchnahme, Pression und Bestechung verschaffte er sich über einen schwedischen Journalisten und Parteigänger des Nationalsozialismus, Johan Alexander Lönnegren, Zugang zum Königlich Schwedischen Sozialamt. Das Sozialamt (Socialstyrelsen) nahm in der Eigenschaft eines Ministeriums die Ausländerfragen wahr. Die Abteilung des Sozialamtes, in der die Akten der politischen und rassischen Emigranten aus Deutschland und den von Deutschland besetzten Ländern verwaltet wurden, unterstand Büroinspektor Carl August Robert Paulsen (geboren 1886). Paulsen war ein enger Vertrauter Lönnegrens, der wiederum mit Oberst Wagner in Verbindung stand. Durch diesen Kanal wurden Wagner wiederholt die Akten betreffs deutscher und österreichischer Emigranten zugespielt, die er selbst nach Deutschland weiterleitete. So vermochten sich interessierte Dienststellen in Berlin ein zutreffendes Bild von den Aktivitäten und Planungen der im schwedischen Exil befindlichen politischen Gruppen zu machen. In zumindest einem bekannt gewordenen Fall hat Wagner über seine Mittelsmänner die Auslieferung von etwa fünfzig jüdischen und sozialdemokratischen Flüchtlingen aus Schweden nach Deutschland bewirkt. In anderen Fällen, wie etwa im Falle des österreichischen Sozialdemokraten Bruno Kreisky, war die Auslieferung von deutscher Seite gewünscht und die Abschiebung vom Sozialamt eingeleitet worden. Doch schritten rechtzeitig andere, hilfebringende Instanzen ein.[6] Diese Aktivitäten Wagners erstreckten sich über den größten Teil der Kriegszeit. Erst gegen Ende 1944 wurde die Zusammenarbeit zwischen Wagner und Lönnegren-Paulsen bekannt, Wagner mit seinem Stab aus Schweden ausgewiesen und seinen schwedischen Helfern der Prozeß gemacht.[7]

In der Zählung der Abwehragenten hatte das Büro Wagner die Zahlen von 100 bis 109. Unter diesen zehn Abwehrbeauftragten befand sich neben Wagners rechter Hand, Kapitän Utermark, der als »Gehilfe des Militärattachés« eingebaut war, auch der »Beauftragte der Gesandtschaft für Filmfragen«, Werner Boening. Diesem wurde nun als V-Mann und offizieller »Mitarbeiter in Filmfragen« Edgar Klaus beigegeben. Um die jüdische Herkunft von Klaus zu verbergen, wurde ihm der Deckname »Schönemann« gegeben und an der Gesandtschaft das Gerücht in Umlauf gebracht, Schönemann sei ein deutschstämmiger General in der Armee des Zaren gewesen und verfüge daher in allen Rußland betreffenden Fragen über große militärische Kenntnisse. Trotz dieser Vorsichtsmaßnahmen und einer gewissen Isolierung von Klaus von dem allgemeinen Geschehen der Dienststellen der Gesandtschaft sprach es sich unter den nationalsozialistisch orientierten Mitarbeitern bald herum, daß »General Schönemann« in Wahrheit »der Jude Schönemann« sei, – für Wagner ein Grund mehr, ihn aus dem öffentlichen Bild zu verbannen.

Die Tatsache, daß eine solche Isolierung weitgehend möglich war, ergab sich nicht nur aus der Topographie der weithin über das Stadtzentrum Stockholms verteilten deutschen Dienststellen und Niederlassungen. Auch die besonderen Vorschriften der Geheimhaltung sowie der bei vielen bestehende Wunsch, nicht zu viel zu sehen und zu wissen, begünstigten die Anonymität gewisser Operationen. So bestritt zum Beispiel der deutsche Gesandte, Dr. Hans Thomsen, der um die Jahreswende 1942/43 Prinz zu Wied ablöste, daß er Kenntnis von deutschen Geheimdienstaktivitäten in Schweden besessen habe; er habe es in jedem Falle »vorgezogen . . ., mit solchen Angelegenheiten nicht vertraut gemacht zu werden«.[8] Zwar wußte er, daß Oberst Wagner der Vertreter der Abwehr und August Finke Vertreter des Sicherheitsdienstes und später des Amtes VI des RSHA - offiziell getarnt und »eingebaut« als eine Dienststelle der Handelsabteilung der Gesandtschaft - waren; doch hatte er - nach eigener Aussage - »keine Kontrolle über sie und wußte absolut nichts von ihrer Arbeit«. Wohl aber war ihm bekannt, daß Wagner eng mit dem Chef der Sicherheitspolizei, Martin Lundquist, zusammenarbeitete - eine Tatsache, die in seinen Augen voraussetzte, daß Wagner auf schwedischer Seite gut angesehen war.

Wie Hans Thomsen vor den geheimen Aktivitäten an seiner Gesandtschaft willentlich die Augen schloß, so ignorierte er die Bestrebungen der deutschen Opposition, über Wege der Abwehr die Fühler zu den Alliierten auszustrecken. Seine Abneigung gegen Operationen dieser Art hatte er schon in Washington dokumentiert, wo er ab 1936 Botschaftsrat und von 1938 bis zum Kriegseintritt der Vereinigten Staaten Geschäftsträger der Deutschen Botschaft gewesen war. Er war hier Gegenstand einer geheimen Fühlungnahme von amerikanischer Seite gewesen, deren Verlauf Licht auf seine Einstellung und zugleich auf gewisse Konstellationen in Stockholm wirft.

Thomsen, dessen Vater Norweger und dessen Frau eine österreichische Adlige war, hatte am amerikanischen Lebensstil so viel Vergnügen gefunden, daß er und seine Frau zunächst Unlust verspürten, nach Deutschland zurückzukehren. Als »patriotischer Deutscher« hatte er bei seinen amerikanischen Freunden Hoffnungen genährt, er werde sich für einen politischen Plan zum Sturz des Hitler-Regimes gewinnen lassen. Vorgespräche in dieser Richtung hatte seit Juli 1940 ein prominenter Quäker mit guten Wall-Street-Verbindungen, der New Yorker Demokrat Malcolm R. Lowell, mit ihm geführt. Im Sommer 1941, mit Beginn des Rußlandfeldzuges, wurde dieser Plan aktuell, und Lowell setzte sich mit dem Chef des amerikanischen Geheimdienstes in Verbindung. Oberst William (»Bill«) Donovan, seiner Herkunft nach ein katholischer Ire, hochdekorierter Veteran des Ersten Weltkrieges und einflußreicher Jurist und Bankier der New Yorker Geschäftswelt, war bei Beginn des Krieges mit dem Aufbau eines geeigneten, an allen Orten des Kriegsgeschehens aktiven Nachrichtendienstes beauftragt worden. Am 18. Juni 1941 war diese Nachrichtenzentrale unter dem Namen Bureau of Coordination of Information (COI) errichtet, und am 13. Juni 1942 wurde sie in Office of Strategic Services (OSS) umbenannt - ein Name, den die Donovan-Organisation bis zu ihrer Umwandlung in die Central Intelligence Agency (CIA) im Jahre 1946 trug. Donovan, der selbst in Berlin die Bekanntschaft von Männern aus dem aktiven Kreise der deutschen Opposition gemacht hatte, war schnell für die Idee Lowells eingenommen.[9] Nach mehreren Gesprächen in der ersten Septemberhälfte 1941 setzte Donovan auch den britischen Secret Intelligence Service (SIS) von der Tatsache in Kenntnis, daß endlich die Möglichkeit zu bestehen schien, die von seiten deutscher Widerstandsgruppen an die Westmächte herangetragenen Hoffnungen auf Unterstützung ihrer Belange und Beendigung der Hitler-Diktatur zu erfüllen. Mit Kenntnis des amerikanischen Präsidenten Franklin D. Roosevelt führte Lowell am 19. September 1941 das erste Planungsgespräch mit Hans Thomsen. Das Protokoll dieses Gespräches, das den Weg über Donovan zum Präsidenten machte, wies Thomsen als einen deutschen Nationalisten aus, der Frankreich und England als Kriegstreiber betrachtete und die mitteleuropäische Entwicklung seit Ausgang des Ersten Weltkrieges auf die mangelnde Unterstützung Deutschlands durch die USA zurückführte. Er war ein Befürworter eines starken Deutschland als der dominierenden europäischen Ordnungsmacht und einer engen Zusammenarbeit dieses Deutschland mit den USA. Lowells Angebot basierte auf dieser Vorstellung: Wenn Thomsen in Zusammenarbeit mit den oppositionellen Kreisen in Deutschland das Hitler-Ribbentrop-System zu stürzen und eine demokratische Regierung einzusetzen versuchte, deren Politik »in Übereinstimmung mit den Zielen der Vereinigten Staaten und den wahren Interessen des deutschen Volkes« stünde, dann würde das demokratische Amerika unbegrenzte finanzielle und moralische Unterstützung gewähren. Für den Augenblick - so Lowell - stünde zur Vorbereitung des »Anschlags« auf Hitler eine Million Dollar zur Verfügung - eine für damalige Verhältnisse sehr große Summe.

Thomsen zeigte ein gewisses Maß an Interesse, aber eine noch größere Dosis von Unentschlossenheit. Er gab zu, daß »in Deutschland einiges falsch« laufe und er selbst unter bestimmten Umständen bereit sei »zum Wohle Deutschlands Hilfe anzunehmen, wenn ihm dies helfe, sein Land aus Desaster und Chaos zu retten«. Doch äußerte er, erst dann handeln zu können, »wenn die inneren Bedingungen einen solchen Anschlag rechtfertigen würden«. Bis zu diesem Zeitpunkt sollte der gemeinsam besprochene Plan lediglich als eine Option, »nicht als seine Entscheidung« betrachtet werden. Thomsen bestand auf striktester Geheimhaltung, bat, daß »kein geschriebenes Memorandum« und »keine Akte irgendwelcher Art« angefertigt und keine geheimdienstlichen Wege beschritten würden. Im Falle einer positiven Entscheidung wäre er bereit, mit Donovan oder dem amerikanischen Präsidenten selber zu sprechen.

Doch Thomsens Wille reifte nicht zu dieser Entscheidung heran. Sein Interesse sank, je tiefer die deutschen Truppen - scheinbar erfolgreich - in den russischen Raum eindrangen und am Horizont eine neue europäische Kontinentalordnung unter deutscher Hegemonie aufzuleuchten schien. Zwar bemühte er sich, die Achse Berlin-Washington intakt zu halten, und war zu diesem Zwecke auch bereit, dosierte Warnungen über die japanischen Angriffspläne auszustreuen und zu versichern, Deutschland werde seinem Partner Japan in einen Krieg gegen die USA folgen müssen. Auf das amerikanische Angebot indes kam er nicht mehr zu sprechen. Im Gegenteil: er teilte seinem Gesprächspartner während des letzten Gespräches vor der Abreise nach Deutschland[10] in enthusiastischem Rausch mit, er werde nun nach seiner Rückkehr »persönlicher Assistent des Führers« sein; in Berlin erwarteten ihn große Aufgaben, denn Deutschland werde nach der Besetzung der europäischen Länder, großer Teile Rußlands, danach Englands und anschließend der iberischen Halbinsel »die Zusammenarbeit aller europäischen Nationen in einem Vereinten Europa« sichern, dem dann als einziger gleichwertiger Partner die USA gegenüberstehen würden. Dann würde auch Amerika sich davon überzeugen müssen, daß zwischen den beiden Parteien, Deutschland und den USA, »ein gerechter Friede« geschlossen werden müsse, der die amerikanischen Interessen schütze. Auf die Frage Lowells, wie sich diese Vision einer allseitig siegreichen europäischen Hegemonialmacht Deutschland mit der vor Moskau festgelaufenen deutschen Winteroffensive vereinbaren lasse, vertrat Thomsen den Standpunkt, der deutsche Rückzug vor Moskau erfolge lediglich zu vorbedachten Linien, an denen die deutsche Wehrmacht mit Ruhe und Gelassenheit überwintern könne. Der Vorstoß, den man damit den russischen Truppen erlaube, diene dazu, Rußland durch einen »Scheinsieg« das Gesicht wahren zu lassen. Noch im Winter würde man so die russische Führung an den Verhandlungstisch bringen und einen für Deutschland gewinnbringenden Frieden schließen.

Die Aktion Thomsen war gescheitert, und im Frühjahr 1942 verließ die Familie Thomsen zusammen mit dem Stab der Deutschen Botschaft auf dem schwedischen Austauschschiff *Drottningholm* die Vereinigten Staaten.

Thomsen wurde nicht zum Adjutanten Hitlers gemacht, dafür aber als gesinnungssicherer Parteiangehöriger in den Rängen der Diplomatie bei einem größeren diplomatischen Revirement zu Weihnachten 1942 an die Deutsche Gesandtschaft Stockholm versetzt. Sein Vorgänger, der alternde Karrierediplomat aus der Wilhelminischen Zeit, Viktor Prinz zu Wied, war der Regierung Hitlers und Ribbentrops nicht weniger treu ergeben. Wied hatte 1923 aus Unzufriedenheit über die Entwicklung des Weimarer Deutschland seinen Posten als Geschäftsträger in Budapest niedergelegt und sich ins Privatleben zurückgezogen. Nach der Machtübernahme Hitlers ließ er sich wieder für den diplomatischen Dienst gewinnen. 1934 trat er der NSDAP bei und wurde - als entfernter Verwandter des schwedischen Königshauses - umgehend zum Deutschen Gesandten in Stockholm ernannt. Sein überaus schwaches intellektuelles und diplomatisches Profil und sein Hang, den größeren Teil der Dienstzeit mit gesellschaftlichen Freuden zu verbringen, machten ihn zu einem blassen Vertreter seines Landes. Die offiziellen Geschäfte überließ er, wenn er ihre Wichtigkeit erkannte, seinem äußerst fähigen Gesandtschaftsrat Werner Dankwort. Dankwort war zweifellos der beste Kopf und aufrechteste Charakter an der Deutschen Gesandtschaft. Er nahm in Gesprächen mit der schwedischen Seite nicht nur lückenlos die feineren Hinweise und unausgesprochenen Befürchtungen wahr und drahtete diese nach Deutschland. Als ein Mann, der der nationalsozialistischen Idee und Bewegung fernstand und daran in persönlichen Gesprächen keinen Zweifel ließ, verfolgte er auch das an der Gesandtschaft überhandnehmende Unwesen der »eingebauten« Agenten - freilich ohne in allen Fällen die wahre Zugehörigkeit dieser Männer zu erkennen - mit Abscheu und brachte seinen Mißmut gelegentlich in geeigneter Form zum Ausdruck. Dem an die Abwehrstelle der Gesandtschaft angehängten, jüdischen V-Mann Klaus gegenüber verhielt sich der umsichtige Gesandtschaftsrat still und korrekt, aber loyal.

Klaus war in seinen Aufgaben - von kleineren Hilfen Boenings abgesehen - auf sich gestellt. Das Hotel, in dem er in Stockholm abstieg und mit kurzen Unterbrechungen bis zum Jahre 1946 eine Suite bewohnte, war das Carlton. Es war bereits vor seiner Ankunft von der Abwehr in Berlin empfohlen und bestellt worden. Das Carlton war das dritte Haus am Orte: Im Grand-Hotel am Blasiehamm, das an der Ostseepromenade gegenüber dem Königlichen Schloß gelegen ist, stiegen die hohen und offiziellen Gäste ab, und im Hotel Reisen, das auf der Altstadtinsel unmittelbar hinter dem Schloß am Wasser liegt, kehrten die große internationale Geschäftswelt und einige privat reisende Emissäre ein. Das weniger exponiert gelegene Carlton beherbergte die internationale Presse und geheim oder inkognito reisende Sendboten anderer Länder.

Die ersten Anschaffungen, die Klaus in Stockholm machte, waren ein gutes Radiogerät der Marke Luxor mit großen Reichweiten und eine Schreibmaschine mit russischen Typen.[11] Die frühen Morgen- und späten Abendstunden verbrachte er damit, ausländische, in erster Linie sowjetische Sender abzuhören und Mitschriften von politisch und militärisch besonders wichtigen Sendungen anzufertigen.

Während Edgar Klaus sich in seinen freien Stunden um Kontakte zu politischen und jüdischen Emigranten aus Mitteleuropa bemühte, wobei er besonders alte, flüchtige Bekanntschaften aus Riga erneuerte, verbrachte er einen guten Teil der täglichen Arbeitsstunden mit den Vorbereitungen auf seinen Auftrag. An den Vormittagen hielt er sich meist für fünfzehn bis zwanzig Minuten im Büro Wagner auf, wo er die aus Berlin für ihn eingehende Kurierpost entgegennahm und nicht selten mit Boening, Wagner oder Utermark ein kurzes Gespräch führte. In den Nachmittagsstunden hielten sich Boening und Klaus häufig im 5. Stock des Lichtspieltheaters »Saga« in der Kungsgatan auf. Dort sahen beide, offenbar in einem speziell zu diesem Zwecke gemieteten Studio, »russische Filme« an und diskutierten anhand der gesehenen Streifen »über die russischen Verhältnisse«; dabei beklagte sich Klaus - nach seinen eigenen Angaben - oft bei Boening über die schlechte Qualität der Filme.[12]

Diese Filme, die Boening Klaus zur Einführung in seine Arbeit vorführte, dürften Filmaufnahmen gewesen sein, in denen die Bewegungen der im Königreich Schweden akkreditierten sowjetischen Gesandtschaftsangehörigen festgehalten waren. Durch diese Aufnahmen sollte sich Klaus vermutlich mit den Lebensgewohnheiten der Diplomaten, ihrem Aussehen und ihrem Verhalten bei unterschiedlichen Anlässen vertraut machen. Die optische Kenntnis der Personen sollte es ihm erleichtern, sich ihnen in geeigneter Weise zu nähern.

Der Personenkreis, dessen Bewegungen auf diesen Streifen festgehalten waren, umfaßte wohl in erster Linie die Gesandtin, Madame Kollontaj, ferner das Ehepaar Jarzow und den Militärattaché Nikituschew, den Handelsrepräsentanten Nikitin und möglicherweise Gesandtschaftsrat Semjonow. Mit diesen Personen besaß die sowjetische Gesandtschaft Stockholm während des Krieges eine starke Besetzung.

Alexandra Michajlowna Kollontaj (1872-1952) galt in jenen Jahren als die große alte Dame der sowjetischen Diplomatie.[13] Diese Wertschätzung traf ebenso zu, wie sie zugleich am wesentlichen vorbeiging. Denn die »rote Botschafterin« war zweifellos eine noch bedeutendere Sozialdemokratin gewesen. Doch ihre an den Leitlinien der mitteleuropäischen Sozialdemokratie orientierte, revolutionäre Prinzipientreue hatte sie im Zuge der Verfestigung der Sowjetmacht zu einem Fremdkörper der permanenten Opposition im Rahmen der Partei werden lassen. Durch Abschiebung auf wechselnde Auslandsposten war dieses Ferment der »reinen« Revolution von den Geschäften des Parteiapparates relegiert worden. Im Ausland, und besonders hier in Schweden, welkte dieser große Charakter von ehemals revolutionärer Frische dahin. Die Krankheiten, mit denen »die Kollontaj« jetzt in der Weltpresse Schlagzeilen machte, zeigten wohl als Somatisierung noch bestehender innerer Proteste einen letzten Rest der Selbstachtung der früheren Revolutionärin an. Kenntnisreiche Beobachter stellten damals die Frage, ob sich diese Frau nicht gegen Ende ihrer Laufbahn noch einmal zu einem spektakulären Akt der Rückkehr zu ihren alten Prinzipien entschließen würde. Gewisse Elemente in ihrem Lebensweg schienen sie dazu zu prädestinieren.

Als Tochter eines begüterten russischen Adligen und Generals in der Armee des Zaren, Michail Domontowitsch, hatte Alexandra Michajlowna in St. Petersburg eine standesgemäße Erziehung genossen, bis sie sich in den 1890er Jahren impulsiv der revolutionären Bewegung anschloß. Während ihrer Studienjahre in der Schweiz - sie studierte an der Universität Zürich politische und Nationalökonomie - hob sie sich von der Mehrheit der russischen Sozialdemokraten durch ihre außergewöhnliche Bildung und ihren großzügigen Lebensstil ab. Nach der Spaltung der Russischen Sozialdemokratischen Partei schloß sie sich den Menschewiki an. Der Versuch, nach Abschluß ihrer Studien in Rußland eine revolutionäre Frauenbewegung ins Leben zu rufen, schlug fehl, so daß die Menschewistin 1908, nun schon als politische Emigrantin, ins westliche Ausland zurückkehrte. In Deutschland, später in Italien und mit Ausbruch des »Großen Krieges« in Skandinavien schlug sie sich als Publizistin und revolutionäre Aktivistin durch. Lenin, der Gegner des menschewistischen Flügels der russischen Sozialdemokratie, aber persönliche Bewunderer der Kollontaj, nahm aus der Schweiz Kontakt mit der Genossin auf, um ihr in einer für ihn ungewöhnlich milden und werbenden Manier das Angebot der Arbeit für die Bolschewiki zu unterbreiten. Vorbehalte und Kritik, die sie seiner Richtung gegenüber empfand, sollten - so versprach er - in der weiteren Entwicklung der bolschewistischen Arbeit gebührende Beachtung finden. Alexandra Kollontaj, die im November 1914 wegen ihrer regen Antikriegspropaganda aus Schweden ausgewiesen wurde, verbrachte diesen ersten, trüben Kriegswinter an dem abgelegenen Exilplatz Christiania in Norwegen. Von skandinavischen Genossen wie Höglund und Branting nur in Grenzen verstanden und unterstützt, wich sie der zunehmenden Isolation aus, indem sie Lenins Angebot annahm. Ihre Entscheidung für die bolschewistische Auslandsarbeit, die ihr sowohl Publikationsmöglichkeiten als auch eine begrenzte finanzielle Unterstützung sicherte, stand indes in einem gewissen Widerspruch zu ihrem persönlichen Credo. Als taktisches Bündnis für die gemeinsame Arbeit gegen den Krieg vertretbar, mußte sie sich nach der Machtergreifung Lenins partiell als eine Fehlentscheidung erweisen. So nahm Lenin ihre außergewöhnlichen Fähigkeiten und Kenntnisse während des Krieges für die Verbreitung der Ideen der sogenannten Zimmerwalder Bewegung in Anspruch, und Madame Kollontaj setzte ihr Schreib- und Redetalent zur Propagierung des Programms der Umwandlung des Krieges zwischen den Nationen in nationale Bürgerkriege unter Bewaffnung der Volksmassen ein: ein dornenreiches Unternehmen auf dem Terrain des skandinavischen Pazifismus und sozialdemokratischen Reformismus. Als Orator des Klassenkampfes und der nahenden Weltrevolution weilte die Vertraute Lenins während des Krieges auch mehrfach in den USA. Nach der Februarrevolution kehrte sie 1917 ins ausgeblutete Rußland zurück, wo ihre neuen, bolschewistischen Kampfgefährten sie umgehend auf ihren Weg des Kampfes gegen die Provisorische Regierung führten. Die Favoritin Lenins wurde zum Mitglied des Präsidiums des Petrograder Arbeiter- und Soldatenrates sowie - auf dem VI. Parteitag des bolschewistischen Flügels der Russischen Sozialdemokratie (Ende Juli/Anfang August 1917) - zum Mitglied des Zentralkomitees ernannt. Wenige Tage später wurde die Agitatorin für die Beendigung des Krieges und die Übernahme der Macht durch die Räte in einem Handstreich der Provisorischen Regierung gegen die bolschewistischen Umstürzler verhaftet. Im Moment der Machtergreifung Lenins aus dem Kerker befreit, wurde sie sofort auf den ihr gebührenden Platz erhoben: Die »Walküre der Revolution« - wie sie ihre Standesgenossen verächtlich nannten - wurde zum Mitglied des Präsidiums des II. Allrussischen Sowjetkongresses ernannt und in die erste Regierung der Volkskommissare berufen, wo ihr das Volkskommissariat für Sozialfürsorge anvertraut wurde. Doch ihre tiefgreifende Reformtätigkeit, die vor keinem Tabu haltmachte, endete abrupt, als die »Linkskommunistin« ihr Ministeramt im Frühjahr 1918 aus Protest gegen die Unterzeichnung des deutsch-russischen Friedensvertrages von Brest-Litowsk durch die Räteregierung niederlegte. Die mannhafte Frau der russischen sozialdemokratischen Emigration war offenbar in ihrem Herzen Menschewistin und Russin geblieben. Nun setzten Lenins Versuche ein, die Frau, die er während seines Schweizer Marsches durch die Wüste mit so milden, liberalen Tönen für seine schwache Fraktion einzunehmen verstanden hatte, auf die harte Disziplin der siegreichen Partei festzulegen: A. M. Kollontaj wurde zum Propagandaminister der Ukrainischen Sowjetrepublik ernannt und in die zwischen bäuerlich-religiösem Konservatismus und anarchisch-linkem Agrarterror zerfleischte Ukraine abkommandiert. Doch gerade hier, im engen Kontakt zu den bäuerlichen und kleinbürgerlichen Massen sowie im Angesicht der ersten großen Hungerkatastrophe im sowjetischen Rußland, vertiefte sich ihre Protesthaltung gegen die wachsende Parteidiktatur und -bürokratie. Dem X. Kongreß der Russischen Kommunistischen Partei (Bolschewiki), der im März 1921 schloß, legte sie ihre Broschüre über die »Arbeiteropposition« vor und wurde - in einer Manifestation von revolutionärer Lauterkeit und Treue zur sozialdemokratischen Tradition, die sie allein ihrer Zeitgenossin Rosa Luxemburg[14] vergleichbar machte - gemeinsam mit ihrem alten Mitstreiter aus dem skandinavischen Exil, A. G. Schljapnikow, zur Führerin der gegen Lenins Parteiabsolutismus gerichteten gleichnamigen Bewegung. Lenin, der dieser Herausforderung intellektuell und parteistrategisch nicht mehr gewachsen war, drohte mehrfach, man werde mit ihr und »ihresgleichen nur noch mit Gewehren diskutieren«, und stellte für diese Form von »syndikalistisch-anarchistischem Abweichlertum« den Parteiausschluß in Aussicht. Schließlich gelang es ihm, unter Verwendung eines Übermaßes an Demagogie und Satzungsreglementierung die Lacher auf seine Seite zu bringen und die Arbeiteropposition durch Diffamierung zu neutralisieren. Für A. M. Kollontaj, die sich diesen Manövern nicht sichtlich widersetzte, war nun im Parteiapparat kein Platz mehr. Sie wurde als Bevollmächtigte Vertreterin der Räteregierung (»polpred«) 1922 nach Norwegen, 1926 nach Mexiko, 1927 erneut nach Norwegen und 1930 nach Schweden geschickt, wo ihr am 21. März 1941 die Ernennung zur Gesandtin zuging. Zur Zeit des Molotow-Ribbentrop-Paktes, den sie - wie seinerzeit den Friedensschluß von Brest-Litowsk - in ihrem Herzen als eine Anbiederung an den Klassenfeind empfinden mußte, war sie das einzige Mitglied des Präsidiums des II. Sowjetkongresses, der die Sowjetmacht ausgerufen und erste Dekrete verabschiedet hatte, das nicht den Säuberungen Stalins unterzogen und erschossen oder auf andere Weise zu Tode gebracht worden war. Die Art, wie sie sich als frühere Favoritin Lenins seit ihrer Kaltstellung und besonders während der großen Diadochenkämpfe diskret im Hintergrunde des Geschehens gehalten hatte, mochten mit für diese Tatsache verantwortlich sein. Ferner schien diese Frau, die die Gesetze der Parteidisziplin zwar nicht verinnerlicht hatte, sie aber aus Gründen einer gewissen höheren Staatsräson - oder war es ein russisch-adliges Bewußtseinsrelikt von der Art des »Wer die Macht hat, hat das Recht«? - nicht mehr antastete, im neutralen Schweden keine akute Gefahr darzustellen. Allerdings soll sie eine lebensgefährliche Krise im Sommer 1938 dadurch überstanden haben, daß sie im Falle ihres Todes die Veröffentlichung von Stalin schwer belastenden Dokumenten in Aussicht stellte, die sie angeblich in einem schwedischen Safe deponiert hatte. In jedem Falle wurde sie seitdem hermetisch von einem Stamm stalinistischer Karrieristen umgeben, der weitere Abweichungen wenig wahrscheinlich machte.

Zu dieser Umgebung von Madame Kollontaj gehörte seit Beginn des Zweiten Weltkrieges auch das Ehepaar Jarzow. Der Gesandtschaftsrat Boris Nikolajewitsch Jarzow (geboren 1899) war im ersten Kriegsjahr als Legationssekretär an der Sowjetischen Gesandtschaft Helsinki tätig und wurde am 26. August 1940 nach Stockholm versetzt. Dorthin folgte ihm am 21. Oktober 1941 in der Funktion des Presseattachés der Sowjetgesandtschaft seine Ehefrau Alexandra Nikolajewna Kruglowa-Jarzowa (geboren 1907). Das attraktive, auf gesellschaftlichem Parkett äußerst gewandte Paar knüpfte schnell Kontakte zu den Spitzen der kulturellen, wissenschaftlichen und wirtschaftlichen Kreise der schwedischen Metropole und warb unter ihnen für eine freundliche Einstellung zur

Sowjetunion. Ihre Hauptaufgabe, die bald die Aufmerksamkeit der für Sicherheitsfragen zuständigen 6. Abteilung der schwedischen Polizei auf sich zog, bestand im Aufbau eines nach Moskau orientierten Kundschafter- und Funkernetzes, das heißt in der Organisation der »Roten Kapelle« Schweden.[15] Boris Jarzow, von dem gesagt wurde, er habe gute, persönliche Beziehungen zu Stalin und enge Arbeitskontakte zum sowjetischen Geheimdienstchef, war vor seiner Auslandsverwendung in Helsinki offiziell Leiter der Nordischen Abteilung im sowjetischen Außenministerium, daneben oder hauptamtlich aber ein hoher Angehöriger des Geheimdienstes gewesen. Mit dem Ausbau der »Roten Kapelle«, der ihm und seiner Frau zufiel, weitete sich sein Operationsbereich aber entschieden aus: Die von ihm »betreuten Kundschafter« wurden von Finnland und Schweden aus auch in den baltischen Raum, vor allem aber zu den Achsenmächten, nach Deutschland und Italien, entsandt. Von Stockholm aus leitete er den Einsatz von Agenten, die über Berlin bis hin zur deutschen Ostfront das Netz des sowjetischen Informationsdienstes ausbreiteten. Zu ihren wichtigsten Erkundungsgebieten gehörte neben der militärischen und moralischen Lage an der deutschen Front die Situation in der deutschen Hauptstadt, und hier in erster Linie das Kräftespiel innerhalb der deutschen Opposition.

Jarzow war der Typus des rücksichtslosen Geheimdienstmannes, voll Kälte und Härte selbst im Umgang mit den Mitgliedern seines weitverzweigten Spionagenetzes. Seiner Frau fiel die Rolle des aparten Lockvogels zu. Per Meurling, anfangs einer der besten schwedischen Agenten Jarzows, schrieb später: Die Jarzows »waren vielleicht die besten Kundschafter der Sowjets, die es verstanden, Menschen mit seidenen Fäden einzufangen, um sie dann in eiserner Hand zu halten. Sie ließen keine Quelle unausgeschöpft.«[16]

Die Tätigkeit der Jarzows beschränkte sich nicht auf die Rekrutierung und Führung der »Roten Kapelle« Schweden. In Zusammenarbeit mit der Gesandtin fiel ihnen auch die Aufgabe zu, geheime Fühler zu oppositionellen Untergrundbewegungen in den von Deutschland besetzten oder mit ihm paktierenden Ländern auszustrecken, die sich im gegebenen Moment zu Friedenssondierungen ausweiten lassen konnten. So war nachweislich Jarzow ein Wegbereiter des finnisch-russischen Sonderabkommens von 1944, der sowohl in Stockholm als auch in Helsinki die ersten Gespräche mit verhandlungsbereiten Finnen führte und damit die für Finnland folgenschwere, geheime Begegnung zwischen Paasikivi und Madame Kollontaj im Strandhotel des Luftkurortes Saltsjöbaden vor den Toren Stockholms vorbereitete. Er selbst erlebte den Höhepunkt dieser seiner Bemühungen nicht mehr auf schwedischem Boden: Er mußte Schweden am 17. Juli 1943 aus taktischen Gründen verlassen, am 6. Februar 1944 gefolgt von seiner Frau; zu häufig war der Name des Ehepaars in den Prozessen gegen geheime

Funker und Sowjetagenten gefallen, mit denen die schwedische Sicherheitspolizei ab Frühsommer 1943 einen Teil des von Jarzow geführten Spionage- und Informationssystems aufrollte. Seine nächste Auslandsmission führte ihn in die Türkei, ein weiteres Land, das über alle Vorzüge eines weitverbreiteten internationalen sowie engmaschigen sowjetischen Nachrichtendienstes mit direktem Zugang zu den Geheimdiensten der Achsenmächte verfügte.

In allen Fragen, die die Untergrund- und Oppositionsbewegungen in den von den Nationalsozialisten unterworfenen Gebieten und die Anknüpfung geheimer Kontakte mit dem Ziele der Abspaltung bestimmter Länder von der Achse betrafen, dürfte Jarzow in engem Kontakt und Austausch mit seinem Kollegen Semjonow gestanden haben. Denn Wladimir Semjonowitsch Semjonow (geboren 1911), bis vor kurzem sowjetischer Botschafter in der Bundesrepublik und zusammen mit seinem langjährigen Vorgesetzten Wjatscheslaw Molotow heute einer der wenigen großen Überlebenden der Stalinschen Außenpolitik jener Jahre, zählte in erster Linie die Lage in Deutschland und in zweiter Linie die Aufnahme geheimer Friedensverbindungen zu den mit dem Dritten Reich verbündeten mittel- und ostmitteleuropäischen Ländern zu seinem Aufgabenbereich. An der Sowjetischen Gesandtschaft Stockholm stellte Semjonow, ein traditioneller Befürworter des deutsch-russischen Zusammengehens, einen gewissen Gegenpol zu Madame Kollontaj dar. Er war aus diesem Grunde im Herbst 1939 von seinem Posten als Legationssekretär der Sowjetischen Gesandtschaft Stockholm abberufen und nach Berlin versetzt worden. In der durch den Abschluß des Molotow-Ribbentrop-Paktes veränderten politischen Atmosphäre übte sich der junge, akademisch vorzüglich vorbereitete Botschaftsrat unter Botschafter Wladimir Dekanosow, einem Georgier und Stalin-Intimus, in der Kunst der Beobachtung und Auslegung innerdeutscher Vorgänge. Nach Ausbruch des deutsch-sowjetischen Krieges wurde er ins Außenkommissariat berufen und mit der Leitung der für Deutschland zuständigen III. Europäischen Abteilung betraut. Mit Ernennungsschreiben vom 9. Juni 1942 kehrte Semjonow, nunmehr als Gesandtschaftsrat, an die Sowjetische Gesandtschaft Stockholm zurück, wo er bis nach Kriegsende verblieb.[17] Hier fiel ihm in den langen Krankheitsperioden der Gesandtin auch die Funktion des Geschäftsträgers zu. Die Gründe für diese Ernennung Semjonows zu dem Zeitpunkt, als die deutsche Sommeroffensive dieses zweiten Kriegsjahres die Sowjetführung in eine zunehmend prekäre Lage mit unabsehbaren Folgen brachte, dürften – das legt auch die Beobachtung der Stationen auf dem späteren Lebensweg Semjonows nahe – unter anderem in einer Vertiefung des sowjetischen Interesses für die innerdeutschen Vorgänge und die Entwicklung des innenpolitischen Kräftespiels, einschließlich der Opposition, bestanden haben. Stockholm schien sich als archimedischer Punkt zu eignen, an dem die entsprechenden Nachrichten, zum Teil aus erster Hand, empfangen und gewisse politische Einflüsse wahrgenommen werden konnten.

Der Aufgabenbereich Semjonows beschränkte sich – analog zu dem seines Kollegen Jarzow – nicht auf Deutschland. Er schloß auch die mit dem Dritten Reich verbündeten und von ihm unterworfenen ostmitteleuropäischen Länder ein, die in der angestrebten sowjetischen Nachkriegsordnung eine besondere Rolle spielen sollten. So fiel Semjonow im ersten Halbjahr 1944 auch die Rolle zu, Vorverhandlungen mit geheimen Unterhändlern der rumänischen Regierung zu führen und sich in die Nachkriegsplanungen von polnischen Exilgruppen einzuschalten. Parallel zu diesen aus Dokumenten und persönlichen Zeugnissen ersichtlichen Aufgaben dürfte dem Mitglied der ehemals prodeutschen Fraktion im sowjetischen Außenkommissariat auch die Beobachtung latenter Friedensabsichten und -möglichkeiten sowie die Ausschau nach potentiell verhandlungsfähigen Partnern aus den Reihen der deutschen Reichsregierung oder aber Opposition zugefallen sein. Semjonows Einflußnahme im richtigen Augenblick konnte ein Gegengewicht zu der bekanntermaßen unkonzilianten und antideutschen Haltung der Gesandtin bilden.

Enge Zusammenarbeit bestand zwischen dem Ehepaar Jarzow und dem als »Représentant Commercial de L'URSS en Suède« akkreditierten Angehörigen der Sowjetgesandtschaft Michail Nikitin, der sich in dieser Eigenschaft von 1939 bis 1946 in Stockholm befand. Nikitin (Jahrgang 1901), der auch an einigen Kontakttreffen der Jarzows mit schwedischen Angehörigen der »Roten Kapelle« teilnahm, dürfte neben dieser offiziellen Aufgabe als Handelsrepräsentant noch andere Funktionen erfüllt haben.

Als Militärattaché (gelegentlich auch als Marineattaché bezeichnet) hielt sich in derselben Zeit Nikolaj Nikituschew in Stockholm auf. Major Nikituschew war ebenfalls im ersten Kriegsjahr, 1939, in Schweden angereist, wo er 1940 zum Oberstleutnant und 1943 zum Oberst befördert wurde.

Zahlreiche Beförderungen erfuhr während seines Aufenthaltes in Stockholm auch ein junger Mann, der sich zum ersten Mal im Ausland befand, und dessen Name, A. M. Alexandrow, Anlaß zu Verwechselungen und Konfusion bot. Andrej M. Alexandrow erschien im September 1939 zum ersten Mal in Schweden. Die Sowjetische Gesandtschaft erbat zu diesem Zeitpunkt für ihn, als Mitglied einer 28köpfigen Handelsdelegation nach London, ein Durchreisevisum. Von Juli 1940 bis August 1947 hielt er sich dann permanent in Schweden auf, wobei seine eigentliche Funktion den schwedischen Sicherheitsorganen beträchtliche Rätsel aufgab. Der Sicherheitsabteilung der schwedischen Reichspolizei[18] ist er für die gesamte Dauer seines Aufenthaltes als »Zweiter

Sekretär« der Sowjetischen Gesandtschaft bekanntgeworden. Dagegen besagen die Personaldossiers der in Schweden akkreditierten Diplomaten, die das Schwedische Außenministerium führte[19], daß Andrej Alexandrow im Jahre 1942 als Attaché und 1946 als Zweiter Gesandtschaftssekretär geführt worden sei. In Wahrheit arbeitete Alexandrow – zumindest überwiegend – für den sowjetischen Geheimdienst und erhielt aufgrund dieser Tätigkeit später auch den Beinamen »Alexandrow-Agentow«. Dieser junge und in jenen Jahren noch recht unbedeutende Alexandrow sprach ausgezeichnet Schwedisch (daß er Deutsch gesprochen hätte, ist nicht bekannt und muß als unwahrscheinlich gelten); er zeigte sich außerhalb der Diensträume vorwiegend allein und stand als agiler, unauffälliger Mann mit vielen schwedischen Bürgern in Kontakt.

Als Kurier der Sowjetgesandtschaft fand schließlich Wladimir Karpow seinen Weg in die Akten der schwedischen Sicherheitspolizei sowie der mit der Observierung von Edgar Klaus betrauten Stellen.

Der Chef der deutschen Abwehr, Wilhelm Canaris, war wohl beraten gewesen, als er seinen potentiellen Verbindungsmann nach Osten, Edgar Klaus, ausgerechnet nach Stockholm entsandte. Eine der ersten, wichtigen Bemühungen Klaus' nach seiner Ankunft bestand – soweit dies die schwedischen Dokumente erkennen lassen – darin, eine persönliche Verbindung zu Madame Kollontaj herzustellen. Als Grund für seine Versuche in dieser Richtung kann die Absicht, vor dem bevorstehenden Kriegsausbruch zu warnen, ebensowenig ausgeschlossen werden wie der Wunsch, bereits vor Eintreten des *casus belli* eine intakte Gesprächsverbindung zur sowjetischen Seite etabliert zu haben. Trotz beträchtlicher Bemühungen ist es Klaus aber offenbar nicht gelungen, in den vier Wochen vor Kriegsausbruch einen Direktkontakt zu Madame Kollontaj herzustellen. Mitte Juni 1941 reiste Boening zur Berichterstattung nach Berlin. Er kehrte mit der verschärften Aufforderung zurück, den Auftrag umgehend auszuführen und für den Fall, daß die Gesandtin selbst nicht erreichbar sei, den Militärattaché, Nikitin oder ein anderes hochplaciertes Mitglied der Gesandtschaft anzusprechen.[20] Doch ist auch dies Klaus – nach seinen eigenen späteren Angaben vor der schwedischen Polizei – in der kurzen, bis zum Kriegsausbruch verbleibenden Zeit nicht gelungen.[21] Sein Auftrag war vermutlich bereits in dieser ersten Phase an dem von sowjetischer Seite bekundeten Desinteresse gescheitert.

Die große alte Dame der sowjetischen Diplomatie: Alexandra Michajlowna Kollontaj. Die »rote Botschafterin« ist eine noch bedeutendere Sozialdemokratin gewesen – in ihrer revolutionären Lauterkeit und Treue zur sozialdemokratischen Tradition allein ihrer Zeitgenossin Rosa Luxemburg vergleichbar.

T e l e g r a m m
(Geh.Ch.V.)

Ankara, den 15. Juli 1941
Ankunft: den 15. Juli 1941 22,30 Uhr

<u>Nr. 63 vom 15.7.</u>

Für R A M.

Türkei hört aus Moskau, daß Stalin zu Beginn des Feldzugs immer noch auf stillschweigendes Arrangement mit Hitler gehofft habe, etwa in dem Sinne einer Weiterexistenz des Sowjetregimes im östlichen Rußland. Sein Mißtrauen gegen England sei ungeheuer und er habe sich zu dem Pakt (kein Separatfrieden) erst entschlossen, nachdem England ihm diese Weiterexistenz garantierte.

Alle türkischen Stellen hinweisen auf Notwendigkeit stärkster an russische Bauern gerichteter Propaganda, weil Stalin seit langem eine nationalrussische Politik für den inneren Gebrauch einführte und weil damit trotz aller Abneigung gegen das bolschewistische System das russische Volk jeden Angreifer mehr hassen werde als die Gepu.

Churchills Rede wird als lächerlich empfunden. Als Haßprodukt eines Mannes, der jede Überlegung verlor. In einer Rede, die mir unbekannt, habe er kürzlich gesagt, Rußland müsse das erhalten, was ihm 1916 gebührt habe. Das hat hier schlechtesten Eindruck gemacht.

Ausführlicher Bericht türkischer Presse Lage folgt mit Schulenburg.

von Papen

113728

Ein Mann, der von Stalins Verhandlungsbereitschaft auch noch nach dem britisch-sowjetischen Beistandspakt überzeugt ist: der bisherige Botschafter in Moskau, Friedrich Werner Graf von der Schulenburg. Nach ausführlichen Gesprächen mit ihm gibt der Botschafter in der Türkei, Franz von Papen, dem Außenminister am 15. Juli 1941 eine telegraphische Einschätzung der Lage, die Graf Schulenburg persönlich erläutern will.

Fünftes Kapitel

Der Verlauf des Rußlandfeldzuges und die deutschen Friedenssondierungen in Richtung Osten

Edgar Klaus, der nach eigenen Worten »zu den Männern gehörte, die Hitler von einem Angriff auf die Sowjetunion abhalten wollten«[1], war von den Nachrichten des 22. Juni 1941 zutiefst betroffen. Unter allen Anzeichen seelischer Erschütterung kommentierte er das Geschehen im Gespräch mit Mitgliedern der politischen Emigration als eine selbstmörderische Fehlentscheidung der deutschen Führung, da »dieser Krieg nie zu gewinnen« und »Rußland niemals zu schlagen« sei.[2] Deprimiert kam Klaus am Morgen des ersten Kriegstages auch zu Werner Boening, »bezeichnete das, was vorging, als Wahnsinn, und drängte, daß man alles unternehmen müsse, um diesen Feldzug sofort abzublasen«.[3]

Auf sowjetischer Seite folgte dem unerhörten Schlag des Angriffs anscheinend eine Art psychischer Lähmung. Die Bestürzung war noch zu groß, als daß man aus dem deutschen Vorgehen umfassende Lehren ziehen konnte.[4] In Stockholm teilte die sowjetische Gesandtin, Alexandra Kollontaj, dem Staatssekretär im Königlich Schwedischen Außenministerium, das sie um Vertretung der sowjetischen Interessen in Berlin ersuchte, mit, »die Sowjetregierung habe bis zuletzt fest daran geglaubt, daß sie vor Eintritt kriegerischer Auseinandersetzungen mit Deutschland Gelegenheit zu Verhandlungen haben würde«.[5] Und diese Nachricht gab in Stockholm Anlaß zu zahlreichen Gerüchten.[6] Auch die Rede, die der Volkskommissar für Äußeres, Wjatscheslaw Molotow, im Auftrag seines zu keiner Äußerung fähigen Staatschefs Stalin - sein Zustand moralischer Niedergeschlagenheit und Sprachlosigkeit hielt vierzehn Tage an - nach einer etwa achtstündigen Zeit der Sammlung am Mittag des 22. Juni um 12.15 Uhr über Rundfunk hielt, zeigte eine unverhältnismäßig milde Wortwahl. Molotow unterstrich die Gewissenhaftigkeit, mit der die Sowjetregierung alle Bedingungen des deutsch-sowjetischen Nichtangriffspaktes eingehalten und an keinem Punkte eine Grenzverletzung zugelassen habe. Er unterstrich die anhaltend friedliebende Einstellung der Sowjetunion und prophezeite dem »übermütigen Feinde« das Schicksal Napoleons. Im abschließenden Teil seiner Ansprache setzte der Außenkommissar Maßstäbe der sowjetischen Kriegführung, die diesen Krieg zum reinen Defensivkrieg ohne territoriale Ziele außerhalb der sowjetischen Grenzen und das deutsche Volk zum Opfer seiner unberechenbaren Machthaber erklärten: »Jetzt, da der Überfall auf die Sowjetunion bereits durchgeführt ist, hat die Sowjetregierung ihren Truppen Befehl erteilt, den räuberischen Überfall zurückzuschlagen und die deutschen Truppen vom Territorium unserer Heimat zurückzuwerfen. Dieser Krieg wurde uns nicht vom deutschen Volk, nicht von den deutschen Arbeitern, Bauern und der Intelligenz aufgezwungen, deren Leiden wir gut verstehen, sondern von der Clique blutdürstiger faschistischer Machthaber Deutschlands, die die Franzosen, Tschechen, Polen, Serben, Norweger, Belgier, Dänen, Holländer, Griechen und andere Völker unterjocht haben.«[7] Der Staatschef selber erwähnte in seiner ersten Rede nach Abbruch seines elftägigen Schweigens, der Rundfunkrede vom 3. Juli 1941, sogar die »treuen Verbündeten«, die die Sowjetmacht nicht nur an den Völkern Europas und Amerikas, sondern auch am deutschen Volk habe, das von den faschistischen Machthabern versklavt sei. Der Krieg, so betonte Stalin, sei ein Krieg des Sowjetvolkes gegen die faschistischen deutschen Truppen. Diese programmatischen Verlautbarungen - die Absage an territoriale Expansion im Rahmen eines Vergeltungskrieges und die scharfe Trennung des deutschen Volkes von den Machthabern - hat die Sowjetregierung mit gewissen Modifikationen im Verlauf des Krieges aufrechterhalten. Sie hat damit bestimmten Gruppen der gegen Hitler oder die Hitler-Regierung gerichteten deutschen Opposition in ihrer Suche nach Verbündeten Hoffnung auf eine noch immer bestehende Friedensbereitschaft Stalins gegenüber der deutschen Nation und Auftrieb zu Verhandlungen gegeben.

Ein Mann, der von der Verhandlungsbereitschaft Stalins überzeugt war und schon unmittelbar nach Kriegsbeginn unter Gegnern des Rußlandfeldzuges und potentiellen Feinden Hitlers um Unterstützung seiner Ansichten warb, war der bisherige deutsche Botschafter in Moskau, Graf von der Schulenburg. Schulenburg hielt sich nach seiner Ausreise aus der UdSSR am 13. Juli 1941[8] für einige Tage in Ankara auf, wo er mit Franz von Papen, dem Deutschen Botschafter in der Türkei, die neu entstandene Lage erörterte. Papen selbst betrachtete - nach seinen eigenen, nach dem Kriege vorgebrachten Aussagen - den unmotivierten Bruch des deutsch-sowjetischen Nichtangriffspaktes und den Überfall auf die Sowjetunion als die »schicksalhafte Entscheidung des Krieges, für die es keine politische und militärische Entschuldigung gab. Sie machte die Katastrophe vollkommen.«[9] Und Schulenburg konnte Papen aus eigener Erfahrung bestätigen, daß die sowjetische Regierung bis zum Schluß eine äußerst entgegenkommende und flexible Verhandlungsführung gezeigt habe und peinlich bemüht gewesen sei, auch den geringsten Anlaß einer Verärgerung auf deutscher Seite zu vermeiden. Darüber hinaus hatte der Botschafter offenbar aus dem Verhalten Stalins nach Kriegsbeginn sowie aus der Behandlung, die ihm und seinem Stab bei der Ausreise aus der UdSSR zuteil geworden war, den Schluß gezogen, daß Stalin noch immer an eine nichtmilitärische Regelung des deutsch-sowjetischen Verhältnisses glaubte. Selbst die Nachricht von der Unterzeichnung des englisch-sowjetischen Beistandspaktes, die am 12. Juli, dem Vorabend seiner Abreise, aus Moskau nach Ankara drang, konnte Schulenburg nicht in seinem Glauben beirren; zwar verpflichteten sich die neuen Partner, Stalin und Churchill, im Verlauf des Krieges ohne gegenseitiges Einvernehmen keine Sonderverhandlungen zu führen und keinen Waffenstillstand oder Frieden mit dem Feind abzuschließen. Doch mochte Schulenburg aus der Art, in der Stalin im August 1939 die laufenden sowjetisch-englischen und amerikanisch-sowjetischen Verhandlungen abgebrochen und sich zu einem *volte-face* gegenüber der Hitler-Ribbentrop-Regierung entschlossen hatte, schließen, daß es auch diesmal mit Stalins Interesse an einer britisch-sowjetischen Allianz nicht allzu ernst sein konnte. Das vordergründige Interesse des sowjetischen Diktators richtete sich auf seinen nahen Nachbarn. So meldete Papen nach ausführlichen Gesprächen mit Schulenburg am 15. Juli 1941 telegraphisch dem Außenminister, »daß Stalin zu Beginn des Feldzuges immer noch auf stillschweigendes Arrangement mit Hitler gehofft habe... Sein Mißtrauen gegen England sei ungeheuer und er habe sich zu dem Pakt [kein Separatfrieden] erst entschlossen, nachdem England« ihm gewisse Existenzgarantien gegeben habe.[10] Einen ausführlichen Bericht zu diesen Fragen - so kündigte Papen an - würde Schulenburg in wenigen Tagen persönlich in Berlin geben. Damit begannen die Versuche Schulenburgs, in Deutschland auf die Beendigung dieses Krieges hinzuarbeiten, den er trotz intensiver Bemühungen nicht hatte verhindern können.[11]

1. Vom Angriff auf die UdSSR bis zur Wende von Stalingrad

In Stockholm setzte Edgar Klaus unter den veränderten Bedingungen seine Bemühungen fort, eine Verbindung zur Sowjetgesandtschaft herzustellen. Doch diese Aufgabe war nun, nach Kriegsbeginn, durch eine Vielzahl neu hinzugekommener Umstände erschwert worden.

Einerseits unterzogen die schwedischen Behörden seit Beginn des deutschen Ostfeldzuges alle sowjetischen Staatsbürger, einschließlich des Gesandtschaftspersonals, einer verschärften Personenkontrolle, die sowohl Ein- und Ausreisen als auch die Bewegungen auf schwedischem Hoheitsgebiet umfaßte.[12] Kontakte zwischen sowjetischen Staatsbürgern und Angehörigen anderer Nationen mußten - darüber bestand auch auf sowjetischer Seite vermutlich kein Zweifel - der schwedischen Sicherheitspolizei unter diesen Umständen bald bekannt werden. Man muß davon ausgehen, daß dies die Sowjetgesandtschaft veranlaßte, ihre Angehörigen anzuweisen, Kontakte zu Angehörigen fremder Nationen auf ein Minimum von Sichtbarkeit und Observierbarkeit zu beschränken. Dies galt *a fortiori* nach Abschluß des englisch-sowjetischen Zweimächteabkommens, in dem sich beide Staaten verpflichtet hatten, keine Gespräche mit einer dritten Partei aufzunehmen, die auch nur im entferntesten das Odium von Friedens- oder Waffenstillstandsverhandlungen trugen.

Dabei bestand die Gefahr eines Bekanntwerdens etwaiger sowjetischer Schritte dieser Art nicht nur im Hinblick auf die schwedischen Sicherheitsbehörden. Die Britische Gesandtschaft in Stockholm selbst hatte ihren Stab seit Ausbruch der deutsch-sowjetischen Feindseligkeiten beträchtlich verstärkt, und unter den hinzukommenden Beamten, die zum Teil aus Helsinki nach Stockholm versetzt wurden, befand sich ein größeres Kontingent von Sicherheits- und Geheimdienstpersonal. Geplant wurden ferner neue Formen der Zusammenarbeit zwischen dem britischen und sowjetischen Gesandtschaftspersonal, das seit Kriegsbeginn eine vergleichbare Vermehrung erfahren hatte, so unter anderem auf dem Gebiete der Presse- und Informationsarbeit.[13] Damit nahm naturgemäß die Übersicht im Hinblick auf eventuelle Nebendemarchen der einen über die andere Seite zu, und dies galt insbesondere für die Krisenzeiten der Allianz, in denen die Partner die Schritte der anderen Seite mit Argwohn verfolgten und nicht selten beschatten ließen. Keine der beiden Seiten konnte das Risiko eingehen, sich durch beobachtete Kontakte mit Personen unklarer Affiliation eine Blöße zu geben, besonders wenn diese - wie im Falle von Edgar Klaus leicht nachzuprüfen - im Büro des deutschen Abwehrchefs in der Stockholmer Innenstadt ein und aus gingen. Die Überschaubarkeit der Schritte nach allen Seiten wurde noch zwingender, als die USA nach Kriegseintritt am 7. Dezember 1941 auch ihr Informations- und Nachrichtennetz in Stockholm auszubauen begannen. Dies veranlaßte das deutsche Auswärtige Amt sogar, Druck auf das Schwedische Außenministerium auszuüben, um es zur Einschränkung der alliierten Nachrichtentätigkeit in Schweden zu bewegen. In einem Ton der Bestimmtheit, der ein Vasallenverhältnis zu unterstellen schien, forderte Staatssekretär von Weizsäcker den schwedischen Außenminister auf zu verhindern, daß »Stockholm zum Hauptumschlagplatz für achsenfeindliche Nachrichten wird« und insbesondere den »amerikanischen Machenschaften auf die Finger zu sehen, die geeignet sind, schwedische Neutralität zu kompromittieren«.[14] Das Schwedische Außenministerium ließ sich von diesen verhaltenen Drohungen des mächtigen Nachbarn im Süden nur begrenzt einschüchtern. Wohl aber lernten die deutschen Ämter selbst, durch geschickte Infiltration aus den in Stockholm konzentrierten ausländischen Nachrichtenzentralen maximalen Nutzen zu ziehen. Auch hier lag eine Gefahr für die sowjetische Seite.

Andererseits grassierten von den ersten Tagen und Wochen des deutschen Ostfeldzuges an Gerüchte über ein neuerliches Zusammengehen dieser beiden ehemaligen und aus westlicher Sicht teilweise unberechenbaren Partner, die über den gesamten Kriegsverlauf hinweg niemals abrissen. Um ihnen keine Nahrung zu geben, bestand auf sowjetischer Seite verständlicherweise allergrößte Zurückhaltung. So ist uns heute bekannt und der Sowjetregierung damals möglicherweise nicht verborgen geblieben, daß der Assistant Secretary of State Adolf A. Berle schon am 10. Juli 1941 in einem Schreiben an den Direktor des Federal Bureau of Investigation (FBI), J. Edgar Hoover, die Möglichkeit einer neuen deutsch-sowjetischen Annäherung erwog[15], und daß die Britische Botschaft in Moskau zwei Monate später ein an die Hitlerregierung gerichtetes Friedensangebot Stalins erwartete.[16]

Schließlich muß vor allem Zweifel darüber bestehen, ob die Sowjetregierung nach einer Phase des Umdenkens, in der ihr die Irreversibilität der Ereignisse und die militärische Tragweite dieses Krieges klargeworden waren – die Gefahren für den Bestand des eigenen Systems kamen hinzu –, in dieser ersten, so erfolgreichen »Blitzkrieg«-Phase des deutschen Angriffs auch nur im entferntesten das Geplänkel einer deutsch-sowjetischen Kontaktnahme toleriert hätte. Im Gegenteil: alle Tatsachen sprechen dafür, daß die Verbitterung über den deutschen Vertragsbruch und die Verbissenheit, mit der die zurückflutende sowjetische Armee zum Stehen gebracht werden sollte, jeden Gedanken an ein Eingehen auf deutsche Fühlungnahmen überflüssig gemacht hätten. Zwar blieb der außen- und bündnispolitische Hintergrund, vor dem die Sowjetunion diesen Krieg ausfechten mußte, nämlich das britisch-sowjetische Zweier- und später britisch-amerikanisch-sowjetische Dreierbündnis, in der ersten Periode des Krieges, bis hin zu den großen Dreierkonferenzen im Herbst 1943, innerlich bis zu einem gewissen Grade instabil: Zu wenig Vertrauen konnte Stalin diesem noch vor kurzem, nämlich im August 1939, ungeliebten Partner entgegenbringen. Doch vermochte in Umkehrung ihrer Zielrichtung die aus sowjetischer Sicht machiavellistisch spalterische deutsche Politik (die Heß-Mission schien hierfür das beste, wenn auch keinesfalls einzige Beispiel zu liefern[17]) immer wieder die latenten Brüche im sowjetisch-westlichen Bündnis zu kitten. An Bündniskrisen freilich mangelte es nicht. Und diese Krisen der Allianz wurden von deutscher Seite akkurat verfolgt und auf Wegen des Geheimdienstes und der Geheimdiplomatie ausgelotet; sie lieferten häufig den Anlaß zu echten und auch zu fingierten Friedenssondierungen in westlicher oder östlicher Richtung.

Die erste Bündniskrise, die dem nationalsozialistischen Deutschland und den mit ihm verbündeten Mächten gewisse Hoffnungen auf eine Spaltung der Allianz gaben, trat schon im Spätsommer 1941 ein, entstanden vor dem Hintergrund der am 14. August 1941 verkündeten Atlantik-Charta sowie der ersten Moskauer Dreierkonferenz vom 29. September 1941. Die Atlantik-Charta wurde ohne vorherige Konsultation und in Abwesenheit von Sowjetvertretern auf einem englischen Schlachtschiff im Nordatlantik verabschiedet, obgleich die Sowjetunion als Partner des britisch-sowjetischen Abkommens vom 12. Juli und eines auf diesem aufbauenden sowjetisch-amerikanischen Handelsabkommens vom 2. August 1941 ein Mitspracherecht in der Frage der Nachkriegsplanung für sich in Anspruch nahm. Denn die von Roosevelt und Churchill verabschiedete Charta sicherte die Unterstützung der offiziell am Kriege noch nicht beteiligten Vereinigten Staaten für die verbündeten kriegführenden Staaten, Großbritannien und UdSSR, und legte zugleich erste Prinzipien einer europäischen Nachkriegsordnung fest. Der Kurs, den sie in Hinblick auf Deutschland einschlug, wich von der offenkundig zwischen dem deutschen Volk und seinen verbrecherischen Machthabern unterscheidenden Einstellung Stalins ab: Artikel 8 der Charta dehnte das Vernichtungsurteil Roosevelts und Churchills auf die ganze deutsche Nation aus. Völker, die in der Geschichte bewiesen hatten, daß sie nicht ohne Anwendung von Gewalt auskommen, sollten in einer künftigen Friedensordnung all der Mittel beraubt werden, die für andere Nationen eine Bedrohung darstellen, sollten vollständig entwaffnet werden. Diese Sprache leitete nicht nur für große Teile der deutschen Opposition, besonders die national-konservative Opposition, wie sie von Hassell und Goerdeler präsentiert wurde, einen Prozeß der Desillusionierung ein.[18] Sie war auch geeignet, auf sowjetischer Seite Mißmut und Argwohn zu wecken. Denn einerseits war die Rede von den aggressiven Nationen so allgemein gefaßt, daß die Regierung Stalins in ihr zwingende Hinweise auf die Zerschlagung des gemeinsamen Urfeindes, des deutsch-preußischen Militarismus, vermißte[19]; und andererseits löste sie beängstigende Assoziationen zu den sogenannten Interventionskriegen der Westmächte mit dem Ziel der Niederwerfung der Roten Armee sowie zu den Drohungen der Westmächte während des sowjetischen Aufmarsches im Winterkrieg gegen Finnland aus. Und dies um so mehr, als Churchill in seinem Kommentar zur Charta den Eindruck erweckte, sie beziehe sich gar nicht auf Deutschland, da man sich Feinden gegenüber ohnehin zu gar nichts verpflichte. Tatsächlich konnten alle jene Nationen in Artikel 8 der Charta eine Drohung erblicken, die bis dahin von ihren Streitkräften keinen ausschließlich defensiven Gebrauch gemacht hatten. Und die sowjetische Militärmacht, die ihr Potential in enger Kooperation mit dem Zerstörer der europäischen Friedensordnung, Deutschland, entwickelt und erprobt hatte, war mehr als andere Nationen gehalten, dieses Urteil als an die eigene Adresse gerichtet zu verstehen. Nicht zufällig teilte Premierminister Winston Churchill Anfang November 1941 einem Mitarbeiter des Leiters des amerikanischen Auslands-Nachrichtendienstes, William Donovan, mit, seine Nachkriegsplanung gehe von der Notwendigkeit der Zerstörung des deutschen wie auch des sowjetischen Militarismus aus.[20] Dementsprechend gering erwies sich in diesem britisch-amerikanischen Gedankenaustausch auch das Interesse Churchills an der Errichtung einer die sowjetische Kriegführung entlastenden Zweiten Front. So waren die Gerüchte über Churchills Wunsch, die beiden kämpfenden Riesen zunächst aneinander ausbluten zu lassen, damals zwar nicht verifizierbar, aber dennoch nicht grundlos. Stalin hegte diesen Verdacht und bemühte sich, über seinen Vertreter auf der interalliierten Konferenz zur Beratung über die Atlantik-Charta (24. September 1941 in London) den sowjetischen Standpunkt zur Geltung zu bringen: die Anerkennung des demokratischen Rechts aller Nationen auf uneingeschränkte Selbstbestimmung, mithin die Ausschaltung westlicher Interessen in der Wirkungssphäre der Sowjetmacht. Doch war und blieb in sowjetischer Sicht das perfide Albion schon in den ersten Monaten des Bündnisses und über weite Strecken des Krieges hinweg ein in gewisser Hinsicht unberechenbarerer Faktor als das vertragsbrüchige Deutschland in seinem *furor teutonicus*.

Deutlich wurde das Mißtrauen Stalins England und auch den USA gegenüber auf der Moskauer Dreierkonferenz vom 29. September 1941. Es gelang ihm, den Vertretern Roosevelts und Churchills, Averell Harriman und Lord Beaverbrook, das Versprechen nahezu unbegrenzter Lieferungen von Lebensmitteln und Kriegsmaterial abzuringen. Doch stellten diese in seinen Augen ein für die kapitalistischen Länder leicht entbehrliches *quid pro quo* dar, das ihm anstelle der noch dringender benötigten Zweiten Front zugebilligt wurde. Sein Ringen um die Errichtung der Zweiten Front als des einzigen überzeugenden Beweises für die Ernsthaftigkeit der Kooperation seiner neuen Verbündeten setzte bereits hier ein und hielt bis zum Juni 1944 mit zunehmender Vehemenz an.[21] Ferner hatte es - nach einem Bericht Harrimans vor dem National Press Club in Washington D.C., der in deutsche Hände gelangte - eines dreitägigen Tauziehens der Vertreter der Westmächte bedurft, um Stalin die Zusage einer zeitlich unbegrenzten Teilnahme am Kriege zu entlocken.[22] Es stellte sich die Frage, ob Stalin mit seinen Widerständen das Fortbestehen seiner am 10. März 1939 vor dem XVIII. Parteitag dokumentierten Einstellung zum Ausdruck brachte, wonach er nicht gewillt war, für die Westmächte »die Kastanien aus dem Feuer« zu holen. Aus deutscher Sicht mündete diese Frage in die Erwägung ein, ob er eventuell schon jetzt die Möglichkeit eines Ausscherens aus der Allianz erwog.

Das sowjetische Mißtrauen erhielt neue Nahrung, als im Herbst 1941 die Nachricht von deutschen Friedensinitiativen in Richtung Westen in die englische Presse kam. Die Sondierungen, die der Schweizer Kommissar des Völkerbundes, Professor Carl Jacob Burckhardt, im Auftrag national-konservativer und nationalistischer Kreise in Deutschland, die von Hassell über Haushofer bis zu Staatssekretär von Weizsäcker reichten, und möglicherweise mit Duldung der deutschen Regierung in London durchführte (*Daily Telegraph* vom 10. November 1941), belasteten die britische Regierung so stark, daß sich Premierminister Churchill nach Veröffentlichung der entsprechenden Pressenotiz veranlaßt sah, umgehend im House of Commons die Erklärung abzugeben, die britische Regierung und ihre Verbündeten würden weder mit Hitler noch einer anderen nationalsozialistischen Regierung jemals irgendwelche Gespräche führen. Präsident Roosevelt schloß sich diesem Versprechen wenig später an.

Um noch immer bestehende sowjetische Verdachtsmomente auszuräumen, überreichte der Britische Botschafter in der UdSSR Molotow am 19. November eine Note, aus der hervorging, daß das nationalsozialistische Deutschland versucht habe, mit Unterstützung von neutralen Mächten eine europäische Friedenskonferenz einzuberufen, England diesen Plan aber als eine Täuschung abgetan habe, die nur dem Ziel diene, neue Kräfte für den Kampf im Osten zu sammeln. Mit sichtbarer Erleichterung entgegnete das sowjetische Außenministerium in einer Note vom 22. November, die Sowjetregierung habe dieses Täuschungsmanöver der Hitler-Regierung mit Abscheu zur Kenntnis genommen, und auch die Völker wie die Regierung der UdSSR würden ungeachtet aller bevorstehenden Schwierigkeiten »niemals mit Hitler oder irgendeiner anderen Partei Deutschlands, die das nazistische Regime präsentiert«, in Verhandlungen eintreten; sie würden bis zur vollständigen Zerschlagung des Hitlerismus kämpfen.[23]

Mit diesem Notenaustausch hatten die beiden verbündeten Mächte in dem Moment ihr vertragliches Versprechen vom 12. Juli 1941 erneuert, als die deutsche Wehrmacht etwa dreißig Kilometer vor Moskau stand. Der Nachdruck, mit dem die sowjetische Note Verhandlungen mit jeder *nationalsozialistischen* Regierung oder Gruppierung verwarf, schien anzudeuten, daß man Gespräche mit einer nicht nationalsozialistischen, explizit oppositionellen Gruppe oder Übergangsregierung nicht gänzlich ausgeschlossen wissen wollte. Auf englischer Seite waren solche Vorbehalte weniger deutlich erkennbar. Zumindest waren sie bis dahin nicht zur Sprache gekommen. Und die Zeit des siegreichen Vormarsches der deutschen Truppen und der weitgehenden Gleichschaltung der deutschen Öffentlichkeit schien kaum Anlaß zu bieten, über diese Frage nachzudenken und auf erfolgreiche Umsturzversuche in Deutschland zu bauen. Churchill vertrat in diesen Herbstmonaten des ersten deutsch-sowjetischen Kriegsjahres die Ansicht, der Krieg könnte zwar grundsätzlich durch eine Niederlage der deutschen Armeen in Europa oder aber durch innere Erschütterungen in Deutschland beendet werden, die durch »den günstigen Verlauf des Krieges, wirtschaftliche Entbehrungen und die alliierten Bombenangriffe hervorgerufen werden können«. Doch sollten die Alliierten keine Hoffnungen auf einen inneren Zusammenbruch setzen. Erst die Landung starker britischer und amerikanischer Truppenverbände würde der unterworfenen Bevölkerung den Mut zur offenen Revolte bringen. Aus eigenen Kräften wäre sie »aufgrund der rücksichtslosen Gegenmaßnahmen, die angewendet würden, niemals in der Lage, eine Revolte durchzuführen«.[24] Dies traf aus englischer Sicht auf die Bevölkerung der von deutschen Truppen besetzten Länder ebenso wie auch auf Deutschland selber zu. Stalin hatte in seiner Rede zum 24. Jahrestag der Oktoberrevolution am 6. November 1941 wohl von der »Unbeständigkeit« des europäischen wie auch deutschen Hinterlandes der deutschen Truppen als einem »Vulkan« gesprochen, der bereit sei, auszubrechen und die Hitlerschen Abenteurer zu begraben. Doch konnte er zu diesem Zeitpunkt eine Massenerhebung der Sowjetvölker in seinem eigenen Machtbereich befürchten und hütete sich vielleicht aus diesem Grunde, diese Frage anzuschneiden. So einigte man sich – wie der Briefwechsel zwischen Churchill und Stalin in Vorbereitung des Eden-Besuches in Moskau Ende November 1941 zeigte – auf den kleinsten gemeinsamen Nenner: den Nationalsozialismus zu vernichten und zu verhindern, daß Deutschland und besonders Preußen ein drittes Mal über seine Nachbarn herfallen kann, also den preußisch-deutschen Militarismus zu zerschlagen.

Damit schien auf beiden Seiten ein gewisser Spielraum für Verhandlungen mit nichtnationalsozialistischen und nichtmilitärischen Gruppen in Deutschland gegeben – eine Möglichkeit, die den zivilen Teilen der deutschen Opposition in bestimmten Momenten die Hoffnung gab, auf der einen oder anderen Seite Gehör zu finden. Doch war im ersten Kriegswinter die Zeit zu einer deutschen Friedenssondierung in Richtung Osten nicht reif. Das in Stockholm zirkulierende Gerücht, der frühere deutsche Botschafter in Moskau, Graf von der Schulenburg, halte sich in Schweden auf, um einen deutsch-sowjetischen Frieden auszuhandeln, fand kaum Beachtung.[25]

Geringe Chancen sah auch Edgar Klaus im Winter 1941/42 für einen deutsch-sowjetischen Ausgleich. Insbesondere gab er der deutschen Opposition zu dieser Zeit kaum Chancen, sich in Deutschland durchzusetzen. Eine Militärrevolution - so berichtete er dem politischen Emigranten und Angestellten des schwedischen Konsums, Bruno Kreisky, Ende Januar 1942[26] - sei nicht zu erwarten. Die Generale seien angesichts der großen Schwierigkeiten, in die die deutsche Winteroffensive geraten sei, zu der Überzeugung gelangt, daß sie mit dem Nationalsozialismus stehen und fallen werden. Eine politische Spaltung der Militärführung würde in diesem Moment in ihren Augen den sicheren Untergang bedeuten. Längerfristig hingegen war Klaus überzeugt, daß Deutschland den Krieg verlieren und das geschlagene Deutschland dann vermutlich einen Frieden mit Rußland schließen werde; im Bündnis mit Rußland würde es den Kontinent gegen England zu verteidigen suchen.

Ähnliche Nachrichten gingen etwa gleichzeitig auch dem Chef der amerikanischen Auslands-Abwehr, Donovan, aus Europa zu. In einem Memorandum von Ende Januar 1941[27] wurde ihm mitgeteilt, daß eine zuverlässige Quelle die Beendigung des Krieges im Monat September für wahrscheinlich halte und daß Pläne bestünden, Hitler im Juni dieses Jahres zu beseitigen. Die Unzufriedenheit sei in Deutschland groß, und die Bevölkerung, besonders aber die Großindustrie, wünsche einen baldigen Frieden. Nachforschungen des Federal Bureau of Investigation über die Person des deutschen Abwehrchefs Canaris, der in solchem Zusammenhang gelegentlich erwähnt wurde, brachten eine gewisse Bestätigung.[28] Canaris, so wurde aus London mitgeteilt, gelte zwar als »stark antikommunistisch, aber nicht antirussisch«, und er habe sich für eine Zusammenarbeit mit Stalin ausgesprochen, wenn dieser nur ein wenig von seinen kommunistischen Prinzipien abrücken würde. Er habe sich grundsätzlich und vehement gegen den Eintritt in den Krieg gewehrt, da er der Ansicht gewesen sei, Deutschland könne seine Wünsche auch auf dem Verhandlungswege erreichen. Canaris gelte ferner als ein Gegner der NSDAP, der von Himmler und der Gestapo mit Eifersucht und Haß verfolgt werde. Dabei sei Canaris »der einzige Deutsche, der exakte Kenntnis der intimen Details aller politischen und militärischen Ereignisse besitze, die in jedem Zirkel und in jeder Gruppe in Deutschland stattfinden ... Sollte die Wehrmacht die Macht übernehmen, so würde Canaris die wichtigste Rolle in der Bestimmung der Politik in Deutschland spielen.« Was immer der konkrete Anlaß für diese Information gewesen sein mag: bemerkenswert ist, daß die deutsche Abwehr Mitte Februar 1942 eine neue, direkte Briefverbindung zu ihrem potentiellen Verbindungsmann nach Osten, Edgar Klaus, herstellte. Mit Schreiben der Abwehr vom 17. Februar an ihren Verbindungsmann beim Auswärtigen Amt bat sie zu veranlassen, daß von nun an die Schreiben der Abwehr I an den bei der Deutschen Gesandtschaft angestellten Filmbeauftragten Werner Boening »zwecks Weiterleitung« unter dem Decknamen ›Walter‹ übergeben werden können.[29] Im Antwortschreiben vom 2. März 1942 an das Oberkommando der Wehrmacht, Amt Ausland / Abwehr I bestätigte Legationsrat Kramarz diese Regelung und richtete zugleich ein Schreiben dieses Inhalts an die Deutsche Gesandtschaft Stockholm.[30] Doch mit Antwortschreiben vom 30. März an den Verbindungsmann des OKW Amt Ausland / Abwehr beim Auswärtigen Amt bat der Gesandte, Prinz zu Wied[31], von der Durchführung des Erlasses vom 2. März Abstand zu nehmen, »da Boening nach einer Mitteilung des Chefs des schwedischen Nachrichtendienstes (d.i. M. Lundquist, I.F.) an den hiesigen K.O.-Leiter (Wagner, I.F.) seit längerer Zeit in Schweden als ›verdächtig‹ gilt«.

Sichtbare Bewegung kam in die Diskussion über die Frage einer deutsch-sowjetischen Annäherung in den letzten Februartagen 1942. Vor dem Hintergrund einer gewissen Kriegsmüdigkeit, aber auch gewisser Teilerfolge auf deutscher sowie auf russischer Seite erfolgte am 23. Februar Stalins berühmt gewordener Ausspruch: »Die Erfahrung der Geschichte wird lehren, daß die Hitler kommen und gehen, aber das deutsche Volk, der deutsche Staat - bleiben bestehen!«[32] Diese Worte wurden vielerorts als eine direkte Aufforderung gegenüber den nationalen Kräften Deutschlands verstanden, Hitler und die antirussisch-antibolschewistische Fraktion in Partei und Staat auszuschalten und den Krieg im Osten zu beenden. In London wurde diesem Ausspruch Stalins so viel Bedeutung beigemessen, daß Churchill sich veranlaßt fühlte, nun ernstlich die Prinzipien der Atlantik-Charta zu überdenken und weit stärker als bisher auch die Position Stalins zu berücksichtigen. Er war nun - wie sein Brief an Roosevelt vom 7. März 1942 zeigte - geneigt, in Hinblick auf Stalins Ansprüche von den Prinzipien der Atlantik-Charta abzurücken und speziell die sowjetischen Grenzen vom 21. Juni 1941 anzuerkennen.

In Berlin traf in diesen Tagen die Nachricht ein, auf sowjetischer Seite bestehe Bereitschaft zu einer Annäherung an Deutschland. Der deutsche Botschafter in Tokio, Eugen Ott, teilte Reichsaußenminister Ribbentrop in einem persönlichen Telegramm vom 2. März 1942[33] mit, die aus Kujbyschew (früher Samara), damals Sitz der Sowjetregierung, und Moskau eingehenden Nachrichten »ließen erkennen, daß in Sowjetregierung Wandel Auffassung über Fortführung Krieges mit Deutschland

eingetreten sei. Der Wunsch, den auf die Dauer allzu kostspieligen Krieg, wenn möglich, zu beenden, habe erheblich zugenommen.« Auch die Tonart Stalins habe sich seit Mitte Februar stark geändert: Er spreche nicht mehr von »einer Vernichtung Deutschlands, sondern vom notwendigen Wiederaufbau Rußlands«. Die anhaltende Ernüchterung über das Unvermögen der Angelsachsen, wirksame Hilfe und Entlastung zu bringen, habe dazu geführt, daß nun in maßgebenden russischen Kreisen unverkennbar die Neigung bestehe, »zu einem Frieden mit Deutschland zu kommen«. Zwar beruhten die Nachrichten, die Botschafter Ott in Tokio zugingen, vorwiegend auf japanischen Informationen; und Japan war - zumal es seit seinem Angriff auf Pearl Harbour die Potenz der amerikanischen Kriegführung zu spüren bekam - an einem baldigen Ausgleich zwischen seinem Bündnispartner Deutschland und seinem starken Nachbarn Rußland interessiert, mit dem es einen Nichtangriffspakt unterhielt. Ferner mußte Botschafter Ott noch immer als ein Mann gelten, der durch seine enge Freundschaft mit Richard Sorge und sein Verhalten nach dessen Verhaftung bis zu einem gewissen Maß politisch belastet war.[34] Und schließlich konnte der Ausspruch Stalins als rein ideologischer Vergeltungsschlag gegen die Westmächte verstanden werden. Denn in den Monaten Januar und Februar 1942 waren ihm mehrere geheime Sondierungen zwischen Vertretern des RSHA und Mitgliedern des englischen SIS einerseits und zwischen deutschen und britischen Diplomaten, unter anderem in der Türkei, andererseits zu Ohren gekommen. Es war offenkundig, daß in diese Gespräche deutsche und englische Befürchtungen einflossen, die UdSSR könne doch am Ende als siegreiche Macht auf dem Kontinent hervorgehen. Diese Geheimtreffen erregten Stalin bis zu dem Grade, daß er seinen Botschafter in London, I. M. Majskij, am 7. März zu einer Vorstellunche«
mit Entschiedenheit zu protestieren.

Desungeachtet hielt der deutsche Abwehrchef vor dem Hintergrund der ihm zugehenden Informationen die Zeit reif für eine erste Friedenssondierung in sowjetischer Richtung.[35]

Die erste Initiative von Canaris

Zunächst ordnete Canaris an, daß die mit Ostfragen befaßten Spezialisten seines Amtes für den 23. März eine Konferenz in der Deutschen Gesandtschaft Kopenhagen organisierten, auf der - in Anwesenheit von Edgar Klaus - die Möglichkeiten der Situation ergründet und die Weichen für eine Friedensinitiative gestellt werden sollten. Er selbst plante offenbar, auf dieser Konferenz anwesend zu sein.[36] Mitte März 1942 wurde der Abhördienst des schwedischen Verteidigungsstabs auf wachsende Aktivitäten der Abwehr an der Deutschen Gesandtschaft Stockholm aufmerksam. Am 11. März bat der Leiter der Konsularabteilung der Gesandtschaft, Legationsrat von Grolman, einen »General Schönemann« telephonisch, »zwischen halb und um Vier mit allen Papieren« zu ihm zu kommen. Am 13. teilte der Mitarbeiter der Abwehr, Berger, über eine Sonderleitung der Deutschen Gesandtschaft einem »Rittmeister von Lossow« im OKW in Berlin telephonisch mit: »Ich sollte heute noch mal anrufen in der Angelegenheit Schönemann; der soll, wie ich höre, am 23. von hier abreisen nach Kopenhagen.« Lossow bejahte dies und sagte Berger, in Berlin erwarte man, daß »unser Freund« sich in diesen Tagen an die entsprechende schwedische Stelle begebe, um ein Ausreise- und Wiedereinreisevisum zu erhalten. Lossow erklärte: »Und zwar ist das so: Unser Freund soll zu einer Konferenz auf der Gesandtschaft erscheinen in K. ... Also: die Leute brauchen ihn dort – –.«[37] Das schwedische Sozialamt, dem diese Mitschriften zugeleitet wurden, hatte zu diesem Zeitpunkt die Identität von »General Schönemann«, »unser Freund« und Edgar Klaus noch nicht festgestellt und weigerte sich, Klaus das von ihm gewünschte Wiedereinreisevisum nach Schweden zu erteilen. Bis zum 23. März, dem Tage der geplanten Konferenz, bemühte sich Klaus vergebens um Erhalt dieses Visums. Am Morgen dieses Tages traf erneut ein Anruf aus dem OKW Berlin in der Gesandtschaft ein. Der Anrufer aus Berlin wünschte Werner Boening zu sprechen und bat, da dieser abwesend war, mit Oberleutnant Utermark verbunden zu werden. Er fragte diesen, ob er »von seiner Sache« wisse und bat ihn, nachdem Utermark dies bejaht hatte, folgendes zu notieren: »Unser Freund möchte zu den Leuten gehen, die ihn solange pappen (wohl falsche schwedische Mitschrift für »zappeln«, I. F.) lassen – ihnen sagen, zu der Besprechung, die vorgesehen war, hätte ein maßgeblicher Herr gefehlt, und daß sie 14 Tage verschoben werden müsse.« Der Anrufer bat um den baldigen Rückruf Boenings, in dem dieser ihm mitteilen sollte, »wann der Termin war« und »ob er wieder hinkäme«.[38] Dieses von schwedischer Seite mitgeschriebene Telephongespräch wirft Fragen auf. Während die Personen, die Klaus »zappeln« ließen, wohl die Instanzen waren, die ihm zunächst das Wiedereinreisevisum verweigerten, könnte sich der Hinweis auf den »Termin« und besonders auf ein betontes »er« auch auf einen sowjetischen Gesprächspartner beziehen, mit dem Klaus vor seiner geplanten Abreise nach Kopenhagen – die Konferenz sollte ja nun um zwei Wochen verschoben werden – noch Fragen klären sollte, die für den Ablauf der Kopenhagener Planungssitzung von Bedeutung sein könnten. Allein, dies ist reine Spekulation. Als Tatsache ergibt sich aus dem Verlauf der Telephongespräche nur, daß die Anwesenheit von Klaus für die Durchführung der Konferenz unentbehrlich war.[39]

An dem Tage, an dem in Kopenhagen die Konferenz der Ost-Spezialisten der Abwehr hätte stattfinden sollen, griff Canaris in Berlin durch einen ungewöhnlichen Schritt ins politische Geschehen ein. Um eine Entscheidung über eine deutsch-sowjetische Annäherung zu forcieren, lancierte er eine »Notiz: Betr.: Sonderfrieden Deutschland–Rußland«[40] an den Chef des OKW, den Hitler nahestehenden Wilhelm Keitel, in der er diesem, zweifellos zur Weiterleitung an Hitler, eine Zusammenstellung der wichtigsten »Meldungen« der letzten Zeit zuspielte, »die eine Bereitschaft der UdSSR zu einem Sonderfrieden mit Deutschland behandeln«. Als Quellen wurden diplomatische Berichte der türkischen Vertretung in Vichy an das Außenministerium in Ankara, private und offizielle russische Kreise in Kujbyschew, türkische politische Kreise sowie ein V-Mann aus Istanbul angeführt; ferner wurden die Anspielungen eines sowjetischen TASS-Vertreters in Ankara im Gespräch mit einem deutschen Journalisten vom 7. März wiedergegeben, in denen jener einen deutsch-russischen Ausgleich unter der Voraussetzung für nicht ausgeschlossen hielt, »daß Sowjetrußland für seine Verluste im Mittleren Osten bzw. Vorderen Orient entschädigt werde«, eine Vorstellung, die Hitlers Vorschläge an Molotow während des Besuches in Berlin im November 1940 aufzugreifen schien; und schließlich wurde auf die »Meldung eines Stockholmer V-Mannes« vom 6. März verwiesen, die besagte: »Bereits im September und während des ganzen Herbstes, vor allem aber jetzt in den letzten Tagen sei die Bereitschaft der Sowjets erkennbar, einen Sonderfrieden mit Deutschland zu schließen.«

Diese »Notiz« der Abwehr, die einen großen Verteilerkreis hatte, verfehlte ihr Ziel nicht. Bei einem abendlichen Treffen einiger Befehlshaber und Generalstäbler mit Hitler im Führerhauptquartier (FHQ), auf dem auch der Verbindungsmann der Abwehr zum FHQ, Oberstleutnant Werner Schrader, anwesend war, wurde die Frage eines deutsch-sowjetischen Ausgleichs aufgegriffen. Doch Hitler verwarf sie als ängstliches Gerede und trumpfte mit seiner Vision des nationalsozialistischen Großreiches im Osten auf: »Ich denke nicht daran, mit Rußland Frieden zu schließen!«[41] lautete seine endgültige Antwort an diesem Abend. Der »Ausbruch eines geradezu somnambulen Größenwahnsinns«, der dieser Absage Hitlers an die von Canaris eingeleitete Friedensinitiative folgte, veranlaßte den Verbindungsoffizier der Abwehr, die Runde »angewidert« zu verlassen. Später, im Zuge der Liquidierung der Bewegung des 20. Juli 1944, wurde Schrader verhaftet und gehängt. Canaris selber, so berichtete sein Mitarbeiter F. W. Heinz, besaß im Frühjahr 1942 nicht mehr die Nerven, um solchen Ausbrüchen von Größenwahn mit Humor zu begegnen. »Er wußte, daß es sich um grausige Realitäten handelte, hinter denen der totale Zusammenbruch und der Rückschlag der Sowjetunion stehen würde.«

Die Nachricht von diesem fehlgeschlagenen Versuch, Hitler zu einer deutschen Friedensinitiative im Osten zu veranlassen, gelangte den Alliierten zur Kenntnis. In Nanking, einem der Hauptumschlagplätze für geheimdienstliche Informationen im Fernen Osten, wo möglicherweise der deutsche Botschafter Stahmer über seine Parteikanäle von den Ereignissen im FHQ gehört hatte, erfuhr ein Sowjetbeamter irgendwie von der Initiative und setzte ein Mitglied des japanischen Geheimdienstes davon in Kenntnis. Dieser drahtete die Nachricht nach Tokio. Die Kryptanalytiker (Dechiffreure und Code-Brecher) der Vereinigten Staaten, die seit Herbst 1941 den japanischen Code zu brechen begannen und ihn in einem Ausbruch von Begeisterung »Magic« nannten, fingen die Nachricht auf und konnten sie Mitte Mai 1942 an das US-Kriegsministerium leiten: »Vor einiger Zeit haben sie (die deutschen Befehlshaber, I. F.) Hitler vorgeschlagen, mit Stalin Frieden zu schließen. Hitler wollte nichts davon hören. Er hat sie nur mit Schmähreden bedacht.«[42] Der zweite Teil der Nachricht mochte auf japanischen Mutmaßungen beruhen: »Dann aber geriet die Frühjahrsoffensive ins Stokken, und Hitler begann den Verdacht zu hegen, daß der Rat seiner Armeeführung vielleicht nicht ganz grundlos war. Jedenfalls scheint er ihn zu bedenken, denn es ist keine große Veränderung der deutschen Militäraktion an der Ostfront erfolgt.« Bekannt sei ebenfalls, daß die deutsche Wehrmachtführung Moskau als Ziel der Sommeroffensive aufgegeben habe, da Rußland bereits schwer genug getroffen sei. Sie bereite statt dessen eine massive Offensive gegen die Westmächte vor.

Die deutschen Akten enthalten keinerlei Hinweise auf einen Sinneswandel Hitlers angesichts der mühsam verlaufenden Frühjahrsoffensive. Ribbentrop schrieb später, er habe nach dem Festlaufen der Winteroffensive und der Erschütterung der gesamten deutschen Ostfront am Jahreswechsel 1941/42 zum ersten Mal mit Hitler die Möglichkeit eines Friedensschlusses mit Rußland besprochen: »Er sagte mir darauf nur, daß er einen solchen Frieden nicht für möglich halte, im Osten könne nur eine klare Entscheidung in Frage kommen.«[43] Über das ganze Jahr 1942 hinweg sei Hitler auf den deutschen Vorstoß zur Wolga fixiert und auf diese Frage nicht mehr anzusprechen gewesen. Er habe lediglich geäußert, er wolle »den Russen die Ölzufuhren aus dem Kaukasusgebiet abschneiden und dann an der Wolga entlang nordwärts stoßen«. Die Tatsache, daß die deutschen Offensiven vor Moskau, Leningrad und im Kaukasus festgelaufen waren, schien seine Entscheidung nicht zu beeinflussen. Desungeachtet war durch die abgefangene Magic-Nachricht im Westen der Eindruck entstanden, ein Einschwenken Hitlers gegenüber Stalin läge im Bereich des Möglichen. Vor diesem Hintergrund erregte die Anwesenheit des deutschen Bankiers Baron Schröder in Schweden gegen Ende April 1942 in neutralen und alliierten Kreisen Aufmerksamkeit; Schröder, der Hitler einst durch Vermittlung Papens finanziell unterstützt hatte, hielt sich – so lauteten

Gerüchte - zur Zeit in Stockholm auf, »um Friedensverhandlungen zwischen Deutschland und Sowjets zu vermitteln«.[44]

Aus deutscher Sicht lieferte der Tagesbefehl Stalins vom 1. Mai 1942 einen weiteren Beweis dafür, daß die Sowjetführung unter geeigneten Umständen bereit wäre, Waffenstillstandsverhandlungen mit Deutschland aufzunehmen. »Unser Ziel«, so stellte Stalin fest, »ist klar und ehrenhaft: Wir wollen unser sowjetisches Land von der faschistischen und deutschen Brut befreien. Um dieses Ziel zu erreichen, müssen wir die faschistische und deutsche Armee und die deutschen Eindringlinge bis zum letzten Mann vernichten, wenn sie die Waffen nicht niederlegen!« Diese Worte konnten als ein direktes Angebot Stalins an die deutsche Wehrmacht betrachtet werden, die Kämpfe einzustellen, den Rückzug anzutreten und sich an den Verhandlungstisch zu setzen.[45]

Noch am selben Tag, am 1. Mai 1942, traf der Leiter der Ostabteilung der deutschen Abwehr, Regierungsrat Hans von Lossow, auf dem Stockholmer Flugplatz Bromma zu - wie er den schwedischen Behörden angab - »dringenden Besprechungen mit den militärischen Dienststellen der Deutschen Gesandtschaft Stockholm« ein. Lossow wurde von Boening am Terminal Nybroplan abgeholt und verbrachte den Abend im Gespräch mit Boening, Wagner und Utermark im Grand Hotel. Obgleich die schwedische Observierung während des viertägigen Aufenthaltes von Lossows in Stockholm sein(e) Treffen mit Edgar Klaus mit einem Fragezeichen versah, steht doch außer Zweifel, daß Klaus sein Hauptinformant war. Tatsächlich setzten nach diesem ersten Besuch von Lossows in Stockholm regelmäßige, etwa einmal monatlich stattfindende Besuche ein, während deren die Polizei (wie etwa im Falle des nächsten Besuches, an den Tagen vom 8. bis 11. Juni 1942) häufige Treffen zwischen Lossow und Klaus konstatierte und diese nun auch mit der nicht zustande gekommenen Reise von Klaus nach Kopenhagen in Verbindung brachte.

Während der Besuche Lossows in Schweden fanden fast täglich Gespräche mit Klaus statt, häufig in Gegenwart von Boening, Wagner und Utermark. Diese Diskussionen weiteten sich öfters zu hitzigen Streitgesprächen aus, und es kam gelegentlich vor, daß Wagner im Zorn den Raum verließ und das Feld allein Lossow und Klaus überließ. Die Gründe, die die Gespräche dieser Männer nicht selten zu einem langen, leidenschaftlichen Austausch von Standpunkten werden ließen, lagen in erster Linie in ihren divergierenden Ansichten in allem, was Rußland, Stalins politische und militärische Absichten und die Möglichkeiten eines deutsch-sowjetischen Ausgleiches betraf. Gewisse nationalistische Untertöne, wie sie besonders auf seiten Wagners bestanden, konnten diesen Austausch erschweren. Neben diesen allgemeineren, globale politische Zusammenhänge betreffenden Meinungsverschiedenheiten hat wohl auf seiten der Abwehrangehörigen die Frage der militärischen Berichterstattung von Klaus, auf seiten von Klaus die mangelhaft koordinierte und in ihren Zielen diffuse Sondierungspolitik der Abwehr immer wieder Anlaß zu Auseinandersetzungen geboten.

Wie die vom schwedischen Verteidigungsstab dechiffrierten Geheimtelegramme der Abwehrstelle Stockholm an das OKW zeigen (die Originale dieser Telegramme sind mit den Abwehrakten vernichtet worden und stehen uns heute nicht mehr zur Verfügung), berichtete Klaus häufig über sowjetische Truppenbewegungen und andere militärische Dispositionen an die Abwehrbeauftragten, die seine Berichte in Geheimtelegrammen unter dem Stichwort »General Schönemann berichtet, daß ...« nach Berlin weiterleiteten. Wie Klaus später vor den schwedischen Behörden zu Protokoll gab, hatte er diese Angaben in stundenlangem Abhören der sowjetischen Sendungen sowie sowjetischer und anderer Geheimsender aufgenommen und ausgewertet.[46] Oft geschah dies in Gegenwart des des Russischen nicht mächtigen Boening. Eine genaue Analyse des nachrichtendienstlichen Gehaltes dieser Angaben ist weder dem schwedischen Verteidigungsstab bei seinen Recherchen in der Sache Klaus nach Ende des Krieges noch der Verfasserin dieses Buches im Laufe zweijähriger Forschungen gelungen. Doch scheinen diese Mitteilungen, bei denen sich Klaus gelegentlich auch auf sowjetische Informanten stützte, Berlin keine militärischen Geheimnisse im eigentlichen Sinne zugänglich gemacht zu haben. Sie entstammten wohl tatsächlich - wie Klaus mit Nachdruck behauptete - seiner Beobachtungsgabe, Kombinationsfähigkeit und Landeskenntnis, hatten also überwiegend einen beschreibenden, nicht aber Voraussagecharakter. Allerdings hatte sich Klaus bei einigen Mitteilungen auf Wladimir Karpow berufen. Demgegenüber weigerte er sich, Nachrichten zu überbringen, die Personen betrafen und diesen möglicherweise zum Nachteil gereichen konnten (wie Namen rumänischer Offiziere, die mit der Roten-Armee-Führung in Verbindung standen). Und er ließ - wie er häufig betonte - seine Mitteilungen zur Warnung des deutschen Generalstabes nach Berlin gelangen. Tatsächlich dominiert in diesen Telegrammen das Element der Warnung vor der Stärke des Feindes, vor der Überlegenheit der militärischen Planung der Sowjetarmee und vor den militärischen »Fallen«, in die die deutsche Wehrmacht, wie etwa in den großen Panzerschlachten im Sommer 1943, geriet. Die »Feindaufklärung«, die Klaus betrieb, war im wesentlichen eine Unterstützung der Friedensabsichten des Amtschefs Canaris mit den Erkenntnissen des im neutralen Ausland lebenden und mit guten persönlichen und sachlichen Verbindungen ausgestatteten Beobachters. Der deutschen Abwehr, die den Wert dieser Telegramme - nach den Aussagen Boenings - häufig erst nach längerer Zeit erkannte, fehlte allerdings in den Berichten gelegentlich das Element der treffsicheren Voraussage. Diese Erwartung wies Klaus im Gespräch mit Lossow mit den Worten von sich, er sei schließlich »kein Zauberer« und könne die Zukunft nicht voraussehen, sondern sich bestenfalls aus der Sicht des Rußlandkenners aufgrund der beobachteten Zusammenhänge nach dem Sinn von Operationen und Offensiven diplomatischer, geheimdienstlicher und militärischer Natur fragen. Offenbar verstand er seine Aufgabe als die eines Beraters und Aufklärers, der das Schlimme zu verkürzen und Schlimmeres zu verhindern suchte.

Dagegen dürfte Klaus Klage geführt haben, daß seine Aufgabe in Schweden durch mangelnde Koordination erschwert wurde. Ein befreiender Schlag in Deutschland, ein Umsturz und die Errichtung einer verhandlungsfähigen Regierung erfolgten nicht; auch gelang es der Abwehr nicht, eine Bresche in die Berliner Front der Verweigerung von Tastversuchen nach Osten zu schlagen. Dies hieß, daß Klaus sowjetische Partner für ein Gespräch mit deutschen Unterhändlern gewinnen sollte, ohne daß auf deutscher Seite auch nur die geringste Bereitschaft zu Gesprächen bestand. Seine Position gegenüber eventuell gesprächsbereiten Sowjetvertretern war also äußerst schwach, schwebte gewissermaßen im luftleeren Raum. Hinzu kam, daß immer häufiger in die Weltpresse und auch nach Stockholm gelangende Gerüchte von deutschen Friedenssondierungen in angelsächsischer Richtung, an denen auch der Amtschef Canaris nicht unbeteiligt war, die Frage seiner Legitimation schwer belasteten. Die Entsendung von Adam von Trott zu Solz nach Genf (April 1942), die Gespräche der Theologen Hans Schönfeld und Dietrich Bonhoeffer mit englischen und schwedischen Kirchenmännern in Schweden waren mit Unterstützung des Abwehrchefs erfolgt. Die geheimgehaltenen Kontakte Schachts und der Besuch von Baron Oppenheim in Schweden sowie die Vermittlungstätigkeit der Brüder Jacob und Marcus Wallenberg in dieser Sache blieben diplomatischen und geheimdienstlichen Beobachtern nicht verborgen. Und die Fühlungnahmen mit der englischen Seite, die Franz von Papen über Baron Kurt von Lersner durch den Vatikan vornehmen ließ, wurden erwiesenermaßen auch der sowjetischen Seite bekannt. Sein politisches Temperament und sein klarer Blick mußten Klaus die Gefahren einer solch diffusen, unentschlossenen Sondierungspolitik nach beiden Richtungen erkennen lassen. Und er verzweifelte an der Unfähigkeit der Abwehr, zur rechten Zeit einen Sinneswandel oder einen Umsturz in Deutschland herbeizuführen, um das nahende Unheil abzuwenden. Der Stil seiner Argumentation gegenüber Lossow und Utermark und besonders Wagner wurde immer bitterer.

Behinderungen in der Ausführung seiner Mission erfuhr Klaus schließlich vom Frühjahr 1942 an auch von schwedischer Seite. Denunziationen aus schwedischen, mit dem deutschen Nationalsozialismus sympathisierenden Kreisen sowie aus den Reihen der deutschen Kolonie in Stockholm, die den schwedischen Sicherheitsorganen und der

Deutschen Gesandtschaft zugingen, nahmen an der neutralen, antinazistischen Einstellung dieses Mannes Anstoß, der doch offensichtlich »in deutschen Diensten« stehe; und Gerüchte aus der politischen und jüdischen Emigration, denen zufolge Klaus ein verkappter Gestapo-Agent und als solcher zu meiden sei, brachten die schwedischen Behörden in eine prekäre Lage. Zwar wußte die 6. Abteilung seit Juni 1942, daß »unser Freund«, der in den Telephongesprächen der Abwehrstelle Stockholm mit dem OKW Berlin eine so große Rolle spielte, mit Klaus identisch war: Man nahm an, daß es sich um eine »so bedeutende Person« handele, »daß sein Name vor dem untergeordneten Personal der Deutschen Gesandtschaft nicht dekouvriert werden« dürfe und deshalb vor diesem der Deckname »General Schönemann« benutzt werde. Doch kam es offenbar nicht in allen Fragen zu einem Informationsaustausch zwischen den verschiedenen schwedischen Institutionen, die unter den Bedingungen der Kriegsarbeit und der unterschiedlichen sachlich-politischen Ausrichtung in einer gewissen Abschirmung voneinander standen, und damit über die gesamte Kriegszeit nicht zu einer einheitlichen Regelung der Einstellung zum »Fall Edgar Klaus«. Das Außenministerium (Utrikesdepartement, U.D.) konnte in einigen Fragen die Hilfe von Edgar Klaus in Anspruch nehmen – die Abwehr selber erleichterte den Aufenthalt von Klaus in Schweden durch gelegentliche Zustellung wichtiger Dokumente – und war aufgrund guter Kontakte zur schwedischen Abwehr und seines Entgegenkommens gegenüber den Bitten der Konsularabteilung der Deutschen Gesandtschaft Stockholm am Verbleib von Klaus auf schwedischem Boden interessiert. Das Interesse des Verteidigungsstabes, dem anfangs auch gewisse Berichte Klaus' zugingen, erwies sich als zeitlich begrenzt; von Ende 1943 an wurde von dieser Seite kein Interesse an einer Verlängerung der Aufenthaltsbewilligung von Klaus bekundet. Das Sozialamt (Socialstyrelsen) schließlich, das für die Vergabe der Aufenthaltsberechtigung und die halbjährlich benötigte Verlängerung zuständig war, entwickelte eine zunehmend restriktive und immer wieder auf die Abschiebung von Klaus nach Deutschland drängende Visumspolitik. Im Sozialamt fielen die Denunziationen am ehesten auf fruchtbaren Boden. Da bestimmte Abteilungen des Sozialamtes vom deutschen Sicherheitsdienst infiltriert waren und diesem die Anwesenheit des jüdischen Canaris-Agenten auf schwedischem Boden möglicherweise lange Zeit ein Dorn im Auge war[47], kann nicht ausgeschlossen werden, daß die Behandlung, die Klaus von seiten des Sozialamtes erfuhr, auf deutsche Pressionen zurückzuführen ist. In jedem Falle entspann sich ab Mai 1942 ein Tauziehen zwischen Klaus und diesen Institutionen, das seine Handlungsfreiheit zusätzlich und in zunehmendem Maße einengte.

Die erste schwierige Phase setzte im Mai 1942 genau in dem Moment ein, als Klaus erneut eine Demarche in sowjetischer Richtung einleiten sollte. Der Gesandte Wied war davon in Kenntnis gesetzt worden, daß der deutsche Reisepaß von Edgar Klaus am 10. Mai ablief und deshalb verlängert werden mußte. Er nahm dies zum Anlaß, der Politischen Abteilung des Auswärtigen Amtes seinen Unwillen über diesen Mann zum Ausdruck zu bringen, über den sich eine »als betont deutschfreundlich bestens bekannte schwedische Persönlichkeit« sowie ein Mitarbeiter der Deutschen Handelskammer in Schweden in einem Schreiben an die Gesandtschaft negativ geäußert hätten.[48] Beide hätten betont, daß sich Klaus »in abfälliger Weise über Deutschland geäußert« habe und »viel mit Juden und Halbjuden« verkehre. Die Angelegenheit - so betonte Wied - sei bereits dem K. O.-Leiter, also Dr. Wagner, mitgeteilt worden, und dieser habe sie vom OKW überprüfen lassen. Doch war die Überprüfung nicht zur Zufriedenheit Wieds ausgegangen. Er weigerte sich, den Paß um mehr als zwei Monate zu verlängern. Auch das schwedische Sozialamt verlängerte die Aufenthaltsberechtigung dementsprechend nur um wenige Wochen. Die Frage des Aufenthalts spitzte sich in einem höchst unpassenden Zeitraum zu.

Am Morgen des 20. Mai 1942 fand im Amt Ausland/Abwehr des OKW am Tirpitzufer in Berlin eine lange Chefbesprechung statt, in der sich Canaris über den Verlauf der Stockholmer Sondierungen unterrichten ließ. Er erfuhr von den neu aufgetretenen Schwierigkeiten und trug von Lossow auf, sie möglichst umgehend zu beheben. Nach der Besprechung rief Lossow in der Deutschen Gesandtschaft Stockholm an und versuchte vergebens, mit Wagner zu sprechen. In dessen Abwesenheit teilte er Utermark mit, »der Chef« wolle gern wissen, ob die Zeit, die »unserem Freunde« bewilligt worden sei, die übliche Frist sei. Auf die Antwort Utermarks, es gebe für Verlängerungen keine allgemein üblichen Normen, sagte von Lossow: »Aha? - Denn es ist so, wir geben (fehlerhafte schwedische Transkription für »sehen«, I. F.) nämlich in dieser kurzen Befristung - (Satzstücke, die auf schwedischer Seite nicht verstanden oder aus anderen Gründen nicht mitgeschrieben wurden, I. F.) - es scheint ja ein sehr günstiges (Hörfehler: »günstiger«, I. F.) Moment - und zwar in Hinblick auf die . . . Sie verstehen? . . . Und deswegen: . . . ist man sehr besorgt!« Utermark empfahl von Lossow dann, ein Schreiben dieses Inhalts an die Gesandtschaft zu schicken, »damit wir damit herausgehen und sagen können: ›Bitte, Berlin legt großen Wert drauf!‹«.[49]

Am 27. Mai suchte der Leiter der Konsularabteilung der Deutschen Gesandtschaft, von Grolman, den Leiter der Rechtsabteilung des Schwedischen Außenministeriums, Gösta Engzell, auf und bat ihn um Einflußnahme des U.D. auf das Sozialamt, damit dieses Edgar Klaus die Aufenthaltsberechtigung verlängere.[50] Auf die Frage Engzells, »was Klaus eigentlich hier im Lande macht«, deutete Grolman an, daß »Klaus mit ostgerichteten Fragen beschäftigt sei, wovon auch die schwedische Polizei und die schwedischen Militärbehörden Kenntnis hätten«. Als Engzell nach dem Auftraggeber von Klaus fragte, wies Grolman auf »Abwehr-Behörden in Berlin« hin. Grolman erwähnte in diesem Gespräch mehrfach den Namen Lundquist, was Engzell veranlaßte, umgehend bei diesem nachzufragen. Lundquist versicherte, daß die schwedische Abwehr Klaus überwache, bisher aber keinen Anlaß habe, sich mit ihm in besonderer Weise zu befassen. Nach diesen Auskünften befürwortete Engzell im Namen des Außenministeriums die Verlängerung der Aufenthaltsberechtigung für Klaus. Doch mit Beschluß vom 28. Mai entzog das Sozialamt Klaus die Aufenthaltsberechtigung und ordnete an, daß er das Land innerhalb von fünfzehn Tagen zu verlassen habe.

Während Klaus nun die Regelung dieser Angelegenheit einem eigens dazu in Anspruch genommenen Anwalt, Arran Graf Hamilton, übertrug und am 8. Juni in Stockholm auch eine zweite Gesprächsrunde mit Rittmeister von Lossow begann, bemühte sich die Abwehr in Berlin weiter um eine Verlängerung seiner Aufenthaltsgenehmigung in Schweden. Am 12. Juni teilte Oberst Cumrow von der Abwehr I dem Verbindungsmann des OKW im Auswärtigen Amt, Legationsrat Kramarz, mit, daß im OKW Ausland/Abwehr »ein dringendes Interesse an der Verlängerung des Passes und damit am Verbleib des Klaus in Stockholm« bestehe. Kramarz, der Klaus während seines Aufenthaltes in Berlin kennengelernt hatte, telegraphierte umgehend die Bitte nach Stockholm, dem »deutschen Staatsangehörigen Edgar Klaus auf Antrag deutschen Reisepaß auf 1/2 Jahr verlängern«.[51] Am 20. Juni teilte das Amt Ausland/Abwehr[52] Legationsrat Kramarz zur Weiterleitung an die betreffenden Stellen mit, daß die gegen Klaus erhobenen Beschuldigungen von diesem mit Entschiedenheit bestritten würden: »Klaus behauptet nach wie vor, daß er lediglich das Opfer unverantwortlicher Redereien sei.« Es wurde betont, »der Amtschef [lege] allergrößten Wert darauf, daß Klaus in Schweden verbleibt, da er dort über sehr gute Beziehungen verfügt und somit für Abwehr wertvolle Dienste leisten kann«. Diese Mitteilung wurde der Deutschen Gesandtschaft Stockholm mit Schreiben vom 6. Juli 1942 zugestellt.[53] Als die Schwierigkeiten nicht behoben wurden, sah sich die Abwehr zu einem weiteren Schritt veranlaßt. Mit Schreiben vom 17. Juli 1942 teilte das Amt Ausland/Abwehr[54] seinem Verbindungsmann zur Weiterleitung an das Auswärtige Amt und alle betroffenen Dienststellen, nun bereits unter dem Vermerk »Betr.: V-Mann Edgar Klaus, Stockholm« mit: »Amt Ausland/Abwehr, Abw. I H Ost N, hat seit ca. 1 1/2 Jahren den V-Mann Edgar Klaus in Stockholm. Klaus verfügt über besonders gute Beziehungen zur dortigen Sowjetgesandtschaft. Er ist damit in der Lage, dem Amt äußerst wichtige und wertvolle Meldungen über die Sowjetunion und deren (handschriftlich hinzugefügt: »militärische«, I. F.) Beziehungen zu den übrigen Feindstaaten zu geben. Es wird daher großer Wert darauf gelegt, daß diese Verbindung nicht nur bestehenbleibt, sondern gepflegt und ausgebaut wird.« Das Amt Ausland/Abwehr bat das Auswärtige Amt, die Deutsche Gesandtschaft Stockholm zu veranlassen, Klaus Hilfe und Unterstützung zu gewähren, »damit er unter allen Umständen in Schweden verbleiben kann«. Am selben Tage drahtete Legationsrat Kramarz nach Stockholm[55], das OKW, Amt Ausland/Abwehr, bitte darum, Klaus, dessen schwedische Aufenthaltsgenehmigung nun am 20. Juli ablaufe, den schwedischen Behörden gegenüber behilflich zu sein. Vorsichtig formulierte Kramarz den Zweck: »OKW Abwehr legt auf weiteren Verbleib Klaus' in Schweden ganz besonderen Wert, da er sehr gute Beziehungen, insbesondere zu Vertretern dritter Länder, unterhält.«

Am Morgen des 21. Juli, 10.48 Uhr, verfolgte die schwedische Telephonüberwachung ein Gespräch des OKW Berlin mit Hans Wagner in der Deutschen Gesandtschaft. Die Stimme aus Berlin erwähnte »Ihren Freund«, »den Sch.(önemann, I. F.)« und wies auf die Schwierigkeit hin, die darin bestehe, daß »hier der Z. ..., der Chef Z. sagt, wir könnten unmöglich von uns aus den Mann O. K. (Transkriptionsfehler für »u. k.«?, I. F.) stellen lassen«. Darauf deutete der Stockholmer Gesprächspartner an, daß man durch ein Schreiben an »das betreffende Amt ... das Auswärtige Amt« herantreten werde, damit die genannte Person in Stockholm bleiben könne.

Am selben Tage fingen die Dechiffreure des schwedischen Verteidigungsstabes ein Geheimtelegramm des KO-Leiters Wagner[56] ab, in dem dieser dem OKW, Amt Ausland/Abwehr, mitteilte, Schönemann habe Berger am Vormittag gesagt, daß er vom schwedischen Sozialamt bereits zweimal auf sein Aufenthaltsgesuch eine schriftliche Ablehnung erhalten habe. Wagner habe die Gesandtschaft »erneut eindringlich gebeten«, sich einzuschalten.

Nun nahm sich Gesandtschaftsrat Werner Dankwort der Sache an. Er teilte der Abteilung Pol I M des Auswärtigen Amtes in einem Telegramm vom 22. Juli[57] mit, die Gesandtschaft habe bei den zuständigen schwedischen Stellen die Verlängerung der Aufenthaltserlaubnis für Klaus befürwortet. In einem ausführlichen Schreiben vom selben Tage[58] setzte Dankwort die Militärpolitische Abteilung über die Hintergründe in Kenntnis, die nach seinen Erkundungen zur Ablehnung der Aufenthaltsgesuche von Klaus durch das Sozialamt geführt hatten. Gewisse Formfehler von Werner Boening, vor allem jedoch die undurchsichtige Beschäftigung von Klaus hätten den Ausschlag gegeben. Doch auch die Note, die Dankwort an das Schwedische Außenministerium schickte, verfehlte ihr Ziel. Mit Schreiben vom 28. Juli antwortete das Ministerium, daß es Klaus nunmehr tatsächlich »gemäß Beschluß von Socialstyrelsen vom 29. Juni 1942 aufgegeben worden ist, vor dem 5. Juli 1942 das Land zu verlassen. Nach der von Socialstyrelsen unter der Hand eingeholten Auskunft dürfte mit irgendeiner Änderung dieses Beschlusses nicht zu rechnen sein.«[59]

Anfang August reiste Legationsrat Kramarz, der Verbindungsmann des Amtes Ausland/Abwehr in der Abteilung Pol I M des Auswärtigen Amtes, selber nach Stockholm, um sich in letzter Minute für den Verbleib von Edgar Klaus einzusetzen. Doch am 10. August wurde Klaus von seinem Mittagstisch im Opernkeller, gegenüber dem Königlichen Schloß, von der schwedischen Polizei verhaftet. Er verhielt sich außerordentlich gefaßt und erklärte der anwesenden Dame, Fräulein Lilian Algoth, seiner Verlobten, höflich, es müsse ein Mißverständnis zugrunde liegen. Am 11. August 1942 sandte Dr. Wagner[60] mit Zustimmung des Prinzen zu Wied das Telegramm Nr. 2215[61] nach Berlin: »Für Oberkommando der Wehrmacht Abwehrabteilung I. I. H Ost N, zu Händen Hauptmann von Lossow«. Es wurde über die Abteilung Pol I M des Auswärtigen Amtes an Lossow geleitet und hatte den Wortlaut: »Schönemann soll durch Polizei dieser Tage nach Deutschland abgeschoben werden. Gesandtschaft kann in dieser Angelegenheit keine weiteren Schritte unternehmen. Im Einvernehmen mit Gesandtschaft und hier anwesendem V.A.A. Leg. Rat Kramarz wird um umgehende Mitteilung gebeten, ob entgegen den dortigen früheren Bedenken nunmehr Schönemann unter Darlegung der Gründe 1 Gr. verst. schwedischer Abwehr bekanntgegeben und um seinen Schutz gebeten werden kann. Obiger Weg erscheint nach gemeinsamer Überlegung mit der Gesandtschaft der letzte Versuch, Schönemann weiterhin als V-Mann in Schweden zu erhalten.«[62]

Noch bevor eine Antwort aus Berlin eingehen konnte, am Morgen des 12. August 1942 nämlich, wurde der jüdische Verbindungsmann von Canaris zur Sowjetgesandtschaft von der schwedischen Kriminalpolizei nach Trelleborg und von dort per Schiff nach Saßnitz gebracht. Dort nahm ihn die Gestapo in Empfang.

Die Friedensgerüchte vom Sommer 1942 und das Sonderreferat beim FHQ

Canaris' Gründe, die Präsenz seines V-Mannes in Stockholm mit solchem Nachdruck aufrechtzuerhalten, lagen – neben menschlichen und Sicherheitserwägungen – vor allem in der scheinbar günstigen Stimmungslage, die durch Stalins Tagesbefehl vom 1. Mai 1942 geschaffen war. Wie der Gesandte der Vereinigten Staaten in Stockholm, Herschel Johnson, dem State Department am 24. Mai 1942 mitteilte[63], waren die politischen Beobachter in Schweden und anderen Ländern in diesen Wochen davon überzeugt, daß »die Deutschen einen Separatfrieden offensichtlich wünschen und Stalin vielleicht fühlt, daß er ihn braucht«.

Doch sei, so gab der Gesandte zu bedenken, »das zwischen Hitler und Stalin bestehende Mißtrauen wahrscheinlich zu groß, um ein solches Arrangement zuzulassen«. Eine andere deutsche Regierung, so vermutete Herschel Johnson wenig später[64], würde den Friedensbedingungen der Alliierten sehr wahrscheinlich zustimmen. Eine solche Nachfolgeregierung Hitlers stehe in einflußreichen Elementen aus den Reihen der deutschen Militärs bereit, die seit längerem die Beseitigung von Hitler planten. Sie hätten bereits fünf Versuche unternommen, Hitler zu liquidieren, von denen einer fast sein Ziel erreicht hätte. Diese künftige deutsche Generalsregierung (Junta) stehe unter anderem mit den Engländern und dem amerikanischen Botschafter in London, John Winant, in Verbindung.

Auch in Lissabon zirkulierten in den Maiwochen 1942 in amerikanischen und britischen Kreisen Gerüchte, die von Friedensverhandlungen zwischen Deutschland und Rußland sprachen. Eine der Quellen für solche Gerüchte, der spanische Militärattaché in Washington, behauptete sogar, die Verhandlungen fänden bereits in Ankara statt und gingen auf japanische Vermittlung zurück.[65]

Die Nachrichten vom Besuche Molotows in London (21. bis 26. Mai) und Washington (27. Mai bis Mitte Juni)[66] gaben diesen Gerüchten neue Nahrung und weckten in den um eine Friedenslösung bemühten Kreisen in Deutschland neue Hoffnung auf einen baldigen Ausgleich. Der englisch-sowjetische Vertrag vom 26. Mai 1942 hob in Artikel 2 hervor, die vertragschließenden Parteien verpflichteten sich, »in keinerlei Verhandlungen mit der Hitler-Regierung oder irgendeiner anderen Regierung in Deutschland einzutreten, die nicht klar auf alle Angriffsabsichten verzichtet«. Gegenüber dieser wichtigen Einschränkung schien die weitere Verpflichtung, »nicht ohne gegenseitige Zustimmung irgendeinen Waffenstillstand oder Friedensvertrag mit Deutschland oder einem anderen Staat, der mit Deutschland gemeinsam Aggressionshandlungen in Europa durchführt, abzuschließen«, aus der Sicht deutscher Beobachter weniger bedeutsam; wichtig war, daß die Alliierten - einzeln oder gemeinsam - offenbar im Moment einer klaren Verzichterklärung dieser oder einer oppositionellen deutschen Regierung der Beendigung des Krieges zustimmen würden.

Am 11. Juni 1942 teilte der Unterstaatssekretär im Auswärtigen Amt und Leiter der Politischen Abteilung, Woermann, Hitler in einem in »Führertypen« geschriebenen Schriftstück mit, japanischen Berichten zufolge habe Molotow »in London mit einem Separatfrieden gedroht..., falls keine Zweite Front zustande käme«. Die Westalliierten seien mittlerweile bereit, Stalin in der Frage der sowjetischen Grenzen entgegenzukommen und von einigen Grundsätzen der Atlantik-Charta abzurükken.[67] Am 1. August fügte Woermann in einem weiteren Schreiben ergänzend hinzu, Stalin habe nun auch den Botschaftern der Vereinigten Staaten und Großbritanniens in ultimativer Form erklärt, »er werde mit Deutschland Frieden schließen, wenn nicht sofort die Zweite Front errichtet werde«.[68]

Gleichlautende Nachrichten gelangten über die deutschen Auslandsvertretungen nach Berlin. Mit Telegramm vom 16. Juni[69] teilte Prinz zu Wied dem Auswärtigen Amt mit, daß Molotow nach Auskünften diplomatischer Kreise »bei seiner Verhandlung mit Roosevelt mit dem Abschluß eines deutsch-sowjetischen Sonderfriedens gedroht« habe. Und Helsinki meldete Ribbentrop am 20. Juli telegraphisch[70], Molotow habe »die Grenzen Rußlands vor Ausbruch des deutsch-sowjetischen Krieges« gefordert. England sei bereit, diese anzuerkennen, während Roosevelt sich dagegen ausgesprochen habe. Aus Lissabon erfuhr das Auswärtige Amt, Rußland habe in ultimativer Form binnen zwölf Tagen die Durchführung einer englisch-amerikanischen Aktion in Westeuropa gefordert; ohne eine entsprechende Zusicherung »fühle sich Rußland an seinen Vertrag nicht mehr gebunden und behalte sich volle Handlungsfreiheit vor«.[71] Eine Nachricht aus Santiago vom 22. August, die in Ergänzung einer diesbezüglichen Mitteilung vom 26. Juni an das Auswärtige Amt gerichtet wurde, betonte sogar, Molotow habe bei seiner Drohung, sich aus dem Kriege zurückzuziehen, darauf hingewiesen, daß ein »bestimmtes deutsches Angebot vorliege, das gegebenenfalls angenommen würde.«[72]

Diese und andere Berichte vergleichbaren Inhalts besaßen angesichts des dramatischen Tagesbefehls Stalins vom 28. Juli 1942, der das tiefste Eindringen des Feindes ins Innere Rußlands – den Fall der Prestige-Festung Sewastopol, das Erreichen des Kaukasus, des Don und der Wolga – markierte, eine scheinbar zwingende Realität und Aussagekraft. Die deutsche Wehrmacht schien das große Rußland in die Knie gezwungen zu haben – so räsonierte man in den neutralen Hauptstädten –, und nun wurden unter der Hand die ersten Friedenssondierungen durchgeführt. So berichtete das Office of Strategic Services in Washington unter Bezugnahme auf »eine ganz zuverlässige diplomatische Quelle«, daß im Juli 1942 Verhandlungen zwischen Deutschen und Russen mit dem Ziele stattgefunden hätten, die Feindseligkeiten zu beendigen[73]; doch hätten sie zu keinem Ergebnis geführt. Und der englische Botschafter in Lissabon, Campbell, bemerkte Mitte Juli in einem vertraulichen Gespräch, die Russen hätten zwar in einer kurzen Note ihre Unzufriedenheit über die Ergebnisse des Molotow-Besuches zum Ausdruck gebracht und »in fast ultimativer Form« die Errichtung der Zweiten Front in Europa vor Ende August verlangt; demgegenüber sei aber ein »deutscher Friedensfühler ... von russischer Seite abgelehnt worden«, so daß Deutschland nun dem zweiten Kriegswinter in Rußland entgegensehe. In England erwarte man mit Sicherheit einen politischen Umschwung in Deutschland.[74]

Die Schweizer Zeitung »Der Sozialdemokrat« griff in diesen Tagen das Thema eines deutsch-sowjetischen Sonderfriedens auf. Der Informant der Zeitung hatte seine Ansichten zu der Frage am 15. Juli mit dem TASS-Korrespondenten in Stockholm und anderen offiziellen Sowjetvertretern besprochen; diese hatten alle Gerüchte solcher Art dementiert und einen deutsch-sowjetischen Sonderfrieden für unmöglich erklärt: Einerseits wünschten die Deutschen die Ukraine in Form eines Protektorats zu behalten - eine Bedingung, der die Sowjetregierung niemals zustimmen könnte, um so mehr, als ihr von britischer Seite weit vorteilhaftere Grenzen, im günstigen Fall nämlich die Grenzen von 1941 und im schlimmsten Fall die von 1939, zugesichert worden seien. Andererseits bedeute ein Sonderfrieden mit der UdSSR aus deutscher Sicht in diesem Moment lediglich eine zeitweilige Rückendeckung im Osten im Kampf gegen England; danach würde sich Deutschland mit größerem Erfolg Rußland zuwenden. Und schließlich sei der Haß auf die Deutschen im russischen Volk jetzt so tief, daß sogar die Sowjetregierung nicht gegen ihn ankäme.[75]

Dieses Dementi der Stockholmer Sowjetvertreter enthielt - so mag es scheinen - zu viele konkrete Einzelheiten, um nicht vor einem bestimmten, realen Hintergrund entstanden zu sein. Nicht ausgeschlossen werden kann, daß es Edgar Klaus in diesem zweiten Kriegssommer tatsächlich gelang, die Möglichkeiten einer Annäherung der beiden Seiten in vorläufiger Weise zu ventilieren. Schließlich wurde Gesandtschaftsrat Wladimir Semjonow mit Ernennungsschreiben vom 9. Juni 1942 nach Stockholm entsandt - am 8. Juni war der Leiter der Ostabteilung der Abwehr/Abteilung I, Hans-Ludwig von Lossow, zu dringenden Gesprächen mit Edgar Klaus für einige Tage in Stockholm erschienen. Unterhaltungen, die Edgar Klaus einige Monate später mit einem ihm dann gut bekannten schwedischen Herrn, dem Bridgepartner, führte, welchen der schwedische Verteidigungsstab in unmittelbarer Nähe von Klaus placiert hatte, geben in der Tat einen Hinweis darauf, daß solche Vorsondierungen im Sommer 1942 möglicherweise stattgefunden haben. Mit Datum vom 12. April 1943 teilte »LO« - die Deckchiffre dieses schwedischen Agenten[76] - der Nachrichtenabteilung des Verteidigungsstabes mit: »Dr. Klaus vertraute mir am 10. des Monats an, daß er im vorigen Jahr hier in Stockholm an Versuchen mitgewirkt habe, einen Separatfrieden zwischen Deutschland und Rußland zustande zu bringen. Dies geschah, nachdem abzusehen war, daß die deutsche Sommeroffensive ihr Ziel verfehlt hatte. Die Russen waren bereit, unter der Bedingung eines *status quo ante* 1941 auf Separatfriedensverhandlungen einzugehen, das heißt, die Russen dürften die Teile Polens behalten, die sie bei der Teilung Polens im Jahre 1939 erhalten hatten.« Das verbleibende Polen sollte neutral werden und über keine Armee verfügen, da es sonst gegen Rußland konspirieren und später gegebenenfalls im Verein mit Deutschland Krieg gegen Rußland führen würde. Leider - so habe Klaus LO weiter mitgeteilt - sei der ganze Plan im Führerhauptquartier gescheitert, wo »die Idioten Himmler und Keitel mit Hilfe anderer Wahnsinniger den Plan sabotiert« hätten. Darauf sei Hitlers berühmte Rede erfolgt, nach der Stalingrad eingenommen werden müsse. Und so habe sich das Blatt gewendet.[77]

Nicht auszuschließen ist ferner die Möglichkeit, daß geheime Friedenssondierungen im Sommer 1942 (auch) an anderen Orten stattfanden. So hatte der frühere Botschaftsrat und Geschäftsträger der Französischen Botschaft in Moskau, Jean Payart, der für seine russophile Einstellung und freundschaftliche Beziehung zu Vertretern der Sowjetregierung bekannt war, im Zuge diskreter, persönlicher Nachforschungen zu dieser Frage im Oktober 1942 in Genf Kenntnis davon erlangt, »daß Rußland im Verlaufe des Sommers 1942 über Tokio und Sofia versuchsweise Friedensangebote unterbreitet worden« seien.[78]

Allerdings war auf westlicher und neutraler Seite zu jener Zeit eine Tatsache nicht bekannt, die möglicherweise auch dem deutschen Abwehrchef Canaris vorenthalten wurde - eine Tatsache, die den Wert dieser Informationen bis zu einem gewissen Grad relativiert. Angesichts der umlaufenden Gerüchte war im Führerhauptquartier die Frage erörtert worden, wie man diesen Gerüchten, die zu unterdrücken nicht möglich war, vielleicht eine den nationalsozialistischen Interessen dienliche Richtung geben könnte. Einer der Teilnehmer an diesen Erörterungen war - nach Aussagen des damaligen DNB-Korrespondenten Ernst Reibstein vor amerikanischen Befragern[79] - der stellvertretende Leiter der Nachrichten- und Presseabteilung des Auswärtigen Amtes, Gustav Braun von Stumm. Diese Tatsache legt die Vermutung nahe, daß auch der Leiter der Nachrichten- und Presseabteilung des Auswärtigen Amtes, der Gesandte I. Klasse Paul Schmidt (er wurde zur Unterscheidung von dem Gesandten I. Klasse Paul Schmidt, dem Dolmetscher und Leiter des Ministerbüros Ribbentrop, »Presse-Schmidt« oder »Paul Schmidt-Presse« genannt) anwesend oder wenigstens über den Gang dieser Erörterung informiert war. Beide, sowohl der Leiter der Presseabteilung, Schmidt, als auch sein Stellvertreter Braun von Stumm, waren, obgleich mit unterschiedlichen Voraussetzungen - Braun von Stumm war Karrierediplomat, Paul Schmidt-Presse hatte als junger Journalist eine Parteikarriere durchlaufen, die ihn mit kaum dreißig Jahren zu dieser hohen Position geführt hatte -, exponierte Nationalsozialisten. Als langjähriger Referatsleiter »Sonderauftrag« war Braun von Stumm bis zum ersten Kriegsjahr für diplomatisches und propagandistisches Geheimmaterial verantwortlich gewesen, das die Presseabteilung des Auswärtigen Amtes des nationalsozialistischen Deutschland aufgefangen oder ausgesandt hatte. Er hatte dabei vermutlich auch mit Propagandaminister Goebbels eng, wenn auch nicht immer reibungslos, zusammengearbeitet. Mit Kriegsbeginn war dann sein weit jüngerer, aber ihn an nazistischer Phraseologie noch übertreffender Kollege in der Abteilung, Paul Schmidt (bis 1939 Legationsrat, aber bereits Pressereferent bei Ribbentrop), zum Leiter der Abteilung befördert worden. Und beide Männer sollten von Sommer 1942 an beträchtlichen Einfluß auf die Entwicklung des Komplexes »Friedensfragen« gewinnen. Denn das Resultat der Erörterungen, die im Führerhauptquartier in Anwesenheit Braun von Stumms stattfanden, war vor Mitte Juli 1942 die Gründung einer neuen, geheimen Dienststelle, eines »Sonderreferats« beim FHQ. »Die Aufgabe dieser neuen Dienststelle bestand darin, die besten diplomatischen und propagandistischen Mittel zu benutzen, um Deutschland aus einem Kriege herauszuziehen, von dem die Reichsleiter damals nicht mehr glaubten, daß er gewonnen werden könne, von dem sie aber annahmen, daß er durchaus gewinnbringend beendet werden könne.« Von dieser neuen Dienststelle - so Reibstein - wußten in Deutschland nur sehr wenig Leute. Und selbst die Geheimdienste der westlichen Alliierten, die in vielen anderen geheimen Fragen gute Kenntnisse besaßen, haben erst nach Kriegsende von deren Existenz erfahren.

Vermutlich auf Empfehlung Braun von Stumms wurde der damalige Herausgeber der Börsenzeitung, Megerle, zum Leiter dieses Sonderreferats Frieden ernannt. Megerle bestimmte seinerseits Theodor Kordt, den deutschen Gesandtschaftsrat in Bern und - in seinen Augen - fähigsten jüngeren deutschen Diplomaten in der neutralen Schweiz, zum Beauftragten dieser Dienststelle in Bern - eine Ernennung, die die mit Wissen des Widerstandes durchgeführten geheimen Friedenssondierungen Kordts möglicherweise in einem neuen Licht erscheinen lassen. Im neutralen Schweden bestimmte Megerle den ebenfalls außerordentlich fähigen und im Ausland gut angesehenen Gesandtschaftsrat Werner Dankwort zum Beauftragten der Dienststelle. Zu den »besten diplomatischen und propagandistischen Mitteln«, die diese Dienststelle anwenden sollte, gehörte der Einsatz von höchst geeigneten Privatleuten sowie die Einschaltung der Angehörigen des Sonderreferats im Ausland in der inoffiziellen Form von Privatleuten. Wie die Beziehung zwischen Kordt und Reibstein zeigte, beauftragte das Sonderreferat im neutralen Ausland ortsansässige Presseunternehmen damit, im deutschen Interesse und mit deutschen Finanzmitteln Friedensnachrichten auszustreuen. Als Organ zu einer solchen von Berlin gesteuerten Friedenskampagne hat Theo Kordt mit Wissen Reibsteins zum Beispiel die schweizerische Monatszeitschrift »Le Mois Suisse« herangezogen. Der erste »Friedens«-Artikel dieser Art erschien in der August-Nummer dieser Zeitschrift.

Die Tatsache, daß das Sonderreferat Frieden beim FHQ in erster Linie Propaganda- und Pressearbeit leisten und offenbar erst in zweiter

Linie echte oder fingierte Friedenssondierungen durchführen sollte, legt die Vermutung nahe, daß auch Goebbels an der Gründung des Sonderreferats beteiligt war. Dies konnte direkt oder durch Verbindungsleute zu anderen Ressorts geschehen.

Auffällig ist, daß der Propagandaminister Joseph Goebbels etwa vierzehn Tage nach Gründung des Sonderreferats, nämlich am 28. Juli 1942, im Rahmen einer Ministerkonferenz in höchst neuartiger und überraschender Weise zur Frage der Möglichkeit eines deutsch-sowjetischen Ausgleichs Stellung nahm. Goebbels sprach von der auch auf deutscher Seite erwarteten Zweiten Front und machte deutlich, daß das Interesse Deutschlands darin bestehe, die Alliierten möglichst bald zu spalten; insbesondere sollte England ein Alibi gegenüber Rußland geboten werden. Goebbels wies in diesem Zusammenhang aber auch zum ersten Mal darauf hin, »daß deutscherseits gar nicht die Absicht bestehe, unter allen Umständen Stalin immer weiter zu bekämpfen; sollte Stalin, der über das Ausbleiben der Zweiten Front schon äußerst erbittert sei, eines Tages zu einem Arrangement bereit sein, das uns eine strategisch gute Grenze und die Sicherheit gegen eine Neuaufrüstung Rußlands gibt, so wird deutscherseits eine solche Möglichkeit sicher nicht ohne weiteres verworfen werden«.[80] Der Verfasser des Protokolls dieser Ministerkonferenz, dem dieser Auszug entnommen ist, war Krümmer. Sein Vorgesetzter, der Leiter der Deutschland-Abteilung im Auswärtigen Amt, Unterstaatssekretär Martin Luther - ein Ribbentrop-Intimus und Partei-Karrierist - hielt diese Mitteilung für so unglaubwürdig, daß er das Protokoll mit der Randbemerkung versah: »Pg. Dr. Krümmer, das halte ich für völlig falsch, bitte Anruf. Lu(ther), 28. 7.«.[81] Tatsächlich erwies sich das Protokoll als korrekt, Luther später aber als nicht ausreichend wendig (dieser Protegé des Reichsaußenministers suchte seinen Chef dann mithilfe der SS zu Fall zu bringen, wurde von beiden rivalisierenden Kräften fallengelassen und in ein KZ verbracht). Denn die Tatsache, daß Goebbels wiederholt die Möglichkeit eines Ausgleichs mit Stalin in Betracht zog, ist nicht nur durch bestimmte Tagebuchaufzeichnungen bezeugt: sie ist auch in die Erinnerungen von Goebbels-Mitstreitern eingeflossen.[82] Die Frage, ob er zu diesem Zeitpunkt einen echten Ausgleich erwog oder diese Verlautbarung zu rein propagandistischen Zwecken machte, ist freilich nicht schlüssig zu beantworten.

Ungeklärt ist auch, ob Goebbels, der möglicherweise in Gedanken mit diesem Ausgleich spielte, nicht im Anschluß an seine Konferenz gewisse Hebel in Bewegung gesetzt hat, um von dem Mann, der vielleicht im Sommer 1942 in Stockholm Gespräche mit Vertretern der Sowjetgesandtschaft geführt hatte, nämlich Edgar Klaus, persönlich über seinen Eindruck von der sowjetischen Verhandlungsbereitschaft unterrichtet zu werden. Es besteht, mit anderen Worten, eine entfernte, wenn auch nirgends aktenkundige Möglichkeit, daß von deutscher Seite Druck auf das schwedische Sozialamt ausgeübt wurde und sich dieses unter Pression dazu entschloß, Klaus nach Deutschland auszuliefern. Ziel dieser Aktion wäre unter Umständen gewesen, Klaus in Deutschland einem besonderen Verhör über die Art der Stockholmer Sowjetverbindungen und eventuellen Vorgespräche zu unterziehen. Diese Vermutung ist insofern nicht abwegig, als ja in zahlreichen anderen Fällen die Auslieferung in Schweden lebender Ausländer durch das Sozialamt erwiesenermaßen auf Druck des RSHA erfolgte.

Edgar Klaus im Führerhauptquartier?

Bei der Ankunft im Hafen Saßnitz (12. August 1942) wurde Klaus von den beiden ihn begleitenden schwedischen Kriminalbeamten dem im voraus benachrichtigten »Gestapooffizier Benicke übergeben«.[83] Die ersten zwei Tage in Saßnitz verbrachte Klaus offenbar im Gestapo-Verhör. Er selber gab später an, er sei von hohen Gestapooffizieren verhört worden. Über die Art des Verhörs geben die vorhandenen Akten keinen Aufschluß. Wohl aber kann angenommen werden, daß Klaus in virtuoser Weise, durch dosierte und gezielte Mitteilungen, darum rang, seinen Kopf aus der Schlinge zu ziehen und Zeit zu gewinnen. Am 14. August ist es offenbar der Abwehr gelungen, in Saßnitz an Klaus heranzukommen und ihn aus den Händen der Gestapo zu befreien. Denn von diesem Tage an konnte er täglich einen Brief an seine Verlobte in Stockholm schreiben, der mit der Sicherheits- und Zensurbanderole des OKW versehen war.[84] Der Brief vom 15. August kam aus dem Hotel Fürstenhof in Saßnitz, wo Klaus sich - nach eigenen Mitteilungen - nach den großen Anstrengungen der ersten beiden Tage zunächst einmal für zwei Tage erholen konnte. Am 17. August fuhr Klaus - vermutlich in Begleitung der Abwehr - nach Berlin. Am 18. August teilte er seiner Verlobten in einem Brief aus Berlin, der wiederum mit den Zensurzeichen des OKW versehen war, mit, er werde in Kürze nach Stockholm zurückkehren, sich dann aber »nach all den Strapazen etwas erholen« müssen, denn »es war wirklich zu viel«. Ferner schrieb er: »Seitdem ich nun hier bin, habe ich unglaublich viel zu tun, muß auch noch nach Königsberg . . .«[85] Diese Nachricht findet in einigen späteren Hinweisen eine sonderbare Entsprechung. Unweit von Königsberg in Ostpreußen lag eines der Hauptquartiere Hitlers, die »Wolfsschanze« bei Rastenburg (Kętrzcyn); dort fand auch das verheißungsvollste Attentat der Kriegszeit, der Anschlag des Grafen Stauffenberg am 20. Juli 1944, statt. Zwar änderte Hitler häufig seinen Aufenthaltsort und hielt sich in der Zeit vom 16. Juli bis 1. November 1942[86] vor allem in seinem Hauptquartier »Wehrwolf« bei Winniza in der Ukraine auf. Doch machte er gern halb- oder ganztägige Abstecher aus seinen Standquartieren, und dies besonders, wenn wichtige Besprechungen zu führen waren. Es ist also nicht ausgeschlossen, daß er sich in der zweiten Augusthälfte 1942 auch kurz- oder längerzeitig zur »Wolfsschanze« nach Rastenburg begab. Möglicherweise liefen hier die Fäden zusammen, die über das schwedische Sozialamt gezogen worden waren und die die vorübergehende Auslieferung von Klaus zum Ziele gehabt hatten. Bestimmte Anhaltspunkte lassen diese Möglichkeit nicht als ausgeschlossen erscheinen. Zunächst ist schwer vorstellbar, was den nach Deutschland abgeschobenen und um seine Rückreise nach Schweden kämpfenden jüdischen Abwehragenten in diesen wenigen Tagen ausgerechnet nach Königsberg geführt haben könnte. Auch teilte der Direktor des Carlton, in dem Klaus in Stockholm wohnte, im Dezember 1942 einem Informanten der schwedischen Geheimpolizei mit, »seines Wissens habe Klaus während seiner Ausweisung in Deutschland Hitler persönlich einen Besuch abgestattet«[87]; Direktor Johanson hatte ein waches Auge auf Klaus gerichtet, arbeitete bei seiner Observierung mit der Sicherheitspolizei zusammen und dürfte auch einige der Gespräche, die Klaus in seinen Räumen oder in der Halle führte, abgehört haben. Seine Mitteilung hatte zweifellos einen konkreten Hintergrund. Und schließlich wurde später eine Bemerkung des Botschafters Hewel, des Verbindungsmannes des Ministerbüros Ribbentrop zum Führerhauptquartier, vom September 1943 festgehalten, der zufolge »der Name Clauß bei Hitler immer noch in Verruf steht«.[88] Der Zorn Hitlers könnte sich zwar auch auf die Informationen bezogen haben, die er im Juni/Juli 1943 über Klaus erhielt. Doch gaben diese – neben der vermuteten jüdischen Herkunft – eigentlich keinen Anlaß zu einer so kraß negativen Einstellung, so daß sich die Frage erhebt, ob nicht schon eine frühere Berührung vorlag.

Fest steht allein, daß Klaus von der Schwedischen Gesandtschaft in Berlin am 22. August 1942 ein Einreise- und Aufenthaltsvisum mit Gültigkeit bis zum 5. September 1942 ausgestellt wurde[89], und er erst vier Tage später, nämlich am 26. August 1942, wieder in Trelleborg eintraf.

Hier erwarteten ihn die beiden schwedischen Kriminalbeamten, die ihn zwei Wochen zuvor der Gestapo übergeben hatten und brachten ihn nach Stockholm zurück. Mit Interesse entnahmen die Beamten den Gesprächen, die sie mit Edgar Klaus führten, daß er kein Sympathisant des nationalsozialistischen Deutschland, sondern Anhänger einer oppositionellen Richtung sei, die zur Zeit sogar die Frage der Restauration der Monarchie und der Einsetzung eines Preußenprinzen als Oberhaupt eines veränderten Deutschland erwäge.[90] Aufgrund der großen Kriegsmüdigkeit – so erfuhren sie weiter – breite sich diese Richtung in Deutschland immer mehr aus. So hoffe man in diesen Kreisen unter anderem, daß noch bis zum Herbst dieses Jahres ein Separatfrieden mit Rußland geschlossen werden könne. Denn der Bolschewismus fasse in Deutschland Fuß, und ohne einen Separatfrieden mit Rußland werde dort vermutlich eine Art Anarchie entstehen. Der Klaus begleitende Polizist und Protokollant dieser Gespräche versicherte am Ende des Berichtes, er könne in Klaus »keinen Spion« sehen, und schloß mit der Bitte, die Erlaubnis seiner Dienststelle zur Fortsetzung persönlicher Kontakte mit diesem überaus liebenswürdigen und kenntnisreichen Manne zu erhalten.

Nach der Rückkehr von Klaus nach Stockholm galt das Gebot forcierter Kontaktnahme zur Sowjetischen Gesandtschaft.[91] Tatsächlich schien die militärische Lage noch immer Hoffnungen zuzulassen, die Sowjets könnten sich zu Verhandlungen bereit erklären. Die große Auseinandersetzung von Stalingrad stand bevor. Wie gering die Chancen für einen deutschen Sieg auch schienen, so waren doch - wie etwa die japanischen Beurteilungen zeigten - die Würfel im Osten noch nicht gefallen. Ferner hatte der Besuch Churchills in der UdSSR im August 1942 gezeigt, daß das Einvernehmen zwischen England und der Sowjetunion noch immer begrenzt war. Der Verhandlungston war von starken Spannungen geprägt und verriet die Unzufriedenheit Stalins mit den Leistungen Englands und seiner Bereitschaft zu effektiver Entlastung der Sowjetarmee. Die Furcht - wie wenig berechtigt sie gewesen sein mag -, die andere Seite trachte mit der Hitler-Regierung oder einer Nachfolgeregierung einen Separatfrieden zu schließen, schien wie ein Alpdruck auf den Gesprächen zu lasten. So meldete der Japanische Botschafter bei der Sowjetregierung in Kujbyschew, Sato, es sei offenbar das Ziel der Mission Churchills gewesen, das Scheitern der Eröffnung der Zweiten Front zu entschuldigen und um das Verständnis Stalins zu werben sowie den Sowjets zu versichern, daß dies nicht die Zeit sei, »um einen Sonderfrieden mit Deutschland« zu schließen. Denn es sei gewiß, daß »England, obwohl Rußland seine Haltung gegen einen Sonderfrieden mit Deutschland erneut bestätigt hat, noch immer Zweifel an seiner Aufrichtigkeit hegt«.[92] Demgegenüber habe Stalin wiederholt die Zweifel der Sowjetführung an der Aufrichtigkeit der britischen Regierung betont.

Der japanische Vermittlungsbeschluß

Die Berichterstattung sowie die allgemeine militärische Situation veranlaßten die japanische Regierung im August 1942, eine Entscheidung herbeizuführen, die seit 1941 im Raum stand: eine zwischen Deutschland und Rußland vermittelnde Rolle einzunehmen. Die Voraussetzungen für eine erfolgreiche Friedensvermittlung schienen zu dieser Zeit günstig, und Japan versprach sich davon hohen politischen Gewinn. Denn die japanische Regierung hatte sich - obgleich Mitglied des Antikominternpaktes mit den Achsenmächten - in einer Konferenz mit dem Kaiser am 2. Juli 1941 auf eine Politik der Nichteinmischung im sowjetisch-deutschen Konflikt festgelegt. Sie hatte es verstanden, diese Politik trotz anhaltender Pressionen von seiten der deutschen Reichsregierung aufrechtzuerhalten, und dabei zugleich die sowjetische Regierung wissen lassen, daß Japan die sowjetischen Nöte durchaus verstehe. Nachdem sich im Sommer die Gerüchte über deutsch-sowjetische Sondierungen gehäuft hatten, waren das Sicherheitsbedürfnis und das Prestigedenken Japans herausgefordert. Eine deutsch-sowjetische Verständigung ohne Beteiligung Japans - so befürchtete man in Tokio - würde die von Japan angestrebte Schlüsselstellung im Ost-West-Geschehen zunichte machen: Japan würde vom Gang der politischen Ereignisse überholt werden. Und dies galt es zu verhindern. Eine Rundfrage, die Minister Shigenori Togo Anfang August bei den wichtigsten japanischen Auslandsvertretungen durchgeführt hatte, hatte - vor allem, was die japanische Botschaft in Kujbyschew anlangte[93] - ein positives Echo. Eine Mitteilung von Botschafter Horikiri aus Rom[94] zeigte wohl an, daß bei den geplanten Vermittlungsversuchen Eile geboten sei. Denn nach Mitteilung Horikiris hatte ein in Rom lebender deutscher »Experte für Deutschland und Rußland« mit dem Namen Schuster ihn am 8. August davon in Kenntnis gesetzt, daß der Kreml noch in diesem Jahr einen Frieden mit Deutschland zu schließen beabsichtige und Deutschland ebenfalls bereit sei, unter bestimmten Bedingungen in einen Friedensschluß einzuwilligen. Zwar erinnert die Nachricht des angeblich bei der römischen Niederlassung von Stefani angestellten Herrn Schuster sehr an die Direktiven des geheimen Sonderreferats Frieden beim FHQ; die deutsche Regierung war zu dieser Zeit daran interessiert, sich dem japanischen Bündnispartner als kommender Sieger zu präsentieren. Doch im Zusammenhang mit der Sondierung Horikiris lieferte diese Information ein Glied in der Kette von Argumenten, die für eine sofortige japanische Friedensvermittlung sprachen. Japan mußte in das Geschehen eingreifen, um nicht von ihm überrollt zu werden. Denn wenn ohne eine Beteiligung Japans, dessen Rolle nicht nur die eines uneigennützigen Vermittlers sein sollte, ein Frieden zwischen Deutschland und Rußland zustande käme, dann würde Japan - mit den Worten seines Botschafters in Kujbyschew[95] - in der Zukunft seine Hoffnungen auf Sicherheitsgarantien im Fernen Osten verlieren.

Allerdings ergaben die ersten Vorstöße japanischer Diplomaten in deutscher und sowjetischer Richtung ein anderes Bild, als es die Gerüchte des Sommers 1942 hatten erwarten lassen. Die Gespräche, die Botschafter Oshima in den letzten August- und ersten Septembertagen

1942 in Berlin führte, zeigten, daß sich die deutsche Reichsführung, zumindest für den Augenblick, jede Anregung zu Sondierungen auf das entschiedenste verbat. Und die Fühlungnahmen von Botschafter Sato in Kujbyschew fielen auf einen ebenso unfruchtbaren Boden. Es kam - obgleich es nicht an Gerüchten über eine aktive japanische Vermittlung fehlte - bis Ende August 1943 nicht zu Gesprächen, in denen das japanische Vermittlungsangebot auch nur im entferntesten honoriert worden wäre.[96]

Mobilität in der Wilhelmstraße

Im Spätsommer 1942 erreichte das von deutschen Truppen besetzte Gebiet im Osten seine bisher größte Ausdehnung. Die Linie am Don, die das deutsche Heer im Jahre 1918 gehalten hatte, wurde überschritten. Doch stand der Sturm auf Stalingrad - für Hitler wie auch für Stalin ein Prestigegegenstand erster Ordnung - noch bevor. Im September erteilte Hitler den Befehl zur Einnahme von Stalingrad. Dieser Befehl löste Auseinandersetzungen in der Obersten Heeresleitung aus, die zur Absetzung von Generaloberst Halder führten. Mit ihm verlor der deutsche Widerstand seinen Vertrauensmann im OKH, von dem man noch immer eine gewisse Einflußnahme auf das Geschehen erhofft hatte. Der Befehl zum Angriff auf Stalingrad bedeutete für die deutsche Opposition den Beginn der Katastrophe. Vor diesem Hintergrund lösten Gerüchte von einer sowjetischen Friedensbereitschaft, wie sie etwa in der *Havas*-Meldung vom 11. September 1942 zum Ausdruck kamen, die Hoffnung aus, daß sich das Schlimmste vielleicht doch in letzter Minute würde abwenden lassen. In der Wilhelmstraße sahen sich Kräfte, die wahrscheinlich in der Umgebung Weizsäckers und vielleicht Schulenburgs zu suchen sind, veranlaßt, diplomatische Sondierungen in sowjetischer Richtung durchzuführen.

Ende September oder Anfang Oktober 1942 wurde der deutsche Generalkonsul in Vichy, Krug von Nidda, beauftragt, sich mit Staatschef Laval in Verbindung zu setzen. Laval sollte den seit dem Bruch der diplomatischen Beziehungen zur UdSSR im vorzeitigen Ruhestand lebenden ehemaligen Chargé d'Affaires der Französischen Botschaft Moskau, Jean Payart, einen betont rußlandfreundlichen Mann mit vorzüglichen persönlichen Kontakten zu sowjetischen Regierungskreisen, umgehend zum Vertreter der Vichy-Regierung bei König Boris von Bulgarien ernennen. Die bulgarische Hauptstadt Sofia war einer der wenigen Plätze Europas, an dem die UdSSR und die Achsenmächte diplomatische Vertretungen besaßen. Payart war über diese plötzliche Ernennung erstaunt und führte zunächst ganz privat in Genf eine *tour d'horizon* durch. Dabei stellte er fest, daß Deutschland seit dem Sommer eine Annäherung an die sowjetische Seite betrieb und seine Ernennung dazu dienen sollte, die Gespräche in Gang zu setzen. Doch Anfang November, noch bevor die Entsendung Payarts stattfand, wurde die Aktion ebenso unvermittelt abgeblasen, wie sie begonnen hatte. Wie Nidda an Laval und der wiederum an Payart berichtete, hatten die Sowjets in der Zwischenzeit für jede Art von Friedensgesprächen die Tür zugeschlagen. Die deutschen Friedensfühler waren angeblich zurückgewiesen worden, und das Auswärtige Amt sah in der Entsendung Payarts nach Sofia keinen Sinn mehr.[97]

Was immer die Hintergründe dieser Aktion gewesen sein mögen: die Hoffnungen der liberalen, nichtnationalsozialistischen Kräfte des Auswärtigen Amtes - und diese machten nach Bernd von Haeften 60 Prozent der Amtsangehörigen aus - richteten sich ohnedies zum überwiegenden Maße nach Westen. Ihr Wunsch bestand darin, eine Friedensregelung mit den Westmächten zu erreichen. So reiste charakteristischerweise in dem Augenblick, als die Ernennung Payarts erfolgte, Legationsrat Adam von Trott zu Solz zum ersten Mal nach Schweden (18. bis 21. September 1942), um eine Verbindung zur englischen Regierung herzustellen. Sein Ziel bestand darin, die Engländer zum Zusammengehen mit einem nationalen Deutschland zu bewegen, um »die Bolschewisierung Mitteleuropas« zu verhindern. Doch die Engländer waren in dieser Zeit zu Zugeständnissen an eine künftige deutsche Regierung nicht zu bewegen.[98]

Indes verschlechterte sich in Stalingrad die Lage der deutschen Truppen. Mit den zunehmend verbissenen Kämpfen nahm auch Stalins Verbitterung über die westlichen Verbündeten zu, die keine sichtbare Entlastung der sowjetischen Kriegführung vornahmen. Ende Oktober kam es zu einer militärischen Patt-Situation, die den Londoner Rundfunk zu der Bekanntgabe veranlaßte, die Deutschen hätten durch Vermittlung des Roten Kreuzes den Vorschlag zu einer viertägigen Waffenruhe in Stalingrad gemacht. Doch die Verhandlungen seien gescheitert.[99] Das OKW dementierte diese Nachricht. Gleichzeitig teilte Unterstaatssekretär Woermann vom Auswärtigen Amt aber Hitler mit, er habe zwar »weisungsgemäß die umlaufenden Gerüchte über einen Sonderfrieden mit Rußland dementiert«, und insbesondere im Gespräch mit dem Rumänischen Gesandten vom 24. Oktober und mit dem Slowakischen Gesandten vom 28. Oktober auf ihre Gegenstandslosigkeit hingewiesen[100]; doch entbehrten diese Gerüchte über einen bevorstehenden Waffenstillstand mit Rußland, die sich in den mit Deutschland verbündeten Regierungen ausbreiteten, nicht einer gewissen Grundlage. Ihm selbst sei von zuverlässiger militärischer Seite mitgeteilt worden, daß deutsche Urlauber von der Ostfront seit kurzem auf ihrem Urlaubsschein einen Stempel trügen, der besage, daß sich der Urlauber im Falle eines Waffenstillstandes bei seiner Ersatztruppe melden solle. Woermann versprach, diesen Fragen weiter nachzugehen.

Auch die sowjetische Seite dachte in dieser Position äußerster Gefahr, die bis zur Einkreisung und schließlich Ausschaltung der deutschen Stalingrad-Armee anhielt, laut Gerüchten über die Möglichkeit nach, auf einen deutschen Friedensvorstoß einzugehen. Bulgarische Diplomaten ließen das britische Foreign Office aus der sowjetischen Befehlsmetropole Kujbyschew wissen, die Verzweiflung über die Unfähigkeit oder mangelnde Bereitschaft der westlichen Alliierten, eine wirksame Entlastung herbeizuführen, sei in sowjetischen Regierungskreisen so groß, daß man ernsthaft darüber nachdenke, »die sehr großzügigen Bedingungen anzunehmen, die Deutschland angeblich für einen Sonderfrieden angeboten hat«.[101] Und in Washington sprach ein Mitglied der Russischen Einkaufskommission vor amerikanischen Industriellen offen von der Bitternis des russischen Volkes über den Aufschub der englischen Hilfe.[102] Man vermutete auf russischer Seite, daß sich England bald als treulos erweisen werde. Wenn nicht in kürzester Zeit in England ein Sinneswandel eintrete, sehe man daher auf russischer Seite kein Hindernis mehr, einen Sonderfrieden mit Deutschland auszuhandeln. Denn Rußland könne ohne massive alliierte Hilfe nicht länger Krieg führen. Spätestens nach zwei weiteren Kriegsjahren wäre die russische Nation vollends erschöpft. Das Telegramm, das Stalin seinem Botschafter in London, Majskij, am 19. Oktober sandte, charakterisierte den Höhepunkt der auf sowjetischer Seite bestehenden Zweifel an der Loyalität Churchills: »Wir alle in Moskau gelangen zu dem Eindruck, daß Churchill Kurs auf die Niederlage der UdSSR nimmt, um sich danach auf Kosten unseres Landes mit einem Deutschland Hitlers oder Brünings zu verständigen. Ohne eine solche Annahme ist das Verhalten Churchills in der Frage der Zweiten Front in Europa und der Frage von Heß, den Churchill offenbar in Reserve hält, schwer zu erklären.«[103] Die Bitternis, die in diesem Telegramm zum Ausdruck kam, ging nicht zuletzt auf die Kenntnis neuer deutsch-britischer Geheimsondierungen zurück, die über neutrale Instanzen, unter anderem über den Vatikan, liefen.

Wenn sich Großbritannien aber insgeheim zu einem Frieden mit einem ihm genehmen Deutschland rüstete, warum sollte dann nicht Stalin solchen Plänen in einer Friedensoffensive in Richtung Deutschland zuvorkommen? Unter dieser Fragestellung konnten interessierte Kreise in Deutschland die Botschaften deuten, die Stalin im Spätherbst 1942 an die deutsche Nation richtete. In seiner Rede vom 21. Oktober 1942 betonte Stalin erneut, das Ziel der sowjetischen Kriegführung bestehe nur darin, »die Hitler-Armee zu zerstören«. Und in seiner Ansprache zum 25. Jahrestag der Oktoberrevolution am 6. November 1942 hob er sogar eine gewisse Interessenidentität eines nationalen Deutschland und Rußland hervor, als er versicherte, die Vernichtung Deutschlands sei nicht die Aufgabe der sowjetischen Kriegführung;

denn es sei unmöglich, Deutschland zu vernichten, so wie es unmöglich sei, Rußland zu vernichten. Ebenso bestehe die Aufgabe nicht darin, jede organisierte militärische Kraft in Deutschland zu vernichten, da dies in bezug auf Deutschland ebenso wie in bezug auf die Sowjetunion nicht nur unmöglich, sondern vom Standpunkt des Siegers auch unzweckmäßig sei. Der Hitler-Staat, die Hitler-Armee hingegen könnten und müßten vernichtet werden.

Als dann am 8. November 1942 die englisch-amerikanische Landung in Nordafrika (Operation Torch) erfolgte, wurde auf deutscher Seite bekannt, »daß Moskau Operationen in Afrika zwar begrüße, sie aber nicht als Zweite Front ansehen könne«[104], sondern weiterhin daran festhalte, daß England die Errichtung einer Zweiten Front »in Europa für 1942 zugesagt« habe. Das englisch-russische Verhältnis verhärtete sich weiter. Da wurde im November 1942 in der Wilhelmstraße bekannt, daß Legationsrat Boris Jarzow von der Sowjetgesandtschaft Stockholm in Helsinki geheime Friedenssondierungen in finnischer Richtung durchführte.[105] Jarzow hatte den Chefredakteur der schwedischen Zeitung *Social-Demokraten,* Richard Lindström, auf einem von Gesandtschaftsrat Wladimir Semjonow gegebenen Essen zur Vermittlung eines finnisch-sowjetischen Sonderabkommens aufgefordert: »Wir beide haben vielleicht eine weltgeschichtliche Mission!«[106] Er hatte Finnland jetzt, in Abweichung von einer früheren, härteren Linie, die Grenzen von 1939 zugebilligt, was bedeutete, daß die Sowjetunion bereit war, auf das strategisch wichtige Hangö zu verzichten. Dies war in finnischen Augen ein Beweis für die außerordentliche Schwäche der Sowjetregierung. Allerdings schien die sowjetische Bereitschaft, Hangö an Finnland abzutreten, vorwiegend taktischer Natur zu sein. Denn wie die schwedische Polizei in den folgenden Wochen feststellen konnte, agitierte Jarzow unter namhaften schwedischen Persönlichkeiten, einschließlich einiger Journalisten, mit denen er regelmäßigen Umgang pflegte, deutlich im entgegengesetzten Sinne. So bemerkte sie, daß im unmittelbaren Anschluß an einen Besuch Jarzows und seines Kollegen Wetrow im Hause des Reichstagsabgeordneten Professor Gunnar Myrdal die Dame des Hauses, Alva Myrdal, ein Presseinterview gab, in dem sie sich für die Abtretung von Hangö durch Finnland an die UdSSR aussprach.[107] Tatsächlich leiteten diese ersten sowjetisch-finnischen Sondierungen einen Verhandlungsprozeß ein, der im Jahre 1944 zum Abschluß des finnisch-sowjetischen Abkommens führte.

Der Umstand, daß ein offizieller Vertreter der Sowjetregierung einem mit Deutschland verbündeten und am Expansionskrieg beteiligten Land eine Sonderfriedenslösung in Aussicht stellte, mußte dem aufmerksamen Beobachter in Berlin verdeutlichen, daß die Sowjetregierung sehr wohl im Moment höchster militärischer Bedrängnis von ihren Bündnisversprechungen abrückte. Mit Recht konnte man in dieser

Initiative einen Präzedenzfall erblicken, der unter gegebenen Umständen auf eine Verhandlungsbereitschaft der Sowjetregierung gegenüber einer verhandlungsfähigen deutschen Regierung schließen ließ.

Mitte November ergriff Staatssekretär von Weizsäcker, möglicherweise in Abstimmung mit Admiral Canaris, die Initiative, um diese Möglichkeit auszuloten. Er bediente sich dabei japanischer Vermittlung. Zwar hatte Reichsaußenminister Ribbentrop dem Japanischen Botschafter Oshima bei seiner Demarche in dieser Frage (31. 8. und 1. 9. 1942)[108] erklärt, der Gedanke an einen Sonderfrieden sei reine Utopie und müsse völlig aus der Diskussion ausscheiden. Allerdings hatte er sich dabei auf das Argument gestützt, »daß für Deutschland ein Sonderfrieden unmöglich wäre, denn Stalin könnte die Bedingungen, die wir stellen würden und wozu wir uns dank unserer militärischen Lage stark genug fühlten, nicht annehmen«. Dabei erhob sich einerseits die Frage, woher Ribbentrop wußte, worin die sowjetischen Bedingungen bestehen könnten. Andererseits hatte sich die militärische Wirklichkeit ja seitdem verändert oder versprach zumindest in naher Zukunft eine drastische Veränderung. Vom 11. bis 13. November 1942 befand sich der japanische Außenminister Sakomoto in Berlin. Er kam von einer Konferenz aller in Europa akkreditierten japanischen Botschafter zurück, auf der die Verstärkung der japanischen Vermittlungstätigkeit zur Herbeiführung eines deutsch-sowjetischen Sonderfriedens erörtert und entsprechende Beschlüsse gefaßt wurden.[109] Dies schien ein günstiger Moment, um deutsches Interesse an dieser Vermittlung zu bekunden. Auf Vermittlung des Botschafters Oshima traf Sakomoto am 14. November zu einem längeren Gedankenaustausch mit Weizsäcker zusammen. Weizsäcker gab Sakomoto zu verstehen, daß er über Botschafter Oshima von der Existenz einflußreicher Kreise in der japanischen Regierung in Kenntnis gesetzt worden sei, die für den Abschluß eines deutsch-sowjetischen Sonderfriedens plädierten. Der Staatssekretär ließ seine Sympathie und Zustimmung zu diesem Standpunkt durchblicken und betonte, daß der Ostfeldzug für die Deutschen eine schreckliche Last sei. »Ich befürchte«, fuhr er fort, »wir werden sehr bald aufgeben und ein ›Arrangement‹ eingehen müssen. Verstehe ich recht, daß es das ist, was die Japaner wünschen?«[110] Sakomoto bestätigte dies und wies auf den neuen, starken Feind der Japaner, die Angelsachsen, hin. Er sprach die Empfehlung aus, daß die Deutschen »dieses russische Unternehmen« möglichst bald vergessen, um gemeinsam den wirklichen Feind zu bekämpfen. »Weizsäcker antwortete: ›Gut, ich bin einverstanden, aber Kanzler Hitler sagt, daß Rußland – wenn die deutsche Ehre gerettet werden soll – vollständig geschlagen werden müsse. Er hält daran fest. Demgegenüber hat Stalin andere Ideen und bisher kein Zeichen eines wirklichen Eingehens (accommodation) auf den Führer gezeigt; so stehen die Dinge zur Zeit.‹« Während Sakomoto die Aussage Weizsäckers in seinem anschließenden Kommentar nach Tokio nicht für »sehr seriös« hielt, in ihr aber immerhin einen »Hinweis«, »eine schwache Andeutung« darauf sah, wie man in Deutschland empfinde, kommentierten die Angehörigen des amerikanischen Kriegsministeriums, denen die Kryptanalytiker diese »Magic«-Mitschriften vorlegten, den Text mit dem Vermerk: »Dies ist der erste Hinweis ... auf eine Bemerkung eines deutschen Amtsträgers, der zufolge Deutschland Friedensverhandlungen mit Rußland erwägen könnte.« Doch bei der Interpretation dieser Bemerkungen Weizsäckers tendierte man in Washington eher zu der Annahme, dieses Gespräch verfolge - wie bisher - das Ziel, Druck auf die japanische Regierung auszuüben und sie zu einem Angriff auf Rußland zu verleiten. Diese Interpretation schien den Analytikern in Washington weit verständlicher als die Annahme, »daß sich die Gedanken des deutschen Außenministeriums nun (tatsächlich) auf Friedensverhandlungen mit Rußland richten«.[111] Das schien sich wenige Tage später zu bestätigen, als ein Bericht von Botschafter Oshima an das japanische Außenministerium vom 14. November 1942 abgefangen wurde. Oshima schrieb, es sei angesichts der gegenwärtigen extremen Lage nahezu ausgeschlossen, daß ein Frieden zwischen Deutschland und Rußland oder ein großer Wandel in ihren Beziehungen eintrete, »da Rußland die deutschen Grundbedingungen - die Begrenzung seiner Rüstung und die Abtretung der Ukraine und des Kaukasus an Deutschland - nicht akzeptieren wird«.[112]

Doch gleichzeitig setzte Weizsäcker die begonnene Sondierung auch in anderer Richtung fort. Am 16. November wandte er sich mit einem Schreiben zum Thema Rußland an den Beauftragten für Propaganda im Stabe Ribbentrops, den sich im FHQ aufhaltenden Koordinator des geheimen Sonderreferats Frieden, Megerle.[113] Weizsäcker unterstellte in seinem Schreiben zunächst, daß eine Politik ohne jedes Zugeständnis an die örtliche Bevölkerung, die Hitler in der besetzten Sowjetunion durchführe, wohl mit Blick auf die Zeit nach dem Kriege angewandt werde: »Wahrscheinlich wird er (Hitler, I. F.) sich doch auch den Weg zu einem Separatfrieden mit Stalin nie ganz habe [sic!] verbauen wollen.« Denn eine etwaige Tolerierung separatistischer oder antibolschewistischer Organisationen im Ostraum (für diese setzten sich die liberalen Kräfte im Auswärtigen Amt, etwa Graf Schulenburg im sogenannten Rußlandgremium und Freiherr von Ungern-Sternberg als Verbindungsmann des Auswärtigen Amtes beim AOK 18, mit Nachdruck und unter Gefährdung der persönlichen Sicherheit ein) - so bemerkte Weizsäkker - würde ja voraussetzen, »daß der Führer Sonderfriedensgedanken mit Rußland definitiv preisgegeben« hätte. Nun habe Hitler »zwar oft erklärt, daß er keinen Kompromiß mit Stalin kenne. Dieses beweist aber nicht, daß er einer irgendwie gearteten Sondierung in Moskau völlig abgeneigt wäre. Jedenfalls bin ich nicht imstande, eine solche Eventualität auszuschließen.« Erst dann, wenn eine Sondierung sich als absolut fruchtlos erweise, könnte daran gedacht werden, eine russische Gegenregierung zu bilden, »für die es einen Ausgleich mit Stalin nicht gibt«. Am Ende seines Schreibens befürwortete Weizsäcker eine »Beantwortung der Frage unseres generellen Verhältnisses zu Stalin« im Führerhauptquartier und appellierte an die Aktivität derjenigen, die »dem Führerhauptquartier näher ... (sind) als ich und über Einblicke verfügen, die wohl nur sehr wenige bei uns haben«. Diese Aufforderung konnte im zweiten Kriegswinter, während der erbittertsten Kämpfe um Stalingrad, nur auf die Anregung hinauslaufen, Hitler mit der Frage seiner endgültigen Pläne gegenüber Stalin und Rußland zu konfrontieren und zu einer Entscheidung in Richtung auf die Aufnahme von Friedensgesprächen zu drängen. Dies freilich wäre - aus heutiger Sicht - ein zweiter Frieden zwischen den dämonischen Giganten gewesen, der auf Kosten der zweifach unterworfenen und unterjochten Völker geschlossen worden wäre. Und wenn im ersten Frieden dieser Art, dem Molotow-Ribbentrop-Pakt, etwa 60 Millionen ostmitteleuropäischer Menschen den Preis für die Pazifizierung der beiden Giganten bezahlen mußten, so hätten nun darüber hinaus noch die ukrainischen und kaukasischen Volksmassen den Tribut ihrer Ohnmacht entrichten müssen.

In einem dritten Schritt seiner Initiative wandte sich Weizsäcker am 27. November 1942 direkt an seinen Ressortchef, Ribbentrop.[114] Er teilte dem Außenminister mit, Botschafter Oshima habe, vor dem Hintergrund der Kämpfe um Stalingrad, auch ihn auf den Wunsch breiterer japanischer Kreise aufmerksam gemacht, einen Abschluß zwischen Deutschland und Rußland herbeizuführen. Die Anregung wurde nicht überhört. Tatsächlich gab Ribbentrop dem auf sie folgenden Gespräch mit Oshima eine neue Wendung. Auf die Frage des japanischen Botschafters, ob Ribbentrop nicht daran denke, Frieden mit dem Kreml zu schließen, um dann die vollen Kräfte gegen England und Amerika zu richten, antwortete Ribbentrop laut Oshimas Bericht nach Tokio[115]: »Nein, ich habe nicht die geringste Absicht, selbst Frieden zu suchen; wenn Stalin uns aber andererseits um Frieden bittet, um sein schwankendes Regime zu retten, so ist das etwas anderes. Aber ich kann hinzufügen, daß ich nicht glaube, daß er im Augenblick daran denkt.« Auf Bitten Oshimas versprach Ribbentrop, ihn und die japanische Regierung in einem solchen Falle rechtzeitig zu verständigen.

Das deutsche Protokoll dieser Unterredung, das von Legationsrat Gottfriedsen aus der Adjutantur des Reichsaußenministers angefertigt wurde[116], legte charakteristischerweise Botschafter Oshima die Worte von der Möglichkeit in den Mund, daß Stalin aus Angst vor dem Untergang seines Systems Deutschland um Frieden ersuchen könnte.

Diese Abweichung war kein Zufall. Im Laufe des Jahres 1942, möglicherweise im Zusammenhang mit der Einsetzung des Sonderreferats Frieden beim FHQ, erfolgte in der unmittelbaren Umgebung Hitlers eine »Sprachregelung«, die es zur Bedingung machte, daß bei jedem Gespräch über einen möglichen Frieden die Initiative von der anderen bzw. der Feindseite ausgehen mußte. Während die deutsche Seite in der Pose des siegessicheren, ungebrochenen Unterwerfers verharrte, mußte in der Art einer potentiellen Friedensvermittlung oder -verbindung die Fiktion gewahrt werden, daß die andere Seite kniefällig Gehör suchte, um Deutschland ein Angebot zu unterbreiten. Diese »Sprachregelung« wurde im Gesprächsstil, den Ribbentrop gegenüber japanischen Vermittlungsversuchen verwendete, besonders deutlich. Sie bestimmte aber auch alle anderen Sondierungen, die in der nachfolgenden Zeit, nicht zuletzt in Stockholm, stattfanden. Bei allen ihren Versuchen mußten die Unterhändler die Fiktion aufrechterhalten, daß »die Russen« sich mit einem Angebot an die deutsche Seite gewandt hätten, dessen Prüfung die deutschen Dienststellen dann wohlwollend oder aber über die »Zumutung« empört in Aussicht stellten.

Canaris' zweite Initiative – Peter Kleist als Instrument der Abwehr

Parallel zu den Demarchen von Weizsäckers bereitete auch der deutsche Abwehrchef Canaris eine neue Friedensinitiative in Richtung Osten vor. Als gegen Ende November erneut die Nachricht einging, Stalin habe der britischen Regierung »deutlich mit Abschluß eines Sonderfriedens gedroht«[117], hielt er den Zeitpunkt für gekommen. Seine Initiative zielte diesmal auf Außenminister Ribbentrop und über diesen auf Hitler.

Am 4. Dezember 1942 traf Bruno Peter Kleist in Stockholm ein.[118]. Kleist stand Ribbentrop nahe. Der junge (1904 in Marienwerder geborene) »Ostexperte« der NSDAP (Mitgliedsnummer 1277679), der seit 1933 eine Parteikarriere durchlaufen hatte, 1938 auch der SS beigetreten war (Mitgliedsnummer 203045) und es im Winter 1942/43 zum SS-Obersturmbannführer gebracht hatte, war ein Mann, der auf vielen Klavieren zu spielen verstand. Er hatte dem Stabe Ribbentrops während der Moskauer Verhandlungen im August und September 1939 angehört. In der Zeit des Molotow-Ribbentrop-Paktes unternahm er mit Zustimmung Ribbentrops mehrere Reisen durch die UdSSR, die er mit Hilfe der Deutschen Botschaft vorbereitete. Die Botschaft, und besonders Botschafter Graf Schulenburg, sahen Kleist nicht gern – zu stark unterschieden seine nationalistischen Ausdrucksweisen, die selbstsichere Süffisanz seines Auftretens und die anmaßende Selbsteinschätzung sich vom nüchternen Pragmatismus und von der bescheidenen

Skepsis, die sich unter Schulenburgs Führung an der Deutschen Botschaft durchgesetzt hatten. Ohnedies blieben Absichten und Ergebnisse der »Informationsreisen« Kleists durch die UdSSR im Dunkeln. In der Zeit der Vorbereitungen des Rußlandfeldzuges gehörte er dem »Rußland-Ausschuß« beim RAM an, für dessen Bildung er mitverantwortlich war. Er vertrat dort die »Dienststelle Ribbentrop«. Eines der anderen Mitglieder war »Pg. Plamsch«, jetzt Gauleiter von Königsberg. Nach Ausbruch des deutsch-sowjetischen Krieges wechselte Kleist die Pferde und schloß sich nun dem Rosenbergschen Reichsministerium für die besetzten Ostgebiete an. Dort eröffneten sich mit der schrittweisen Besetzung Osteuropas Pfründen und Machtpositionen, zu denen nun ein Heer von »Zivilverwaltern« drängte. Im Auftrag Rosenbergs bekleidete Kleist über längere Zeit eine höhere Verwaltungsposition in Lettland, doch sorgte er auch in dieser Zeit dafür, daß sein Verhältnis zu Ribbentrop und dem Auswärtigen Amt nicht abkühlte. Als die Lage im Osten im Frühjahr 1942 erste deutliche Anzeichen unheilverheißender Verschlechterungen zeigte[119], setzte sich Kleist nach und nach von dem an Boden verlierenden Rosenberg ab, um sich wieder Ribbentrop anzuschließen. Im Rahmen der parteiamtlichen »Dienststelle Ribbentrop« fiel ihm die Leitung des Ostreferats zu. Gleichzeitig sorgte er auch im neutralen Ausland vor. In Schweden versuchte er sich dadurch einen guten Namen zu machen, daß er sich - lange Zeit ergebnislos - für die Überführung der schwedischstämmigen Esten, der sogenannten Estlandschweden, aus dem Baltikum nach Schweden einsetzte. Der »Estlandschwedischen Hilfsdelegation«, die sich Anfang 1942 konstituierte, war er als Mitglied der deutschen Zivilverwaltung in Riga entgegengekommen; zurück in Berlin, setzte er sich von der Jahreswende 1942/43 an zunehmend für deren Belange ein. Diese Beschäftigung ermöglichte ihm, immer wieder die Erlaubnis zu einer Schweden-Reise zu erwirken - ein großes Privileg in Kriegszeiten. Doch eine effektive Hilfe konnte er den schwedischstämmigen Esten und dem an ihrer Rettung interessierten Schwedischen Außenministerium erst 1944, im Moment des völligen Zusammenbruchs der deutschen Zivilverwaltung und der deutschen Ostfront, leisten. Die Rettungsaktion selbst war - wie die gleichzeitige Befreiung inhaftierter Juden - nicht zuletzt ein Selbstrettungsversuch der beteiligten deutschen Amtsträger durch Beschaffung eines guten Namens und von Affidavits in Schweden.[120]

Auf Kleist konzentrierte sich die Aufmerksamkeit der mit Ostfragen und speziell der Mission Klaus befaßten Abwehrmänner. Für die Kleist von der Abwehr zugedachte Rolle erwiesen sich mehrere Faktoren als günstig: Über seine persönlichen Eigenschaften - seine Wichtigtuerei und der Glaube an eine höhere Bestimmung - und seine erwiesenermaßen engen Beziehungen zu Ribbentrop hinaus war Kleist auf sowjetischer Seite bekannt und konnte als Verfechter des Molotow-Ribbentrop-Paktes, also ein Mann des deutsch-russischen Bündnisses, in Erinnerung geblieben sein. Zudem war er seit 1932 mit Boening bekannt; beide hatten an der Berliner Hochschule für Politik die Seminare des Ost-Experten vom Auswärtigen Amt, Georg Cleinow, gehört.

Als Kleist sich nun in der Zeit vom 4. bis 14. Dezember 1942[121] in Stockholm aufhielt, zog die Abwehr die vermutlich seit längerer Zeit gespannten Fäden zusammen. »Zufällig« traf Boening seinen alten Studienkameraden Kleist auf der Straße wieder und stellte dabei erfreut fest, daß auch Kleist über die Entwicklung in Deutschland und insbesondere an der Ostfront beunruhigt war. Der Zusammenbruch der deutschen Front im Kaukasus und an der Wolga lösten in ihm, der die UdSSR bereist hatte, böse Vorahnungen aus. Boening griff seine Stimmung auf und schlug Kleist vor, ihn mit einem Mann bekannt zu machen, mit dem er ausführlich über die Lage in Rußland diskutieren könne, ein Mann, »der beste Beziehungen zur Sowjet-Botschaft in Stockholm hat«.[122] Erwartungsgemäß zeigte sich schnell, daß für Kleist »der Gedanke, Beziehungen zu Madame Kollontaj aufzunehmen, ... nicht ohne Reiz« war.[123] Kleist gab später an, er habe dann zunächst Erkundigungen über diesen »Mittelsmann, Herrn Edgar Clauß«, eingezogen, die sich als widersprüchlich erwiesen hätten: als »sicher« sei aber von allen Seiten die Tatsache bestätigt worden, daß Klaus gute Beziehungen zu Madame Kollontaj und Gesandtschaftsrat Semjonow unterhalte. Darauf hat Kleist – nach eigener Darstellung – »das kleine Pförtchen im Tor durch die östliche Mauer«[124] aufgestoßen und Klaus in einem von Boening speziell zu diesem Zwecke gemieteten Blockhaus in Solsidan bei Saltsjöbaden an der Ostseeküste, unweit von Stockholm, am 14. Dezember 1942 zum ersten Male getroffen.

Klaus, in den Augen Kleists »ein mittelgroßer, untersetzter, dunkelhaariger Mann, tadellos angezogen, mit ungezwungenen guten Manieren«, ein erfolgreicher Kaufmann, der in Stockholm gestrandet sei, brachte schnell die »anfänglich höflich allgemeine Unterhaltung« in Fluß. Er präsentierte sich als Geschäftsmann, der aufgrund seines früheren Aufenthalts im revolutionserschütterten Rußland mit Stalin sowie einer Reihe führender Sowjetdiplomaten persönlich bekannt sei. Im Gespräch mit diesen, so teilte er Kleist mit, habe er den Eindruck gewonnen, »daß auf sowjetischer Seite die Bereitschaft besteht, einen Ausgleich mit Deutschland zu suchen, um diesen verlustreichen Krieg so schnell wie möglich zu beenden«. Er selbst sei bereit, das heiße Eisen einer Mittlertätigkeit zu ergreifen; er erklärte sich bereit, für Kleist »jeder Zeit ... einen Kontakt mit Leuten der Sowjetbotschaft zu arrangieren«. Eines glaubte er dabei schon in diesem Moment garantieren zu können: »Wenn Deutschland auf die Grenze von 1939 eingeht, so können Sie in acht Tagen Frieden haben.«[125]

Unmittelbar nach Ablauf des Gespräches – denn noch am 14. Dezember (sofern die Datierung des Gesprächs von Kleist und Boening auf den 14. Dezember zutrifft) – reiste Kleist nach Berlin zurück und trat im Bewußtsein seiner historischen Sendung[126] mit der Siegesmeldung vor Ribbentrop: »Die Russen haben uns Frieden angeboten!« Ribbentrop war damit in der glücklichen Lage, auch Hitler unter Einhaltung der genannten »Sprachregelung« mitzuteilen, daß ein »Angebot von sowjetischer Seite« eingegangen sei. Später kommentierte Ribbentrop dieses Gespräch mit den folgenden Worten: »Ich sei der Auffassung, der Führer brauche eine ganz entscheidende Entlastung für die Kriegführung, und ich bäte daher um sofortige Vollmacht für eine Verbindungsaufnahme mit Stalin über die sowjetische Botschafterin Mme. Kollontay wegen eines Friedensschlusses und zwar, wenn es sein müßte, unter Aufgabe der größten Teile des im Osten eroberten Gebietes. – Kaum hatte ich von einer Aufgabe der Ostgebiete gesprochen, als der Führer auf das heftigste reagierte. Adolf Hitler sprang mit hochrotem Kopf auf, unterbrach mich und sagte mit unerhörter Schärfe, er wünsche mit mir ausschließlich über Afrika und über nichts anderes zu sprechen. Die Form, wie er dies sagte, machte mir im Augenblick eine Wiederholung meines Vorschlages unmöglich«.[127] Auch in den nächsten Tagen sei es Ribbentrop unmöglich gewesen, Hitler noch einmal »auf meinen Plan einer Fühlungnahme mit Stalin anzusprechen«.[128] Denn, so Ribbentrop, zu dieser Zeit, »vor der Katastrophe von Stalingrad hätten wir noch eine ungleich günstigere Position für Verhandlungen mit Moskau gehabt als bald darauf«.[129]

Der erste Schritt von Canaris, über Ribbentrop auf Hitler einzuwirken, war damit gescheitert. Peter Kleist tauchte erst ein halbes Jahr später, im Juni 1943, wieder in Stockholm auf.

Allerdings hatte die erste Begegnung zwischen Klaus und Kleist ein Nachspiel in Berlin, das für die Entwicklung der Ost-Konzeption des deutschen Widerstandes von Bedeutung war. In seiner Verstörung darüber, daß seine Vorstellung bei Ribbentrop vor Hitler keine Gnade gefunden hatte, wandte sich Kleist zunächst ganz privat an die Männer im Auswärtigen Amt, bei denen er Gehör zu finden hoffte. Er berichtete – nach eigener Darstellung – dem früheren Botschafter in Moskau, Graf von der Schulenburg, und dem jungen Legationsrat in der Informationsabteilung, Adam von Trott zu Solz – dessen Großvater von Schweinitz Botschafter des Deutschen Reiches am Hofe des Zaren gewesen war – über seine fehlgeschlagene Mission. Dies sei – so betonte er – das erste Mal, daß ihm in Schweden jemand »einen Weg nach drüben, ins gegnerische Lager, habe ... zeigen können«.[130] Nach Kleists Angaben war die Reaktion Trotts zu Solz auf seinen Bericht positiv; er habe gesagt: »Wir müssen daher jeder noch so ungewissen Möglichkeit nachgehen, die sich uns bietet.« Und auch bei Botschafter Graf Schulenburg sei die Anregung auf fruchtbaren Boden gefallen. Einige

Tatsachen sprechen für den Wahrheitsgehalt dieser späteren Mitteilung von Kleist. Tatsächlich wußte Schulenburg aus Erfahrung, daß die Sowjetregierung bei ihren Friedenssondierungen sonderbare Wege ging (dies hatten nicht zuletzt die ersten sowjetisch-deutschen Kontakte im Sommer 1939 gezeigt). Darüber hinaus hatte er Kleist auf dem Moskauer diplomatischen Parkett erlebt und konnte die sowjetische Reaktion auf sein Auftreten ermessen. Schulenburg nahm die Nachrichten aus Stockholm deshalb vermutlich in der Tat insofern ernst, als er schloß: »Wenn die Behauptung des Clauß, die Sowjets wünschten einen Kontakt mit Deutschland, falsch ist, so wird sich das bei der ersten Probe aufs Exempel herausstellen. Wenn sie aber richtig ist, so muß man sehr ernsthaft zu ergründen suchen, was Stalin damit im Schilde führt.« Nach der Erinnerung Kleists hielt Graf Schulenburg es durchaus für möglich, daß Stalin tatsächlich den Krieg mit Deutschland beenden wollte, um zum *status quo ante* und zum inneren Aufbau seines Landes zurückzukehren. Aber er konnte auch den Verdacht nicht abwehren, Stalin könnte bezwecken, durch derartige Manöver Mißtrauen unter seinen Verbündeten zu säen und die Westmächte durch sein Drohen mit einem deutsch-sowjetischen Ausgleich unter Druck zu setzen. Selbst in diesem Falle aber - so meinte er - könne sich Deutschland getrost auf dieses Spiel einlassen, da es den Spieß jederzeit umdrehen und gegen den Kreml richten könne. Äußerst fraglich erschien Schulenburg allerdings, ob Hitler, der die Möglichkeiten eines politischen Ausgleiches mit der UdSSR schon vorher verkannt hatte, »jetzt die notwendige Raffinesse für das diplomatische Kunststück aufbringen wird, das sich hier vielleicht anbahnt«. In jedem Falle sprach sich Schulenburg - nach Angaben Kleists - für eine sorgfältige Pflege der Verbindung mit Klaus und ein Abtasten auch der »vagesten Möglichkeit« eines Sonderfriedens mit der Sowjetregierung aus.

Botschafter Graf von der Schulenburg war jetzt in einem Akt politischer Kaltstellung zum Leiter des Rußlandgremiums beim Reichsaußenminister ernannt worden. Er mußte feststellen, daß jeder Versuch, auf die deutsche Rußlandpolitik während des Krieges Einfluß zu nehmen, ins Leere traf. Seine Hoffnungslosigkeit nahm zu. So konnten ihm die Nachrichten aus Stockholm die Zuversicht geben, daß vielleicht doch noch etwas zu retten sei. Zweifellos hat er in dieser Richtung auch wiederholt und mit Nachdruck auf Ribbentrop einzuwirken versucht. Allein: Ribbentrop zeigte sich in der Regel nach solch mehrstündigen Überredungsversuchen überzeugt, verlor aber, wenn er Hitler unter die Augen trat, sofort den Mut.[131] Dennoch machte Ribbentrop noch während der Kämpfe um Stalingrad einen weiteren Versuch, das Thema Sonderfrieden bei Hitler zur Sprache zu bringen. »Bei dieser Gelegenheit«, so schrieb er später, »und in einer späteren umfassenden Denkschrift schlug ich erneut sofortige Friedenssondierungen mit Moskau vor ... Er antwortete mir: Erst müsse er wieder einen entscheidenden militärischen Erfolg erringen, dann könnten wir weitersehen. Sein Standpunkt war es damals und später, daß jeder Friedensfühler ein Schwächezeichen bedeute.«[132] Die hier von Ribbentrop erwähnte Denkschrift war vermutlich nicht von ihm selbst verfaßt worden. Nicht ausgeschlossen ist, daß es sich um eine der Denkschriften handelte, die Botschafter Graf Schulenburg ausgearbeitet hatte.[133] Wie Ribbentrop schrieb, wurde »der Denkschrift, die ich durch Botschafter Hewel übergeben ließ, ... ein unrühmliches Los zuteil. Hewel sagte mir, der Führer habe nichts davon wissen wollen und sie fortgeworfen.«

Um die Jahreswende 1942/43 war das Schicksal der deutschen Sechsten Armee im Kessel von Stalingrad besiegelt. Die Kräfte, die sich um Vermittlung und Beilegung des deutsch-sowjetischen Konfliktes bemüht hatten, sahen nun den Zeitpunkt für einen Ausgleich als verstrichen an. Deutschland, dies besagte die japanische Einschätzung, konnte seine Position in Stalingrad nicht halten und hatte keine Reserven mehr, um die Wolga im folgenden Jahr in Richtung Ural zu überschreiten, während sich Rußland durch Anspannung aller seiner Kräfte für einen langen Krieg rüstete. Damit sei die deutsche Lage hoffnungslos: Deutschland »hat weder eine Hoffnung, Rußland zur Kapitulation zu zwingen, noch einen Kompromißfrieden zu erreichen«.[134] In Stockholm teilte Edgar Klaus seinem schwedischen Gesprächspartner mit, die deutsche Wehrmacht gehe in Rußland ihrer Katastrophe entgegen; bei mehr Einsicht im Führerhauptquartier hätte diese längst abgewendet werden können. Denn die Russen hätten bisher nicht auf Eroberungen und Prestigesiege abgezielt, sondern sie trieben lediglich einen Erschöpfungskrieg.[135] Doch jetzt habe sich die militärische Lage stabilisiert, und von nun ab würden die Russen das Kriegsgeschehen diktieren. Hitlers Vermessenheit sowie die lakaienhafte Unterwürfigkeit seiner Generalstäbler trügen die Verantwortung, wenn Deutschland bald eine schwere Lektion erteilt werden würde. »Leider wird man Deutschland die Niederlage und die Okkupation nicht ersparen können.«[136] Denn »es fehlt ihm nicht nur an einer Regierung, mit der man verhandeln würde, es fehlt sogar an jenen Kreisen, von denen eine solche Regierung getragen werden könnte«. Die nationalsozialistische Besatzungspolitik im Osten verspreche eine blutige Ernte.

2. Zwischen Stalingrad und Kursk

Nachdem sich das deutsche Kriegsglück bei Stalingrad gewendet hatte und neutrale sowie interessierte Beobachter in der Frage eines möglichen deutsch-sowjetischen Ausgleichs mit einer Verhärtung der sowjetischen Position rechneten, scheint sich in der Umgebung des Führerhauptquartiers der Wunsch nach einer ersten durchschlagenden Sondierung geregt zu haben. Wenige Tage nach Neujahr gingen Edgar Klaus in Stockholm Nachrichten zu, nach denen Himmler den Ribbentrop zugespielten Ball auffange. »Es ist schon so weit«, teilte Klaus am 3. Januar 1943 seinem schwedischen Bridgepartner mit, »daß Himmler und die Gestapo nun zu einem Frieden mit den Russen bereit sind, wenn sie dadurch nur ihre Macht erhalten können.«[1] Klaus stellte einen propagandistischen Zusammenhang zu bestimmten Ereignissen her: Seit einigen Wochen sei in Deutschland Goebbels' Propaganda gegen das jüdisch-bolschewistische Moskowitertum nahezu eingestellt worden, der Ton gegenüber Stalin stark gemildert[2] und statt dessen die Meinung suggeriert worden, daß Kommunismus, Nationalsozialismus und Faschismus ein Recht auf die gemeinsame Beherrschung der Welt hätten. Desungeachtet würden die Russen - das glaubte Klaus mit Sicherheit sagen zu können - diese Friedensangebote nicht akzeptieren. Denn der nationalsozialistischen Führungsschicht gegenüber hätte die Sowjetführung nunmehr ihre Maßstäbe festgelegt: Nach dem Kriege würden die Nationalsozialisten, die nicht als Kriegsverbrecher hingerichtet würden, zur Zwangsarbeit nach Rußland deportiert, »um alle von den Deutschen angerichteten Schäden wiedergutzumachen«. Die gesamte SS und SA, sofern sie nicht beim Fall des NS-Systems zur Strecke gebracht würde, müßte den Marsch in die Gefangenschaft antreten. Dies werde entweder - im Falle eines inneren Umsturzes - der deutschen Nachfolgeregierung zur Auflage gemacht oder aber bei der totalen Niederlage Deutschlands von den Alliierten selbst ausgeführt werden.

Klaus' Hinweise auf eine gewisse Friedensbereitschaft Himmlers und der Gestapo gegenüber der Sowjetregierung werden durch andere Quellen unterschiedlicher Herkunft bestätigt. Manche Anzeichen sprechen dafür, daß etwa in der zweiten Januarhälfte 1943 der erste, koordinierte und länger anhaltende Versuch einer Friedenssondierung zwischen den kriegführenden Parteien gemacht wurde: Er ging von deutscher Seite aus.

Informationen zufolge, die Paul Schwarz, bis 1933 deutscher Gesandtschaftsrat in Washington, nach dem Kriege von seiten ehemaliger Kollegen aus dem Auswärtigen Amt zugingen, hat in der letzten Phase der Kämpfe um Stalingrad in Schweden eine Friedenssondierung stattgefunden.[3] Die Initiative dazu ging nach den deutschen Berichten, die im Amerika der Zeit des Kalten Krieges ungeprüft aufgegriffen wurden, von sowjetischer Seite aus: A. M. Alexandrow selber, der Leiter der Mitteleuropäischen Abteilung des sowjetischen Außenministeriums, sei von Molotow in geheimer Friedensmission nach Stockholm geschickt worden. Dort hätte er sich mit Madame Kollontaj in Verbindung gesetzt, um diese über den Sinn seiner Mission zu unterrichten. Madame Kollontaj habe dann - in Abwesenheit des abberufenen Gesandten, Prinz zu Wied, und des neuernannten Gesandten Hans Thomsen - über einen Mittelsmann ihres Vertrauens Kontakt zu Gesandtschaftsrat Werner Dankwort, aufgenommen und diesem das »sowjetische Angebot« unterbreitet. Dankwort habe längere Zeit gezögert und dann über den Mittelsmann seine Überraschung zum Ausdruck gebracht und mitgeteilt, daß dieses Angebot nicht in sein Ressort falle, weshalb er es zuständigkeitshalber »dem deutschen Geheimdienst« übergeben müsse. Von dort, so habe er Madame Kollontaj ferner wissen lassen, werde ihr näherer Bescheid zugehen. Dankwort habe nun in der Tat »den deutschen Geheimdienst« verständigt und gleichzeitig einen erklärenden Bericht an das Auswärtige Amt geschickt.[4] In Berlin habe sich Himmler dieser Sache angenommen (oder auch bemächtigt) und zwei SS-Männer seines Vertrauens zu den Gesprächen mit Alexandrow nach Schweden geschickt. Diese hätten Alexandrow alle Details seiner Mission entlockt, um sie Himmler in Berlin zu überbringen. Daraufhin sei es zu einem längeren Kompetenzstreit zwischen Himmler und Ribbentrop gekommen, der die Sache für sein Ressort beansprucht habe. Und die Angelegenheit sei - da Alexandrow nicht so lange habe warten können - schließlich, und zwar bis zum Frühsommer 1943, in der Schwebe geblieben.

Diese Darstellung verdient Interesse, obgleich sie vermutlich - entsprechend der im FHQ geltenden »Sprachregelung« - bis zu einem gewissen Grade seitenverkehrt und überdies wohl aus der Perspektive eines deutschen Beteiligten (vielleicht Dankworts) wiedergegeben wurde.

Eine andere Version dieser Episode enthielt ein Bericht, den Medizinalrat Felix Kersten, der Arzt und Masseur Himmlers in jener Zeit, im Herbst 1943 einem amerikanischen Kontaktmann in Stockholm gab.[5] Kersten führte in jenem Zeitraum in Himmlers Auftrag eine Friedenssondierung in Richtung Westen durch und teilte seinem Gesprächspartner Abraham Steven Hewitt dabei unter anderem mit, der Gesandte Prinz zu Wied sei während der Kämpfe um Stalingrad »mit einem Friedensvorschlag von den Russen zum SS-Hauptquartier gekommen«, und Franz von Papen habe im Mai 1943 ein zweites russisches Angebot aus Ankara mitgebracht. Der Inhalt dieser Vorschläge habe darin bestanden, daß Deutschland »etwa die Hälfte der baltischen Länder nördlich von Ostpreußen nehmen sollte; Polen nach den Linien von 1939 geteilt werden sollte; Rußland die gesamte Schwarzmeerküste, einschließlich der Donaumündung für sich in Anspruch nahm, bis nach Saloniki gehen und einen Hafen im Adriatischen Meer haben dürfe«. Nach Kenntnis Kerstens hatten sich Ribbentrop und Goebbels für die Annahme dieser Vorschläge, Hitler und in seinem Gefolge Himmler aber dagegen ausgesprochen. Diese hätten damals die Berechnung angestellt, daß die russische Seite bei Anhalten einer umfassenden deutschen Offensive spätestens im April 1944 erschöpft sei und damit an der Ostfront eine militärische Pattsituation eintreten werde.

Bei dieser Version ist zu bedenken, daß Kersten diese Darstellung zweifellos von Himmler erfahren hatte und dieser durch Nachweis eines »vorliegenden sowjetischen Angebots« Druck auf die amerikanische Seite ausüben wollte.

Denn wieder anders präsentierten sich diese »Kontakte« aus der Sicht des auf schwedischem Boden lebenden V-Mannes von Canaris. Am 25. Januar 1943 hielt LO folgende vertraulichen Worte von Klaus fest[6]: »Im Bewußtsein (des völligen Zusammenbruchs der Front bei Stalingrad und der Gefahr einer Militärrevolte im Innern, I. F.) tut die deutsche Regierung aber auch alles, um einen Separatfrieden mit der Sowjetunion zustande zu bringen. Vor weniger als vierzehn Tagen haben sich die Deutschen über schwedische Verbindungsleute an die hiesige Sowjetische Gesandtschaft gewandt, um Verhandlungen in Gang zu setzen. Frau Kollontaj hat sich jedoch sogar geweigert, die deutschen Unterhändler überhaupt zu empfangen.« Als Klaus wenige Wochen danach von seinem schwedischen Gesprächspartner noch einmal nach diesen Friedenssondierungen gefragt wurde, betonte er, daß diese sowohl über Stockholm als auch über Papen in Ankara in sowjetische Richtung gegangen seien, »ohne aber zu irgendwelchen Ergebnissen zu führen«. Der Zeitpunkt habe in der ersten Januarhälfte gelegen, aber bereits die Vorsondierungen seien an der Uneinsichtigkeit der entscheidenden Personen in Berlin gescheitert.[7] Klaus ließ wiederum keinen Zweifel daran bestehen, daß die Sowjetregierung seiner Auffassung nach keinen Friedensschluß mit einer nationalsozialistischen Regierung in Betracht ziehe, vor allem nicht, solange dieser ein Mann wie Ribbentrop angehöre. Selbst mit einer oppositionellen deutschen Militärregierung würde die Sowjetführung schwerlich verhandeln wollen.

Für sie komme allein eine neugebildete Zivilregierung als Verhandlungspartner in Betracht. Dies aber hätte - so befürchtete Klaus - zur Folge, daß diese Verhandlungen die Wiederholung dessen würden, was den baltischen Staaten nach ihrer Besetzung durch die sowjetischen Truppen widerfahren sei: Sie würden damit enden, daß Deutschland »bolschewisiert« würde. Dies würde dadurch erleichtert, daß Himmler und seine Männer schon jetzt zum Bolschewismus tendierten und zu einer *pax sovietica* bereit wären: »Die Bolschewisten werden dies unter Umständen akzeptieren und dann, nach dem Umschwung, ihre eigene Rechnung machen.« Die einzige wirkungsvolle Hilfe gegen eine solche Entwicklung sah Klaus einerseits in einem schnellen Vorrücken der westalliierten Truppen ins Innere Europas, zumindest bis zur Rheinlinie, und andererseits in der Errichtung einer oppositionellen Militärdiktatur im Inneren. Denn nur eine deutsche Militärregierung könne die drohende Bolschewisierung Deutschlands aufhalten. Doch sah Klaus nur geringe Chancen für die Bildung einer solchen Regierung: Zwar planten führende Militärs und höhere Beamten den »Zusammenbruch von oben«, die Arbeiter - unterstützt von dem Millionenheer der Fremdarbeiter - seien bereit zu kämpfen und die neueingezogenen Jahrgänge vielleicht willens, ihre Waffen gegen die Hitlerregierung zu wenden. Doch beruhe die Schwäche der deutschen Lage auf der weithin vollendeten Säuberung des Militärs und Ausschaltung einer wirkungsvollen Militäropposition - eine Behauptung, die Klaus durch Kenntnis zahlreicher Details zu untermauern wußte.[8]

Als im Sommer 1943 die Gerüchte über deutsch-sowjetische Geheimtreffen in Schweden sich überschlugen, wurde Klaus erneut auf die Hintergründe jener ersten bekannten deutschen Friedenssondierungen angesprochen. Er deutete an, daß Direktiven von Hitler und Ribbentrop an die Deutsche Gesandtschaft ergangen seien, in denen Prinz zu Wied aufgefordert wurde, einen »direkten Kontakt zu Madame Kollontaj herzustellen und sie zu veranlassen, einen Friedensvorschlag an Rußland zu übermitteln, oder am liebsten ein Zusammentreffen zwischen deutschen und russischen Delegierten zu arrangieren«.[9] Wied habe sein Unvermögen bekundet, ein solches Zusammenspiel zustande zu bringen, und sei daraufhin abgelöst worden.[10] Aber auch der neuernannte Gesandte Thomsen, der im Januar angereist und mit dieser Aufgabe konfrontiert worden sei, habe sie nicht lösen können. Daraufhin seien über andere deutsche Verbindungsleute in den Monaten Februar und April neue Vorstöße gemacht worden. Sie alle seien am Widerstand von Madame Kollontaj gescheitert. »Diese hatte sich standhaft geweigert, irgend etwas mit ihnen zu tun zu haben.«

Obgleich Klaus das Bild vermutlich in groben Zügen korrekt wiedergegeben hatte, wußte auch er nicht alles. Insbesondere war ihm die Funktion von Dankwort verborgen geblieben.

Die Angaben von Schwarz (einer seiner Informanten war vermutlich Dankwort), Kersten (er hatte Einsicht in die Vorgänge, wie sie von Himmler präsentiert wurden) und Klaus (Kenntnisse der Abwehr, des Geschehens an der Deutschen Gesandtschaft und möglicherweise bestimmter sowjetischer Vorgänge) lassen sich relativ leicht auf ein faktisches Substrat reduzieren. Die Schlüsselfigur ist Gesandtschaftsrat Dankwort, und zwar in seiner Eigenschaft als Beauftragter des geheimen Sonderreferats Frieden beim Führerhauptquartier. Die Dinge dürften sich folgendermaßen abgespielt haben: Nachdem Kleist die Botschaft nach Berlin gebracht hatte, daß »die Russen« Deutschland um Frieden ersuchten, ist wohl unter den Schlägen von Stalingrad die Idee entstanden, die realen Hintergründe dieses »Angebots« zu ventilieren. Möglicherweise überredete Goebbels Hitler, von seinem Sonderreferat Frieden zum ersten Mal geeigneten Gebrauch zu machen. Gesandtschaftsrat Dankwort (nicht der Gesandte) wurde als Vertrauensmann dieser Dienststelle (nicht in seiner offiziellen Funktion an der Gesandtschaft) aufgefordert, eine sowjetische Kontaktperson anzusprechen. Er bediente sich dabei möglicherweise eines Mittelmannes. Dankwort mag später in seiner Erzählung Paul Schwarz gegenüber die obligate nationalsozialistische Sprachregelung beibehalten und »den Russen« die Initiative zu diesen Gesprächen überlassen haben. Auch kann nicht ausgeschlossen werden, daß der Mittelsmann im Gespräch mit ihm den Eindruck erweckte, die Russen warteten nur auf einen Fingerzeig von deutscher Seite. In jedem Falle nahm die »Sondierung« damit ihren Lauf. Allerdings ist die Annahme, der »große« Alexandrow habe sich in den ersten Monaten des Jahres 1943 in Stockholm aufgehalten, so gut wie ausgeschlossen: Der Leiter der Mitteleuropa-Abteilung des sowjetischen Außenkommissariats sollte der ersten diplomatischen Sowjetvertretung in Australien angehören, die nach Aufnahme der diplomatischen Beziehungen zwischen den beiden Ländern im Frühjahr 1943 abreisen sollte. Er bereitete sich zu dieser Zeit auf seine neuen Aufgaben vor. Nach anderen deutschen Angaben, die ebenfalls von zweifelhaftem Wahrheitsgehalt sind, soll sich Alexandrow im Juni 1943 in Stockholm befunden haben. Vermutlich lag also eine ungewollte Zeitverschiebung durch den Erzähler vor – wie ja auch diese von Schwarz erzählte Geschichte über die Gespräche in Berlin unvermittelt abbricht beziehungsweise in der Schwebe bleibt, bis sie in den Sommermonaten 1943 weiterläuft. Auffällig ist, daß Dankwort die Nachrichten von der Sowjetbotschaft nicht an seine Dienststellen – Woermann als Leiter der Politischen Abteilung des Auswärtigen Amtes, Staatssekretär Weizsäcker oder sogar Ribbentrop – weitergab, sondern sie »dem deutschen Geheimdienst« übergab. Dies klingt einerseits stark an das amerikanische Verhalten in solchem Zusammenhang an (schließlich war der Mann, der die Story verfaßte, Paul Schwarz, seit 1933 in den USA ansässig); es legt andererseits die zwingende Vermutung nahe, daß Dankwort sich in diesem Falle nicht als Gesandtschaftsrat, sondern als Beauftragter des geheimen Sonderreferats verstand, der diese Friedensnachrichten unmittelbar in die Umgebung des FHQ leiten mußte. Und hier bediente sich vermutlich in der Tat Himmler der Nachricht, um sie durch die Männer seines Geheimdienstes, des RSHA oder der SS, überprüfen zu lassen.

In diesem Zusammenhang verdient eine Nachricht des Gewährsmannes des schwedischen Verteidigungsstabes, LO, vom 18. Januar 1943 Beachtung, die möglicherweise vor dem Hintergrund dieser Geschehnisse entstand: »Dr. Klaus war am Sonntag furchtbar nervös. Er zitterte am ganzen Leibe und konnte sich gar nicht zum Bridge-Spiel sammeln.«[11] Diese ungewöhnliche Erregung eines Mannes, der selbst unter schwierigsten Umständen, wie etwa während seiner Abschiebung nach Deutschland, niemals seine Contenance verlor, konnte auf die Entdekkung zurückgehen, daß andere deutsche Mittelsmänner oder Unterhändler, möglicherweise unter Benutzung seiner eigenen Kanäle, ohne sein Wissen oder unter Umgehung seiner Mittlerposition einen Weg zur Sowjetgesandtschaft bahnten.

Die Tatsache, daß diese Sondierung zu keinem Ergebnis kam, dürfte mehrere Gründe gehabt haben: Die sowjetischen Bedingungen, die vermutlich als Vorbedingungen vor Eintritt in eigentliche Gespräche abgeklärt wurden, nämlich Abtretung der Ukraine und des (Großteils des) Baltikums, wären für Hitler und Himmler unannehmbar gewesen; die Sowjetregierung wollte keine sichtbaren Kontakte dieser Art[12] und wünschte insbesondere nicht, ihren Verbündeten, die sich zwei Wochen später in Casablanca treffen sollten, Anlaß zu Mutmaßungen über verborgene sowjetische Friedensabsichten und damit Vorwand zu ähnlichen, geheimen Friedenssondierungen zu liefern; in Berlin setzten sich die Stimmen Hitlers und Himmlers gegen die Goebbels' und Ribbentrops und damit vorerst gegen weitere Tastversuche in dieser Richtung durch.

Damit scheiterte vermutlich im Januar 1943, wenige Tage vor der offiziellen Kapitulation der Paulus-Armee in der Nacht vom 31. Januar zum 1. Februar 1943, der erste Versuch der nationalsozialistischen Führungsspitze, der Sowjetregierung die Initiative zu einem Waffenstillstandsvorschlag unter für Hitler günstigen Bedingungen zuzuspielen.[13] Der Verbindungsmann des deutschen Abwehrchefs Canaris, der in einem weit günstigeren Falle die sowjetischen Bedingungen gegenüber einer verhandlungsbereiten deutschen Regierung in Erfahrung zu bringen hoffte, war in die Rolle eines Zaungastes verwiesen.

Das Fehlen Stalins bei der Konferenz von Casablanca in der letzten Januarwoche 1943 löste in Deutschland neue Gerüchte über eine eventuelle Verhandlungsbereitschaft der Sowjetregierung aus. Die Hintergründe für diese Abwesenheit - so erfuhr das Auswärtige Amt - lagen vor allem im Bereich der gegen Japan, den Vertragspartner der Sowjetregierung, gerichteten Beratungen. Doch sei von sowjetischer Seite darauf hingewiesen worden, »daß Sowjetrußland den Krieg mit Deutschland nicht gewünscht habe und auch jetzt nur einen Verteidigungskrieg zur Befreiung der besetzten russischen Gebiete führe«.[14] Die Hoffnungen, die diese Nachrichten in deutschen Regierungskreisen auslösten, wurden von Edgar Klaus mit bitterer Ironie kommentiert; in Berlin - so teilte er seinem Gesprächspartner mit - herrsche eitel Freude über Stalins Erklärung, er beabsichtige nicht, Deutschland zu besetzen. »Doch Stalins Kalkül reicht weiter.« Sein Auge sei in Wahrheit schon jetzt auf Polen und die ostdeutschen Gebiete gerichtet. Und die mangelnde Einsicht in Berlin beflügele nur seine expansiven Wünsche in Rußlands Westen.[15]

Durch seine Abwesenheit in Casablanca war Stalin in deutschen Augen nicht durch die Forderung der »bedingungslosen Kapitulation« belastet, die Präsident Roosevelt auf der Konferenz formuliert und die Churchill unterstützt hatte. Die Sowjetregierung schien - bei großzügiger Interpretation ihrer Absichten gegenüber dem deutschen Angreifer - für die Einräumung »ehrenhafter« Bedingungen offen zu sein. Diese Überlegung gab sowohl Teilen der deutschen Reichsführung als auch den an einer Ost-Lösung interessierten Kräften des deutschen Widerstandes neuen Auftrieb für Friedenssondierungen in östlicher Richtung.

Mitte Februar teilte Klaus seinem schwedischen Bridgepartner mit, die Probleme Deutschlands seien nun nicht mehr militärischer, sondern ausschließlich diplomatischer Natur. Der Krieg sei nicht mehr zu gewinnen, die einzige Chance für Deutschland bestehe darin, die Verluste zu verringern. Aber dies sei die Sache der Diplomaten, nicht der Militärs. Ein erster Schritt in diese Richtung könne etwa in einem Außenministerwechsel bestehen.[16] Doch ein solcher Schritt sei wenig wahrscheinlich, da die NS-Führung niemals ein Interesse an den Bedürfnissen der Nation bekundet habe. Der zweite Schritt bestünde in einem langsamen, koordinierten Rückzug der deutschen Wehrmacht; so könnte Zeit für Verhandlungen gewonnen werden. Doch zweifelte Klaus, daß selbst dies gelingen werde. Denn die Sowjetarmee hätte nun eindeutig die militärische Oberhand. Außerdem sei nach der letzten Rede Goebbels' die Möglichkeit eines Separatfriedens wohl endgültig vertan. Goebbels habe in wenigen Minuten verspielt, woran deutsche Diplomaten seit Monaten in Gedanken arbeiteten. »Nach dieser Rede ist es klar, daß Moskau erst nach einer Revolution in Deutschland mit sich reden lassen wird.«[17]

In den letzten Februartagen war Klaus der Überzeugung, daß der Krieg im Osten nur noch durch eine Revolution in Deutschland beendet werden könne. Dieser Revolution würden innere Spannungen folgen, »bis eine starke Persönlichkeit Verhandlungen mit den Siegermächten führen und ihre Direktiven entgegennehmen kann«.[18] Dabei könne von Waffenstillstand keine Rede mehr sein, nur bedingungslose Kapitulation würde akzeptiert werden. Im Osten sei das Maximum des für eine neue deutsche Regierung unter geschickter Verhandlungsführung Erreichbaren die Erhaltung der deutschen Grenze von 1939, das heißt der Grenze vor der Teilung Polens. Das Baltikum werde an die Russen fallen, und Polen werde ein Pufferstaat unter russischer Herrschaft, der sich für seine Schrumpfung im Osten an deutschem Land im Westen entschädigen dürfe. Finnland werde neutral sein müssen, wenn es überhaupt als selbständiger Staat bestehen bleibe. Es könne »aber auch schlimmer kommen«. Denn sollten die andauernden Kampfhandlungen auf deutsches Gebiet übergreifen, werde Stalin ungeachtet seiner Versprechen, die deutschen Angreifer lediglich von sowjetischem Territorium zu vertreiben, das deutsche Gebiet besetzen oder aber durch einen Staatsstreich einer kommunistischen Regierung zur Macht verhelfen, die die Sowjetregierung dann um Hilfe und Besetzung ersuchen werde.

Klaus' vorzügliche Analyse der sowjetischen Absichten und Kriegsaussichten scheint auch den Leiter der Abwehr-Stelle Stockholm, Wagner, Ende Februar oder Anfang März 1943 in seinem Büro zu der Frage angeregt zu haben: »Herr Klaus, was glauben Sie, wäre es nach allem, was geschehen ist, möglich, ein Einverständnis mit den Russen zu erzielen?«[19] Klaus antwortete, daß es zu diesem Zeitpunkt äußerst schwierig wäre, mit den Sowjetvertretern überhaupt noch ins Gespräch zu kommen, geschweige denn Rußland für einen Sonderfrieden mit Deutschland zu interessieren.[20] Wagner beauftragte Klaus, über seine Verbindungen zur Sowjetischen Gesandtschaft eine Sondierung durchzuführen. Kurze Zeit später kehrte Klaus – nach eigenen Angaben – mit einem Vorschlag zurück, der besagte, daß zunächst als Zeichen einer auf deutscher Seite bestehenden Verhandlungsbereitschaft die Minister Rosenberg und Ribbentrop, die mit ihren Ressorts nach außen die Verantwortung für die deutsche Schreckensherrschaft in der Sowjetunion trügen, ihrer Ämter enthoben würden. Ferner müßten die sowjetischen Gebiete, in erster Linie die Ukraine, umgehend und ohne jede Bedingung geräumt und an die Sowjetunion abgetreten werden. Unbekannt bleibt, ob dieser von Klaus erwähnte Vorschlag seiner eigenen Überzeugung und Initiative entsprang und ob Klaus ihn mündlich oder schriftlich unterbreitete.[21] Unter den genannten Bedingungen schien Klaus Oberst Wagner auch die Vermittlung eines Treffens mit einem sowjetischen Gesandtschaftsangehörigen in Aussicht zu stellen, wobei die Namen Kollontaj und Semjonow genannt wurden. Wagner begab sich mit diesen Nachrichten nach Berlin. Nach zehn Tagen kehrte er mit niederschmetternden Ergebnissen zurück. An eine Amtsenthebung Ribbentrops und Rosenbergs sei nicht zu denken – dieser Vorschlag, so betonte Wagner, hätte ihn in Berlin fast den Kopf gekostet! Außerdem sei »der Führer ... unter keinen Umständen bereit, auf die Ukraine zu verzichten«. Auf Klaus' Frage, was denn geschähe, wenn die Russen selbst die Ukraine zurückerobern würden, habe Wagner geantwortet, daß »man so etwas im Führerhauptquartier für völlig ausgeschlossen halte«. Insofern sei auch der Vorschlag Klaus', einen persönlichen Kontakt zwischen einer geeigneten deutschen Persönlichkeit und Vertretern der Sowjetgesandtschaft zustande zu bringen, in Berlin »höchst ungnädig« aufgenommen worden. Der K.O.-Leiter Wagner hatte sich also in Berlin offenbar nicht an die in der Umgebung Hitlers obligate »Sprachregelung« gehalten. Schließlich vertraute Wagner dem V-Mann Klaus noch an, daß in der Zwischenzeit eine andere deutsche Dienststelle die Einstellung der Sowjetregierung zu einem Sonderfrieden mit dem Dritten Reich zu sondieren suche.

Es ist nicht bekannt, in wessen Auftrag – dem der Abwehr oder des RSHA – Wagner diese Sondierung durchführte. Allerdings fanden im März 1943 auch wieder mehrere Treffen zwischen Klaus und von Lossow statt, auf denen vermutlich ähnliche Fragen berührt wurden. Der LO-Bericht vom 9. März 1943 erwähnt drei unterschiedliche »Besuche aus Deutschland«, die Klaus nacheinander erhielt. Bei der Erwähnung eines Besuches aus Deutschland vom 8. März betonte Klaus die Panik, die jetzt in deutschen Regierungskreisen herrsche. Er erzählte: »Die offizielle außenpolitische Leitung sehe jetzt als einzigen Ausweg einen schnellen Frieden mit Rußland. Da Ribbentrop aber daran festhält, daß Hitlers Prestige dadurch gerettet werden müsse, daß Rußland zumindest einige Gebiete an Deutschland abtrete und daß außerdem die Russen mit dem Angebot kommen müßten (die »Sprachregelung« war also nun nach Stockholm gedrungen, I.F.), ist Klaus der Ansicht, daß in dieser Sache nichts zu machen sei. Nach Klaus haben die Russen gerade jetzt keine Eile, sich in irgendwelche Verhandlungen zu stürzen.«[22]

Während einige dieser Informationen durch Lossow zu Klaus gelangt sein könnten, deuten bestimmte Details eines Besuches aus Deutschland, den Klaus am 9. März 1943 hatte, in andere Richtung. Zur fraglichen Zeit war Klaus – nach Angaben, die er später vor schwedischen Behörden machte[23] – durch Boening auf der Deutschen Gesandtschaft mit einem »Direktor Opitz von der UFA« bekannt gemacht worden, der sehr schnell auf die »russischen Verhältnisse« zu sprechen gekommen sei. Er habe zwar eine erstaunliche Unkenntnis in russischen Fragen an den Tag gelegt, Klaus aber auffallend schnell gefragt, ob »man einen Separatfrieden zwischen Deutschland und Rußland zustande bringen könne«. Klaus habe – nach eigenen Angaben – diese Möglichkeit für äußerst gering erachtet und hinzugefügt, eine Annäherung »sei völlig ausgeschlossen, solange Ribbentrop und Rosenberg auf ihren Posten säßen«. Wie Klaus später im Verhör angab, seien ihm einige Details aus dem Gespräch mit »Direktor Opitz« unverständlich erschienen, und er habe Boening, der dieses Gespräch ja vermittelt hatte, um Aufklärung gebeten. Boening habe ihm dann mitgeteilt, »die Deutschen müßten *gewisse hervorragende Privatpersonen* (Hervorhebung im Text, I.F.) benutzen, um versuchsweise einen Kontakt zu den Russen herzustellen«. Opitz sei mit einem solchen Auftrag in Schweden und »habe zu diesem Zwecke einen falschen Namen benutzt«.

Auffällig ist, daß im Zusammenhang mit dieser Besucherkette vom März 1943 in den Klaus-Akten wiederholt Namen auftauchen, die eine Verbindung zur deutschen Schwerindustrie suggerieren,von denen einige - wie etwa »Felsen von Cerweck«, »von Haniel«, »Röchlin (Röchling?), der Direktor des Hermann-Göring-Konzerns« - nicht identifiziert werden konnten. Ferner ist im Zusammenhang mit diesen Namen wiederholt auch von »größeren finanziellen Transaktionen« nach Schweden die Rede. Kurz, es entsteht der Eindruck, daß diese Kette illustrer, aber möglicherweise einer bestimmten Kombinatorik entspringender Namen, hinter denen angeblich die Interessen der deutschen Großindustrie standen, im Zusammenhang mit den Aufgaben des Sonderreferats Frieden beim FHQ stand: »Gewisse hervorragende Persönlichkeiten«, die inkognito reisten, oder Träger von nationalsozialistischen Ämtern, die mit falschen Namen oder aber unter Firmenschildern reisten, welche mit einflußreichen deutschen Kreisen aus Wirtschaft und Industrie assoziiert wurden, kamen nach Schweden - wie auch in andere neutrale Länder, die einen fruchtbaren Boden für zunächst unverfängliche Sondierungen boten - und tasteten mit Wissen dieser Dienststelle die dort bestehenden Friedensmöglichkeiten ab. Daß Klaus, der »erwiesenermaßen« über einen heißen Draht zur Sowjetischen Gesandtschaft verfügte, diesen Personen zuerst präsentiert wurde, ist begreiflich.

Während die Mehrzahl dieser Besucher weder von der schwedischen Polizei noch von der Verfasserin dieses Buches identifiziert wurden, bietet sich im Falle von »Direktor Opitz von der UFA« eine Möglichkeit an: Von diesem Zeitpunkt an taucht in den Akten und Gesprächen von Klaus wiederholt der Name »Stumm« beziehungsweise »von Stumm« auf. So erwähnte Klaus' Anwalt in einem vertraulichen Promemoria an die Ausländerkommission[24] den Namen Artur von Stumm, dessen Bruder Gustav von Stumm eine wichtige Position im Auswärtigen Amt innehabe; und Klaus selber sprach bei schwedischen Verhören wiederholt von »Stumm, dem Leiter des Saar-Konzerns«, »dem Mitglied des Aufsichtsrates des Saar-Konzerns«, oder auch von Artur von Stumm, »dem Bruder von Gustav von Stumm aus dem Auswärtigen Amt«. Zu diesem besaß Klaus - mehreren Angaben zufolge - gute Beziehungen, und zahlreiche Dokumente weisen darauf hin, daß Klaus im Sommer 1943, als die Frage seines Aufenthaltes in Schweden wieder eine kritische Erschwernis erfuhr, über dritte Personen mit Gustav Braun von Stumm und dem Leiter der Rechtsabteilung im Auswärtigen Amt, Unterstaatssekretär Gaus, in Verbindung stand: Diese wollten sich in Deutschland für die Freilassung der von der Gestapo inhaftierten Inhaber und Mitarbeiter des Schwedischen Zündholzkonzerns (die sogenannten Warschau-Schweden) einsetzen, wofür die schwedische Polizei Klaus ungehindertes Aufenthaltsrecht in Schweden garantieren sollte.[25] Dritte Personen sowie die mit ihnen in Verbindung stehenden genannten Angehörigen des Auswärtigen Amts, insbesondere Braun von Stumm (Gaus war von ihm vielleicht in seiner offiziellen Eigenschaft als Leiter der Rechtsabteilung angesprochen worden), hatten also ein Interesse am Verbleib von Klaus in Schweden. Und dieses stand höchstwahrscheinlich im Zusammenhang mit seiner (realen oder unterstellten) Beziehung zur Sowjetgesandtschaft, die diese Herren im geeigneten Moment für ihre Zwecke zu aktivieren bemüht waren.

Nun war die Familie von Stumm eine jener Adelsfamilien der deutschen Großindustrie, die seit Beginn der Nazizeit in charakteristischer Weise gespalten waren.[26] Der Chef des Hauses und Aufsichtsratsvorsitzende des Saar-Konzerns war zu dieser Zeit Ferdinand Freiherr von Stumm, ein früherer Diplomat, der beste Verbindungen zu England unterhielt (er war ein persönlicher Freund von Lord Vansittart, mit dem er bis zum Ausbruch des Krieges auch eine intensive Korrespondenz führte), mit Jacob Wallenberg befreundet war und auch zu den Männern des deutschen Widerstandes gute, freundschaftliche Beziehungen unterhielt (Hassell erwog, ihn nach einem geglückten Staatsstreich als deutschen Botschafter nach London zu schicken); wegen dieser Beziehungen wurde er nach dem 20. Juli 1944 auch sechs Wochen in Haft genommen, mangels Beweisen aber wieder entlassen. Ein angeheirateter Vetter und damaliger Vizevorsitzender des Saar-Konzerns war Richard von Kühlmann (sein Sohn Knuth konnte auf dem Wege des Fideikommisses den Namen Kühlmann Freiherr von Stumm tragen, weshalb auch Richard von Kühlmann in einigen Texten gewissermaßen rückwirkend als »Kühlmann-Stumm« erschien), von 1917 bis Juli 1918 Staatssekretär des Auswärtigen Amts, der für die Ausarbeitung des Friedens von Brest-Litowsk Verantwortung getragen und sich wegen seiner Implementierung mit der Obersten Heeresleitung überworfen hatte; er war – ebenso wie Freiherr von Stumm – ein erklärter Feind des Nationalsozialismus und insbesondere der Politik Ribbentrops. Richard von Kühlmann, 1873 in der Türkei geboren, hatte als junger Diplomat in St. Petersburg gedient und auch nach der Unterzeichnung des Friedensvertrages von Brest-Litowsk sein lebhaftes Interesse für die Entwicklung in Rußland niemals verloren. Obgleich er sich nach Machtantritt der Nationalsozialisten ganz ins Privatleben zurückgezogen hatte, reiste er ausgiebig, unter anderem während des Krieges auch dreimal[27] nach Schweden. Im ersten Jahr des Rußlandfeldzuges, in der Zeit zwischen Oktober 1941 und Juni 1942, war der erfahrene Diplomat und Kenner Osteuropas auf Wunsch Ribbentrops einmal ins Ministerbüro geladen und dort vermutlich zur Lage im Osten gehört worden.[28] Als nicht ausgeschlossen gilt die Vermutung, daß Richard von Kühlmann, der auch in Schweden beste persönliche Verbindungen zu Mitgliedern der führenden Familien der Großindustrie besaß, auf ausdrücklichen Wunsch des Außenministers, und möglicherweise durch Vermittlung des Gesandten Braun von Stumm, eine Sondierung in Schweden durchführte. Er könnte dies - trotz seiner Ablehnung der nationalsozialistischen Außenpolitik - aus höheren Beweggründen getan haben. Auch Richard von Kühlmann, der mit Goerdeler in Verbindung stand und über die Staatsstreichpläne unterrichtet war, geriet nach dem 20. Juli 1944 in Gestapohaft, wurde aber ebenfalls später wieder entlassen.

Der einzige exponierte Nationalsozialist im weiteren Umkreis der Familie Stumm war der Gesandte im Auswärtigen Amt, Gustav Braun von Stumm, der Vetter zweiten Grades des Chefs des Hauses. Er hatte sich nicht - wie andere Familienmitglieder - nach der Machtergreifung der Nationalsozialisten aus dem öffentlichen Dienst zurückgezogen, und die Beziehungen der Familie zu ihm waren in dieser Zeit sehr unterkühlt. Dennoch wird nicht ausgeschlossen, daß er seine familiären Beziehungen geltend machte, wenn es den Interessen diente, für die er eintrat.

Auffällig ist nun die Tatsache, daß Paul Schmidt-Presse, der Abteilungsleiter von Gustav Braun von Stumm, in den Jahren 1943 und 1944 während seiner Stockholm-Besuche in dem Hotel abstieg, das auch Klaus bewohnte, im Carlton.[29] Vorher war er nämlich regelmäßig Gast des seinen Ansprüchen eher genügenden Grand-Hotels gewesen. Genau in der fraglichen Zeit, Ende Februar–Anfang März 1943, hatte sich – nach Aussage von Klaus - ein »Direktor Opitz« im Carlton eingemietet. Dies war zweifellos der Ort, an dem man am häufigsten in relativ unauffälliger Weise mit Klaus, der von vielen Seiten beobachtet wurde, konferieren konnte. Es kann also nicht ausgeschlossen werden, daß sich in der Umgebung von Paul Schmidt-Presse zu dieser Zeit auch sein Stellvertreter, Gustav Braun von Stumm, aufhielt. Denn während Schmidt-Presse durch häufige Erwähnung seines Namens sowie Abbildungen in der schwedischen Presse allzu bekannt war, um sich oft in der Öffentlichkeit mit Klaus sehen lassen zu können (im geheimen traf er sich wohl, wie später deutlich wird, mit ihm), war Gustav Braun von Stumm in Schweden ein Unbekannter. Möglicherweise war er der »Direktor der UFA«, der Klaus im Auftrag des Sonderreferats Frieden, an dessen Einsetzung er ja beteiligt war, nach den Möglichkeiten einer

Friedensvermittlung in Richtung Osten fragte. Dabei führte er sich möglicherweise - entsprechend den Richtlinien der Arbeit dieses Sonderreferats - als wichtiger Mann der deutschen Wirtschaft ein und wußte auch Interna aus dem Geschäfts- und Familienleben der Stumms zu berichten. Klaus selbst konnte diese Darstellungen ja nicht verifizieren. Für die zweite Hypothese, daß nämlich Richard von Kühlmann auf Bitten seines angeheirateten Vetters im Auswärtigen Amt zu einer derartigen Sondierung nach Schweden fuhr und dort als »Direktor Opitz« mit Klaus zu einem Gespräch zusammengeführt wurde, liegen keine Indizien vor; da Kühlmann in Schweden bekannt war, dürfte dies aber unwahrscheinlich sein.

Es besteht also Grund zu der Annahme, daß sich das Sonderreferat Frieden beim Führerhauptquartier Ende Februar/Anfang März 1943 aktiv auf schwedischem Terrain zu orientieren suchte, Informationen und Hinweise von Klaus für sich in Anspruch nahm, von seiner Vermittlungstätigkeit aber keinen Gebrauch machte. Vor diesem Hintergrund ist auch eine Mitteilung von Bedeutung, die Oberst Wagner Klaus - dessen Angaben zufolge - nach seiner eigenen fehlgeschlagenen Sondierung in Berlin, also etwa Mitte März 1943, machte: »Sie verstehen, lieber Klaus, wir haben jetzt ganz andere Maßnahmen ergriffen, und diese werden zu einem Ergebnis führen.«[30] Als Klaus Wagner wenige Tage später um eine Erklärung bat, teilte ihm dieser mit, daß nun Gesandtschaftsrat »Dankwort die Sache in seinen Händen habe, und dieser habe versprochen, dies zu arrangieren«.[31] Erwähnt wurde in dem Gespräch als Verbindungsmann ein in Stockholm lebender Russe, der früher für die Sowjetische Gesandtschaft gearbeitet habe und nun als Dolmetscher an der Japanischen Gesandtschaft beschäftigt sei. Dieser Russe, so versicherte Wagner Klaus, verfüge über gute Beziehungen zu dem sowjetischen Gesandtschaftsrat Jarzow und habe sich bereit erklärt, einen Kontakt herzustellen.[32] Doch endete diese Vermittlungsaktion - wie Klaus später bekannt wurde[33] - »mit einem gewaltigen Fiasko, da dieser Herr bei den Russen in hohem Maße kompromittiert war«. Schließlich erwähnt Klaus in diesem Zusammenhang noch »Herren aus bekannten Familien der schwedischen Großindustrie«, die in die Vermittlungsaktion eingegriffen hätten. Hier, wie auch bei anderen Hinweisen, scheint ein Bezug zur Familie Wallenberg zu bestehen; die Brüder Wallenberg, damals Inhaber des Wallenberg-Konzerns und der Wallenberg-Bank (Enskilda Bank), standen in ihren geteilten Aufgabenbereichen sowohl mit Deutschland als auch mit den Alliierten in Verbindung: Jacob Wallenberg, dem auch offiziell die deutsch-schwedischen Handelsgeschäfte oblagen, hatte ältere Verbindungen zu den Kreisen um Goerdeler und Schacht, während sein Bruder Marcus Wallenberg die Geschäftsbeziehungen zu den Alliierten koordinierte, gute Beziehungen zur englischen Regierung (und wahrscheinlich persönlich zu Churchill) unterhielt, aber auch auf gutem Fuße mit der sowjetischen Gesandtin, Madame Kollontaj, stand; ihr führte er 1944 im ersten geheimen sowjetisch-finnischen Treffen auf hoher Ebene im Strand-Hotel in Saltsjöbaden, das sich im Familienbesitz der Wallenbergs befand, persönlich den finnischen Unterhändler Paasikivi zu.

Während in der ersten Märzhälfte 1943 diese Sondierungen in der schwedischen Hauptstadt liefen und man in der Umgebung des Führerhauptquartiers möglicherweise darauf wartete, daß »die Russen nun mit einem Angebot kommen« würden, ging Ribbentrop die Nachricht zu, Prinz Carl von Schweden habe der Sowjetregierung in Kujbyschew die Bitte zugestellt, »aus humanitären Gründen in einen Austausch von Namen der deutschen und sowjetischen Gefangenen einzutreten«.[34] Ein solches Verfahren wäre nicht nur geeignet gewesen, das Leben von Hunderttausenden deutscher Kriegsgefangener, darunter der Reste der Sechsten Armee, zu sichern; es hätte auch einen Auftakt zu Friedenssondierungen bilden können und war vielleicht von Dankwort zu diesem Ziele eingeleitet worden. Doch nach einer etwa dreitägigen Denk- und Beratungspause verwahrte sich Ribbentrop gegen diese Aktion sowie gegen »jeden solchen Schritt bei den Russen«.[35] Er benutzte dabei das Argument, daß man den Russen keinen Glauben schenken könne und ihnen durch ein solches Entgegenkommen nur erlauben würde, den »Bluff eines propagandistischen Effekts« zu erzielen. Die wahren Gründe für diese Weigerung Hitlers bzw. Ribbentrops lagen in der jeder internationalen Konvention spottenden Behandlung der russischen Kriegsgefangenen – drei Millionen waren systematisch ermordet oder dem Hungertod preisgegeben worden.

Noch deutlicher wurde Ribbentrops Bemühen, im Ausland unter allen Umständen den Anschein zu vermeiden, die deutsche Seite nehme zu den Alliierten Fühlung, Mitte April 1943.[36] Am 15. April 1943 forderte er den Deutschen Botschafter in Tokio, Stahmer, auf, allen Gerüchten über angebliche deutsche Fühlungnahmen zu den Alliierten auf das entschiedenste entgegenzutreten. Insonderheit sollte Stahmer dem japanischen Außenministerium mitteilen, daß an den Nachrichten »von angeblichen deutsch-russischen Sonderfriedensplänen ... überhaupt kein wahres Wort [sei] ... Die Auffassung der Reichsregierung sei vielmehr nach wie vor die, daß jedes Eingehen auf solche Fühlungnahmen der Sache der Dreierpaktmächte ernstlich schaden müsse.« Wieder konnte der Außenminister auf die in der »Sprachregelung« festgelegte Fiktion, der zufolge die Fühlungnahmen von der anderen Seite ausgingen, nicht verzichten. Die »kompromißlose Entschlossenheit«, der »totale Einsatz aller Kräfte bis zum endgültigen Sieg«[38] waren die einzig erlaubte Sprache einer deutschen Diplomatie und Außenpolitik, die sich der inneren Logik militärischer Vermessenheit, politischer Besessenheit und einer sprachlichen Mimikry unterworfen hatten.

Mit derselben kategorischen Ableugnung einer auf deutscher Seite bestehenden Verhandlungsbereitschaft trat Ribbentrop am 19. Mai auch dem Japanischen Botschafter in Berlin, Hiroshi Oshima, entgegen, der sich die bescheidene Anregung erlaubte, »ob Deutschland nicht die Russen möglichst nicht mehr angreifen, sondern seine Kräfte für den Kampf gegen die Anglo-Amerikaner einsetzen wolle«.[39] Auch Staatssekretär von Weizsäcker stritt weisungsgemäß in seinem Gespräch mit dem Finnischen Gesandten in Berlin, Kivimäki, am 17. April 1943 jede Kenntnis der Tatsache ab, daß von japanischer Seite Bemühungen zur Erzielung eines deutsch-russischen Sonderfriedens unternommen würden.[40] Die Strafe folgte auf dem Fuß, als wenige Tage später über den Italienischen Gesandten Baldoni die Nachricht einging, der Japanische Botschafter in Kujbyschew vertrete die Ansicht, die Russen könnten sich - falls nicht unvorhergesehene Ereignisse geschähen - nicht nur dieses Jahr, sondern auch das nächste Jahr gegenüber Deutschland halten.[41]

Doch schenkte man im Ausland den deutschen Beteuerungen schon keinen Glauben mehr. Im April 1943 wurde dem britischen Außenminister Anthony Eden das Gutachten des intimen Deutschland-Kenners und Autors des Buches »Brest-Litowsk, der vergessene Frieden«, John W. Wheeler-Bennett, über »Die Zukunft der deutsch-russischen Beziehungen« vorgelegt.[42] In einem historischen Aperçu vertrat Wheeler-Bennett zunächst den Standpunkt, die deutsch-russische Geschichte sei eine Folge unvorhersehbarer Annäherungen - wie die Verträge von 1918 und 1939 zeigten - mit der Tendenz, daß sich zwei »Paria-Mächte« zusammentaten. Dabei verdankten diese »Pakte gegenseitigen Mißtrauens« ihre Existenz, was die sowjetische Seite betreffe, dem Wunsche nach einer Atempause *(peredyschka),* die dann allerdings vom »Genius eines zynischen Realismus« zur Vorbereitung neuer Taten genützt würde: Jetzt, im fünften Kriegsjahr, nachdem die Welt zunächst mit »verwunderter Erleichterung« und dann »wildem Enthusiasmus« verfolgt habe, wie Rußland durch unerwarteten Widerstand und schließlich durch die erste erfolgreiche Gegenoffensive dem militärischen Debakel der alliierten Kräfte ein Ende gesetzt habe, sei Rußlands Prestige höher, seine Verhandlungsposition stärker als je zuvor. Der Überraschungseffekt einer neuerlichen *volte-face* gegenüber Deutschland läge nun durchaus in der Logik der Dinge. Und dies besonders dann, wenn Deutschland, das einem Mangel an Mannschaften, Material und Nachschub entgegensehe, Rußland um Sonderfrieden ersuche. Deutschland - so die Einschätzung Wheeler-Bennetts - täte gut daran, Rußland unter bestimmten Bedingungen ein solches Angebot zu unterbreiten. Doch sei es wahrscheinlich, daß es dies erst (nur) dann tun werde, wenn seine Offensivkraft im Osten erloschen sei. »Was würde Rußlands Reaktion auf ein solches Angebot sein?« fragte sich der Autor dieses Memorandums. Rußlands Hauptmotiv sei zu diesem Zeitpunkt eine Absicherung seiner Grenzen, die es gegen zukünftige Angriffe feit. Seine Minimalforderungen bestünden in der Westgrenze vom Juni 1941, wobei mögliche Zusatzforderungen, wie Petsamo im Norden und die Dobrudscha im Süden, denkbar seien. Sollte Deutschland Rußland diese Grenzen und damit die erforderliche *peredyschka* gewähren, so könne man der Ablehnung eines solchen Vorschlags durch Moskau nicht sicher sein. Zwar sei die Sowjetregierung durch das britisch-sowjetische Abkommen vom Juli 1941 und die Deklaration von Washington[43] an das Versprechen gebunden, keine Sonderverhandlungen über einen Waffenstillstand oder Friedensvertrag aufzunehmen, doch sollten sich die westlichen Verbündeten auf diese Tatsache allein nicht sehr verlassen. Wahrscheinlicher wäre schon, daß Rußland eine solche Sondierung von deutscher Seite aus dem Grunde zurückweise, weil sein europäischer Hauptfeind Deutschland unter solchen Bedingungen noch immer als eine intakte Militärmacht aus dem Kriege hervorginge. Nach Meinung Wheeler-Bennetts lag die Entscheidung der Frage, ob Stalin auf eine deutsche Fühlungnahme eingehen werde, letztlich bei London und Washington. Wenn die USA und Großbritannien der Sowjetunion keine adäquate Unterstützung zukommen ließen und nicht bereit wären, Rußlands Territorialansprüche in Europa anzuerkennen, so könnte Stalin - genau wie im Jahre 1939 - ein deutsches Angebot vorziehen. Unter diesen Umständen könnte ein dritter deutsch-sowjetischer Friede geschlossen werden. Daneben - und hier sprach Wheeler-Bennett die Kräfte und Möglichkeiten der deutschen Opposition an, die ihm vertraut waren - seien noch andere Formen von »Friedensspielen« denkbar. Eine Möglichkeit bestehe darin, daß »eine Kombination von Kräften in Deutschland« sich im Falle einer erfolgreichen westalliierten Offensive dazu durchringe, Deutschland mit jedem Risiko an Rußland auszuliefern, damit es der Rache des Westens entgehe. Aber eine solche Kapitulation im Osten wäre ein desperater, unpolitischer Schritt, solange sich diese Kräfte nicht wenigstens um eine Milderung der Bedingungen der Westalliierten bemüht oder versucht hätten, eine der verbündeten Mächte gegen die andere(n) auszuspielen, um dadurch eine Modifizierung der Friedensbedingungen zu erreichen. Doch scheine ein solcher desperater Schritt nicht ausgeschlossen: »Gewisse Elemente in Deutschland, und unter diesen nicht wenige der jungen Offiziere der Wehrmacht und sogar SS«, strebten eine Konversion zum Kommunismus an, die es ihnen erlauben würde, Deutschland unter sowjetischer Ägide als einen geeinten Nationalstaat zu erhalten - eine Bedingung, die ihnen die Westmächte unter keinen Umständen einräumen würden. Der Gedanke an eine solche »russisch-deutsche Kombination« würde im Westen das Schreckbild eines Europa auslösen, das vom Rhein bis zum Ural unter kommunistischer Kontrolle stünde. Eine solche »Ehe zwischen dem deutschen Organisations- und Erfindergenie und den Arbeitskräfteressourcen eines neu-industrialisierten Rußland« würde eine Gefährdung erster Ordnung für die europäische Stabilität bedeuten, die aus westlicher Sicht untragbar sei. Beruhigend erweise sich in dieser Hinsicht allein die Voraussicht, daß eine solche »Sterbebett-Konversion zum Kommunismus« auch aus Moskauer Sicht wenig wünschenswert erscheine: Der enthusiastische und energiegeladene deutsche Neophyt würde seiner zu einem nationalistischen, realpolitischen Pragmatismus neigenden Mutter Rußland nicht wenige Probleme aufbürden. Die revolutionäre Initiative eines neubekehrten, kommunistischen Deutschland würde ihre politisch-ideologische Stimme innerhalb des kommunistischen Staatenverbandes nur allzu laut zu Gehör bringen, was dazu führen könne, daß zu guter Letzt »der Schwanz mit dem Hund wedelt« . . .

Doch Stalin, so lautete die Prognose Wheeler-Bennetts, würde sich von einer deutschen Konversion oder Pseudokonversion zum Kommunismus ebensowenig täuschen lassen wie von einem Versuch der Spaltung der Allianz zum Zwecke günstigerer Friedensbedingungen. Sein Mißtrauen gegenüber Deutschland sei profund. Aus diesem Grunde sei es auch äußerst unwahrscheinlich, daß Stalin nach dem Kriege ein deutsches, kommunistisches Satelliten-Regime einzusetzen beabsichtige. Die Unterscheidung zwischen der herrschenden Schicht und dem arbeitenden Volk, die seine öffentlichen Verlautbarungen durchziehe, scheine in erster Linie eine Waffe der politischen Kriegführung zu sein, die darauf abziele, den Feind zu spalten und zu verwirren. Den gemäßigten »fellow-traveller« eines schwachen Deutschland in einer von Stalin bestimmten, stabilen europäischen Nachkriegsordnung hingegen könne er wahrscheinlich tolerieren.

Gänzlich inakzeptabel – und hier spielte der Autor auf die Bemühungen des deutschen Widerstandes um eine »West-Lösung« an – sei für die Sowjetunion eine Entwicklung, in der die Ostfront zum Stehen käme und in Europa ein System von »klerikoreaktionären Staaten« gebildet würde: »Eine Clique von Generalen und Junkern in Deutschland; ein Donau-Bund unter der Führung eines Otto von Habsburg; ein Obristenkabinett in Warschau . . . würden zweifellos Ängste in Moskau auslösen und nicht nur einen Propagandafeldzug erster Ordnung, sondern höchstwahrscheinlich sogar bewaffnete Intervention in dieses Handelsgeschäft (zwischen der nationalen deutschen Opposition und ihren Protagonisten im westlichen Ausland, I.F.) auslösen. Rußland würde an seinen Grenzen keine Reaktion tolerieren, . . . und man geht davon aus, daß es sich ihrer Entstehung mit allen verfügbaren Mitteln widersetzen würde.«

Die Alternative, die sich für die Westmächte aus dieser Lage ergebe, sei deutlich: Entweder erkannten die Westmächte die sowjetischen

Vorstellungen der Grenzen und der allgemeinen politischen Verteilung im Westen an und erlangten damit die Kooperation der UdSSR bei der Etablierung einer Nachkriegsordnung; oder sie betrachteten die sowjetischen Ansprüche als unberechtigt, etablierten einen »Cordon sanitaire« zur Abwendung der roten Massen von Mitteleuropa und diesseits desselben eine »Heilige Allianz« reaktionärer, antikommunistischer Systeme. Im letzteren Falle aber müßten sie mit zwei Reaktionen von sowjetischer Seite rechnen: Erführe die Sowjetregierung rechtzeitig von diesem Arrangement, würde sie einen Separatfrieden mit Deutschland schließen. Im anderen Falle würde sie bemüht sein, erst Deutschland zu besiegen und dann dem angelsächsischen Bündnis entgegenzutreten. Ihre gewaltigen Ressourcen würden - besonders im Falle eines Sieges über Deutschland - nicht an Wirkungskraft verlieren. Und welche Macht der Welt - so fragte Wheeler-Bennett am Ende seines Exposés - »würde, nachdem jene unter extremer Schwierigkeit und Gefahr Deutschland und seine Satelliten besiegt hätte, die Verwegenheit und die Unterstützung der öffentlichen Meinung aufbringen, um dann noch einen Krieg gegen Rußland zu unternehmen?«

Das Exposé Wheeler-Bennetts gab klar die in England und den USA bestehenden Befürchtungen wieder, Deutsche und Russen könnten die Welt in der einen oder anderen Weise durch einen neuen Friedensschluß überraschen. Vor dem Hintergrund geschärfter Aufmerksamkeit wurde Mitte April 1943 die Meldung aufgenommen, in Berlin habe Propagandaminister Goebbels auf einer Pressekonferenz vor Journalisten aus neutralen Ländern erneut eine Angel in den sowjetischen Teich geworfen und von der Möglichkeit eines deutsch-sowjetischen Friedens unter Wahrung der sowjetischen Rechte gesprochen.[44] Aus Frankreich ging dem amerikanischen OSS Anfang Mai die Nachricht zu, Moskau habe die französischen Kommunisten Mitte April in einer speziellen Anweisung auf einen baldigen Waffenstillstand vorbereitet.[45] Und Ende April traf schließlich die Nachricht ein, ein Schwede, der gute Beziehungen zur Sowjetischen Gesandtschaft in Stockholm unterhalte, habe in einem etwa dreißig Kilometer vor Stockholm gelegenen Landhaus ein Treffen zwischen deutschen und sowjetischen Diplomaten organisiert. Neben drei namentlich unbekannten deutschen Beamten hätten von sowjetischer Seite die Gesandtschaftsangehörigen Boris Jarzow, Michail Nikitin und Alexej Taradin teilgenommen.[46] Die Informanten gingen soweit, die Annahme zu formulieren, daß zu einem bestimmten Zeitpunkt sogar die beiden Gesandten, Alexandra Kollontaj und Hans Thomsen, in die sich über mehrere Tage hinziehenden Verhandlungen einbezogen worden seien. Doch hätten diese Gespräche vorerst zu keinem Ergebnis geführt: Die deutsche Seite hätte nur unter der Bedingung eine Friedensbereitschaft bekundet, daß die Ukraine bei Deutschland bliebe. Demgegenüber hätte die sowjetische

Seite an der Grenze von 1941 festgehalten. Nach Auskunft der schwedischen Informanten hätten die Sowjetvertreter die Verhandlungen Anfang Mai abgebrochen.

Dieser OSS-Bericht enthält zu viele konkrete Details, um übersehen zu werden. Allerdings erscheint die persönliche Einbeziehung der Gesandten kaum denkbar: Madame Kollontaj befand sich zu dieser Zeit im Sanatorium Mösseberg, etwa 350 km südwestlich von Stockholm bei Falköping in der Provinz Västergötland gelegen; der Gesandte Thomsen war durch zahlreiche Fotos in der schwedischen Tagespresse viel zu bekannt, um sich in dieser Umgebung zu zeigen. Demgegenüber treffen die Namen von Sowjetvertretern, die für eine solche Sondierung in Frage gekommen wären, zum Teil zu – das Fehlen von Gesandtschaftsrat Semjonow könnte dadurch erklärt werden, daß er als Geschäftsträger der Gesandtschaft in der Abwesenheit von Madame Kollontaj nicht für mehrere Tage abkömmlich war. Tatsächlich teilte Edgar Klaus im Juli 1943 seinem schwedischen Gesprächspartner, der sich nach diesen Zusammenhängen erkundigte, mit[47], nach dem Scheitern der deutschen Kontaktversuche vom Januar hätten im Februar und wieder im April auf schwedischem Boden neue Bemühungen von deutscher Seite stattgefunden. Dabei seien »deutsche Autoritäten« nicht nur nach Stockholm gekommen, sondern hätten sich sogar auf eigene Faust als Patienten im Sanatorium Mösseberg aufnehmen lassen, um dort ungestört den Versuch zu unternehmen, persönlich mit Madame Kollontaj ins Gespräch zu kommen.[48] Doch diese hätte es beharrlich abgelehnt, irgend etwas mit ihnen zu tun zu haben.

Es könnten also in der Tat im Monat April Kontaktversuche stattgefunden haben, wobei als ausgeschlossen gelten muß, daß sich Jarzow, Nikitin und Taradin speziell zu diesem Zwecke nach Mösseberg begeben hätten, um Madame Kollontaj in etwaige Gespräche einbeziehen zu können. Möglich ist aber auch, daß der OSS-Bericht A 9469, der ja erst am 9. August 1943 vermutlich aus mehreren Quellenberichten und Informationen kompiliert wurde, zwei Meldungen dieser Art zu einem Ereignis zusammenzog; denn in »einem Landhaus etwa 30 km vor Stockholm« fanden im Verlauf der Sommermonate 1943 noch andere Treffen statt, die sich aus geheimdienstlicher Perspektive ähnlich dargestellt haben. Die Frage nach der Person des etwaigen schwedischen Vermittlers konnte nicht geklärt werden.

Interessanterweise begaben sich – wie Klaus mitteilte – nicht nur »deutsche Autoritäten« nach Mösseberg, wo sich Madame Kollontaj von Januar bis Oktober 1943 einer Kur unterzog. Edgar Klaus selbst mietete sich für das Sommerhalbjahr 1943 im eleganten Strand-Hotel in Saltsjöbaden, etwa 30 km vor Stockholm, ein, in dem auch Madame Kollontaj seit Jahren ein Sommerdomizil unterhielt. Er ging so weit, an jenem Tisch Nr. 1 für sich und seine Frau während des ersten Speisedurchgangs zwei Plätze zu belegen, an dem auch die Sowjetische Gesandtin ihre Mahlzeiten einnahm. Allerdings zeigte sich Madame Kollontaj - nach Auskunft von Klaus' damaliger Frau Lilian - in diesem Sommer nicht unter den Gästen. In den Morgenstunden, nachdem er mit seiner Frau das Frühstück eingenommen hatte, entfernte sich Edgar Klaus in der Regel. Seine Frau ging davon aus, daß er mit dem Vorortzug in das nahegelegene Stockholm fuhr, um Zeitungen zu kaufen und seinen Geschäften nachzugehen. Gelegentlich nahm er sich aber auch ein Boot und fuhr in die Schären. Dort, unweit vom Strand-Hotel, lag »auf der Sonnenseite« die kleine Blockhütte, die Boening zu besonderen Treffen für Klaus verwendete. Die schwedische Öffentlichkeit betrachtete diese Koinzidenzen mit Zurückhaltung, aber aufmerksam. Am 30. April 1943 - nach dem Bekanntwerden der Morde von Katyn - veröffentlichte das gemäßigte konservative *Svenska Dagbladet* einen Leitartikel unter dem Titel »Deutsch-russischer Separatfrieden?« Kein hochplacierter Deutscher, so schrieb das Blatt, glaube noch an den Sieg, da die deutschen Theorien in Rußland unwiderruflich Schiffbruch erlitten hätten. Das Deutsche Reich habe nur noch eine Hoffnung - »Separatfrieden mit der Sowjetunion«. Am Ende müsse Deutschland den Preis, den die Sowjetregierung heute verlangen könne, morgen ohnehin bezahlen: die Abtretung der Ukraine und die Freigabe der baltischen Republiken. Das Blatt schloß nicht aus, daß Rußland gewillt sein könnte, über einen Pakt zu diskutieren. Schließlich hätte es auch in Brest-Litowsk 1918 und Berlin/Moskau 1939 die Möglichkeit einer »Atempause« ergriffen. Diese habe es genützt, um mit deutscher Rükkendeckung seinen Appetit nach kleineren Ländern zu stillen - im ersten Falle den kaukasischen Ländern, im zweiten Falle Polen, dem Baltikum und Finnland. Das dritte Mal stehe noch aus: Welche Möglichkeiten, so fragte das Blatt mit Beklommenheit, würden den Ausgangspunkt eines neuen deutsch-russischen Separatfriedens darstellen?

Am selben Morgen berichtete auch *Social-Demokraten* über die Möglichkeiten eines deutsch-russischen Sonderfriedens. Diese Tageszeitung war eines der Presseorgane, auf die der sowjetische Gesandtschaftsrat Jarzow ein besonderes Auge hatte. Sein Chefredakteur, Lindström, war am 22. und noch einmal am 25. Oktober 1942 von Boris Jarzow auf die »welthistorische Mission« einer Vermittlung zwischen der Sowjetregierung und Finnland mit dem Ziel des Abschlusses eines finnisch-russischen Sonderabkommens angesprochen worden. Und der Redakteur des *Social-Demokraten,* Nils Erik Lindqvist, gehörte zum engeren Kreis von Presseleuten, die Jarzow häufig aufsuchte oder in seiner Residenz versammelte. Nach einem solchen Treffen hatte Lindqvist im Dezember 1942 plötzlich eine Reise nach England und von dort aus nach Moskau unternommen, wo er seitdem als Korrespondent der Zeitung tätig war. Vor diesem Hintergrund fand der Leitartikel der

Zeitung vom 30. April große Aufmerksamkeit; er sah in der Aufdeckung der Morde von Katyn den möglichen Auftakt zu einem Bruch der Sowjetführung mit ihren Alliierten, der sie vielleicht zu einer Wiederherstellung der Lage von 1939 führen würde. Denn die deutsche Führung hätte längst erkannt, daß sie in eine militärische Pattsituation geraten sei. Zwar könnten die Fronten in den nächsten Jahren weiter vor- und zurückfluten, doch sei eine militärische Hegemonie der Achse nicht mehr denkbar. Auf den vollständigen Sieg habe Deutschland im stillen längst verzichtet. »Aber das Dritte Reich hat noch eine Hoffnung: Sonderfrieden mit der Sowjetunion.« Und diese Erkenntnis spreche aus vielen deutschen Verlautbarungen der letzten Zeit. »Der Freundschaftspakt vom August 1939 zeugt davon, daß die Sowjetunion bereit sein könnte, über solche Abmachungen zu sprechen. Sollte dieser Moment eintreten, so müßte Deutschland wahrscheinlich seine Ansprüche auf die Ukraine aufgeben. Ziemlich sicher ist auch, daß die Russen die Forderung nach dem Besitz der baltischen Republiken aufrechterhalten werden. Aber es ist ein Teilungsobjekt vorhanden: »das vielmals zerstückelte und zerfleischte Polen«. So könnte - nach Meinung des Blattes - der »Liliput-Konflikt« der Katyn-Affäre zum Ausgangspunkt einer neuen Abmachung zwischen Moskau und Berlin werden.

Das Auswärtige Amt, dem diese schwedischen Pressestimmen vom 30. April 1943 zugingen, leitete sie mit Übersetzung der ausschlaggebenden Passagen und Schreiben vom 10. Mai 1943 an die Parteikanzlei in München weiter. Dort saßen wohl einige der Männer, die über die Sache nachdenken sollten.[49]

Einen Schlußstrich schien unter diese Art von Spekulationen Stalins Tagesbefehl Nr. 195 vom 1. Mai 1943 zu setzen. Unter Berufung auf »Meldungen der Auslandspresse« zog der Generalissimus den Schluß, die Deutschen möchten zum Frieden mit England und den Vereinigten Staaten von Amerika kommen, vorausgesetzt, daß diese sich von der Sowjetunion trennen, oder umgekehrt, sie möchten zum Frieden mit der Sowjetunion kommen, vorausgesetzt, daß diese sich von England und den Vereinigten Staaten von Amerika trennt. Wortbrüchig bis aufs Mark würden die deutschen Imperialisten die Verbündeten bei diesem »Friedensgeschwätz« nach ihren eigenen Maßstäben des Verrats messen. Stalin schloß diese Absage an jeden Friedensgedanken der »imperialistischen Räuber aus dem faschistischen deutschen Lager«, indem er zum ersten Mal in einer öffentlichen Verlautbarung die Forderung der »bedingungslosen Kapitulation« erhob - allerdings allein der »bedingungslosen Kapitulation Hitlerdeutschlands«.

24 MARS 1942 **Lka 1 S** 57.

24.MRS. 1942

Avskrift.

(v. Lossow ?)

Från Berlin (?) - X (herre)

Till Sthlm ty. leg. - mil.att. - Oberleutn. Uttermark (?)

1942 23/3 15.02

Avl. av Bem

Tyska.

Dag	UD	Stab		Avd.	Öch.
23/3		26			
Kop.	7	7	7		

+ Fd. 2654/41

Für Herr "Unser Freund"

X: Ist Herr Boening (?) da?

U: Nein, er ist nicht hier.

X: Wissen Sie von meiner Sache?

U: Ja.

X: Notieren Sie bitte folgendes: Unser Freund möchte zu den Leuten gehen, die ihn solange haben päppen (pappeln ?) lassen - ihnen sagen zu der Besprechung die vorgesehen war, hätte ein Massgeblicher Herr gefehlt, und dass sie 14 Tage verschoben werden müsse. Und jetzt wissen Sie wie die Sache ist?

U: Kann ich nicht sagen -

X: Rufen Sie mich morgen an und sagen Sie es. Haben Sie verstanden?

U: Ja. - Wann der Termin war und gültig.-

X: Ja. - und ob er wieder hinkäme.

U: Ich werde es Herrn B. sagen. Ich werde versuchen heute mit ihm zu sprechen und ihm bitten morgen anzurufen.

X: Ja.

Anteckn. gjord i 2 ex.

30/3-42.

Für den 23. März 1942 beruft Canaris ein Treffen der Ostexperten seines Amtes in Kopenhagen ein, die wegen Klaus' Visumschwierigkeiten verschoben werden muß.

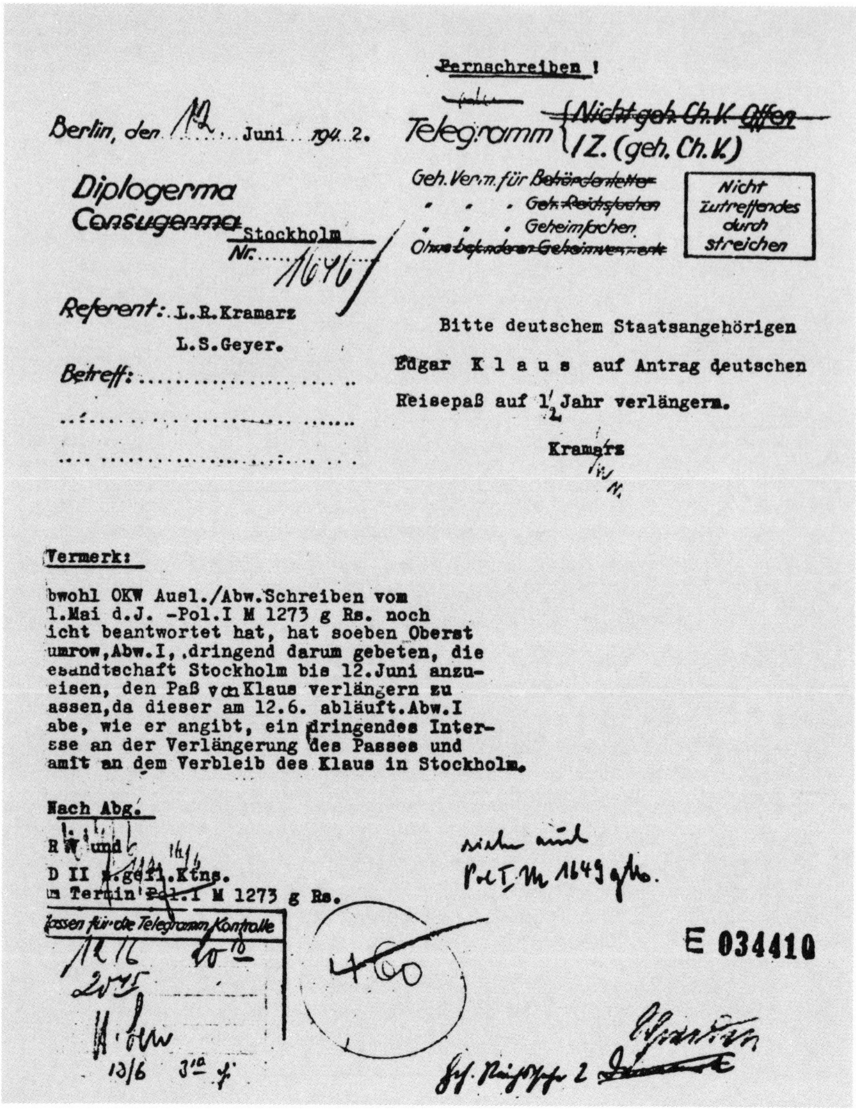

~~Fernschreiben~~ !

Berlin, den 12. Juni 1942.

Telegramm ~~(Nicht geh. Ch.V. Offen~~ / (Z. (geh. Ch.V.)

Geh.Verm.für ~~Behördenleiter~~
" " " ~~Geh.Reichssachen~~
" " " Geheimsachen
~~Ohne besonderen Geheimvermerk~~

Nicht Zutreffendes durch streichen

Diplogerma ~~Consugerma~~ Stockholm

Nr. 1646

Referent: L.R.Kramarz
L.S.Geyer.

Betreff: ....

Bitte deutschem Staatsangehörigen Edgar Klaus auf Antrag deutschen Reisepaß auf 1/2 Jahr verlängern.

Kramarz

Vermerk:

[O]bwohl OKW Ausl./Abw.Schreiben vom [2]1.Mai d.J. -Pol.I M 1273 g Rs. noch [n]icht beantwortet hat, hat soeben Oberst [H]umrow,Abw.I, dringend darum gebeten, die [G]esandtschaft Stockholm bis 12.Juni anzu[w]eisen, den Paß von Klaus verlängern zu [l]assen,da dieser am 12.6. abläuft.Abw.I [h]abe, wie er angibt, ein dringendes Inter[e]sse an der Verlängerung des Passes und [d]amit an dem Verbleib des Klaus in Stockholm.

Nach Abg.

R W und
D II z.gefl.Ktns.
zu Termin ~~Pol.I M 1273 g Rs.~~

siehe auch Pol I M 1649 g Rs.

[K]assen für die Telegramm Kontrolle

E 034410

Seit dem Frühjahr 1942 erfährt Klaus Behinderungen in der Ausführung seiner Mission von schwedischer Seite; doch ist nicht auszuschließen, daß die Behandlung, die Klaus vom schwedischen Sozialamt widerfährt, auf deutsche Pression zurückzuführen ist.

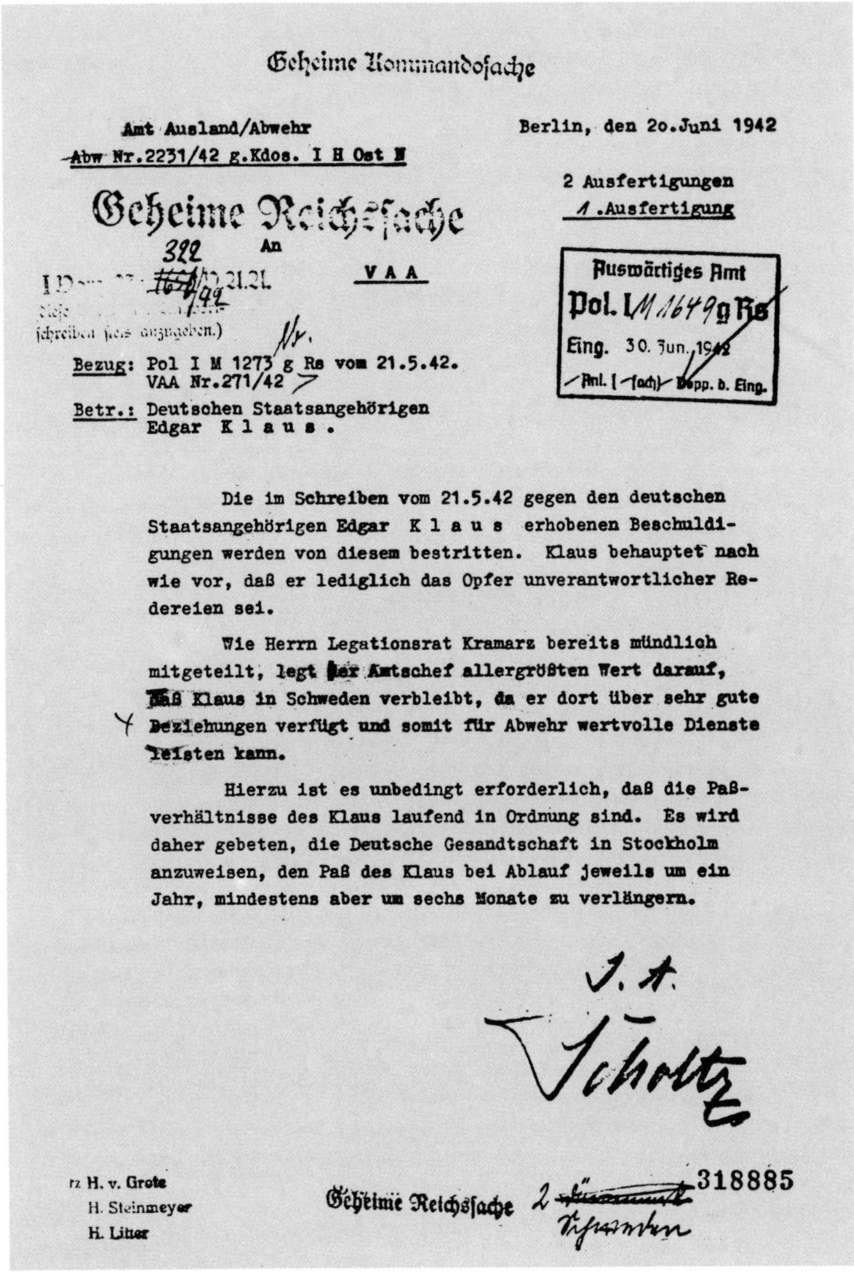

Geheime Kommandosache

Amt Ausland/Abwehr

Abw Nr.2231/42 g.Kdos. I H Ost N

Berlin, den 2o.Juni 1942

2 Ausfertigungen

1.Ausfertigung

Geheime Reichssache

An

VAA

322 /42

(schreiben [illegible] anzugeben.)

Nr.

Auswärtiges Amt
Pol. I M 1649 g Rs
Eing. 30. Jun. 1942
Anl. (fach) Dopp. d. Eing.

Bezug: Pol I M 1273 g Rs vom 21.5.42.
VAA Nr.271/42

Betr.: Deutschen Staatsangehörigen
Edgar K l a u s .

Die im Schreiben vom 21.5.42 gegen den deutschen Staatsangehörigen Edgar K l a u s erhobenen Beschuldigungen werden von diesem bestritten. Klaus behauptet nach wie vor, daß er lediglich das Opfer unverantwortlicher Redereien sei.

Wie Herrn Legationsrat Kramarz bereits mündlich mitgeteilt, legt der Amtschef allergrößten Wert darauf, daß Klaus in Schweden verbleibt, da er dort über sehr gute Beziehungen verfügt und somit für Abwehr wertvolle Dienste leisten kann.

Hierzu ist es unbedingt erforderlich, daß die Paßverhältnisse des Klaus laufend in Ordnung sind. Es wird daher gebeten, die Deutsche Gesandtschaft in Stockholm anzuweisen, den Paß des Klaus bei Ablauf jeweils um ein Jahr, mindestens aber um sechs Monate zu verlängern.

I. A.
Scholtz

rz H. v. Grote
H. Steinmeyer
H. Litter

Geheime Reichssache

318885

Die Frage des Aufenthalts von Edgar Klaus in Stockholm spitzt sich in einem höchst heiklen Moment zu.

Geheime Kommandosache

Amt Ausland/Abwehr
Abw Nr.3121/42 g.Kdos. I H Ost N

Berlin, den 17.Juli 1942

2 Ausfertigungen
1 .Ausfertigung

An

V A A

Eilt sehr!

Auswärtiges Amt
Pol. I M 1850 g Rs
Eing. 17. Jul. 1942
Anl. (fach) Dopp. d. Eing.

Betr.: V-Mann Edgar K l a u s , Stockholm.

Amt Ausland/Abwehr, Abw I H Ost N, hat seit ca. 1 1/2 Jahren den V-Mann Edgar K l a u s in Stockholm. Klaus verfügt über besonders gute Beziehungen zur dortigen Sowjetgesandtschaft. Er ist damit in der Lage, dem Amt äußerst wichtige und wertvolle Meldungen über die Sowjetunion und deren Beziehungen zu den übrigen Feindstaaten zu geben.

Es wird daher großer Wert darauf gelegt, daß diese Verbindung nicht nur bestehen bleibt, sondern gepflegt und ausgebaut wird.

V-Mann Klaus besitzt einen deutschen Reichspaß mit Gültigkeit bis Ende 1942. Er benötigt darüber hinaus die schwedische Aufenthaltsgenehmigung. Die letztere allein ermöglicht ihm, eine Arbeitserlaubnis in Schweden zu erhalten und in einer schwedischen Firma angestellt zu werden.

Klaus teilt mit, daß er die schwedische Aufenthaltsgenehmigung bisher nicht erhalten hat, da ihm eine diesbezügliche Befürwortung deutscher Stellen fehlte. Sollte er die Aufenthaltsgenehmigung bis 20.7.42 nicht erhalten haben, wird Klaus zu diesem Zeitpunkt Schweden verlassen müssen.

Es wird gebeten, die Deutsche Gesandtschaft zu veranlassen, Klaus eine irgendwie geartete Unterstützung zukommen zu lassen, damit er unter allen Umständen in Schweden verbleiben kann.

Geheime Reichssache 2
318902

Als die Schwierigkeiten nicht behoben werden, ersucht das Amt Ausland/Abwehr im Juli das Auswärtige Amt, Klaus Hilfe und Unterstützung zu gewähren. Doch am 10. August 1942 wird Klaus vom Mittagstisch im Stockholmer Opernkeller von der schwedischen Polizei verhaftet und am Morgen des 12. August nach Saßnitz verbracht, wo ihn die Gestapo in Empfang nimmt.

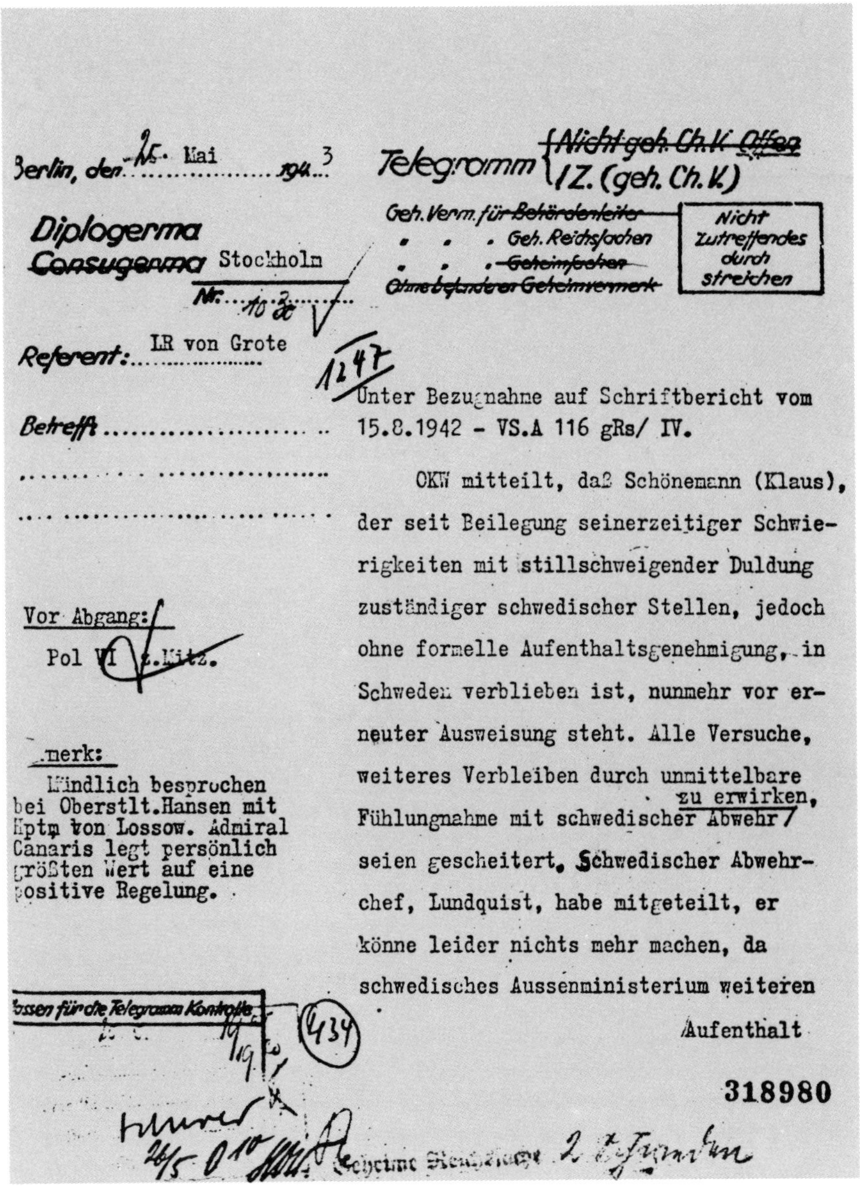

Berlin, den 25. Mai 1943

Telegramm {Nicht geh. Ch.V. Offen / IZ. (geh. Ch.V.)

Geh. Verm. für Behördenleiter
. . . Geh. Reichssachen
. . . Geheimsachen
Ohne besonderen Geheimvermerk

Nicht Zutreffendes durch streichen

Diplogerma
Consugerma Stockholm

Nr. 10 3

Referent: LR von Grote

Betreff: ...

1247

Unter Bezugnahme auf Schriftbericht vom 15.8.1942 - VS.A 116 gRs/ IV.

OKW mitteilt, daß Schönemann (Klaus), der seit Beilegung seinerzeitiger Schwierigkeiten mit stillschweigender Duldung zuständiger schwedischer Stellen, jedoch ohne formelle Aufenthaltsgenehmigung, in Schweden verblieben ist, nunmehr vor erneuter Ausweisung steht. Alle Versuche, weiteres Verbleiben durch unmittelbare Fühlungnahme mit schwedischer Abwehr zu erwirken, seien gescheitert. Schwedischer Abwehrchef, Lundquist, habe mitgeteilt, er könne leider nichts mehr machen, da schwedisches Aussenministerium weiteren

Aufenthalt

Vor Abgang:
Pol VI z.Mitz.

Vermerk:
Mündlich besprochen bei Oberstlt.Hansen mit Hptm von Lossow. Admiral Canaris legt persönlich größten Wert auf eine positive Regelung.

...ssen für die Telegramm Kontrolle

434

318980

26/5 010

Geheime Reichssache 2 Exemplare

Am 10. Mai 1943 wird Klaus der zweite Abschiebungsbeschluß des schwedischen Sozialamts zugeleitet. Wieder steht Canaris in dem Augenblick, da sich eine hoffnungsvolle Verbindung anzubahnen scheint, vor dem Problem, wie er seinen »Gewährsmann nach Osten« auf schwedischem Gebiet halten könnte.

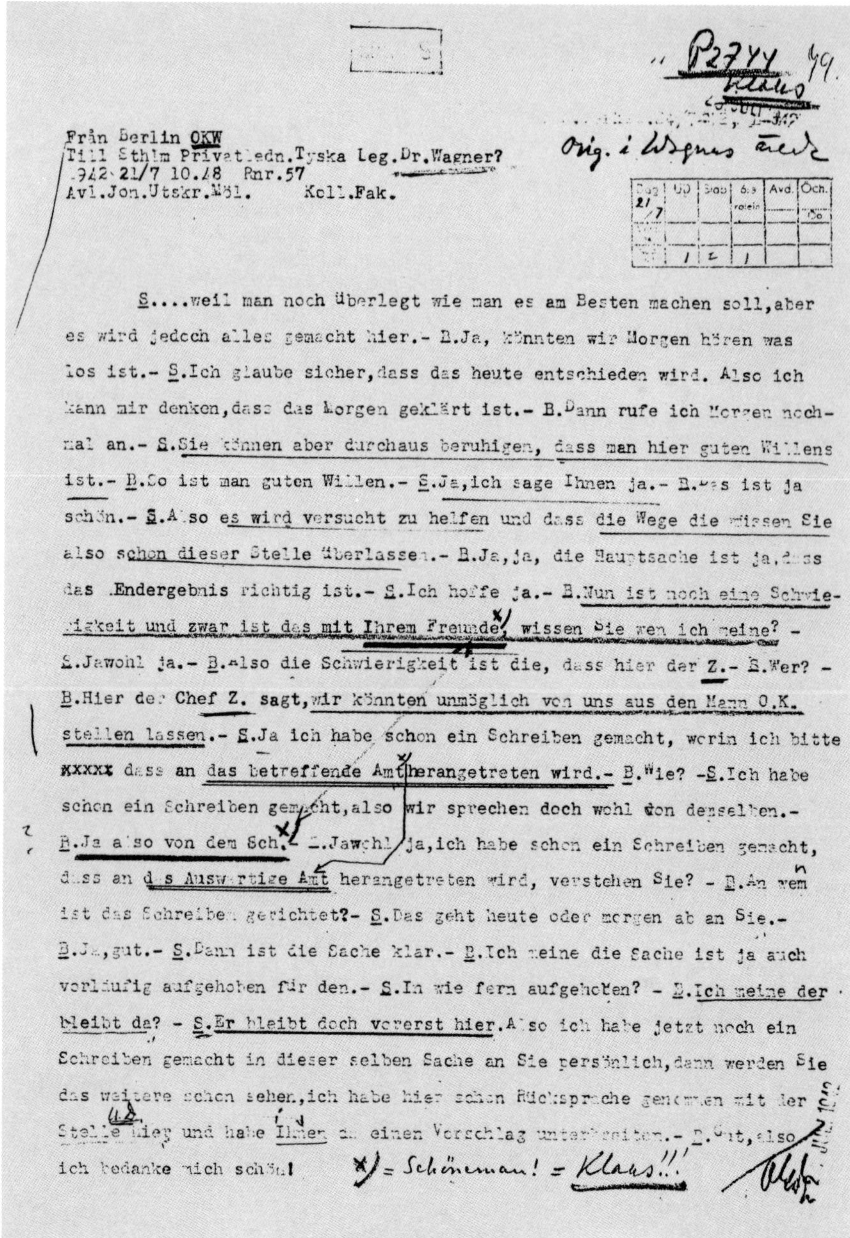

P2744 49.
Klaus

Orig. i Wagners ...

Från Berlin OKW
Till Sthlm Privatledn.Tyska Leg.Dr.Wagner?
1942 21/7 10.48 Rnr.57
Avl.Jon.Utskr.Möl. Koll.Fak.

S....weil man noch überlegt wie man es am Besten machen soll,aber es wird jedoch alles gemacht hier.- B.Ja, könnten wir Morgen hören was los ist.- S.Ich glaube sicher,dass das heute entschieden wird. Also ich kann mir denken,dass das Morgen geklärt ist.- B.Dann rufe ich Morgen nochmal an.- S.Sie können aber durchaus beruhigen, dass man hier guten Willens ist.- B.So ist man guten Willen.- S.Ja,ich sage Ihnen ja.- B.Das ist ja schön.- S.Also es wird versucht zu helfen und dass die Wege die wissen Sie also schon dieser Stelle überlassen.- B.Ja,ja, die Hauptsache ist ja,dass das Endergebnis richtig ist.- S.Ich hoffe ja.- B.Nun ist noch eine Schwierigkeit und zwar ist das mit Ihrem Freunde x/, wissen Sie wen ich meine? - S.Jawohl ja.- B.Also die Schwierigkeit ist die, dass hier der Z.- S.Wer? - B.Hier der Chef Z. sagt,wir könnten unmöglich von uns aus den Mann O.K. stellen lassen.- S.Ja ich habe schon ein Schreiben gemacht, worin ich bitte xxxxx dass an das betreffende Amt herangetreten wird.- B.Wie? -S.Ich habe schon ein Schreiben gemacht,also wir sprechen doch wohl von denselben.- B.Ja also von dem Sch.x/- S.Jawohl ja,ich habe schon ein Schreiben gemacht, dass an das Auswärtige Amt herangetreten wird, verstehen Sie? - B.An wen ist das Schreiben gerichtet?- S.Das geht heute oder morgen ab an Sie.- B.Ja,gut.- S.Dann ist die Sache klar.- B.Ich meine die Sache ist ja auch vorläufig aufgehoben für den.- S.In wie fern aufgehoben? - B.Ich meine der bleibt da? - S.Er bleibt doch vorerst hier.Also ich habe jetzt noch ein Schreiben gemacht in dieser selben Sache an Sie persönlich,dann werden Sie das weitere schon sehen,ich habe hier schon Rücksprache genommen mit der Stelle hier und habe Ihnen da einen Vorschlag unterbreiten.- B.Gut,also ich bedanke mich schön.

x/ = Schönemann! = Klaus!!

Im Sommer 1942 verdichten sich die Gerüchte über bevorstehende Friedensverhandlungen zwischen Deutschland und der UdSSR. Seinem Bericht für Hitler vom 11. Juni fügt der Unterstaatssekretär im Auswärtigen Amt und Leiter der Politischen Abteilung Woermann am 1. August 1942 hinzu, Stalin habe auch den Botschaftern der Vereinigten Staaten und Großbritanniens ultimativ erklärt, mit Deutschland Frieden schließen zu wollen, wenn nicht sofort die Zweite Front errichtet werde.

059

Geheim

U.St.S.Pol.Nr.527 Berlin, den 1. August 1942.

Botschaftsrat Graf della P o r t a teilte mir heute aus einem Bericht des Italienischen Gesandten in Helsinki folgende Nachricht mit, die er selbst/hinsichtlich ihres zweiten Teiles/als völlig unglaubwürdig bezeichnete, wenn sie auch aus guter Quelle stamme:

Der Amerikanische Gesandte in Helsinki habe dem dortigen Spanischen Geschäftsträger Folgendes gesagt:

Stalin habe den Botschaftern der Vereinigten Staaten und Englands in ultimativer Form erklärt, er werde mit Deutschland Frieden schließen, wenn nicht sofort die zweite Front errichtet werde. Der Amerikanische Botschafter in Kuibyschew habe weiter berichtet, daß durch Vermittlung des dortigen Japanischen Botschafters bereits Vorbesprechungen für einen Waffenstillstand im Gange seien. Die Bedingungen seien die folgenden:

Deutschland ziehe seine Truppen an die russische Grenze von 1930 (soll wohl heißen 1939) zurück. Finnische Truppen blieben in den bisher von ihnen besetzten Gebieten, über die im Friedensschluß entschieden werde. Die russischen Truppen zögen sich hinter die Wolga zurück und weiter nördlich hinter den 50. Längengrad. Das Gebiet zwischen der deutschen und der russischen Linie werde demilitarisiert. Die Ukraine und der Kaukasus würden Deutschland in Pacht (en bail) überlassen.

r. .. tter Pol.

Ich habe Graf della Porta in seiner Auffassung bestätigt, daß die Nachricht über deutsch-russische Besprechungen unter japanischer Vermittlung völlig frei erfunden sei.

Ruf 33250 gez. Woermann

Die schwedischen Behörden brauchen allen Mitschriften zum Trotz sehr lange, die Identität von »General Schönemann«, »unser Freund« und Edgar Klaus herauszufinden.

Berlin.d. 18.August.42.

Herzensgutes Frauchen !

Seit dem ich nun hier bin habe ich unglaublich viel zu tun, muss auch noch nach Königsberg.
Ich bitte Dich nichts zu unternemen ehe ich komme. Ich werde vorraussichtlich schon c. 26-28 eintreffen. Vor allen Dingen muss ich mich nach all den Strapazen etwas erholen. Es war wirklich zu viel. Bitte nur darauf zu achten, dass es mit dem Aufgebot in Ordnung geht, jedenfalls bringe ich auch noch dass Gerichtsurteil mit.
Es ist alles ganz anders als man sich da in Stockholm vorstellt. Hier herscht ein flottes Tempo und kennt man keine

Keller grüssen. Ich werde versuchen auf der Rückreise mich einige Tage an der wunderbaren See hier zu erholen. Dass heist wenns geht. Es umarmt Dich mein liebstes und bitte herzlichste Grüsse Mamma. Dein Edgar
Entschuldige dass ich auf der ~~Maschine~~ ~~sch~~reibe selbst diese

Am 14. August 1942 gelingt es der Abwehr offenbar, Klaus zu befreien. Von diesem Tage an kann er täglich Briefe an seine Verlobte in Stockholm schreiben, die mit den Zensurzeichen des OKW versehen sind.

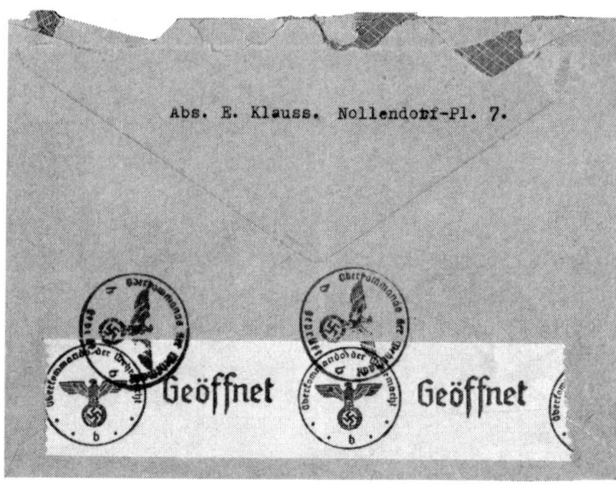

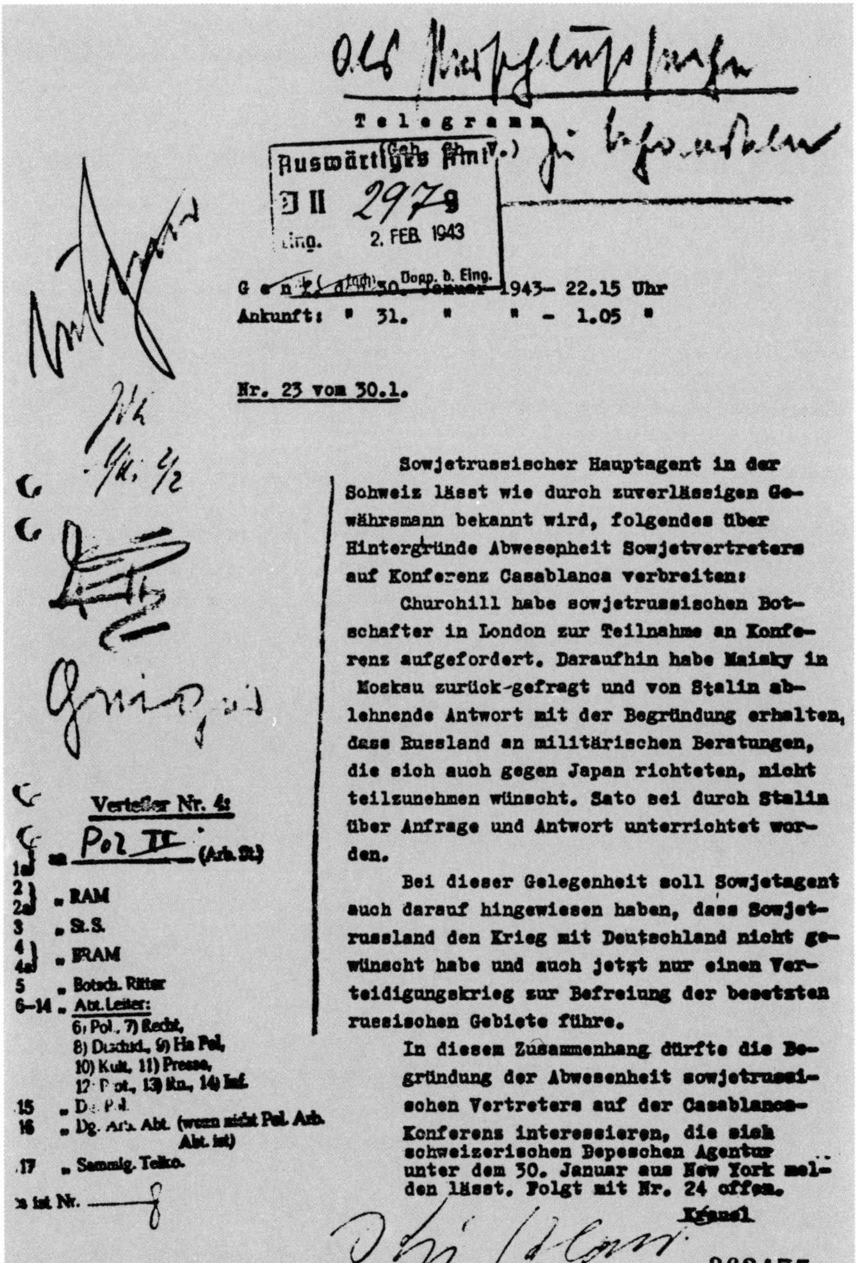

Telegramm (Geh. Ch. V.)

Auswärtiges Amt
D II 2979
Eing. 2. FEB. 1943
Dopp. d. Eing.

Genf, den 30. Januar 1943 – 22.15 Uhr
Ankunft: " 31. " " – 1.05 "

Nr. 23 vom 30.1.

Sowjetrussischer Hauptagent in der Schweiz lässt wie durch zuverlässigen Gewährsmann bekannt wird, folgendes über Hintergründe Abwesenheit Sowjetvertreters auf Konferenz Casablanca verbreiten:

Churchill habe sowjetrussischen Botschafter in London zur Teilnahme an Konferenz aufgefordert. Daraufhin habe Maisky in Moskau zurück-gefragt und von Stalin ablehnende Antwort mit der Begründung erhalten, dass Russland an militärischen Beratungen, die sich auch gegen Japan richteten, nicht teilzunehmen wünscht. Sato sei durch Stalin über Anfrage und Antwort unterrichtet worden.

Bei dieser Gelegenheit soll Sowjetagent auch darauf hingewiesen haben, dass Sowjetrussland den Krieg mit Deutschland nicht gewünscht habe und auch jetzt nur einen Verteidigungskrieg zur Befreiung der besetzten russischen Gebiete führe.

In diesem Zusammenhang dürfte die Begründung der Abwesenheit sowjetrussischen Vertreters auf der Casablanca-Konferenz interessieren, die sich schweizerischen Depeschen Agentur unter dem 30. Januar aus New York melden lässt. Folgt mit Nr. 24 offen.

Krauel

362475

Verteiler Nr. 4:

1a an Pol II (Arb. St.)
2, 2a " RAM
3 " St.S.
4, 4a " BRAM
5 " Botsch. Ritter
6–14 " Abt. Leiter:
6) Pol., 7) Recht,
8) Dtschld., 9) Ha Pol.,
10) Kult., 11) Presse,
12) Prot., 13) Ru., 14) Inf.
15 " D. [illegible]
16 " Dg. Arb. Abt. (wenn nicht Pol. Arb. Abt. ist)
17 " Sammlg. Telko.
[illegible] ist Nr. 8

Stalins Erklärung, daß Sowjetrußland »auch jetzt nur einen Verteidigungskrieg zur Befreiung der besetzten russischen Gebiete« führe, löst in Berliner Regierungskreisen eitel Freude aus – von Edgar Klaus ironisch-bissig kommentiert.

Es gehört zum Bild der dramatischen Zeitverschiebungen, das für die deutschen Annäherungsversuche an die sowjetische Regierung im Verlaufe des Rußlandfeldzugs charakteristisch war, daß die wichtigste Phase der Bemühungen in dem Moment einsetzte, als Stalin verbal jede Annäherung von offizieller deutscher Seite abgewiesen hatte. Tatsächlich bildeten die Monate Mai, Juni und Juli 1943 den Zenit der deutschen Tastversuche in Richtung Osten.

Am 3. Mai ging dem Auswärtigen Amt die Nachricht des Deutschen Gesandten in Lissabon, Baron Hoyningen-Huene, zu, London verfolge mit Aufmerksamkeit die Anzeichen, denen zufolge »Rußland gegebenenfalls seine Politik gegenüber Deutschland ändern könnte«.[50] In englischen Regierungskreisen rechne man zwar nicht mit einer ernsten Absicht Rußlands, Deutschland gegenüber einzulenken, glaube man insofern auch nicht an einen Frieden zwischen Deutschland und Rußland. Doch schließe man die Möglichkeit nicht aus, daß »Rußland zumindest seine Kriegführung gegenüber Deutschland ändere und versuchen würde, eine Art unausgesprochenen Waffenstillstand mit Deutschland herbeizuführen«. Man halte es auch nicht für ausgeschlossen, daß »diesbezüglich zugleich Besprechungen zwischen deutschen und russischen Stellen geführt würden« und begründe diese Vermutung mit den Vorhaltungen, die der Sowjetische Botschafter in London, Majskij, dem britischen Außenminister Eden gemacht habe: Rußland würde sich in Zukunft nicht mehr dazu hergeben, sich für die angelsächsischen Staaten abschlachten zu lassen, sondern würde die aktive Kriegführung nunmehr den anderen Alliierten überlassen. Diese Formulierung erinnerte in auffallender Weise an die berühmte Rede Stalins vor dem XVIII. Parteitag (10. März 1939), die sogenannte »Kastanien«-Rede. Nach Mitteilung von Hoyningen-Huene erwartete London deshalb eine Beruhigung an der Ostfront und hielt selbst ein Ausbleiben der russischen Winteroffensive für möglich, wobei »offen bliebe, ob ein stillschweigendes oder vertragsmäßiges Übereinkommen zwischen Deutschland und Rußland zustande käme«.

Am 4. Mai meldete der Deutsche Gesandte beim Heiligen Stuhl, Bergen[51], im Vatikan umlaufende Gerüchte, nach denen in den letzten Monaten Vertreter Deutschlands und der Sowjetunion auf Schweizer Boden zu Friedenssondierungen zusammengetroffen seien. Die Besprechungen seien am Umfang der sowjetischen Forderungen gescheitert, würden aber nun auf einer neuen, von Deutschland vorgeschlagenen Grundlage wieder aufgenommen.

In der zweiten Maiwoche ging auch dem amerikanischen OSS eine Mitteilung zu, die auf eine sowjetische Friedensbereitschaft schließen lassen konnte, allerdings Anlaß zu Zweifeln gab. Ein entschlüsselter japanischer »BU-Intelligence«-Bericht, der aus Schweden an den japanischen Generalstab gesandt wurde, enthielt die Mitteilung, daß die russische Führung den »Krieg aus politischen und anderen, internen Gründen« mit Sicherheit noch in diesem Jahre beenden werde; die Beziehungen der UdSSR zu England und Amerika würden von diesem Gesichtspunkt her geregelt.[52]

Dieser Hinweis auf eine in Rußland angeblich bestehende defätistische Stimmung schien den Männern im amerikanischen Kriegsministerium, die mit der Auslegung der japanischen Geheimnachrichten beauftragt waren, Rätsel aufzugeben. Mit Verwunderung stellten sie fest, daß die »BU-Intelligence«-Berichte häufig merkwürdige Spuren von Desinformation trügen, welche den britischen Nachrichtendienst, dem ein Teil dieser Entschlüsselung zugeleitet wurde, zu der Ansicht veranlaßte, »die Information sei von Agenten geliefert worden«. Der Mann, der am 6. Mai in Stockholm seinen Bericht an den japanischen Generalstab verschlüsselt hatte, war der japanische Militärattaché, Makoto Onodera. Er arbeitete mit deutschen Dienststellen zusammen und wurde insbesondere von Walter Schellenberg gerühmt, einer der geschicktesten Geheimdienstler überhaupt zu sein.[53] Schellenbergs Verbindungsmann zu Onodera in Stockholm war Karl Heinz Krämer, der im Oktober 1942 als »wissenschaftlicher Hilfsarbeiter« in die Presseabteilung der Deutschen Gesandtschaft »eingebaut« worden war, also formell Paul Schmidt als dem Leiter der Nachrichten- und Presseabteilung des Auswärtigen Amts unterstand und während des Krieges für erwiesene Arbeiten zum Legationssekretär ernannt wurde. Krämer bereitete der schwedischen Sicherheitspolizei große Sorgen.

Im genannten Fall drahtete Onodera seine Mitteilung über die völlige Erschlaffung Rußlands wohl im deutschen Interesse nach Japan; sie suggerierte ja die Vorstellung eines sowjetischen Sonderfriedens mit einem ungebeugt starken Deutschland und konnte insofern als geeignet angesehen werden, in Japan stärker aggressive Tendenzen gegen die zwischen Japan und Deutschland gelegene sowjetische Mittelmacht auszulösen. Hierin bestand das Ziel der deutschen Außenpolitik, die hoffte, in ihrer Kriegführung im Osten durch die Eröffnung einer Zweiten Front durch Japan entlastet zu werden. Und – wie Botschafter Stahmer aus Tokio dem Reichsaußenminister mitgeteilt hatte[54] – schien es festzustehen, daß Japan, sobald der russische Koloß unter den deutschen Schlägen zerberste, den japanisch-sowjetischen Nichtangriffspakt brechen, Rußland in den Rücken fallen und die Beute mit Deutschland teilen würde.

Angesichts der in Berlin eingehenden Nachrichten schien die Zeit auch für den V-Mann Canaris' in Stockholm reif, eine detaillierte Sondierung über die sowjetischen militärischen Absichten und über mögliche Bereitschaft durchzuführen. In den ersten Maitagen 1943 hatte Klaus - nach Hinweisen der schwedischen Abwehr[55] - mehrere Begegnungen mit dem sowjetischen Handelsrepräsentanten Michail Nikitin. Wie Intendent Lundquist seinem Kollegen von der schwedischen Kriminalpolizei am 6. Mai 1943 mitteilte, »hatte er begründeten Anlaß zu der Annahme, daß ein deutscher Staatsangehöriger mit dem Namen Kraus (die schwedische Aussprache läßt oft nicht zwischen den Buchstaben l und r unterscheiden, I.F.) des öfteren mit einem russischen Bürger namens Nikitin zusammentreffe«. Die Untersuchung der 7. Abteilung der Polizei ergab, daß »Kraus möglicherweise mit Edgar Klaus identisch ist«. Dies war - wie die betreffenden schwedischen Dokumente explizit festhielten - »das erste Mal, daß die schwedischen Dienststellen eine direkte Sowjetverbindung von Klaus zu registrieren meinen«.[56] Die Polizei ordnete die Observierung der Residenz Nikitins in der Skeppargatan 27 an, konnte jedoch am ersten Abend der Observierung, dem 6. Mai 1943, keine Beobachtungen verzeichnen. Die Tatsache, daß die Observierung der Residenz des sowjetischen Handelsbeauftragten angeordnet wurde, läßt darauf schließen, daß »Kraus/Klaus« an den vorausgegangenen Abenden dort gesehen worden war.

Erstaunlicherweise wurde Klaus vier Tage später, nämlich am 10. Mai 1943, der zweite Abschiebungsbeschluß des Sozialamtes zugeleitet: er wurde aufgefordert, Schweden innerhalb von fünf Tagen zu verlassen.

Wieder stand der Chef der deutschen Abwehr in dem Augenblick, in dem sich eine hoffnungsvolle Verbindung anzubahnen schien, vor dem Problem, wie er seinen »Gewährsmann nach Osten« auf schwedischem Gebiete halten könnte. Wie im vorausgegangenen Sommer zogen sich auch 1943, im Sommer der großen Koalitionskrise, die zähen Bemühungen der Abwehr über mehrere Monate hin. Erschwerend wirkte sich nun aber die Tatsache aus, daß die Position der Abwehr seit Frühjahr 1943 bedeutend geschwächt war. Am 5. April 1943 hatte Oberstkriegsgerichtsrat Manfred Roeder, der Ankläger der »Roten Kapelle« Deutschland (ihre Liquidierung erfolgte im Dezember 1942), im Auftrage Himmlers in dessen Eigenschaft als Chef des Reichssicherheitshauptamtes im Büro der Abwehr am Tirpitzufer die Untersuchung über hochplacierte Abwehrangehörige und -beauftragte in Angriff genommen.[57] Nach der Verhaftung von Dietrich Bonhoeffer, Joseph Müller und Hans von Dohnányi gelang es Canaris' rechter Hand, Hans Oster, zwar noch, die diese Männer belastenden Materialien beiseite zu schaffen. Doch war er selbst so stark in diese Vorgänge verwickelt, daß Canaris ihn noch im April 1943 zur Disposition stellen und gegen Ende des Jahres entlassen mußte. Der Amtschef Canaris selbst war von nun an Gegenstand offener Bewachung und geriet damit zunehmend in Isolation. Seine bewährten, in die geheimen Pläne eingeweihten Mitarbeiter, Generalmajor Piekenbrock von der Abwehr-Abteilung I, von Lahousen von der Abwehr II und von Bentivegni von Abwehr III, wurden an die Ostfront versetzt. Nationalsozialistische Offiziere drangen in die Abwehr ein, und das Netz der Gestapo und des SD im Ausland begann, die Abwehrstellen zu absorbieren und auszuschalten. Die Offiziere der Abwehr wurden in vielen Fällen von den Dienststellen Himmlers »übernommen« oder - erwiesen sie sich als unwillig - auf andere Weise liquidiert. Einer der Nutznießer dieser zunehmenden Entmachtung von Canaris war Walter Schellenberg.

Der amerikanische Auslands-Geheimdienst erfuhr relativ schnell von diesen Vorgängen. Das OSS Schweiz verzeichnete schon am 22. April die Nachricht, daß führende Mitarbeiter der Canaris-Organisation entlassen und einige wenige hochplacierte Angehörige verhaftet seien.[58] Die Quelle wurde in einem Zuverlässigkeitsdiagramm, das von A1 bis F7 reichte, mit B3, das heißt sehr verläßlich, bezeichnet und dürfte einer der Abwehrbeauftragten in Bern, vielleicht Gisevius, gewesen sein. Der Informant sah in dieser Entmachtung von Canaris auch korrekterweise das erste Anzeichen der progressiven Übernahme aller deutschen Geheimdienstarbeit durch Himmler.

Für die Existenz des V-Mannes Edgar Klaus erwiesen sich zwei Aspekte dieser beginnenden Ausschaltung der Abwehr als besonders bedrohlich: Einerseits wurden nun die Auslandsbeziehungen, und besonders die Reisen von Abwehrbeauftragten ins neutrale Ausland, einer verschärften Kontrolle des RSHA und der anderen, diesem untergeordneten Instanzen - Kriminalpolizei, Gestapo und SD - unterzogen; andererseits war die Tatsache bekannt geworden, daß sich Amtschef Canaris, zumal im Ausland, der Mitarbeit zahlreicher jüdischer Agenten bediente, die er auf den Wegen der Abwehr ins Ausland gelangen ließ und dort unterhielt. Eine neuerliche Abschiebung von Edgar Klaus hätte unter diesen veränderten Umständen mit Sicherheit seine Verhaftung und mit großer Wahrscheinlichkeit seinen Tod bedeutet. Eine hochgestellte deutsche Persönlichkeit in Stockholm, die auch die Interna der Gesandtschaftsarbeit kannte[59], gab nach dem Kriege zu Protokoll, daß die Lage von Klaus mit dem zunehmend schweren Kampf um seine Aufenthaltsberechtigung äußerst prekär geworden sei. Verbissen habe man um die Verhinderung seiner Abschiebung nach Deutschland gekämpft, »wo er als Jude von der Gestapo mit offenen Armen erwartet wurde«.

Tatsächlich wies das Drängen des Sozialamtes auf Abschiebung eine eigentümliche Gleichzeitigkeit mit den Höhepunkten deutscher

Verhandlungsbereitschaft in sowjetischer Richtung auf. Seit Neujahr 1942/43 hatte sich Generaldirektor Kurt Höjer in mehreren einschlägigen Dienststellen erneut darum bemüht, die Ausweisung von Klaus in die Wege zu leiten.[60] Er hatte dabei aber feststellen müssen, daß auf seiten des Außenministeriums wie des Verteidigungsstabes ein gewisses Interesse am weiteren Verbleib von Klaus auf schwedischem Boden bestand, und seine Versuche daher eingestellt. Am 11. März - Klaus hatte soeben seinen Besucherstrom aus Deutschland verabschiedet - teilte Generaldirektor Höjer dem Leiter der Rechtsabteilung im Schwedischen Außenministerium, G. Engzell, in einem Gespräch mit, daß sich seinem Eindruck zufolge das Interesse schwedischer Dienststellen an der Anwesenheit von Klaus verringert habe. Darauf habe - nach der Aufzeichnung Höjers - Außenrat Engzell ihm nahegelegt, Klaus keine weitere Verlängerung seiner Aufenthaltsgenehmigung zu erteilen, dies aber wenigstens so einzurichten, daß ihm vor der endgültigen Ausreise eine gewisse Frist bleibe. Diese könne Klaus ja dann gegebenenfalls nützen, um etwaige verborgene Gründe, die gegen seine Heimschickung sprächen, wie etwa seine »jüdische Herkunft«, vorzubringen. Daraufhin erhielt Klaus am 23. März eine letzte Verlängerung seiner Aufenthaltsberechtigung bis zum 1. Mai 1943. Klaus beauftragte seinen schwedischen Anwalt, Graf Hamilton, sowie einen zweiten Anwalt, den Emigranten Koći, sich der Sache anzunehmen. Mitte April - in Berlin waren die Ermittlungen Roeders gegen die Abwehr in vollem Gange - nahm der Druck des schwedischen Sozialamtes auf Klaus weiter zu. Am 21. April verwendete sich der in Schweden hochangesehene Gesandte Carl Buchberger in einem überzeugenden Empfehlungsschreiben für seinen langjährigen Bekannten Klaus, dem er schon in der Berliner Zeit freundschaftlich verbunden gewesen war. Doch am 22. April wurde Klaus zu einem Verhör über seine Tätigkeit in Schweden beim Sozialamt vorgeladen. Er hob erneut seine Aufgaben auf dem Sektor der deutschen Filmarbeit hervor und konnte diese auch durch genaueste Angaben über seine finanziellen Verhältnisse untermauern. Am 10. Mai wurde ihm der definitive Abschiebungsbescheid des Sozialamtes zugestellt. Die Anwälte bemühten sich nun, in tagtäglichen Demarchen die Zwangsabschiebung von Klaus zu verhindern. Zu dieser Zeit machte der K.O.-Leiter der Abwehr Schweden, Oberst Wagner, Klaus deutlich, daß sein Einfluß schwinde und er keine Möglichkeit sehe, sich effektiv für ihn zu verwenden. Die Angelegenheit - so teilte er ihm mit - scheine an Klaus' nichtarischer Herkunft zu scheitern. Am 25. Mai teilte Legationsrat von Grote, ein Verbindungsmann des OKW beim Auswärtigen Amt, der Deutschen Gesandtschaft Stockholm unter Hinweis auf die Mitte August des Vorjahres von den schwedischen Behörden gebilligte Wiedereinreise von Klaus mit, dem OKW sei nun erneut die Nachricht zugegangen, daß »Schönemann (Klaus), der seit

Beilegung seinerzeitiger Schwierigkeiten mit stillschweigender Duldung schwedischer Stellen ... in Schweden verblieben ist, nunmehr vor erneuter Ausweisung steht. Alle Versuche, weiteres Verbleiben durch unmittelbare Fühlungnahme mit schwedischer Abwehr zu erwirken, seien gescheitert. Schwedischer Abwehrchef, Lundquist, habe mitgeteilt, er könne leider nichts mehr machen, da schwedisches Außenministerium weiteren Aufenthalt des Betreffenden nicht mehr bewillige. Lundquist hat vorgeschlagen, daß sich Gesandtschaft an Außenministerium wendet. OKW bittet dringend, alle geeigneten Schritte zu unternehmen, da Schönemann ausschließlich gegen Rußland arbeitet und seine Meldungen so wichtig sind, daß auf sein weiteres Verbleiben in Schweden sehr großer Wert gelegt wird. Hier kann nicht übersehen werden, welche Motive dem schwedischen Streben, Schönemann nach Deutschland abzuschieben, zugrunde liegen und warum schwedischerseits Wert darauf gelegt wird, daß ein offizieller Schritt seitens der Gesandtschaft unternommen wird.« Das OKW bat, die entsprechenden Schritte, wenn möglich »unter der Hand« auszuführen.[61] Das Schreiben enthielt den maschinegeschriebenen Randvermerk: »Mündlich besprochen bei Oberst Hansen und Hptm. von Lossow. Admiral Canaris legt persönlich größten Wert auf eine positive Regelung.«

Am 27. Mai wurde der Leiter der Konsularabteilung der Deutschen Gesandtschaft in Stockholm, Legationsrat von Grolman, zum zweiten Mal in der Sache Klaus bei Engzell vorstellig. Grolman brachte die Verwunderung der Deutschen Gesandtschaft darüber zum Ausdruck, daß Edgar Klaus, dem doch während seiner Abschiebung nach Deutschland ein Wiedereinreisevisum der Schwedischen Gesandtschaft Berlin ausgestellt worden sei, nunmehr erneut vor seiner Abschiebung stehe. Im übrigen habe er sich in der Zwischenzeit mit einer Schwedin verheiratet, eine Tatsache, die in der Regel die Auslieferung verhindere.[62] Doch Engzell mußte Grolman mitteilen, daß nicht das U.D., sondern das Sozialamt die Anwesenheit von Klaus im Reich nicht länger toleriere, da nicht feststehe, was er eigentlich tue. Man hege den Verdacht, daß er eine unerwünschte Tätigkeit ausübe. Von Grolman erklärte Engzell daraufhin »ziemlich offen, worin seine Tätigkeit bestehe«, nämlich geheimdienstartige Tätigkeit in Richtung Osten, und »vermeldete, daß man in Berlin sehr großen Wert darauf lege, daß der Mann im Lande bleibt«.[63] Wenn gewünscht, sei man von deutscher Seite gern bereit, eine Erklärung des Inhalts abzugeben, daß Klaus jederzeit die Möglichkeit habe, nach Deutschland zurückzukehren. Darauf fiel die Frage Engzells, »ob Klaus Arier ist«. Grolman zögerte einen Augenblick mit der Antwort und »gab dann zu, daß ein gewisser Zweifel bestehe«. Doch korrigierte er sich dann selbst und betonte, der Zweifel bestehe eher darin, ob Klaus Voll- oder nicht vielmehr Halbjude sei. Desungeachtet, so versicherte Grolman Engzell, bestünden für Klaus keinerlei Schwierigkeiten, nach Deutschland zurückzureisen. Engzell versprach, sich der Sache anzunehmen, betonte aber, daß seine Darstellung auf »starken Widerstand« stoßen werde.

Am 2. Juni richtete Klaus' Anwalt Hamilton ein Schreiben an den ihm offenbar bekannten Bürodirektor der Staatlichen Ausländerkommission, Ernst Bexelius, in dem er um Aufschub der Ausweisung bat. Er verwies auf »einflußreiche Kreise« sowie »deutsche Industriekreise«, zu denen Klaus gute Beziehungen unterhielt, und stellte in Aussicht, daß Klaus auch den schwedischen Dienststellen gefällig sein könnte. Gleichzeitig gelang es der Deutschen Gesandtschaft, »unter der Hand Verlängerung Aufenthalts für Schönemann« bis 15. Juni beziehungsweise 1. Juli 1943 zu erwirken.[64]

Am 9. Juni traf Generaldirektor Höjer vom Sozialamt in der Sache Klaus mit dem Chef des schwedischen Sicherheitsdienstes, Hallgren, zusammen. Auf Befragen teilte Hallgren Höjer mit, seine Dienststelle wisse leider sehr wenig über Klaus, sei aber der Überzeugung, daß Klaus geheimdienstlich tätig sei, »wobei er gleichzeitig Verbindungen mit der Deutschen und der Sowjetischen Gesandtschaft unterhält«. Sicherheitschef Hallgren vermutete, »daß Klaus sowohl mit der einen als auch mit der anderen Seite auf gutem Fuße steht und die eine Gesandtschaft mit den Angaben beliefert, die er von der anderen erhielt, und vice versa«. Die Tatsache, daß er dabei unter Schweden als »prononcierter Anti-Nazi« auftrete, wurde als ein Teil seines deutschen Auftrages interpretiert: Er sollte offenbar auf diesem Wege Informationen aus schwedischen Kreisen erlangen. Dennoch schien seine Tätigkeit nicht gegen Schweden gerichtet zu sein.

Am 10. Juni trug auch Außenrat Engzell Generaldirektor Höjer noch einmal seine Einschätzung der Lage vor. Er verwies dabei insbesondere auf den Nutzen, den die schwedische Seite möglicherweise aus einem so wichtigen Manne ziehen könne, auf dessen Verbleib in Schweden Deutschland so großen Wert lege. Er brachte die Frage der in Berlin inhaftierten und zum Tode verurteilten sogenannten Warschau-Schweden ins Gespräch und deutete an, daß die Schweden Klaus ja als Kompensationsobjekt benutzen könnten. Unbekannt war Außenrat Engzell zu diesem Zeitpunkt, daß ein jüdischstämmiger Verbindungsmann von Canaris im Sommer 1943 aus deutscher Sicht kein geeignetes Kompensationsobjekt für die mit dem polnischen Widerstand in Warschau verbundenen und in der Prinz-Albrecht-Straße in Todeszellen einsitzenden Angehörigen des mächtigen schwedischen Zündholzkonzerns mehr darstellte. Immerhin fiel seine Anregung bei Generaldirektor Höjer auf fruchtbaren Boden.

Am 11. Juni hielt Höjer Vortrag vor Staatsrat Möller. Nach Darstellung der Vorgeschichte Klaus' auf schwedischem Boden und der Bestätigung, daß sowohl das U.D. als auch der Verteidigungsstab von Klaus wertvolle Angaben erhielten, trug Höjer die Hypothesen vor, die man sich mittlerweile in den schwedischen Dienststellen von der Tätigkeit Klaus' gebildet hatte: Die Hypothese von Außenrat Engzell und von Hallgren, dem Chef der Sicherheitspolizei, bestand darin, daß die Deutschen, die so großen Wert auf die Verlängerung der Aufenthaltsberechtigung von Klaus legten, davon ausgingen, Klaus beschaffe aus der Sowjetischen Gesandtschaft *bona fide* wertvolle Angaben für den deutschen Nachrichtendienst; in Wahrheit spiele er dieselbe Rolle auch bei den Russen. »Also typisches Doppelspiel.« Demgegenüber war die Hypothese Höjers »von großpolitischer Natur: Klaus ist der Kanal, durch den die Deutschen und die Russen einander auf den Zahn fühlen, wenn es um Separatfrieden geht.«

In den letzten Junitagen 1943 machte Außenrat Engzell dem deutschen Legationsrat von Grolman sowie Staatsrat Möller und Generaldirektor Höjer den Vorschlag, Edgar Klaus als Kompensationsobjekt für die in deutscher Gestapohaft befindlichen sogenannten Warschau-Schweden zu benutzen. Die beiden erstgenannten Männer stimmten zu. Allein Höjer kehrte zu seiner Wunschvorstellung von der baldigen Ausweisung Klaus' aus Schweden zurück.[65]

Am 8. Juli 1943 lief wiederum der deutsche Reisepaß von Klaus ab. Er wurde routinemäßig aufgefordert, seinen Paß zwecks Verlängerung an der Deutschen Gesandtschaft zu hinterlegen. Doch anstelle der erwarteten Verlängerung wurde Klaus nun mit der Frage nach seinem Ariernachweis konfrontiert. Als er diesen nicht beschaffen konnte, versagte der entsprechende Beamte der Konsularabteilung, ein Herr Stempel, der sich schon öfters abfällig über Klaus geäußert hatte, Verlängerung und Rückgabe des Passes. Diese Tatsache brachte für Klaus einen Vor- und einen Nachteil. Der Vorteil bestand darin, daß ohne ein gültiges Personaldokument keine »ordnungsgemäße« Abschiebung durchgeführt werden konnte; zu dieser benötigte man einen Ausweis, in den das Ausreisevisum fixiert werden konnte. Der Nachteil bestand darin, daß er ohne gültiges Reisedokument drohte, ein »Staatenloser« zu werden, eine Situation, die 1944 tatsächlich eintrat.

Ein letztes Mal setzte eine fieberhafte Kommunikation zwischen Wagner und dem OKW und diesem und dem Auswärtigen Amt in Berlin ein. Sie endete damit, daß Legationsrat von Grolman der Deutschen Gesandtschaft mitteilen mußte, »die in Ziffer 3 des Drahtberichtes 1877 vom 3. 7. enthaltene Annahme« - sie betraf vermutlich die nichtarische Herkunft von Edgar Klaus - treffe zu.[66] Damit waren, wie ein maschinegeschriebener Randvermerk erkennen ließ, die »Bemühungen des KO-Leiters, den Aufenthalt für Klaus in Schweden zu verlängern, hinfällig« geworden.

Die Abwehr selbst konnte die Position ihres Agenten nicht mehr stützen. Die Hauptlast des Kampfes um die Aufenthaltsberechtigung fiel nun dem erfinderischen Genie von Klaus selbst und der Schlagkraft der Argumentation seiner Anwälte zu. Ohnedies schien zu diesem Zeitpunkt der Höhepunkt einer Annäherungschance zwischen Deutschland und Rußland verstrichen. Die deutsche Großoffensive bei Kursk, die eine Revision der bei Stalingrad erzielten russischen Siege hatte herbeiführen sollen, scheiterte. Die Rote Armee setzte zu einer Gegenoffensive von bisher unbekannter Gewalt an. Ein zweites Stalingrad, die definitive militärische Wende, war im Gange. Doch bis zu diesem Moment war die Mittlertätigkeit von Klaus noch mehrfach gefragt. Wiederum war eine Krise der Koalition Anlaß deutscher Sondierungen.

Koalitionskrise und neue Impulse aus Deutschland

Die Koalitionskrise vom Sommer 1943 setzte mit der Konferenz von Washington ein (12. bis 25. Mai 1943). Das Treffen zwischen Präsident Roosevelt und Premierminister Churchill erfolgte unter allen Anzeichen strenger Geheimhaltung: weder das Foreign Office noch das State Department waren vertreten. Stalin war zur Konferenz nicht geladen. Die Gespräche kreisten in erster Linie um die Errichtung der Zweiten Front. Stalin wartete mit wachsender Ungeduld auf endgültige Verlautbarungen und Entscheidungen. Aus seiner Sicht lag eine unheilvolle Spannung über diesem ungewöhnlich langen Treffen der westlichen Staatsoberhäupter. Die Befürchtungen Stalins kreisten sowohl um den Zeitpunkt als auch den Ort der Zweiten Front; darüber hinaus erwartete er, daß er sein gewichtiges Wort in der europäischen Nachkriegsordnung geltend machen konnte. Das Zweiertreffen drohte die Rechnung auf dem europäischen Kontinent ohne den Wirt zu machen.

Stalin, der bereits im Tagesbefehl vom 1. Mai 1943 durch die Erwähnung des deutschen »Friedensgeschwätzes« seine Bündnistreue zum Westen bekundet hatte, kam seinen Partnern im Laufe des Mai noch einige weitere, entscheidende Schritte entgegen. In der sowjetischen Befehlsmetropole wurde der Stil der Rede über Deutschland modifiziert. Die sowjetische Presse drängte stärker als bisher zu einer allgemeinen Verurteilung des deutschen Imperialismus, stellte den Krieg als einen Vernichtungskrieg der deutschen Rasse gegen das Slawentum dar und machte nicht allein die Regierung, sondern auch große Teile des deutschen Volkes für diesen Ausrottungskrieg verantwortlich.[67] Die Hitler-Tyrannei - dies war nun die dominierende Tendenz der ideologischen Kriegführung - werde in ihrer Gesamtheit zerschmettert werden; auch das deutsche Bürgertum und das Bauerntum seien »servil und reaktionär«[68] und verdienten Bestrafung. Die bisher strikt eingehaltene Unterscheidung zwischen dem Hitler-Regime und der deutschen Nation schien zu schwinden.[69] Am 23. Mai ordnete Stalin eine Maßnahme von allergrößtem Entgegenkommen gegenüber seinen westlichen Verbündeten an: die Auflösung der Komintern. Als zur gleichen Zeit auch die Gerüchte über geheime deutsch-sowjetische Verhandlungen nicht abrissen[70], tat Stalin einen weiteren Schritt, um jedes mögliche Argument gegen seine Bündnistreue von vornherein auszuräumen: Er erteilte Außenminister Molotow den Auftrag, dem Botschafter der USA in Moskau, Admiral Stanley, unmißverständlich deutlich zu machen, daß die Gerüchte über derartige Treffen jeder realen Grundlage entbehrten.[71] Wenige Wochen zuvor hatte Molotow auch dem Foreign Office, das ihn über die im April 1943 türkischen Quellen entsprungenen Gerüchte dieser Art in Kenntnis gesetzt hatte, mitgeteilt, daß der sowjetischen Seite kein deutscher Tastversuch bekannt geworden sei und jeder deutsche Agent, der einen solchen Versuch unternähme, von der Sowjetregierung »zum Teufel gejagt« würde.[72] Ungeachtet seines Entgegenkommens erfüllten sich die bösen Erwartungen Stalins, als ihm am 2. Juni 1943 über den amerikanischen Botschafter in Moskau die Botschaft des amerikanischen Präsidenten und des englischen Premierministers zuging, mit der Errichtung der Zweiten Front am Atlantik sei erst im Mai 1944 zu rechnen. Es war dies nach allen vorausgegangenen Enttäuschungen, die Stalin von seiten seiner Verbündeten hatte hinnehmen müssen, der schwerste Schlag. Stalins Antwort erfolgte spät und war extrem schroff: Sein Schreiben an Präsident Roosevelt mit Kopie an Winston Churchill vom 11. Juni 1943 sprach von »außergewöhnlichen Schwierigkeiten«, die diese Entscheidung der Sowjetregierung auferlege, und betonte den »schmerzlichen Eindruck«, den das sowjetische Volk und die Sowjetarmee nun von ihren Verbündeten gewännen, die sie erneut in einer äußerst schwierigen Phase ihres Kampfes um das Überleben im Stich gelassen hätten. Am Ende des Schreibens stand die Drohung: »Was die Sowjetregierung betrifft, so kann sie sich dieser Entscheidung, die schwerwiegende Konsequenzen für den weiteren Verlauf des Krieges haben kann, nicht anschließen.«[73]

Diese Antwort auf die Entscheidungen der Konferenz von Washington und die in ihr enthaltene Drohung waren ernst genug, um die Regierungen Großbritanniens und der Vereinigten Staaten für Wochen zu beunruhigen. In London und Washington wurde man sich zunehmend darüber klar, daß die Entscheidungen von Washington das Mißtrauen Stalins gegenüber seinen Alliierten an eine kritische Schwelle und seine Befürchtungen, er könnte das Opfer eines unlauteren Spiels des Westens werden, auf den Höhepunkt geführt hatten.

Die unerwartete und nur schwer erklärliche Verspätung der deutschen Sommeroffensive an der Ostfront konnte vor diesem Hintergrund sehr wohl als Zeichen einer abwartenden Haltung und eines Entgegenkommens Deutschlands gegenüber dem mit seinen neuen

Verbündeten in Schwierigkeiten geratenen Partner von einst, Stalin, interpretiert werden.

Tatsächlich wurden die Ereignisse von Mai und Juni 1943 in Deutschland mit großer Aufmerksamkeit verfolgt. Freilich bedienten sich die offiziellen Stellen in Berlin einer eigenen Lesart. Die wachsende Feindseligkeit Stalins gegenüber Roosevelt und Churchill[74] wurde mit einer Art lauernder Befriedigung konstatiert, die offenkundige Verschiebung der Errichtung der Zweiten Front im Westen Europas als Stärkung der deutschen Position verstanden. Die »Kominternfrage« schließlich wurde in erster Linie als ein Zugeständnis Stalins an die Adresse der Antikomintern-Mächte, und hier vor allem als ein Fingerzeig an Deutschland, betrachtet.[75] Man übersah die innenpolitische Erleichterung, die Stalin in einem Goodwillakt den Chefs der westlichen Demokratien, und besonders Roosevelt, verschaffen wollte, sowie sein Anerbieten gegenüber Japan, das tatsächlich von japanischer Seite auch umgehend zur Verbesserung der japanisch-sowjetischen Beziehungen benutzt wurde. Die selektive und provinziell-ethnozentrische deutsche Auslegung erkannte in der Auflösung der Komintern vor allem den »Verständigungsknochen« (Papen), den Stalin den Deutschen hingeworfen habe, um der Achse eine Rückzugsmöglichkeit zu eröffnen, und brachte diese Geste Stalins unmittelbar mit dem Anerbieten eines sowjetisch-deutschen Sonderfriedens in Verbindung.

Wiederum führte der Weg der Personen, die »Stalin auf den Zahn fühlen« sollten, nach Stockholm.

Schellenberg schaltet sich ein

Am 9. Juni 1943 kam Walter Schellenberg in Stockholm an und nahm sich ein Zimmer im exklusiven Grand-Hotel. Schellenberg nahm umgehend Kontakt zu seinem Beauftragten in Schweden auf, dem Leiter der in die Handelsabteilung der Gesandtschaft »eingebauten« RSHA-Stelle, August Finke. Finke verfügte über einen soliden Stamm von Mitarbeitern aus den Reihen der Gestapo und des SD, zu denen vermutlich die Botschaftsangehörigen Krämer, Golcher und Wentzlau gehörten. Er hatte auch Beziehungen zu einem Deutschen unbekannter Affiliation namens Hermann Rasch.[76] Rasch war Kaufmann und Ingenieur, was die Vermutung nahelegt, daß auch er offiziell an die bei der Handelsabteilung der Gesandtschaft »eingebaute« Gestapo-Stelle angehängt war. Er hatte sich – nach späteren Aussagen von Walter Schellenberg[77] – während des Krieges »bei mehreren Gelegenheiten erboten, Frieden zwischen Rußland und Deutschland zu vermitteln«. Schellenberg, dem auch die Verbindung nicht entging, die der Ribbentrop-Mann und SS-Obersturmbannführer Peter Kleist in Stockholm zu »dem russischen Mittelsmann Klaus« unterhielt, wußte es nach eigenen Worten durch Vermittlung seines Beauftragten Finke so einzurichten, daß Rasch Besuch von Kleist erhielt. Es ist unklar, ob Schellenberg die Vermittlung Raschs während dieses oder eines späteren Besuchs in Anspruch nahm, ferner, ob die Verbindung zwischen Rasch und Kleist im Zusammenhang mit diesem Aufenthalt (Kleist kam am 16. Juni in Stockholm an) hergestellt wurde.

Fest steht hingegen eine Tatsache, die Schellenberg damals entgangen sein dürfte: Die Sowjetgesandtschaft Stockholm verschaffte sich im Jahre 1943 genaue Kenntnisse über die Aufenthalte Schellenbergs in Stockholm und besonders über die Gründe, die ihn hierherführten. Der Name Schellenbergs figurierte an der Spitze einer Liste von Deutschen, die sich entweder zeitweilig oder permanent in Schweden aufhielten und für die sowjetische Seite von besonderem Interesse waren. Diese Personen standen unter der Beobachtung der von Gesandtschaftsrat Jarzow geleiteten »Roten Kapelle« Schweden. Die von schwedischer Seite durchgeführten Untersuchungen im Falle Per Meurlings, eines prominenten Mitglieds der Jarzow-Gruppe, ergaben: »Insonderheit waren die Russen interessiert zu wissen, zu welchen Gelegenheiten sich Regierungsrat Walter Schellenberg in Stockholm aufhielt.«[78] Die Hauptinformantin, deren Mitteilungen über den Schauspieler Egil Holmsen an den schwedischen Leiter dieser Gruppe, Per Meurling, und von diesem unmittelbar an das Ehepaar Jarzow liefen, war die Tochter des Chefredakteurs der als prodeutsch geltenden Zeitung *Stockholms Tidningen,* Monica Brilioth. Sie verkehrte in den einschlägigen deutschen Kreisen und hatte auch über ihren Vater Zugang zu den entsprechenden Hintergrundinformationen. Nicht auszuschließen ist ferner, daß sie über Bischof Yngve Brilioth, einen Gesprächspartner von Adam von Trott zu Solz und Vermittler zwischen diesem und englischen Kirchenkreisen, auch über die Pläne und besonders die auswärtigen Sondierungen der deutschen Opposition informiert war. Monica Brilioth belieferte die »Rote Kapelle« Schweden mit den von ihr geforderten Nachrichten über Schellenberg und andere prominente Deutsche in Schweden, wobei sie – nach Einschätzung der schwedischen Polizei – davon ausgegangen sein dürfte, daß ihre Informationen für den englischen Geheimdienst bestimmt waren. In dieser Verschleierung der Nachrichtenempfänger scheint in der Tat eine häufig angewandte Methode der verschiedenen Abteilungen der europäischen »Roten Kapelle« bestanden zu haben.[79]

Die Sondierungen von Paul Schmidt (Presse)

In der Zeit vom 10. bis 15. Juni 1943 hielt sich - ob in Abstimmung mit der Reise Schellenbergs oder unabhängig von dieser, ist unklar - auch der Leiter der Nachrichten- und Presseabteilung des Auswärtigen Amts, Paul Schmidt, in Stockholm auf.[80] Schmidt stieg - wie der Observierungsbericht der schwedischen Polizei vermerkte - in dem Hotel ab, in dem sich auch Klaus aufhielt (obgleich sich dieser während des Sommers im Strand-Hotel von Saltsjöbaden eingemietet hatte, hielt er die Suite im Carlton doch aufrecht und verbrachte vermutlich auch Tage hier). Dies stand im Gegensatz zu seinen sonstigen Gewohnheiten - in den Jahren 1941/42 hatte er im Grand-Hotel logiert. Schmidt war in Schweden kein Unbekannter. Er kam häufig im Auftrag des Auswärtigen Amtes oder auch in selbsternannter Mission nach Schweden, um hier durch große öffentliche Ansprachen für eine Art Anschluß Schwedens an das Dritte Reich, die Stärkung der prodeutschen Fraktion und besonders die unbegrenzte Lieferung schwedischer Rohstoffe an Deutschland zu werben. Seine Funktion war also im wesentlichen propagandistischer Natur gewesen. Darüber hinaus verband ihn ein stadtbekanntes Verhältnis mit Margareta Thamm, der Tochter eines schwedischen Industriellen, das Anlaß zu Klagen von schwedischer Seite gab. Während dieses Besuches allerdings gingen der schwedischen Polizei schon in den ersten Tagen von Schmidts Aufenthalt Benachrichtigungen zu, die davon sprachen, daß sich Schmidt »im Zusammenhang mit Friedensverhandlungen mit Rußland«[81] in Stockholm befinde. Einige Wochen später erfuhr die schwedische Polizei, die diese Informationen weiterverfolgte, »von amerikanischer und nicht sehr zuverlässiger Seite«, daß Schmidts Besuch Friedensverhandlungen zwischen Deutschland und Rußland gegolten habe. »Schmidt habe angeblich nicht selbst verhandelt, sondern er habe einen Vertreter bei sich gehabt, dessen Name jedoch nicht bekannt sei.« (Das konnte ein Hinweis auf seinen möglichen Begleiter, Gustav Braun von Stumm, sein, konnte sich aber auch auf Klaus beziehen.) An diesen Tatsachen schien wenig Zweifel zu bestehen; lediglich über den Ort des Treffens konnte die schwedische Polizei keine sicheren Auskünfte erhalten. Am Abend des 15. Juni reiste Paul Schmidt nach Deutschland zurück.

Am Morgen des 16. Juni brachte die seriöse schwedische Tageszeitung *Nya Dagligt Allehanda* in einer Sondernummer mit riesigen Lettern die Sensationsnachricht: »Deutsch-russische Friedensverhandlungen haben in Schweden stattgefunden. Tauziehen um die Ukraine«. In den letzten Tagen, so berichtete das Blatt, hätten in einem Landhotel in Schweden Friedensverhandlungen zwischen Deutschland und Rußland stattgefunden. Vertreter der Sowjetunion, unter ihnen die Gesandtin, Madame Kollontaj, seien mit »höheren deutschen Offizieren« zusammengetroffen. Die Verhandlungen seien an territorialen Fragen gescheitert. Aus sicherer Quelle wisse man, daß Rußland sich bereit erklärt habe, auf das Baltikum und Polen zu verzichten. Demgegenüber habe sich Deutschland geweigert, auf die Ukraine zu verzichten. Doch die sowjetische Seite habe sich mit einer Abtretung der Ukraine nicht einverstanden erklärt. Doch glaubten die Deutschen aus Gründen ihrer eigenen Versorgung nicht auf diese Forderung verzichten zu können. Es sei möglich, so fuhr das Blatt fort, daß diese Verhandlungen in einem Zusammenhang mit dem relativen Stillstand an der Ostfront ständen.

Am nächsten Tag, dem 17. Juni, wurde den »Gerüchten um Nazi-Sowjetische Gespräche« eine Spalte in der *New York Times* eingeräumt.[82] Unter Bezugnahme auf die Sondernummer der *Nya Dagligt Allehanda* betonte die Zeitung, daß die Nachricht in der schwedischen Hauptstadt wie eine Bombe eingeschlagen habe. Doch werde sie in diplomatischen und politischen Kreisen als eine Art verspäteter April-Scherz betrachtet. Denn die Erwähnung von Madame Kollontaj werde als automatisches Dementi der Geschichte angesehen: Die 71jährige Dame sei bekanntlich krank und nicht in der Lage, solche Verhandlungen zu führen. Darüber hinaus halte sie sich seit mehr als zwei Monaten nicht in Stockholm auf. Der Stockholmer Korrespondent der NYT schloß - unter Hinweis auf Anspielungen Stalins in seiner Rede vom 1. Mai 1943 - einen ernsteren Wahrheitsgehalt der Meldung nicht aus, und gab zu bedenken, daß die Deutschen jetzt mehr denn je an einem Kompromiß mit Rußland interessiert sein müßten.

Am selben Tag, dem 17. Juni, erreichte die Nachricht von der Sonderausgabe der *Nya Dagligt Allehanda* auch den am Vortag aus Stockholm nach Berlin zurückgekehrten Leiter der Nachrichten- und Presseabteilung des Auswärtigen Amtes, Paul Schmidt. Mit nicht geringer Verwunderung mag er diese am Morgen seines ersten Arbeitstages in Deutschland zur Kenntnis genommen haben. Denn in einem Telegramm an den Deutschen Gesandten in Stockholm bat die Presseabteilung des Auswärtigen Amtes noch am selben Tage darum, eine Ermittlung über die Herkunft dieser Meldung durchzuführen.[83] Am darauffolgenden Tage, dem 18. Juni 1943, teilte Thomsen persönlich der Presseabteilung des Auswärtigen Amts mit, die Meldung der *Allehanda* über die deutsch-sowjetischen Friedensverhandlungen stamme von dem früheren Handelsredakteur der Zeitung, Deck (Pseudonym »Argentarius«); dieser sei ein deutscher Journalist, ehemals Vertreter der *Frankfurter Zeitung* in Stockholm, der mittlerweile die schwedische Staatsbürgerschaft erworben und »zu einem der heftigsten Gegner des Nationalsozialismus« geworden sei. Deck, der nun in Stockholm als selbständiger Wirtschaftsberater tätig sei, unterhalte »vielseitige Beziehungen und gute Verbindungen zu allen Kreisen des öffentlichen Lebens und der Presse«.[84]

Ein amerikanischer Geheimdienstbericht vom 9. August 1943[85], der sich auf mehrere Ereignisse und Quellen beruft (auch »die amerikanische, nicht sehr zuverlässige« Information, die der schwedischen Polizei unter Hinweis auf den Besuch Schmidts vom 10. bis 15. Juni zuging, wurde erst am 18. August verzeichnet, ging also vielleicht spät ein), identifizierte die Teilnehmer an diesen Verhandlungen als Paul Schmidt, den Chef der Presse- und Informationsabteilung des Auswärtigen Amts, und Michail Nikitin, den Handelsrepräsentanten der Sowjetischen Gesandtschaft. Der Ort der Begegnung sei der Seekurort Saltsjöbaden gewesen.

Anfang August 1943 teilte auch der finnische Journalist Arvo Ääri, lange Zeit Stockholmer Korrespondent der höchst respektablen finnischen Zeitung *Helsingin Sanomat,* dem in Stockholm postierten Briten Roger Hinks mit, daß »Schmidt« »neulich« in Stockholm gewesen sei und hier in einem Privathaus zweifellos »zwei Mitglieder der Sowjetgesandtschaft getroffen« habe - eine Nachricht, die von G. O. Wiskeman am 11. August an C. F. A. Warner im Foreign Office weitergeleitet wurde.[86] Das Foreign Office stellte sofort weitere Nachforschungen an[87], die ergaben, daß der von Ääri erwähnte »Schmidt« identisch mit dem Chef der Presseabteilung des Auswärtigen Amts, Paul Schmidt, sei und Gegenstand des Gespräches »Sonderfriedensfühler« zwischen Deutschland und der UdSSR gewesen seien. Die Nachforschungen ergaben ferner, daß »unmittelbar« nach diesem Gespräch die Reise Jarzows nach Moskau erfolgt sei. (Jarzow war Anfang Juli abberufen worden und reiste am 15. Juli 1943 definitiv aus Stockholm ab. Grund für seine Versetzung war seine Verwicklung in die Aktivitäten der prosowjetischen Spionagegruppe Meurlings. Ob er Stockholm bereits vor seiner endgültigen Abreise einmal oder mehrmals verlassen hat, um etwa in Moskau Rapport zu erstatten, ist unbekannt. Dieser britische Bericht verwendet sowohl die Bezeichnung »visit« für den Besuch Jarzows in Moskau als auch »departure« für seine endgültige Abreise.) Weiterhin bestand die Vermutung des Informanten des Foreign Office darin, daß Jarzow einer der Gesprächspartner auf sowjetischer Seite war. Er schien ferner einen Zusammenhang zwischen der Teilnahme Jarzows an dem Gespräch und seiner (Ab-)Reise nach Moskau zu unterstellen.

Am 2. Juli meldete der schwedische Bekannte von Edgar Klaus und Informant des Verteidigungsstabes, Klaus habe ihm im persönlichen Gespräch einige Angaben über seinen Bekannten, »den Mann aus Berlin«, gemacht. In Klammern fügte LO die Worte an seinen Vorgesetzten hinzu: »Du sollst feststellen, wer dieser Mann aus Berlin ist, der mit Klaus zur Sonnenseite (Solsidan) fährt und in der Thammschen Villa übernachtet!« In der Thammschen Villa übernachtete zweifellos kein anderer »Mann aus Berlin« als Schmidt. Die Tatsache, daß er mit Klaus zur »Sonnenseite«, in das von Boening zu solchen Zwecken gemietete Blockhaus fuhr, um sich dort ungestört und unbeobachtet zu unterhalten, zeigt an, daß aus der Sicht der Abwehr Paul Schmidt eine zweite wichtige Kontaktperson war, die man mit sowjetischen Gesprächspartnern in Verbindung zu bringen suchte.

Nach Mitteilung von Klaus an LO hatte sein Besucher, also aller Wahrscheinlichkeit nach Schmidt, angegeben, »daß Deutschland in der nächsten Zeit offiziell um Frieden mit Rußland nachsuchen werde. Der Anlaß dazu sind die gewaltigen englischen Bombenangriffe und die Notwendigkeit, den Rücken freizubekommen.« Die Deutschen - so berichtete Klaus - hätten den Russen nahegelegt, das Baltikum, Polen und die Ukraine abzutreten, wobei das Baltikum ein neutrales Staatengebilde werden und Polen aus den Teilen bestehen würde, die 1939 an Deutschland fielen. Die Ukraine beanspruche Deutschland für sich. Die Russen hätten darauf geantwortet, daß die Deutschen auch auf Ostpreußen und Oberschlesien verzichten müßten, da diese Gebiete Polen als Kompensation für seine Verluste im Osten gegeben werden müßten. »Dies haben die Deutschen nicht akzeptiert, aber die Russen weigern sich, direkte Verhandlungen zu eröffnen, solange dies nicht geschehen ist. Außerdem verlangen die Russen freie Hand auf dem Balkan.« Dort sollte ein panslawischer Staat, bestehend aus Bulgarien und Serbien, gegründet werden, an den Italien auch Triest und Fiume abtreten sollte. Dieser Staatenbund sollte möglicherweise in eine Konföderation mit einer wiedererstandenen Tschechoslowakei eingehen. Damit, so meinte Klaus, würde Rußland sich freien Zugang zum Mittelmeer verschaffen. Er hielt es ferner für »eventuell denkbar, daß die offiziellen Friedensverhandlungen hier in Schweden stattfinden könnten«.

Nach seiner Einschätzung des deutschen Vorgehens befragt, erläuterte Klaus, »die nationalsozialistische Partei hoffe, durch diesen Friedensschluß die Hände freizubekommen, um nach der Zufriedenstellung der Russen erfolgreich gegen die Westmächte kämpfen zu können«. Klaus meint aber, daß sich die Parteiführer verrechnen. Bei Annahme des deutschen Vorschlags durch die Sowjetregierung würde (dort) eine ungeheure Enttäuschung und Indignation ausbrechen. »Wird Deutschland aber gezwungen, den russischen Vorschlag zu akzeptieren - und einen anderen Weg hat es tatsächlich nicht -, so kommt es in Deutschland zweifellos zu einem inneren Zusammenbruch.«

Am darauffolgenden Tag fragte LO Klaus nach seiner Ansicht über die in der Sondernummer der *Allehanda* vom 16. Juni veröffentlichte Meldung. Klaus antwortete salomonisch, »daß die *Allehanda* vollkommen recht gehabt hätte, insofern die Deutschen wirklich versucht hätten, Verhandlungen zustande zu bringen; daß aber Frau Kollontaj mit ihrem Dementi (sie hatte die Meldung inzwischen öffentlich dementiert, I.F.) ebenso recht gehabt habe«, insofern die sowjetische Seite auf die deutschen Vorschläge gar nicht eingegangen und es zu eigentlichen Verhandlungen überhaupt nicht gekommen sei.[88]

Tatsächlich hatte nicht nur Madame Kollontaj umgehend die Meldung der *Allehanda* als »absurd« bezeichnet. Am 18. Juni veröffentlichte die Moskauer TASS eine Meldung, die von »deutschen Routine-Manövern« mit dem Ziel sprach, »Verwirrung unter den Alliierten« zu stiften. Und am selben Tag, nachdem sich Paul Schmidt in Berlin über die Deutsche Gesandtschaft Stockholm über die Hintergründe der Meldung informiert hatte, verbreitete auch der deutsche, für das Ausland bestimmte *Transocean*-Dienst die Meldung, die Nachricht aus Stockholm sei »absolut lächerlich«.

Es scheint - bei Kenntnis der schwedischen Akten - höchst fraglich, ob Schmidt der sowjetischen Seite ein genehmer Gesprächspartner war. Denn die Sowjetische Gesandtschaft hatte seit längerem an einer Verbindung gearbeitet, durch die auch Schmidt privat überwacht wurde. Diese war im Jahre 1943 voll funktionsfähig. Der Zweig der »Roten Kapelle« Schweden, dessen Aufgabe es war, »Auskünfte über die (und von den) Angehörigen der Deutschen Gesandtschaft Stockholm sowie die Deutschen einzuholen, die von Zeit zu Zeit Schweden besuchten«[89], hatte seinen Schatten auch auf Paul Schmidt geworfen. Auf der Liste der Personen, die Per Meurling im Auftrag von Gesandtschaftsrat Jarzow beschatten ließ, stand Paul Schmidt an zweiter Stelle, nach Walter Schellenberg. Sein auch aus schwedischer Sicht herausfordernder Lebensstil bot die Handhabe: Über den Schauspieler Egil Holmsen wurde Brita Bager (Eager?) dem Gesandten als Geliebte zugeführt. Brita Bager, die vermutlich ebenso wie Monica Brilioth in dem Glauben handelte, ihre Angaben dienten dem englischen Geheimdienst, versorgte Jarzow mit Angaben über die Verhältnisse in Deutschland und über die Missionen Paul Schmidts in Schweden. Sie dürften in Anbetracht der charakterlichen Disposition und selbstbewußten Mitteilsamkeit Schmidts nicht unbeträchtlich gewesen sein. Diese Hintergrundinformationen sowie das Auftreten Schmidts in der Öffentlichkeit und möglicherweise auch im Gespräch mit sowjetischen Partnern dürften auf sowjetischer Seite einen nachhaltig negativen Eindruck hinterlassen haben. Tatsächlich hielt es Edgar Klaus in einer späteren Mitteilung an Gesandtschaftsrat Semjonow für notwendig, sich von Paul Schmidt zu distanzieren und ihn als einen ungeeigneten Gesprächspartner abzuwerten.[90] Als einen geeigneteren Verhandlungspartner empfahl er Peter Kleist.

Am 15. Juni 1943 hatte Paul Schmidt Stockholm verlassen, und am 16. Juni, dem Tage, an dem die Sondernummer der *Allehanda* erschien, traf Peter Kleist zu seiner zweiten Begegnungsrunde mit Edgar Klaus in Stockholm ein. Er reiste im Auftrage Ribbentrops, aber offenbar ohne Autorisierung Hitlers. Denn Ribbentrop schrieb später: »Ich habe aber doch durch meinen Verbindungsmann Kleist eine indirekte Verbindung zu Mme. Kollontay in Stockholm aufgenommen. Ohne Autorisation aber konnte ich nichts Entscheidendes tun.«[91] Kleist mietete sich im Strand-Hotel ein und blieb bis zum 20. Juni.[92]

Am Tage nach seiner Ankunft, also vermutlich am 17. Juni, erschien Edgar Klaus - nach Darstellung Kleists mit »augurenhaftem« Lächeln - im Hotelzimmer Kleists. Er habe Kleist dann umgehend den Vorschlag gemacht, seinen alten »Freund Alexandrow«, der sich gerade in Stockholm aufhalte, zu treffen (Kleist hatte den jetzigen Leiter der Mittel-Europa-Abteilung des Außenkommissariats A. M. Alexandrow unter anderem im August 1939 in Moskau getroffen). In wenigen Tagen wolle Alexandrow nach London reisen und am 7. Juli zurück nach Stockholm kommen, »um sich mit Ihnen zu treffen«. Auf Kleists Frage, was denn den Kreml veranlaßt habe, »mit einem Friedensangebot an Deutschland heranzutreten«[93], habe Klaus eine Handvoll russischer Aufzeichnungen aus der Tasche genommen, die angeblich »anhand zweier längerer Diskussionen mit Angehörigen der Sowjetgesandtschaft« entstanden seien, und zu einem längeren Exkurs ausgeholt. »Mit großer Bestimmtheit« habe Klaus die Entschlossenheit der Kremlführung vorgetragen, nicht eine Minute länger als nötig für die Interessen Englands und Amerikas zu kämpfen. Denn der Krieg, in den sich Hitler in seiner durch die Intrigen der kapitalistischen Welt verblendeten Phantasie habe treiben lassen, habe die Sowjetunion in ihrer wichtigsten Aufbauphase getroffen. Und nun lieferten dieselben Mächte der Sowjetunion gerade ebenso viele Hilfsgüter, wie diese benötige, um Deutschland »unter Inanspruchnahme ihrer letzten Ressourcen« in einem Vernichtungskampf zu schlagen. Doch »über der Leiche des vernichteten Deutschlands wird die erschöpfte, aus vielen Wunden blutende Sowjetunion den blanken, von keinem Hieb abgestumpften Waffen der Westmächte entgegentreten müssen«. Nach den langen Vertröstungen Churchills und Roosevelts sehe sich die Sowjetführung nun in eine Lage versetzt, in der sie viele Tausende von Quadratkilometern unter enormen Verlusten von Menschen, Material und Zeit zurückerobern müßte. Sie habe dabei bisher keine einzige Kriegszielgarantie aus westlichem Munde gehört. So scheine es an der Zeit, die von der deutschen Wehrmacht eroberten Gebiete zum Verhandlungsgegenstand eines konkreten Geschäftes zu machen. Denn unter diesen Umständen würden der Sowjetunion wenigstens zwei Garantien zufallen: Sie würde Zeit erhalten, ihre Wunden zu heilen; und sie fände in einem noch erhaltenen Deutschland einen Wirtschaftspartner, der ihr bei der Erschließung ihrer Ressourcen, nicht zuletzt im Ural, behilflich sein könnte, denn dorthin würde die Sowjetführung in Zukunft ihr Augenmerk richten. Diese Edgar Klaus von Kleist in den Mund gelegten Argumente klingen stark an die innere deutsche Diskussion jener Monate an und richteten sich, wenn sie wirklich so verwendet worden wären, wohl überwiegend an die Vorstellungskraft eines deutschen Ost-Experten vom Schlage Kleists.

Am 20. Juni (nicht »am nächsten Morgen«, wie sich Kleist irrtümlich zu erinnern glaubte[94]) reiste Peter Kleist über Malmö nach Deutschland zurück. Am Tage seiner Rückkehr griff die Abwehr in Berlin in das Geschehen ein, um der Initiative die größtmögliche Dringlichkeit und Überzeugungskraft zu verleihen. Canaris übermittelte dem FHQ offenbar die Nachricht, er habe durch seine Beauftragten in Stockholm sichere Kenntnis davon erlangt, daß eine Person, die enge Beziehungen zur Sowjetischen Gesandtschaft unterhalte, sich mit einem deutschen Angehörigen der Dienststelle Ribbentrop getroffen habe, um diesen auf die Möglichkeit eines deutsch-sowjetischen Friedensschlusses hinzuweisen. Nicht ausgeschlossen ist auch die Vermutung Kleists, die sich angeblich auf die Mitteilung Kaltenbrunners an ihn gründete: Der Abwehrchef selbst habe »durch ultimative Übersteigerung eine schnelle Reaktion des Hauptquartiers zu erreichen« versucht.[95] Zur Bestätigung der Authentizität dieser Mitteilung der Abwehr ging wenig später auch die Nachricht des Abwehrbeauftragten Stockholm ein, der fragliche Mittelsmann zur Sowjetgesandtschaft sei in der Stockholmer Kungsgatan beim gemeinsamen Einkaufsbummel mit dem Mitglied des sowjetischen Außenministeriums, Alexandrow, gesehen worden.[96] Dies dürfte eine Nachricht Boenings gewesen sein.[97] Gleichzeitig schickte der Gesandte Thomsen am 21. Juni 1943 ein Telegramm an das Auswärtige Amt[98], das eine weitere wichtige Mitteilung enthielt, die KO-Leiter Wagner von seinem »Gewährsmann« erhalten habe: sie besagte, daß sich »zur Zeit der Beamte des russischen Außenministeriums Alexandrow, früher Legationsrat bei der Sowjetbotschaft in Berlin, jetzt angeblich Vertreter von Molotow«, in Schweden aufhalte. Am 20. dieses Monats sei Alexandrow bei der Britischen Gesandtschaft eingeladen, heute besuche er Madame Kollontaj in Mösseberg bei Gotenburg und am 22. sei er Gast des Amerikanischen Gesandten in Stockholm. Er beabsichtige, in den nächsten Tagen nach London zu fliegen, um nach etwa zwei Wochen nach Stockholm zurückzukehren. »Gewährsmann mitteilt weiter, Alexandrow habe den Wunsch geäußert, mit einem ihm bekannten Herrn des deutschen Auswärtigen Dienstes zusammenzutreffen, jedoch nicht mit Gesandten Schnurre oder Generalkonsul Nöldecke.« Abschließend bestätigte das Telegramm, daß die im FHQ geltende »Sprachregelung« eingehalten worden war: »Gewährsmann bestätigt auf Befragen KO-Leiters ausdrücklich, daß die Initiative zu einem derartigen Zusammentreffen in vorliegendem Fall von Alexandrow ausgeht.«

Verwirrung im Führerhauptquartier

Die Initiative war gut durchdacht, doch hatte die Abwehr die Einschaltung eines interessierten Dritten außer acht gelassen: Das RSHA, das die Demarchen der Abwehr in zunehmendem Maße kontrollierte (Schellenberg war selbst ja möglicherweise noch in Stockholm), hatte sein eigenes Interesse an diesem Wege entdeckt und war nun bemüht, die in Reifung befindlichen Früchte zu ernten.

Kaltenbrunner ließ Kleist - nach dessen Darstellung[99] - unmittelbar nach seinem Eintreffen in Berlin zum Verhör zu sich bringen und erfuhr von ihm die Details der Stockholmer Gespräche. Nicht ausgeschlossen ist freilich auch die Möglichkeit, daß Kleist selbst sich in seiner Eigenschaft als SS-Obersturmbannführer mit Kaltenbrunner in Verbindung setzte, da er erkannte, daß seine »historische Mission« an der Bedeutungslosigkeit und Charakterschwäche seines zivilen Dienstherrn Ribbentrop zu scheitern drohte. (So zumindest verfuhr Kleist - wie deutsche Dokumente zeigen - im Sommer 1944.)

Um den 22. Juni 1943 schienen die Aktivitäten, die Abwehrchef Canaris von langer Hand vorbereitet hatte, ihr Ziel erreicht zu haben. Von zwei, möglicherweise von drei Seiten, nämlich von Ribbentrop (Informant Kleist), von Himmler (Informant Kaltenbrunner/Kleist) und vielleicht von Schellenberg war Hitler unabhängig von Canaris' eigenen Mitteilungen die der »Sprachregelung« entsprechende Nachricht zugegangen, »die Russen« hätten dem Dritten Reich ein Friedensangebot gemacht und in diesem Zusammenhang einen als ehemals deutschfreundlich bekannten hohen Angehörigen des Außenkommissariats nach Stockholm bemüht. Freilich warfen diese Informationen zahlreiche Fragen auf. Einige davon hätten die Legitimität des Mittelsmannes berühren sollen. Interessanterweise schien dies aus Berliner Perspektive hinreichend gesichert. Es ist keine Aussage bekannt, in der die Rolle von Edgar Klaus als die eines sowjetischen Mittelsmannes in Zweifel gezogen oder in Frage gestellt worden wäre. Der Wunsch, in ihm den »Gewährsmann der Frau Kollontaj« zu sehen, war offenbar größer als eine nüchterne Abwägung seiner Hintergründe. Ein zweiter Kreis von Fragen hätte der Möglichkeit einer Präsenz des »großen« Alexandrow in Schweden gelten sollen. Doch auch in dieser Frage galten die gleichlautenden Mitteilungen in mündlichen Auskünften und Telegrammen als eine ausreichende Garantie, Reisepläne und Absichten von A. M. Alexandrow als hinreichend verbürgt. Dabei hätte eine simple Recherche der Ubiquität Alexandrows zu dieser Zeit die Nachrichten aus Stockholm in einem höchst zweifelhaften Licht erscheinen lassen müssen. »Gesandtschaftsrat A. M. Alexandrow« war der australischen Regierung vom Sowjetischen Außenkommissariat als Angehöriger der ersten diplomatischen Mission der UdSSR avisiert worden, die am 5. März 1943 in Australien eintraf. Allerdings befand sich dann Alexandrow nicht unter den Anreisenden. Auf Anfrage des Australischen Außenministeriums, wann denn mit dem Eintreffen Alexandrows zu rechnen sei, erklärte die Sowjetische Mission, er werde Ende April folgen.[100] Doch erst Ende Mai 1943 hielten die *Current Notes on International Affairs,* eine Veröffentlichung des Australian Department of Foreign Affairs, fest, daß »Counsellor Alexandrow ... recently arrived in Australia and is now in Canberra«. Die Kenntnis dieser Tatsache hatte das Department nicht durch eine offizielle Anmeldung erlangt. Vielmehr hatten die australischen Sicherheitsorgane die Ankunft Alexandrows präzis auf den 21. Mai 1943 datiert. Demgegenüber erwähnte die Veröffentlichung des Commonwealth of Australia, *Diplomatic and Consular List,* vom Januar 1944 weder den Namen Alexandrow noch die Position eines Gesandtschaftsrates der Sowjetvertretung. Hingegen betonte ein Ernennungsschreiben vom November 1944, das dem Australischen Außenministerium zuging, daß A. A. Soldatow, der bis dahin Erster Sekretär der Gesandtschaft war, zu diesem Zeitpunkt zum Gesandtschaftsrat ernannt wurde und Alexandrow in dieser Position ablöste. Wenngleich diese fragmentarischen Angaben einen phantomhaften Charakter der Präsenz Alexandrows in Australien anzudeuten scheinen, erscheint es doch aus australischer Sicht als »unwahrscheinlich, daß ein führender sowjetischer Diplomat in Kriegszeiten zu einem geheimen Treffen um die halbe Welt reisen würde, da die Schwierigkeiten und die Möglichkeit, gesehen und erkannt zu werden, seine Mission mit Sicherheit gefährden würden. Und es muß als höchst unwahrscheinlich erscheinen, daß er einen Monat nach seinem Eintreffen in Canberra in Stockholm gewesen sein könnte.«[101]

Die einzige Erklärungsmöglichkeit, die sich in Anbetracht dieser Tatsachen bietet, besteht darin, daß eine – wie immer zustande gekommene – Verwechselung der beiden Namensvettern »A. M. Alexandrow«, nämlich des »großen Alexandrow« aus dem sowjetischen Außenkommissariat und des »kleinen Alexandrow« aus den unteren Geheimdiensträngen der Sowjetischen Gesandtschaft in Stockholm, vorlag. Und denkbar sind mehrere Möglichkeiten, wie es zu solchem Mißverständnis kam. Es ist durchaus möglich, daß Klaus sporadische Kontakte zu dem schwedischsprechenden Angehörigen des sowjetischen Geheimdienstes in Stockholm, Andrej Michajlowitsch Alexandrow, hatte und ihn zu diesem Zeitpunkt dafür gewinnen konnte, sich zu einem Gespräch mit einem deutschen Unterhändler einzufinden, falls ein solcher erschiene. Eine Mitteilung dieses Inhalts an Kleist konnte diesen aufgrund seines gesteigerten Selbstgefühls spontan zu der Vorstellung verleiten, es könne sich nur um den Leiter der Mitteleuropa-Abteilung des Außenkommissariats handeln - denn wen anders würde Stalin ihm und seinen deutschen Kollegen präsentieren! Von Kleist, der als Experte in sowjetischen Fragen galt, konnte solch anmaßende Erklärung auch zu Boening gelangt sein, der sich auf polnische Fragen spezialisiert hatte und sich in der sowjetischen Nomenklatur mit Sicherheit nicht auskannte. Von Boening gelangte die Nachricht dann zu Wagner und von diesem zum Gesandten Thomsen. Der KO-Leiter Stockholm und der Gesandte waren der Interna der Kreml-Hierarchie noch weniger kundig. Und so konnte diese allseitig bestätigte Kolportage auf den Schreibtisch Ribbentrops und zum Befehlsstand Hitlers gelangen.

Denkbar ist aber auch eine andere Möglichkeit. Alle an der Demarche beteiligten und an Friedensgesprächen interessierten Personen, nämlich Klaus, wahrscheinlich Boening und Wagner und besonders Canaris in Berlin, konnten ein Interesse haben, daß Hitler das »Angebot« von Stalin auf einer möglichst hohen und gewichtigen Ebene präsentiert wurde. Ein Mann wie der »große« Alexandrow stellte ja in den Augen der Berliner Empfänger dieser Nachrichten einen wesentlich bedeutenderen Überbringer dar als ein kleiner in Stockholm placierter Geheimdienstagent. Es mag also eine Art Konspiration der Übertreibung vorliegen, die das Ziel hatte, diesen Nachrichten ein größeres Gewicht und einen zwingenderen Charakter zu geben.

Wie immer die Entstehung der Mitteilungen zu erklären ist, die in dem außergewöhnlichen Telegramm vom 21. Juni 1943 enthalten waren -, sie wurden von den maßgeblichen Personen in der Regierung Hitlers mit einer aus heutiger Sicht unbegreiflichen Leichtgläubigkeit aufgenommen. Die Erklärung dafür liegt zweifellos ebenso in ihrem maßlos gesteigerten Selbstgefühl wie in dem intensiven Wunsch, die Sowjetregierung könne tatsächlich auf diese Weise das Geschehene ungeschehen machen wollen. Ribbentrop, der vermutlich aus Scham über sein »Versagen« in dieser Angelegenheit die anderen, gleichlautenden Telegramme aus Stockholm aus den Akten des Auswärtigen Amts entfernen ließ, hat diesen Wunsch mit Sicherheit gehegt. Anders schien, zumindest in Hinblick auf das oberflächlich Beobachtbare, die Einstellung Hitlers zu sein. Zwar war er allem Anschein nach von der Präsentation der »Tatsachen« so beeindruckt, daß auch er ihren Wahrheitsgehalt in keiner Weise in Zweifel zog. Doch setzte sich sein mißtrauischer Instinkt in anderer Weise zur Wehr. Er wähnte die Intrige nicht im eigenen Hause, in der eigenen Abwehr, sondern im Lager der »Weltverschwörung des Judentums« gegen ihn.

Die Reaktion, die das Telegramm aus Stockholm vom 21. Juni 1943 sowie alle zu ihm erhaltenen, einschlägigen Informationen im Führerhauptquartier auslösten, ist in mehreren Erinnerungen bezeugt, die fragmentarische, aber gleichlautende Hinweise enthalten: Hitler überprüfte sie und stellte dann die Frage nach der Rassenzugehörigkeit der Beteiligten. Im Falle von Klaus dürfte auf diese Frage eine Antwort erfolgt sein, die seine jüdische Herkunft zumindest nicht völlig ausschloß. Im Falle Alexandrows, eines russischen Kleinadligen, reichte die Kenntnis der Umgebung Hitlers nicht aus, um einen jüdischen Hintergrund ganz auszuschließen. (Graf Schulenburg, der die Frage treffsicher hätte entscheiden können, wurde vielleicht im ersten Moment noch nicht gehört.) Daraufhin habe Hitler einen seiner bekannten Tobsuchtsanfälle bekommen, sich gegen diese »dreiste jüdische Provokation«[102] schrecklich erbost und gedroht, er werde alle, die mit ihr zu tun hatten, zur Verantwortung ziehen.[103]

Paul Schwarz gibt in seiner Darstellung dieser Vorgänge eine längere Version: Himmler, der die Fakten aus den Berichten der (nach Stockholm entsandten) SS-Männer erhalten hatte, eilte ins Führerhauptquartier nach Ostpreußen, wo Hitler die Angelegenheit sowie alle dazugehörigen Dokumente ausführlich prüfte. Nach Hitlers Frage, ob Alexandrow Jude sei, habe Himmler zunächst im Auswärtigen Amt nach Auskünften gefragt. Dort hätten Graf Schulenburg und der Gesandte von Grundherr, der Leiter der Skandinavienabteilung, die Frage definitiv verneint. Dennoch habe man eine Anfrage beim Deutschen Botschafter in Bulgarien, Adolph H. Beckerle, für nötig befunden. Beckerle habe sich über das bulgarische Außenministerium beim Bulgarischen Botschafter in Moskau, Iwan Stamenoff, nach der nationalen Zugehörigkeit von Alexandrow erkundigt. Dabei sei eine Information nach außen gedrungen (»leak«), und der sowjetische Geheimdienst hätte von den Erkundungen erfahren. Moskau habe Alexandrow umgehend aus Stockholm zurückbeordert. Damit sei seine Mission gescheitert, bevor Hitler noch zu einer Entscheidung gelangte.

An dieser gewundenen Version klingt wohl nur der Dilettantismus, mit dem solche Nachforschungen betrieben wurden, an die wahren Gegebenheiten an. Hitler war schwerlich bereit, sich auf diese Weise in Moskau Rat zu holen. Es befanden sich ja kompetente Personen in der weiteren Umgebung Ribbentrops, die in solchen Fragen Auskunft geben konnten – nur wurden selbst sie höchst selten gehört.

Im vorliegenden Falle scheint die Nachricht von dem Hitler vorgetragenen »Angebot aus Moskau« wiederum Botschafter Graf Schulenburg erreicht zu haben. Dieser teilte wenige Tage später, noch im Juni 1943, dem jungen Legationsrat Groepper, der während des Molotow-Ribbentrop-Paktes kurze Zeit an der Deutschen Botschaft Moskau unter seiner Leitung gearbeitet hatte, mit: »Die Russen haben uns ein Angebot gemacht!«[104] Er selbst habe Ribbentrop empfohlen, unbedingt auf »diese Anregung« einzugehen. Über Botschafter Hewel habe er auch eine diesbezügliche Notiz an Hitler geleitet, dieser habe »jedoch abgelehnt«. Ob es sich bei der von Schulenburg erwähnten Notiz um die Denkschrift handelte, welche Ribbentrop nach eigenen Angaben »im Jahre 1943, das war, glaube ich, nach dem italienischen Zusammenbruch«, Hitler überreichte, ist ungeklärt.[105]

Tatsächlich war Ribbentrop dieses Mal, stärker als bei früheren Überzeugungsversuchen, für die Idee eines baldigen Friedensschlusses im Osten eingenommen. Als erklärter Feind Englands hegte er die Zuversicht, nach einem Frieden im Osten dem Feind im Westen eine unvergeßliche Lektion zu erteilen. Möglicherweise hat Ribbentrop in dieser Zeit in einer Weise von seiner Entscheidung, Frieden mit den Russen zu schließen, gesprochen, die Anlaß zu Gerüchten gab. Eines, aber nicht das einzige dieser Gerüchte, die Ribbentrop eine Initiative in dieser Richtung unterstellten, war die Mär, Ribbentrop selber habe sich in Winniza oder in Moskau oder an einem anderen Orte mit Molotow getroffen. Nicht ausgeschlossen werden kann die Möglichkeit, daß es sich dabei um ein Produkt der Desinformation aus dem Sonderreferat Frieden handelte, das unter anderem geeignet sein sollte, das Murren der deutschen Landser in Rußland zu beschwichtigen. In jedem Fall hat sich dieses Gerücht hartnäckig gehalten und wird bis heute kolportiert. Es zirkulierte erstmals im Sommer 1943[106], wurde in den ersten Nachkriegsjahren ungeprüft wieder aufgegriffen[107] und schien in den Befragungen, die der englische Historiker Liddell Hart unter deutschen Militärs durchführte, eine Bestätigung zu finden.[108] Keines dieser Gerüchte von einem Treffen zwischen Molotow und Ribbentrop während des deutsch-sowjetischen Krieges hält der historischen Nachprüfung stand. Wohl aber gibt es aus derselben Zeit mehrere Beweise dafür, daß von deutscher Seite eine Desinformationstätigkeit größeren Umfangs betrieben wurde und diese häufig auch mit den Möglichkeiten eines deutsch-sowjetischen Ausgleichs spielte.[109] Schließlich gebrauchte Hitler selber – nach Aussage Botschafter Hewels in Nürnberg – die Mittel der Desinformation im Hinblick auf etwaige laufende Gespräche in dieser Richtung, um die Nachfragen seiner Umgebung zum Schweigen zu bringen und seine Mitarbeiter in dem Glauben zu wiegen, deutsch-sowjetische Verhandlungen fänden bereits statt.[110] Bewußte Desinformation aus der einen oder anderen Richtung oder aber auf vagen und anmaßenden Äußerungen basierende Übertreibungen dürften der wahre Nährboden dieser Gerüchte gewesen sein.

Die Gerüchte mehrten sich gegen Ende Juni in einem solchen Maße, daß das US State Department einen Gedankenaustausch zur Frage der Aktualität eines deutsch-sowjetischen Ausgleichs einleitete, in den sich auch das OSS einschaltete.[111] Man hielt es für wahrscheinlich, daß

Hitler in einem temporären Frieden im Osten den Ausweg aus der hoffnungslosen Zweifronten-Situation suchte, in der sich Deutschland befand, »denn ein Abkommen mit den Westmächten steht außer Frage«. Dem stand als Argument die Unlösbarkeit der Territorialfragen gegenüber. Rußland könne - auch im Hinblick auf die psychologische Lage im Lande - nur einen Totalrückzug der deutschen Truppen von sowjetischem Gebiet fordern. Doch könne Hitler dieser Forderung aus zwei Gründen kaum entgegenkommen: Eine Massierung der in Reorganisation befindlichen Sowjetarmee entlang der deutschen Ostgrenzen wäre eine Bedrohung, der Deutschland in Zukunft ausgesetzt wäre; die Verfügbarkeit der Rohstoffe und Agrarprodukte, derentwegen Hitler unter anderem den Ostfeldzug begonnen habe, sei nicht länger gewährleistet, und Deutschland könne ohne sie den Krieg im Westen nicht führen. »Es ist *unwahrscheinlich,* daß Hitler dies akzeptieren wird, und ziemlich *wahrscheinlich,* daß Stalin zustimmen würde, wenn er seine Gebiete zurückbekäme. (Aber es ist natürlich nicht *gewiß,* daß Stalin dies tun würde.)« Sicher sei, daß Rußland in jedem Falle eine Situation vorziehen würde, in der die Westmächte bald eine ernsthafte Zweite Front in Westeuropa (nicht auf dem Balkan) errichteten. Stalin hätte dann ein Druckmittel in der Hand, mit dessen Hilfe er durch geschicktes Taktieren mit Deutschland größere Vorteile von den Westmächten erpressen könnte.

Die Verfestigung der sowjetischen Position

Diese Überlegungen erfolgten vor dem Hintergrund der Koalitionskrise, die ihren Höhepunkt erreicht hatte, als Hitler die Nachrichten aus Stockholm zugeleitet wurden. Um den Tag, als Klaus den Mitarbeiter der Dienststelle Ribbentrops auf die aktuelle Möglichkeit eines deutsch-sowjetischen Ausgleichs aufmerksam gemacht hatte, ermächtigte Premierminister Churchill seinen Botschafter in Moskau, Sir A. Clark Kerr, allen weiteren Beschwerden Stalins gegenüber eine »robuste Haltung« einzunehmen. Zu gegebener Zeit dürfe er Stalin auch gern einmal auf die Gefahren einer Beleidigung der beiden Westmächte hinweisen, deren Kriegstüchtigkeit mit jedem Monat zunehme ... Schließlich habe auch die Sowjetregierung passiv zugesehen, als Großbritannien in der ersten Phase des Weltkrieges unter den deutschen Stößen nahezu zusammengebrochen sei. Clark Kerr, der in seinem Schreiben an Churchill vor unvorhersehbaren Handlungen Stalins warnte, überbrachte am 19. Juni 1943 in Moskau die unterkühlte Nachricht, auch Churchills lang währende Geduld habe einmal ein Ende. Am 24. Juni setzte Präsident Roosevelt Churchill davon in Kenntnis, daß er Stalin zu einer gemeinsamen Konferenz eingeladen habe. Ziel dieser Konferenz sollte aber nicht – wie Stalin zu diesem Zeitpunkt hoffte – eine Klärung der gemeinsamen Kriegsziele und Nachkriegspläne sein. Vielmehr sollte Stalin von der Notwendigkeit überzeugt werden, die Sowjetarmee im Oktober 1943 in die entscheidende Winteroffensive zu führen. Falls ein solches Treffen in den Sommermonaten nicht zustande käme – so ließ Roosevelt Churchill wissen –, wäre vieles verloren.

In seiner Antwort an Churchill am 25. Juni rekapitulierte Stalin mit kühler Ironie die Schritte der Westmächte, die auf seiten der Sowjetregierung nicht nur Enttäuschung, sondern auch einen großen Vertrauensverlust ausgelöst hätten. Die Sowjetregierung, dies war der Tenor seines Schreibens, könne »sich mit einer solchen Mißachtung der vitalsten sowjetischen Interessen im Kampfe gegen den gemeinsamen Feind nicht abfinden«.[112] Churchill antwortete Stalin am folgenden Tage, dem 26. Juni, »von den Vorwürfen ... völlig unberührt«, und ließ am 29. Juni eine Kopie des »sehr unangenehmen« Schreibens Stalins zu Roosevelt gelangen. Sein Begleitschreiben an den amerikanischen Präsidenten enthielt alle Anzeichen von Beunruhigung: Die Rückberufung der Sowjetischen Botschafter aus den drei »großen« Botschaften, Majskij, Litwinow und Bogomolow, Ende Juni sowie das durch die Bindung der deutschen Kräfte im Mittelmeerraum allein nicht erklärliche Ausbleiben der deutschen Sommeroffensive an der Ostfront schienen anzudeuten, daß in Moskau und Berlin undurchschaubare Entscheidungen getroffen wurden. Doch sprachen sich Außenminister Eden und das Foreign Office nach Überprüfung aller vorliegenden Berichte und Expertisen definitiv gegen die Möglichkeit aus, daß »in Rußland eine entscheidende *volte-face* bevorstehe«. Auch der Premierminister selber betrachtete eine solche Wendung »angesichts der Tatsachen, die sich zwischen den deutschen und russischen Massen ereignet haben, und angesichts des russischen Interesses an der zukünftigen Welt« als unmöglich.

Dennoch mehrten sich die Anzeichen dafür, daß Stalin im Begriff war, im Alleingang Entscheidungen zu treffen, die im vitalen Interesse der Sowjetunion lagen. Die Abberufung der Botschafter aus den Hauptstädten der verbündeten Länder »zu Konsultationen« nach Moskau war – wie damals vermutet und in der Zwischenzeit nachgewiesen wurde[113] – ein Glied im Prozeß einer entscheidenden Wende, die Stalins Kriegs- und Nachkriegspolitik in diesen Wochen nahm. Die Botschafter reisten, wie Majskij später schrieb, »zur Teilnahme an Beratungen über die Nachkriegsprobleme«. Die Verschiebung der Zweiten Front – wie es schien – ad infinitum, die nach Stalingrad vermehrten Nachrichten von geheimen Treffen zwischen Vertretern der Achsenmächte und Abgesandten der Westmächte sowie die Tatsache, daß Stalin die Entscheidungen der Washingtoner Konferenz niemals in toto mitgeteilt wurden, verfestigten auf sowjetischer Seite die Überzeugung, daß eine »Aktivität von separatem, ja teilweise antisowjetischem Charakter« im Gange war, die »auf die Errichtung der beherrschenden Positionen der USA und Englands in der Nachkriegswelt gerichtet und imperialistischen Kalkülen unterworfen« war.[114] Um dieser Nachkriegsplanung, in der die Sowjetunion einem Komplott der »imperialistischen Kräfte« der Achsenmächte mit ihren Verbündeten in den westlichen Ländern zu unterliegen schien, zuvorzukommen, betrieb Stalin für einige – und dies waren militärisch die entscheidenden – Wochen uneingeschränkt eigene Nachkriegsplanung.

Das erste Ergebnis dieser »Beratungen« war eine kritische Bestandsaufnahme der britischen und amerikanischen Positionen, als deren Resultat am 1. Juli 1943 in der Regierungszeitschrift *Der Krieg und die Arbeiterklasse* der programmatische Artikel »Über die Kriegsziele« erschien.[115] Der Artikel, der vorgab, eine reine Kompilation der Kriegszieldiskussionen westlicher Regierungskreise zu sein, nahm in Wahrheit konkrete politisch-territoriale Grenzziehungen vor, wie sie dem Interesse Stalins entsprachen, und meldete unmißverständlich und mit drohenden Nebentönen die sowjetischen Ansprüche auf das besiegte Europa, ja »in der Welt« an. Der treibende Motor dieser erstmaligen und wohlbedachten öffentlichen Grenzziehung des neuen Europa war das deutliche Bemühen der Sowjetregierung, jenen Kräften in der westlichen Welt zuvorzukommen, die »noch immer und (gerade) jetzt einen Separatfrieden mit einzelnen oder allen Ländern der Achse schließen« möchten, um das vielzitierte »Streben der UdSSR nach ›Bolschewisierung‹ Mitteleuropas« zu unterbinden. Während diese Kräfte nun, nach der Wende des Kriegsgeschehens, ihre »Kriegsziele« zur Sprache brächten, ginge es der Sowjetführung – so der Verfasser Malinin –, deren »Ziel« ja nur die Befreiung aller von Hitler-Deutschland unterdrückten Nationalitäten sein könne, allein um den »Nachkriegsaufbau«. Dieser »Aufbau« sollte sich etwa nach folgenden Linien vollziehen: In Deutschland sollten die Hauptschuldigen, in erster Linie Hitler und seine Gehilfen sowie die gesamte nationalsozialistische Partei, zur Verantwortung gezogen und ein Staat – ob geeint oder geteilt, blieb offen – geschaffen werden, der so weit vom Preußentum gereinigt und entmilitarisiert wäre, daß er keinen weiteren Weltkrieg provozieren könnte. Das deutsche Volk sollte, sofern es dem friedlichen Wiederaufbau nach den Vorstellungen der Sowjetmacht zustimme, mit gerechter Härte, aber nicht unter erniedrigenden Bedingungen in die neue Ordnung integriert werden. Die Grenzen des künftigen Deutschland sollten im Osten möglichst an der Oder liegen – denn Polen beanspruche nicht nur Ostpreußen und Schlesien (dies teilte auch Klaus am 2. 7. seinem Gesprächspartner LO mit), sondern das Land östlich der Oder. Die Tschechoslowakei wünsche die Wiederherstellung ihres Territoriums und die Aussiedlung der Sudetendeutschen nach den Maßstäben der

Vergeltung für die nationalsozialistische Besiedlungspolitik. Italien sollte von der Herrschaft Mussolinis befreit und die faschistische Partei liquidiert werden. Die Entscheidung über seine künftige Staatsform sollte dem italienischen Volk anheimgestellt werden, wobei die Frage einer geeigneten »Übergangsregierung« zu lösen sei. Hinsichtlich des weiteren Schicksals von Italien mangele es nicht an Projekten (Klaus zufolge wünschte die UdSSR Fiume und Triest als Teil einer slawischen Staatenkonföderation zu sehen). Was die kleinen Nationen betreffe, so würden gegenwärtig Theorien über ihre Unterstellung unter die Vormundschaft der Großmächte oder aber zur Bildung von Föderationen und Konföderationen diskutiert, wobei einige dieser Theorien den Eindruck erweckten, daß die Medizin schlimmer als die Krankheit sei. Entschieden verwahrte sich der Artikel dagegen, all den nationalen Regierungen und Komitees, Thronprätendenten und »kompromittierten Politikern« im Exil ein Mitspracherecht bei der Gestaltung ihrer Länder nach dem Kriege einzuräumen; gerade ihnen aber brächten »Vertreter des State Department in Washington und des Foreign Office in London« ein besonderes Wohlwollen entgegen. Als ein Beispiel solcher wenig wünschenswerten Emigranten verwies der Artikel auf die polnische Exil-Regierung Sikorskis (Sikorski selbst war wenige Wochen zuvor auf ungeklärte Weise zu Tode gekommen). Statt dessen sollten die Vereinten Nationen Übergangsregierungen schaffen, die später von selbstgewählten Volksvertretern der entsprechenden Völker abgelöst würden. Dabei ließ der Artikel keinen Zweifel darüber bestehen, daß der Sowjetregierung ein entscheidendes Mitspracherecht in diesem Prozeß gebühre: »Der Sowjetunion, die ein Sechstel des Erdkreises einnimmt, dem mächtigsten Kontinentalstaat, der in diesem Kriege seine gewaltige Macht und das Vorhandensein unbegrenzter Ressourcen bewiesen hat, wird ... eine der entscheidenden Stimmen bei der Organisation des Nachkriegsaufbaus der Welt gehören.« Denn von allen Vereinten Nationen habe die Sowjetunion den heftigsten Schlägen der Hitler-Horden standhalten müssen und benötige daher am meisten zur Wiederherstellung ihrer Wirtschaft einen »beständigen Frieden ... Nicht eines der angesprochenen Probleme des Nachkriegsaufbaus kann und darf ohne ihre direkte und aktive Teilnahme entschieden werden.«

Im Rahmen dieser Kursbestimmung, der öffentlichen Festlegung der eigenen Ansprüche in der Nachkriegsordnung der »Welt«, vollzog Stalin vor dem Hintergrund einer nahezu totalen Kommunikationssperre gegenüber den westlichen Alliierten (erst am 8. September antwortete er trotz mehrmaliger Erinnerungen in einer für die Westmächte akzeptablen Form auf die Einladung Roosevelts zu einer Dreierkonferenz!) zwei strategische Wenden: Er entwickelte einerseits eine Strategie zur Förderung der nationalen Widerstands- und Untergrundbewegungen, wobei er die Gruppen der kommunistischen und Arbeiterparteien unter ihnen durch gezielte Waffenhilfe zu Trägern künftiger »Übergangsregierungen« zu machen beabsichtigte – die neueste sowjetische Darstellung stellt die »Frage des Verhältnisses zur Widerstandsbewegung« und der Förderung der »aktiven Rolle« der Kommunisten in ihr in einen direkten Zusammenhang mit den »Konsultationen« Stalins und seiner führenden Diplomaten und Militärs Ende 1943.[116] Und Stalin ordnete andererseits ohne jede Konsultation und vorherige Information seiner Verbündeten als eine Art deutscher Nachkriegsregierung im Exil die Gründung des Nationalkomitees Freies Deutschland (12. Juli 1943) an.[117] Mit diesen Maßnahmen beabsichtigte er – die freiheitlichen Bestrebungen vieler Beteiligter in Anspruch nehmend – die Brechung des »faschistischen Blocks« von innen, die Sprengung des »preußischen Militarismus« durch ein geeignetes Instrument in seiner eigenen Hand in dem Moment, in dem Friedensfühler aus den Oppositionskreisen Italiens, Rumäniens, Finnlands und selbst Deutschlands ihm das Abbröckeln der Achse und die Selbstauflösung der nationalsozialistischen Schreckensherrschaft ankündigten. Gleichzeitig gelang es ihm, auch auf dem Schlachtfeld den letzten und überzeugenden Beweis für den von ihm beanspruchten Platz in der Nachkriegsordnung »der Welt« zu erbringen: Das »Unternehmen Zitadelle«, in das Feldmarschall von Kluge die deutsche Wehrmacht am 5. Juli 1943 führte, um eine Revision der Wende von Stalingrad zu erzwingen, wuchs sich zu der gewaltigen Panzerschlacht von Kursk und Orël aus, in der die Sowjetarmee in ihrer Gegenoffensive vom 11. Juli an in ganzen fünf Tagen die Lage an der Ostfront bestimmte. Bei ihrem Sieg am 16. Juli hatte die Rote Armee 70000 deutsche Soldaten und Offiziere, 3000 Panzer, 5000 Motorfahrzeuge und 1400 Flugzeuge kampfunfähig gemacht. Die Schlacht von Kursk und Orël, deren militärische Dispositionen der sowjetischen Armeeführung aufgrund eines nunmehr fast lückenlos funktionierenden, in sowjetischem Auftrag tätigen internationalen militärischen Nachrichtendienstes in allen Einzelheiten im voraus bekannt waren[118], besiegelte die Niederlage Deutschlands im Osten.

3. Das Scheitern der deutschen Fühlungnahmen im Herbst 1943

Der Sommer 1943 brachte Niederlagen der deutschen Heeresverbände an allen Fronten. Im Osten hatten die sowjetischen Truppen den Kaukasus zurückerobert und strömten nun in breiter Front in die Ukraine ein. In Nordafrika kapitulierten das Afrikakorps und die an seiner Seite kämpfenden italienischen Truppen. Die englischen und amerikanischen Expeditionskorps eroberten Sizilien und etablierten damit einen Brückenkopf, der ihnen bald darauf erlaubte, auf dem europäischen Festland Fuß zu fassen. Die deutsche Heimatfront war durch die heftigen Luftangriffe mit schwergewichtiger Massierung auf die Basen der Kriegsproduktion und des Nachschubs stark getroffen. Jede auch nur im geringsten verantwortlich handelnde Regierung hätte sich durch diese Lage zu einer Bankrotterklärung verpflichtet gefühlt. Es schien – besonders beim Abhören der neuen Töne, die in den Verlautbarungen von in sowjetische Kriegsgefangenschaft geratenen deutschen Militärs über die Frontlinien hinweg nach Deutschland drangen – eine einzige Chance zur Rettung eines nationalen Deutschland zu bestehen: die Absetzung der für die Katastrophe verantwortlichen Kräfte und die Bildung einer neuen, verhandlungsfähigen und zur Beendigung des Krieges bereiten Regierung.

Dem auf neutralem schwedischem Boden lebenden Kenner der deutsch-russischen Verhältnisse bot sich folgendes Bild: »Die Russen rechnen bereits mit dem unvermeidlichen deutschen Zusammenbruch und stehen dann mit der größten und stärksten Armee der Welt bereit, um sich neuen Aufgaben zuzuwenden.«[1] Deutschland hätte, wollte es als eine lebensfähige und ungeteilte Einheit bestehenbleiben, »keinen anderen Ausweg, als ... Hitler zu stürzen und unter jeder Bedingung Frieden zu schließen; sogar der kompromittierte von Brauchitsch ist besser als die jetzige Regierung«.[2] Die Erwähnung von Brauchitschs erfolgte nicht zufällig. Die Zusagen gegenüber der deutschen Nation, die in den Manifesten des Nationalkomitees Freies Deutschland (NKFD) anklangen, gaben Anlaß zu der Vermutung, die Sowjetregierung werde sich einer deutschen Militärregierung, die das Angebot einer unter Bedingungen erfolgenden Kapitulation an sie richte, gegenüber ebenso milde verhalten, wie es die Westmächte im Falle der Badoglio-Regierung in Italien zu tun schienen. (Marschall Pietro Badoglio hatte am 25. Juli die Regierung Mussolini gestürzt und die Westmächte um Anerkennung und Frieden ersucht. Am selben Tag versuchte Goerdeler in Deutschland vergeblich, Feldmarschall von Kluge für einen ähnlichen Streich der deutschen Generalität zu gewinnen.)

Zwar glaubte Klaus aus sicherer Quelle zu wissen, daß sich die

Parteihierarchie in Deutschland einer solchen innenpolitischen Wende »um jeden Preis widersetzen« würde, doch wuchs seine Wachsamkeit gegenüber jenen Sendboten oppositioneller Gruppen, die möglicherweise versuchten, in Schweden Friedensfühler in sowjetische Richtung auszustrecken. Nach dem Fehlschlag der von der Abwehr koordinierten Versuche, dem Reichsaußenministerium und vor allem dem Führerhauptquartier eine Initiative zu Friedenssondierungen im Osten zuzuleiten, sowie mit der wachsenden Isolation des Amtschefs Canaris wurde die Operationsbasis des Gewährsmanns der Abwehr nach Osten aber zunehmend brüchig. Klaus war mehr und mehr auf sich selbst gestellt und gezwungen, seinen fortgesetzten Aufenthalt in Schweden aus eigenen Mitteln zu legitimieren. Eine Möglichkeit dazu bot sich in der Angelegenheit der in Gestapohaft befindlichen ehemaligen Angehörigen des Schwedischen Zündholzkonzerns Warschau. Klaus hatte – nach eigenen Angaben[3] – sowohl mit Peter Kleist als auch mit »Direktor von Stumm« während ihrer Aufenthalte in Stockholm ausführlich über Möglichkeiten der Freilassung dieser Männer gesprochen und die beiden deutschen Herren um Vermittlung bei den zuständigen deutschen Dienststellen ersucht. Er folgte damit jener Anregung aus den Gesprächen zwischen Legationsrat von Grolman von der Deutschen Gesandtschaft Stockholm und Außenrat Gösta Engzell vom Schwedischen Außenministerium, die Präsenz von Edgar Klaus auf sicherem schwedischem Boden zum »Kompensationsobjekt« in den Bemühungen um Freilassung der sogenannten Warschau-Schweden zu machen. Klaus hatte den deutschen Reisenden in Friedensfragen – nach eigenen Angaben – klarzumachen versucht, daß »es eine schöne Geste der deutschen Regierung Schweden gegenüber« wäre, wenn sie die inhaftierten Schweden auf freien Fuß setzen würde und in ihre Heimat zurückkehren ließe. Klaus' schwedischer Anwalt, Graf Hamilton, griff diesen Weg umgehend auf, um auf eine Verlängerung der Aufenthaltsgenehmigung seines Mandanten in Schweden zu drängen. Er richtete seine Bitte nun – unter Umgehung des Sozialamtes – unmittelbar an das Außenministerium. In einem Promemoria vom 31. Juli 1943[4] teilte Hamilton Bürochef Magnus Hallenborg vom U. D. mit, daß Klaus mit mehreren Vertretern der deutschen Industrie, besonders aber mit Dr. Kleist von der »Nordischen Gesellschaft« (eine der Institutionen, in deren Auftrag Kleist nach Schweden reiste) und mit Herrn Arthur von Stumm, Aufsichtsratsmitglied des Saar-Konzerns und Bruder des Angehörigen des Auswärtigen Amts[5], über die Freigabe der schwedischen Angehörigen des Zündholzkonzerns verhandelt und dabei ihre Bereitschaft erfahren habe, sich über Verbindungsleute im Auswärtigen Amt bei den zuständigen deutschen Stellen für die Freilassung der Inhaftierten einzusetzen. Allerdings läge die endgültige Entscheidung über diese Frage ausschließlich bei Himmler.

Am 13. August teilte Graf Hamilton Hallenborg vertraulich mit, Klaus habe am Vortage ein Telephongespräch mit »Ministerialdirektor« von Stumm vom Auswärtigen Amt geführt. Dieser habe bekräftigt, daß der Versuch unternommen werde, über eine ihm nahestehende Person mit dem Namen Röchlin an Himmler heranzutreten. Allerdings habe Röchlin bisher keine Gelegenheit gehabt, Himmler, der allein zuständig sei, diese Frage in geeigneter Weise vorzutragen. Die Bemühungen würden fortgesetzt. Nach Mitteilung von Klaus habe sich nun auch Gesandtschaftsrat Dankwort mit Entschiedenheit für die Freilassung der inhaftierten Schweden ausgesprochen. Hamilton gab zu verstehen, daß Klaus den Personen, die diese Demarche auf sich nehmen wollten, die »Vorteile« vor Augen geführt habe, die ihnen später, im Falle etwaiger »Unbehaglichkeiten« in Deutschland, auf schwedischem Boden erwachsen könnten. Dieser Hinweis bedeutete - wie Generaldirektor Höjer vom Sozialamt, dem die Briefe vom Außenministerium zur Kenntnisnahme zugeleitet wurden, verstand - wohl nur, daß diese um Freilassung der sogenannten Polenschweden bemühten Deutschen »das Aufenthaltsrecht in Schweden erhielten, wenn ein solches Recht erforderlich werde«.[6] Klaus konnte wohl nationalsozialistische Amtsinhaber, die an seiner Mittlerrolle bei der Sowjetgesandtschaft interessiert waren, für die Freilassung der inhaftierten Schweden gewinnen, indem er ihnen - sollten sich die Dinge in Deutschland zuspitzen - Asyl in Schweden versprach. Unter dieser Voraussetzung, die ihm auch neue Verpflichtungen brachte, schien sein Aufenthalt bis Anfang Oktober gesichert.

Am 2. Oktober 1943 wandte sich Generaldirektor Höjer - das Außenministerium umgehend, das Klaus in gewissem Maße gegen die Nachstellungen des Sozialamtes abschirmte - an den Außenminister selber. Sein Ziel war es, aus seinem Munde eine definitive Stellungnahme zugunsten der Abschiebung von Edgar Klaus zu erzielen. Höjer rief Außenminister Christian Günther die Einzelheiten der Entwicklung des Falles Klaus in Erinnerung und teilte ihm mit, daß Klaus zweifellos der Mann sei, »durch den die deutsche Gesandtschaft versuchte und immer noch versucht, unterirdische Verbindungen mit den Russen zu unterhalten«. Das Sozialamt befürworte die endgültige Abschiebung Klaus' nach Deutschland und sei der Auffassung, daß ein »weiterer Aufschub der Ausweisung ... geeignet (sei), den deutschen Behörden einen merkwürdigen Eindruck vom Ernst eines vom Sozialamt ausgestellten Ausweisungsbeschlusses zu vermitteln«. Höjer erinnerte daran, daß es zwar formell die Sache des Sozialamtes sei, die Abschiebung durchzuführen, daß tatsächlich aber die Entscheidung beim Außenminister liege; er bat darum, unter allen Umständen zu vermeiden, daß ein zweites Mal - wie bereits im August 1942 - eine vom Sozialamt durchgeführte Abschiebung durch eine anderslautende Entscheidung und durch Erteilung eines Einreisevisums durch die Dienststellen des Außenministeriums hintertrieben und ungültig gemacht werde. Es bestehe nämlich die Gefahr, daß Klaus - ungeachtet eines neuen Ausweisungsbescheids von seiten des Sozialamtes - auch diesmal ein Aufenthaltsvisum bewilligt werde, »wenn sich Seine Exzellenz der Ausweisung widersetze«. Wiederum drängt sich der Verdacht auf, daß Höjer unter dem Druck deutscher Dienststellen handelte, die der Schwedischen Gesandtschaft Berlin die Ausstellung des Wiedereinreisevisums vom 22. August 1942 nicht verzeihen konnten und unter allen Umständen die Auslieferung des jüdischen Canaris-Agenten erzwingen wollten. Doch diesmal stießen sie im Außenministerium auf Granit. Die Politische Abteilung des U.D. (Abteilungsleiter Staffan Söderblom), der das Schreiben Höjers am 3. Oktober 1943 zuging, konnte am 5. Oktober den Vermerk machen: »Seine Exzellenz wünscht, daß K. bis auf weiteres bleiben darf.«[7] Klaus blieb in Schweden, bis die Kollaborateure im Sozialamt zur Verantwortung gezogen wurden, Wagner (mit dem sich Klaus im Sommer 1943 definitiv »überworfen« hatte) des Landes verwiesen und die Herrschaft des RSHA in Deutschland gebrochen war.

Die Entscheidung, die Außenminister Günther im Oktober 1943 traf, rettete Klaus das Leben. Denn die Frage Hitlers nach der Rassenzugehörigkeit der an den deutschen Sondierungen nach Osten beteiligten Personen zog Kreise. Im Drahtbericht vom 5. Juli 1943[8] hatte der Deutsche Gesandte in Stockholm, Thomsen, dem Reichsaußenminister auf Anfrage mitgeteilt, es existiere ein gemeines Personenverzeichnis des Chefs der Sicherheitspolizei und des SD, in dem sich in Band II (UdSSR) auf Seite 90 unter Nr. 182 die Eintragung »Klaus, Edgar, Jude ...« befinde. Einige Tage später, am 11. Juli 1943, setzte der Mitarbeiter im Ministerbüro Ribbentrops, von Loesch, sowohl den Staatssekretär als auch Legationsrat Wagner über den Fortgang der Nachforschungen in Kenntnis; LR H. Wagner von der Abteilung Inland II (Verkehr zwischen dem Auswärtigen Amt und den Dienststellen des Reichsführers SS) war der Verbindungsmann Schellenbergs im Auswärtigen Amt und sein persönlicher Zuträger in allen für das RSHA wichtigen Fragen.[9] Unter Berufung auf den genannten Drahtbericht Nr. 1894 aus Stockholm teilte Loesch dem Staatssekretär und LR Wagner mit, Sonnleithner, der Verbindungsmann des Auswärtigen Amts zum Führerhauptquartier, bitte »um Nachprüfung und Bericht über die Eintragung, namentlich im Hinblick auf die Rassenzugehörigkeit des Klaus«.[10] Tatsächlich hielten also die Recherchen über die »Rassenzugehörigkeit« von Edgar Klaus, die auf Anordnung oder mit Zustimmung Hitlers erfolgten, auch dann an, als längst ein entscheidender Kurswechsel in der sowjetischen Kriegs- und Nachkriegsplanung stattgefunden und die sowjetische Gegenoffensive bei Kursk eingesetzt hatte. Legationsrat Wagner wandte sich nun im Interesse des Auswärtigen Amts und seines zweiten Dienstherrn, Schellenberg, in einem Telegramm vom

21. Juli[11] - die Nachricht von der völligen Aufreibung der deutschen Truppen bei Kursk und Orël lag bereits vor - an den Deutschen Gesandten in Stockholm und forderte ihn auf, die Quelle jener Informationen zu ermitteln. In diesem Augenblick schaltete sich Gesandtschaftsrat Werner Dankwort in den Vorgang ein; er hatte vermutlich den Zweck der Erkundungen durchschaut und war bemüht, Schlimmes zu verhindern. Dankwort teilte der Abteilung Inland II des Auswärtigen Amts mit der vielsagenden Überschrift »Für den Chef der deutschen Polizei« am 22. Juli 1943 mit, der der Gesandtschaft »zugeteilte Beauftragte Reichssicherheitshauptamt« habe der Gesandtschaft »seinerzeit« zwei Auszüge des in Rede stehenden Personenverzeichnisses »zur Vernichtung« übergeben, »da ihm selbst sichere Möglichkeit hierzu fehlte. Vernichtung ist durch Verbrennung erfolgt.«[12] Was immer die wahren Hintergründe dieser Darstellung Dankworts waren - er selbst hatte möglicherweise die im Safe der Gesandtschaft deponierten Auszüge dieser »schwarzen Liste« des SD in dem Moment vernichtet, in dem die Fahndung nach Klaus einsetzte -, ein wichtiges Indiz gegen die Zuverlässigkeit von Edgar Klaus aus der Sicht des Führerhauptquartiers war damit aus dem Wege geräumt. Damit war auch seine Vermittlertätigkeit für die offiziellen deutschen Dienststellen in einem Zeitraum möglich geblieben, in dem selbst in den höchsten Regierungs- und Parteiämtern des Dritten Reiches das Bewußtsein von der Notwendigkeit einer Verständigung mit der Stalin-Regierung an Boden gewann.

Neue japanische Anstöße

Die erste Fühlungnahme mit dem Ziel, die deutsche Seite für eine Friedensinitiative in Richtung Osten zu interessieren, ging jedoch in der Zeit nach der Wende von Kursk und Orël zunächst von japanischer Seite aus. In den ersten Tagen der sowjetischen Gegenoffensive teilte der japanische Außenminister Shigemitsu dem Deutschen Botschafter in Tokio, von Stahmer, mit, Molotow habe im Gespräch mit Botschafter Sato durchblicken lassen, daß die Sowjetunion den westlichen Demokratien gegenüber Handlungsfreiheit besitze, und meine, durch die Auflösung der Komintern einen Hauptgegensatz zu den autoritären Staaten beseitigt zu haben. Stahmer funkte diese Mitteilung an Ribbentrop[13], der diese angesichts der erbitterten Kämpfe vor Kursk sensationelle Nachricht vermutlich sofort im Führerhauptquartier verlas. Hitlers Antwort auf den Vortrag Ribbentrops schien darin zu bestehen, daß zuerst einmal Japan Rußland den Krieg erklären sollte - dann werde Rußland eher gewillt sein, den deutschen Bedingungen zuzustimmen. Am 17. und 18. Juli 1943 fand nämlich - nach amerikanischen Quellen[14] - eine Besprechung Hitlers mit seinen Stabschefs statt, in der er folgende Mitteilungen gemacht haben soll: Rußland erhalte beträchtlichen Nachschub über den Fernen Osten, und es erhebe sich deshalb »die Frage, ob eine Drohung Japans, gegen Rußland Krieg zu führen, Rußland in die Bereitschaft versetzen werde, das deutsche Angebot eines stillschweigenden, vor den Westmächten verborgenen, Waffenstillstandes an der Ostfront zu akzeptieren. Rußland wird weiter die Leih-Pacht-Materialien erhalten. Dieses politische Ziel ist *jedes* Opfer wert.«[15] Doch die Konstruktion erübrigte sich, da die Japaner nicht bereit waren, Rußland in den Rücken zu fallen.

Am selben Tag, dem 17. Juli 1943, dementierte die sowjetische Telegraphenagentur TASS einen Bericht des amerikanischen Rundfunks, in dem behauptet wurde, Hitler habe die deutsche Sommeroffensive erst im Juli anlaufen lassen, weil er noch die Antwort auf einen Friedensvorschlag abwarten wollte, den Japan der Sowjetregierung im Namen der Achsenmächte unterbreitet habe. Die Rede von Friedensverhandlungen mit Deutschland und der Vermittlerrolle Japans, so betonte TASS, sei von A bis Z erfunden.[16]

Doch der japanische Außenminister ließ sich nicht entmutigen. Ende Juli setzte er Botschafter Stahmer erneut davon in Kenntnis, daß die Sowjetregierung an einem baldigen Friedensschluß mit Deutschland interessiert sei.[17] Diesmal habe sie die guten Dienste von König Boris von Bulgarien erbeten, um Deutschland auf den Grundlagen der Wiederherstellung der russischen Grenze von 1914 (Schlesien würde an Deutschland, Karelien, Bessarabien und die Bukowina an Rußland fallen), der Unabhängigkeit und Autonomie Finnlands und eines Polens unter sowjetischer Führung, der wirtschaftlichen Entschädigung der UdSSR und künftigen Zusammenarbeit Frieden anzubieten. Falls der deutsch-russische Friede zustande komme, würden englisch-amerikanische Truppenkontingente, die die Westmächte bereits argwöhnisch im Hinterhalt hielten, jedoch aller Voraussicht nach in Gebiete des Kaspischen Meeres vorrücken, um die Ölfelder von Baku zu zerstören.

Gleichzeitig suchte das japanische Außenministerium auch durch Propagierung der Friedensidee in anderen Ländern einen Anstoß zu neuen Entscheidungsprozessen in Berlin zu geben. So teilte der japanische Militärattaché in Lissabon, Mishima, einem neutralen Politiker im Gespräch mit, Deutschland habe keine andere Wahl, als mit Rußland Frieden zu schließen.[18] Auch dem französischen Geheimdienst wurde die Mitteilung zugespielt, daß sich die japanische Regierung nach Kräften bemühe, baldmöglichst einen Ausgleich zwischen Deutschland und Rußland in Form eines Kompromißfriedens zustande zu bringen. Japan werde dabei in erster Linie von der Furcht geleitet, Deutschland und Rußland könnten sich in einem Erschöpfungskrieg gegenseitig so sehr aufreiben, daß sich Japan schließlich allein dem englisch-amerikanischen

Kriegspotential gegenübergestellt sehe. Nach japanischen Angaben war der eigentliche Zankapfel die Ukraine; auf sie könne Deutschland nicht verzichten, um einerseits einen gewissen Gewinn aus dem Ostfeldzug zu ziehen und andererseits die Hand weiterhin auf ein möglicherweise wiedererstarkendes Rußland zu legen. Die französischen Kommentatoren, die diese japanischen Meldungen erhielten, fügten hinzu, nach ihrer Kenntnis sei Deutschland lediglich daran interessiert, bei Kriegsschluß uneingeschränkt über die Produktionsgüter der Ukraine verfügen zu können. Dies schließe die Möglichkeit nicht aus, daß zwischen Deutschland und Rußland ein Kompromiß erzielt werde, in dem Deutschland die Ukraine wirtschaftlich ausbeuten dürfe, Rußland aber an der steigenden Produktionsquote beteiligt werde. Wenn die Sowjetregierung einer solchen Lösung zustimme, sei die Reichsregierung bereit, die früheren russischen Grenzen anzuerkennen.[19]

Am 29. Juli suchte Botschafter Oshima in einem persönlichen Gespräch mit Hitler zu ergründen, ob in der deutschen Führungsspitze ein Meinungswandel zugunsten einer Annäherung an Stalin erfolgt sei. Nach dem Bericht Oshimas an seinen Außenminister[20] gab Hitler zu, daß die Sowjetunion im Jahre 1943 militärisch nicht endgültig geschlagen werden könne. Ferner bekannte er, daß er noch keinen definitiven Zeitplan für den deutschen Endschlag gegen Rußland besitze. Doch gewann Oshima den Eindruck, daß Hitler nicht im geringsten daran dachte, den Krieg gegen Rußland durch einen Kompromißfrieden zu beenden. Auf seine Frage, ob Hitler sich mit der Absicht trage, mit Rußland Frieden zu schließen, habe Hitler geantwortet, daß der Krieg zwar ohne einen deutschen Friedensschluß mit Rußland, der es ihm erlaube, sich voll Amerika und England zuzuwenden, unbegrenzt dauern könne. Gerade wenn Deutschland einen langen Krieg gegen die Westmächte führen wolle, benötige es aber unbedingt die Ukraine. Deshalb würde ein Frieden mit der UdSSR nur unter der Bedingung in Betracht gezogen, daß ihm dabei die Ukraine zufiele. »Und er fügte hinzu, daß – wie die Dinge jetzt stehen – Rußland gewiß nicht die Absicht hat, die Ukraine zu opfern, um Frieden mit Deutschland zu schließen.« Aus amerikanischer Sicht fand diese Stimmungslage im Führerhauptquartier durch den ebenfalls abgefangenen Bericht des Chefs der Gruppe der japanischen Verbindungsleute für Europa, Generalmajor Okamoto, von Anfang August 1943 Bestätigung.[21] Unter Hinweis auf die Frage nach den Möglichkeiten eines deutsch-russischen Friedens, die an ihn gestellt worden war, meldete Okamoto nach Tokio, daß Deutschland tatsächlich Frieden mit Rußland wünsche und Rußland sich in einem geschwächten Zustand befinde. Doch verlaufe der Krieg für Rußland günstig, während Deutschland auf die Rohstoffbasis Ukraine nicht verzichten könne. »Unter diesen Umständen besteht absolut keine Möglichkeit für einen Frieden zwischen den beiden Nationen.«

Gleichzeitig gingen auch dem OSS aus Istanbul die Mitteilungen von zwei deutschen Geschäftsleuten zu, denen zufolge Hitler jedem Versuch seiner Militärs, den Rußlandfeldzug in der gegebenen Form als einen fatalen Fehler darzustellen, mit tauben Ohren begegne.[22] Er warte noch immer mit Starrsinn auf den baldigen Zusammenbruch Rußlands, um dann die gesamte militärische Kraft Deutschlands gegen die Westmächte einzusetzen. Der tiefwurzelnde Fatalismus und die sklavenhafte Servilität der deutschen Offizierskaste - so lautete der Bericht - hätten verhindert, daß auch nur ein Offizier Hitlers hartnäckige Überzeugung zum Wanken gebracht hätte.

Die Sondierung Ribbentrops

Dennoch war in Hitlers Umgebung eine gewisse Unruhe über seine anhaltende, obstinate Fixierung auf die Niederschlagung Rußlands entstanden. Am 1. August 1943 kam Ribbentrop auf die im Telegramm Stahmers von 13. Juli betonte Verhandlungsbereitschaft Molotows zurück. Er bat ihn nun um Aufklärung darüber, was Molotow wohl mit den an Sato gerichteten und von Außenminister Shigemitsu überbrachten Worten gemeint habe.[23] Stahmer sollte im Gespräch mit dem japanischen Außenminister ausfindig machen, ob Molotow »uns mit seinen Erklärungen einen Fingerzeig für die Möglichkeit einer Annäherung zwischen Deutschland und der Sowjetunion habe geben wollen«. Obgleich Ribbentrop gleichzeitig jede Erwägung einer Annäherung an Rußland auf deutscher Seite in Abrede stellte und Stahmer beschwor, keinesfalls den Eindruck zu erwecken, als ob in Deutschland Interesse an dieser Frage bestehe, sprach der Wunsch, »irgendwelche konkreten Anhaltspunkte« im Hinblick auf eine sowjetische Friedensbereitschaft zu erhalten, aus jedem Absatz seines langen und gewundenen Schreibens.

Die endgültige Abberufung des Sowjetischen Botschafters in London, Majskij, am 2. August 1943 gab Ribbentrop einen neuen Impuls, der Frage eines möglichen sowjetischen Frontenwechsels nachzugehen. Er ließ noch am selben Tag einen seiner parteiamtlichen Mitarbeiter aus der Dienststelle Ribbentrop, der zugleich Verbindungsmann zwischen der Deutschlandabteilung des Auswärtigen Amts und den Dienststellen Himmlers war, Rudolf Likus, nach Schweden reisen, um Informationen über die wahren Absichten der Sowjetführung einzuholen.[24] Nach dreitägigen Erkundungen in Stockholm, bei denen er sich in erster Linie auf die Informationen von Herrn von Knierim, eines Deutschbalten aus Riga und früheren Leiters der Dresdner Bank in Stockholm mit starken nationalen, aber nicht nationalsozialistischen Anschauungen, und in zweiter Linie auf die Beurteilungen des in den

Diensten des japanischen Geheimdienstes stehenden früheren Angehörigen der Sowjetischen Gesandtschaft Stockholm, Sergej Dmitrijewskij, stützte, kehrte Likus mit wenig hoffnungerweckenden Ergebnissen nach Deutschland zurück. Sein »Vertraulicher Bericht über die außen- und innenpolitische Lage in der Sowjetunion« bezeichnete die innenpolitische Lage in der UdSSR als »stabil« und betonte die »geschlossene russische, erstaunlich national erpfindende [sic!] Einheitsfront«, die der Krieg geschaffen habe und die sogar die erzkonservative russische Emigration anziehe. »Über irgendwelche Verschwörungen gegen Stalin« sei nichts bekannt. In ihrer Kriegs- und Außenpolitik habe sich die UdSSR nach den ersten Rückschlägen des Krieges so weit erholt, daß ihr neu erstandenes Sicherheitsgefühl sogar die Rückverlegung der Befehlsmetropole aus Kujbyschew nach Moskau zugelassen habe. Der Bericht betonte das neugestärkte Selbstbewußtsein des russischen Volkes und seines »Oberbefehlshabers« Stalin. Die Frage nach der Möglichkeit einer gewissen Öffnung gegenüber Deutschland schien sich vor diesem Hintergrund zu erübrigen: »Im Sinne der Erkenntnis, daß letzten Endes doch nur die Waffen entscheiden, setzte Stalin alle seine geballten Energien für die rote Wehrmacht (sic!) ein.« Die Regierungsgeschäfte habe er Molotow überlassen und ziehe nun stärker Personen mit außenpolitischer Erfahrung, wie Dekanosow, heran. Auch die Rückberufung der Botschafter sei »eine der Äußerungen dieser Entwicklung«. Einen Hinweis an die deutsche Regierung sah der Berichterstatter in der Abberufung Majskijs nicht, »vielmehr dürfte man in Moskau heute der Auffassung sein, daß die Zeit vorüber ist, wo es für die Sowjetunion notwendig war, in London diplomatisch herumzuscharwenzeln«. Denn Moskau sehe heute nur noch in den USA einen ebenbürtigen Verhandlungspartner, selbst England besitze für Stalin schon nicht mehr die frühere Bedeutung. Er rechne mit der Auflösung des britischen Weltreiches, »die unabhängig von der von Moskau angenommenen Niederlage der Achse eintreten dürfte«.

In vergleichbarem Sinne hatte auch der Leiter der Politischen Abteilung des Schwedischen Außenministeriums, Söderblom, der bekanntermaßen gute Beziehungen zur Stockholmer Sowjetgesandtschaft besaß, kurze Zeit zuvor die Lage eingeschätzt und dabei insbesondere den Wahrheitsgehalt der Sonderfriedensgerüchte energisch bestritten, die den Westmächten unaufhörlich zugingen.[25] Die Abteilung Nord des Foreign Office, die die eingehenden Nachrichten diskutierte, fand die Darlegungen Söderbloms »pretty conclusive« (recht überzeugend) und nahm an, daß die Mehrzahl der nun kolportierten Gerüchte wohl aus nationalsozialistischen Kreisen stammte. Nicht ausgeschlossen schien auch die Möglichkeit, daß mit dem Nationalsozialismus sympathisierende schwedische Kreise bemüht waren, Mißtrauen zwischen Briten und Russen zu säen.

Dennoch bestand in dieser Phase der Koalitionskrise auf westlicher Seite eine beträchtliche Unsicherheit über das sowjetische Verhalten fort, die durch das beharrliche sowjetische Schweigen noch vertieft wurde. Auch in den USA, wo Präsident Roosevelt noch immer auf eine Antwort Stalins zu seinem Vorschlag einer Dreierkonferenz wartete, mehrte sich Anfang August die Unruhe. Zu der Befürchtung, die Hitler-Regierung könne einen neuerlichen Friedensschluß mit Stalin im Schilde führen, trat nun auch die Sorge hinsichtlich der Ziele einer ostwärts gerichteten innerdeutschen Opposition. Ende Juli hatte ein nun in Schweden befindlicher »hervorragender früherer deutscher Gewerkschaftler« darüber berichtet, daß in der deutschen Heeresführung eine antinazistische Generalsgruppe entstehe, die einen Separatfrieden mit Rußland anstrebe.[26] Diese Gruppe habe bereits Verbindung zu den Russen aufgenommen und hoffe auf ein positives Ergebnis der Verhandlungen, die in Stockholm geführt würden. Einige Beobachter sähen in diesen Verhandlungen jedoch einen »russischen Trick«. Dennoch werde berichtet, die russischen Unterhändler hätten der deutschen Heeresführung für den Fall eines Staatsstreichs bedeutende Zugeständnisse gemacht: diese schlössen auch den Widerstand der Sowjetregierung gegen westliche Pläne der Zerstückelung und Entwaffnung Deutschlands ein.

Diese Nachricht fand in Washington so viel Aufmerksamkeit, daß das OSS ihre Verifizierung weiter betrieb. Durch seine Mitarbeiter in Stockholm wurde unter anderem der Finnische Gesandte in Berlin, Kivimäki, während eines Aufenthaltes in Schweden nach seiner Einschätzung der Lage gefragt. Kivimäki schloß derartige Möglichkeiten aus. Aufgrund der strikten Kontrollmaßnahmen, die Hitler kürzlich angeordnet habe, habe der deutsche Generalstab keine Möglichkeit, regelrechte Verhandlungen mit Rußland aufzunehmen. Kivimäki räumte ein, daß das deutsche Militär zunehmend in scharfen Gegensatz zu Hitler, zur SS und der Parteiführung gerate, hielt aber einen Umsturz mit anschließendem Friedensschluß im Osten nicht für denkbar.[27] Ungeachtet dieser Einschätzung verfolgte der amerikanische Geheimdienst von nun an mit Besorgnis jene Anzeichen, die auf eine geheime Verständigung oppositioneller deutscher Militärs mit der Sowjetregierung hinauslaufen und eine innerdeutsche Entsprechung dessen darstellen konnten, was das NKFD in Moskau lautstark proklamierte: Sabotierung des Hitler-Systems und seiner Kriegführung durch das deutsche Militär, Rückzug der deutschen Truppen aus sowjetischem Gebiet und Friedensschluß im Osten. In den Diskussionen, die sich auf amerikanischer und britischer Seite um eine neue deutsch-russische Waffenbrüderschaft entwickelten, wurde der Begriff der »Tauroggen-Bewegung« geprägt; sie umfaßte jene deutschen Militärs, die den Krieg im Osten unter allen Umständen zu beenden trachteten und aus westlicher Sicht gefährliche Bündnispartner einer auf Westexpansion drängenden Roten Armee werden konnten. Eine Aufzeichnung des Autors und Mitarbeiters des OSS, John C. Wiley, eines Kenners der deutsch-russischen Beziehungen, für den Präsidenten verdeutlichte diese Befürchtungen.[28] Das Manifest des Kreml an das deutsche Volk vom 21. Juli 1943 - so teilte Wiley seinem Präsidenten mit - fordere die Deutschen zur Beseitigung Hitlers und Entscheidung über ihr eigenes Schicksal auf. Es fordere die Räumung der eroberten Gebiete und die sofortige Einleitung von Friedensverhandlungen. Dies sei der erste Schachzug zu einer Friedensoffensive vor dem Hintergrund des durch die militärischen Erfolge gestärkten russischen Selbstbewußtseins. Daß es zu einer Zweiten Front durch die Alliierten nicht kam, könne der Sowjetregierung als Alibi dienen. Ihr Ziel sei die Etablierung einer »Achse MOSKAU-Berlin«, die Deutschland von den Rohstoffquellen in Rumänien, auf dem Balkan und in der Ukraine abschneide und dem vollen Druck Moskaus aussetze. Dabei erweise sich die politische Planung der Sowjetregierung als wagemutig und vorsichtig zugleich. Denn mit dem Manifest habe sich der Kreml noch in keiner Weise festgelegt. »Der Freie Deutsche Versuchsballon kann jederzeit wieder fahrengelassen werden.« Wiley forderte eine Neuinterpretation der amerikanischen Europapolitik, solange diese Achse Moskau-Berlin noch nicht zustande gekommen sei. Er warnte: Deutschland und Rußland hätten im Kriege große militärische Überraschungen gebracht, nun müsse man für gleichermaßen gewaltige politische Überraschungen gewappnet sein. »Wenn eine solche Überraschung die Vereinigung des russischen Imperialismus mit der revolutionären Technik der Komintern im Verbunde mit der deutschen militärischen und wirtschaftlichen Kompetenz wäre, würde das Resultat kaum zu bändigen sein. Russisch-deutsche Zusammenarbeit ist nicht so phantastisch, wie sie klingt.«

Die Himmler-Langbehn-Sondierung

Während in den Vereinigten Staaten eine Fühlungnahme der »Tauroggen«-Gruppe unter den deutschen Militärs mit der sowjetischen Seite erwartet wurde, regte sich in Berlin in einem anderen Lager der Wunsch, die Zeit der in der Koalitionskrise zutage getretenen Spannungen zur Auslotung einer eventuellen sowjetischen Kompromißbereitschaft zu nutzen. Heinrich Himmler glaubte, die Möglichkeit zu erkennen, durch rechtzeitiges Arrangement mit der Stalin-Regierung das nationalsozialistische System zu retten. Er entsandte einen ihm persönlich bekannten Rechtsanwalt, Carl Langbehn, nach Stockholm. Langbehn, auch mit der Verschwörergruppe um Goerdeler in Verbindung, wurde beauftragt, die Möglichkeiten eines sowjetischen Separatfriedens mit einem von Himmler und den Militärs geführten Deutschland zu erkunden.[29] Schellenberg, der von dieser Sondierung erfuhr, gab später an, er selber habe »seinen Mitarbeiter Dr. Langbehn« mit dem Auftrag nach Stockholm geschickt, eine »lose Kontaktaufnahme mit Rußland herzustellen, um Gespräche über eine deutsch-sowjetische Annäherung zu führen«.[30] Eines der Ziele sei gewesen, die Westmächte unter Druck zu setzen. Da Langbehn Ende August erwiesenermaßen im Auftrage Himmlers eine Sondierungsreise in die Schweiz machte, um sich mit Vertretern der Westmächte zu treffen, dürfte seine Stockholmer Sondierung - selbst wenn Schellenberg über sie informiert war - wohl eher ebenfalls im Auftrage Himmlers erfolgt sein. Dies entsprach, wie Heinz nachwies, auch dem Kenntnisstand der Abwehr. Allerdings war Langbehn zuvor schon in anderem Auftrag gereist: In den Sommermonaten 1943 hatte er mit Wissen der nationalkonservativen Kreise des deutschen Widerstandes eine Erkundungsreise in die Schweiz unternommen, während der er die Bedingungen zu eruieren versuchte, die die Westmächte einer neuen, der nationalen Opposition entstammenden deutschen Regierung einräumen würden. Sein Himmler-Auftrag für Stockholm nun bestand darin, »in Moskau anzufragen, ob Stalin für einen Sonderfrieden zu gewinnen wäre«.[31] Die Abwehr observierte diese Kontaktaufnahme Langbehns und stellte dabei fest, daß die sowjetische Seite »diese Verhandlungen hinaus(zögerte), . . . unverbindliche Zusagen (machte) und . . . Zeit (gewann)«.[32] Sie gelangte zu dem Schluß, die Kontaktaufnahme Himmlers sei so dilettantisch und schwerfällig durchgeführt worden, daß sie Stalin lediglich politische Trümpfe in die Hände gespielt habe. Nach Kenntnis und Darstellung Schellenbergs führten diese Versuche »zu keinem Ergebnis, da Stalin - offensichtlich mißtrauisch - denn Ribbentrop hatte sich in ungeschickter Weise eingemischt - das Steuer herumwarf«.[33] Schellenberg schloß nicht aus, daß auch Stalin sich auf solche »Verhandlungen« nur eingelassen habe, um seine Verbündeten unter Druck zu setzen. In jedem Falle gingen - nach Kenntnis der Abwehr - den westlichen Nachrichtendiensten Informationen über »diese Sonderverhandlungen« zu. Sie ließen es als möglich erscheinen, daß die sowjetischen Geheimdienste selbst den westlichen Kollegen einen geheimen Fingerzeig gegeben hatten. Auf diese Weise schien zumindest die Sondierung zu scheitern, die Langbehn wenige Wochen später, wiederum in Bern, in westlicher Richtung durchführte.[34] Dies hatte die Verhaftung Langbehns durch die Gestapo zur Folge, wobei Himmler sich von seinem Sendboten distanzierte und ihn seinem Schicksal überließ. (Er kam im KZ um.)

Am 9. August, also möglicherweise nach Kenntnis der Langbehn-Mission, vielleicht aber auch nach einer Begegnung mit dem Ribbentrop-Schellenberg-Mann Rudolf Likus, berichtete Edgar Klaus seinem schwedischen Gesprächspartner, die deutsche Reichsführung sei jetzt in Panik geraten und suche Frieden um jeden Preis. Sie mache ihre Lage dadurch noch schwieriger, daß sie gleichzeitig in westlicher und östlicher Richtung Geheimverhandlungen anzubahnen suche. »Erstens bietet sie den Russen Frieden an, wobei sie die Räumung aller besetzten Gebiete im Osten, die Errichtung neutraler baltischer Staaten und ein freies Polen verspricht; Klaus sagt, er glaube nicht daran, daß die Russen das akzeptieren würden. Gleichzeitig sucht sie England für Frieden zu gewinnen, und bietet ihre Mitwirkung bei einer englisch-amerikanischen Landung in der Ostsee an . . ., so daß ein alliierter Wall zwischen Rußland und Deutschland entstehen würde; Klaus glaubt jedoch, daß die Westmächte dies aus Rücksichtnahme auf Rußland nicht akzeptieren werden.«[35] Klaus sei auch nicht der Meinung, daß die Westmächte tatsächlich eine Invasion auf dem Balkan unternehmen würden, da dieser von Rußland als eigene Interessensphäre beansprucht werde. »Im übrigen geht Klaus davon aus, daß die Russen vielleicht zu einem Frieden bewegt werden könnten, wenn Deutschland in allen Punkten nachgibt.« Als Grund dafür habe Klaus angegeben, daß man in Moskau immer noch damit rechne, die Entwicklung in Deutschland führe letztlich zu einer Revolution und zur Errichtung eines deutschen kommunistischen Systems. »Man meint, das sei nur eine Frage der Zeit.«

Das Interesse Ribbentrops – dritter Kontakt zwischen Kleist und Klaus

Die Langbehn-Sondierung in Stockholm mochte noch im Gange sein, als auch Ribbentrop – nach eigenen Worten – einen »neuen, sehr energischen Vorstoß« machte.[36] Am 16. August 1943 – vor dem Hintergrund der Konferenz von Quebec, bei der Stalin wiederum nicht anwesend war – ließ er seinen Mitarbeiter Kleist erneut zu sich rufen, um sich »diese alberne Geschichte da oben, . . . Ihre Begegnung mit dem Juden in Stockholm«[37], noch einmal in aller Ausführlichkeit erzählen zu lassen. Nach vierstündigem Gespräch mit Ribbentrop wurde Kleist mit zwei ihm – nach seiner Darstellung – gut bekannten Angehörigen des Auswärtigen Amts, »beide alte Rußland-Fachleute«, zu einem ausführlichen Meinungsaustausch zusammengebracht. Die beiden Rußland-Spezialisten des Auswärtigen Amts, – nach Kleist wohl aus der Umgebung Ribbentrops – waren vermutlich Botschafter Graf Schulenburg, der Leiter des sogenannten Rußlandgremiums beim Reichsaußenminister, und Botschaftsrat Gustav Hilger, der langjährige Mitarbeiter Schulenburgs an der Deutschen Botschaft Moskau, der nun Mitglied dieses Gremiums war. Es könnte aber auch der Gesandte Freiherr von Grundherr, Leiter der Skandinavien-Abteilung, der zweite namentlich nicht erwähnte, ältere Spezialist des Auswärtigen Amts gewesen sein. Beide waren, wie die Wiedergabe der Gespräche durch Kleist verdeutlicht, keineswegs parteihörige Anhänger Ribbentrops. Sie erwiesen sich als überzeugte Gegner des Rußlandfeldzuges seit seinen Anfängen, die Ribbentrop zu einem schnellen Friedensschluß zu bewegen suchten und Kleist auf »niederschmetternde« Weise über die innere Situation in Deutschland in Kenntnis setzten. Hier werde, so verstand Kleist, der zweite Krieg geführt, »der Krieg Görings gegen Keitel, Ribbentrops gegen Goebbels, Himmlers gegen Ribbentrop und so weiter«.[38] Die beiden Diplomaten ermunterten Kleist, in seiner Friedensvermittlung nicht nachzulassen, und bereiteten ihn zugleich darauf vor, daß er ohne »vernünftigen Auftrag« aus dem Führerhauptquartier abreisen werde. Allerdings trug Ribbentrop Hitler tatsächlich jenes Bild der schwedischen Kontaktnahme vor, das in diesen Gesprächen erarbeitet worden war. Er schrieb später: »Diesmal zeigte sich Hitler nicht so ablehnend. Er ging mit mir an eine Karte und zeichnete selbst eine Demarkationslinie ein, auf die man sich mit den Russen einigen könnte.«[39] Weisungsgemäß erteilte Ribbentrop, von Hitler zurückgekehrt, Kleist den Bescheid, »mit diesem Clauß in vorsichtiger Weise als Privatmann Fühlung zu halten«, wobei diese Fühlungnahme ausschließlich »unserer Information über die Zustände und Auffassungen in der Sowjetunion« dienen sollte. Von einer Verhandlungsbereitschaft Deutschlands könne keine Rede sein. Doch könnte »der Kreml«, wenn er »uns irgendwelche Erklärungen abzugeben wünscht«, diese Nachricht mit Garantie einer sofortigen Weiterleitung an die Reichsregierung Kleist anvertrauen. Kleist allein – dies war möglicherweise eine Antwort auf die fehlgeschlagenen Friedensfühler Schmidts und anderer – sei berechtigt, mit »Herrn Clauß Kontakt zu halten«; er solle Ribbentrop möglichst bald wissen lassen, was dieser ihm zu sagen habe.[40]

An einem der folgenden Tage wurde Kleist von Ribbentrop in seinen persönlichen Stab berufen und zum Ministerialdirigenten ernannt. Da Kleist nicht, wie Ribbentrop hoffte, unmittelbar im Anschluß an die Gespräche, sondern erst Anfang September wieder nach Schweden reisen konnte, benutzte er vermutlich den Postweg über die Gesandtschaft, um Klaus den Verlauf der von Hitler gezeichneten Demarkationslinie zugehen zu lassen.[41] Angesichts der Bedeutung dieser Mitteilung dürfte er nicht lange gezögert haben. Denn noch in den letzten Augusttagen teilte Klaus seinem schwedischen Bridgepartner mit, »Ribbentrop habe den Russen das Angebot geschickt, die besetzten russischen Gebiete im Rahmen eines Friedensschlusses sukzessive zu räumen«. Klaus fügte hinzu: »Darauf werden sich die Russen aber nicht einlassen.«[42] Denn die sowjetische Kriegs- und Nachkriegsplanung ging – nach Kenntnis von Klaus – zu dieser Zeit schon weit über das von Deutschland Angebotene hinaus: Stalin plante, die deutschen Heere langsam zur alten deutsch-russischen Grenze, also der Grenze von 1914, zurückzutreiben, um dann durch Polen und den Balkan zu stoßen. Aus Polen und der Tschechoslowakei werde dann mit Zustimmung der Westmächte ein russisches Protektorat gemacht werden: Man werde gelenkte Volksabstimmungen durchführen, die mit Sicherheit zu einer Sowjetisierung dieser Länder führen werden. »Was die deutschen Vorschläge betrifft, so haben die Russen zu ihnen noch nicht einmal ernsthaft Stellung genommen, und noch viel weniger sind sie darauf eingegangen, weitere Maßnahmen zu diskutieren.« Denn die Russen hätten jetzt keine Eile. Sie gingen weder unnötige Risiken ein, noch wollten sie sich für ihre Verbündeten opfern. Sie nähmen nur noch absolut sichere Gewinne entgegen. Auch würden sie wahrscheinlich nicht selbst die Grenze zum rein deutschen Gebiet überschreiten - es sei denn, die Engländer rückten in Frankreich zur deutschen Grenze vor. »In diesem Falle aber wird es ein Kopf-an-Kopf-Rennen geben, in dem es darauf ankommt, sich die besten Pfänder für die Schlußabmachungen zu verschaffen: und dann werden die Russen keine Zeit versäumen.«

Während Ribbentrop die Sondierung durchführte, mehrten sich wiederum Gerüchte, die von laufenden deutsch-sowjetischen Verhandlungen sprachen. Das amerikanische OSS erfuhr aus Tanger, die Deutschen verbreiteten die Nachricht von einer angeblich in Moskau stattfindenden Friedenskonferenz. Ribbentrop halte sich zu diesem Zwecke in Moskau auf, während eine diplomatische und militärische Mission der UdSSR in Berlin Gespräche führe. Ziel dieser Verhandlungen sei ein deutsch-russisches Abkommen, wonach Polen, Finnland und die Dardanellen an Rußland fielen.[43] Die in Lissabon akkreditierten Deutschen verbuchten die weitverbreiteten Friedensgerüchte auf dem russischen Konto: Sie vertraten die Ansicht, die Sowjets verbreiteten diese Gerüchte, um ihre Verbündeten gefügiger zu machen und um ihre Ziele, besonders in Osteuropa und auf dem Balkan, schneller zu erreichen.[44] Der Rundfunk des nationalsozialistischen Deutschland, und besonders die ins Ausland strahlenden Sender, dementierten wiederholt Gerüchte von deutsch-sowjetischen Verhandlungen.[45] Doch ein abgefangener Bericht des Japanischen Botschafters in Berlin an den japanischen Außenminister vom 23. August 1943[46] war für das amerikanische Kriegsministerium der erste authentische Hinweis darauf, daß der deutsche Außenminister die Hoffnung hegte, die deutsch-sowjetischen Beziehungen so zu schlichten, daß Deutschland endlich größere Kräfte im Kampf gegen England und Frankreich einsetzen könne. Doch Ribbentrop stand - wie Oshima mitteilte - mit dieser Haltung allein; die übrige deutsche Führung verharrte in der euphorischen Einschätzung, daß der Krieg gegen Rußland mit Waffengewalt beendet werden könne.

Ende August hatten sich Friedensgerüchte wieder bis zu einem

Grade verdichtet, der den amerikanischen Geheimdienst zu einer Sichtung der vielerorts berichteten »Friedensfühler« veranlaßte.[47] Dabei ergab sich, daß den Westmächten seit Kriegsbeginn in Intervallen Meldungen über eine deutsche Bereitschaft zum Abschluß eines Kompromißfriedens im Westen zugegangen waren. Vergleichbare Annäherungsversuche an Rußland waren seit den deutschen Niederlagen vom Winter 1942/3 beobachtet worden. Doch seien solche Meldungen niemals aus gänzlich gesicherter Quelle gekommen, und ihr Inhalt, insbesondere die genannten Friedensbedingungen, seien vage geblieben. So sei auch kaum die Möglichkeit gegeben, etwaige wirkliche Friedensfühler von Kunstgriffen der politischen Kriegführung zu unterscheiden, wie Deutschland sie gern verwendete. Die von E.G.N. Rushbrook vorgelegte Analyse unterschied vier Kategorien von »Friedensfühlern: echte Friedensfühler aus einflußreicher Quelle«, die von der deutschen Regierung selber oder von Personen und Kreisen angeregt worden seien, die dem Machtzentrum nahestünden; offizielle oder halboffizielle »diplomatische Aufklärung«, die die Einstellung des jeweiligen Landes zu Deutschland ausloten wolle und in der Regel mit Wissen des Auswärtigen Amts durch neutrale Regierungen, reisende Geschäftsleute und Vertreter von Organisationen, wie der deutschen Kirche, durchgeführt würde; Angaben über eine antinazistische oder versöhnliche Einstellung einflußreicher Deutscher, die bestimmt seien, unter den verbündeten Regierungen hinsichtlich der Grundsätze ihrer Politik, insbesondere des Grundsatzes der bedingungslosen Kapitulation, Zwietracht zu säen; und zuletzt Winke an Rußland, daß Deutschland einen Frieden mit den Westmächten für möglich halte, sowie Hinweise an England und die USA, daß Deutschland einen Frieden mit Rußland für denkbar erachte. Alle diese Friedensfühler, die sich in den nächsten Monaten aufgrund der desolaten Lage Deutschlands vermehren würden, sollten – so empfahl der Verfasser – am besten als Teil der feindlichen Kriegführung betrachtet werden, deren Ziel es sei, die Alliierten in Auseinandersetzungen zu verstricken. Gewiß dürfe man davon ausgehen, daß ernsthafte Friedensfühler irgendeiner echten deutschen Oppositionsgruppe durch allergeheimste Kanäle und mit allergrößter Vorsicht ausgestreckt würden. Und dasselbe gelte für den wenig wahrscheinlichen Fall einer Sondierung der amtierenden deutschen Regierung.

Mit dieser Empfehlung, die im wesentlichen eine britische Regelung vom Vorjahr bestätigte[48], wurde auf seiten der westlichen Alliierten eine Haltung fixiert, die – von gewissen lokalen und subalternen Ausnahmen abgesehen – bis in die letzten Kriegsmonate fortbestand. Das amerikanisch-sowjetische Austauschprogramm geheimdienstlicher Informationen, das im Dezember 1943 festgelegt wurde, machte sie auch der Regierung Stalins offiziell zur Pflicht. Doch bis zu den interalliierten Treffen vom Herbst 1943, auf denen diese Form eines Schulterschlusses der Alliierten aufschien, blieben noch einige Wochen für die von immer unrealistischeren Hoffnungen getragenen deutschen Friedenssondierungen.

Sowjetische Deutschlandpolitik – von der Kriegs- zur Nachkriegsstrategie

Unbekannt blieb bei diesen Versuchen von deutscher Seite die Tatsache, daß der neue politische Entscheidungsprozeß, der nach der militärischen Wende von Kursk und Orël in der Sowjetführung eingesetzt hatte, in den darauffolgenden Monaten auch eine Reihe institutioneller Veränderungen nach sich gezogen hatte. Die endgültige militärische Wende hatte eine Scheidelinie zwischen der Kriegs- und der Nachkriegsstrategie der Sowjetregierung gezogen.[49] Anfang September 1943[50] wurden auf Beschluß des Politbüros der Allrussischen Kommunistischen Partei (Bolschewiki) zwei Kommissionen geschaffen, die der veränderten politischen Situation Rechnung trugen. In ihnen sollten aufkommende Fragen auf höchster Ebene und in geheimer, für die Verbündeten uneinsichtiger Weise von allen Seiten beleuchtet und unter dem Aspekt einer aus sowjetischer Sicht wünschenswerten Nachkriegsordnung entschieden werden. Dies war die Kommission über Fragen der Friedensverträge und des Nachkriegsaufbaus (dies war auch der in Malinins Aufsatz über die »Kriegsziele« verwendete Euphemismus) beim Volkskommissariat für Auswärtige Angelegenheiten (Narkomindel, NKID) der UdSSR; sie stand unter dem Vorsitz von M. M. Litwinow und zählte so prominente und international erfahrene Männer zu ihren Mitgliedern wie O. V. Kuusinen, S. A. Losowskij, D. S. Manuilskij, J. S. Suriz, E. V. Tarle, B. E. Schtejn und andere. Die zweite neue Institution, die Anfang September ins Leben gerufen wurde, war die Kommission über Waffenstillstandsverhandlungen; den Vorsitz führte K. E. Woroschilow und zu ihren Mitgliedern zählten I. A. Majskij, M. R. Galaktionow, A. A. Ignatjew, V. P. Potëmkin, B. M. Schaposchnikow und andere. Die Gründung dieser Kommissionen, die mit der militärischen Wende ins Auge gefaßt worden war (die Abberufung von Majskij am 2. August und Litwinow am 28. August erfolgten im Zusammenhang mit den vorbereitenden Konsultationen), stand im unmittelbaren zeitlichen Kontext mit der Protestnote Stalins an Roosevelt und Churchill vom 22. August 1943. Vor dem Hintergrund des Ausscheidens Italiens aus der Achse und der Separatfriedenssuche der Badoglio-Regierung in englisch-amerikanischer Richtung sowie der ihm verborgen gebliebenen Ergebnisse der Konferenz von Quebec brachte Stalin seine Mißbilligung darüber zum Ausdruck, daß die USA und England verhandelten, während die UdSSR Informationen über die Resultate der Absprachen der beiden Mächte als dritter, passiver Beobachter erhielt. »Ich muß Ihnen sagen«, das war der Tenor dieses von großer Selbstsicherheit getragenen Protestschreibens, »daß es unmöglich ist, eine solche Lage weiter zu tolerieren.«[51] Doch Stalins Vorschlag, eine »kriegspolitische Kommission« aus Vertretern der drei Großmächte zur Überprüfung von Sonderfriedensfragen hinsichtlich von der Achse abfallender Länder und Völker zu schaffen, stieß in London und Washington zunächst auf taube Ohren. Obgleich das britische Kriegskabinett die Auffassung vertrat, daß eine Zurückweisung der Regierung Stalins den Vorwand biete, mit Deutschland und Osteuropa von nun an selbstständig zu verfahren[52], wurde die Sache erst einige Wochen später wieder aufgegriffen. In diesen Wochen entschied die Sowjetregierung, diese Fragen in eigener Regie und unter Zugrundelegung neuer strategischer Leitlinien zu lösen. Die neugebildeten Kommissionen bildeten dafür den institutionellen Rahmen.

Es ist interessant, daß auch Edgar Klaus in der Abberufung der beiden jüdischen Botschafter Majskij und Litwinow aus den westlichen Hauptstädten – die von deutscher Seite, wie die Auflösung der Komintern, gern als eine Wohlwollensgeste Stalins an die Adresse Hitlers interpretiert wurde – eher ein Zeichen politischer Aufwertung der Botschafter sah: Die Russen, so teilte Klaus seinem schwedischen Freund Ende August mit, »wollen dokumentieren, daß so bedeutende Männer wie Litwinow und Majskij aufgrund der Nichterrichtung der Zweiten Front zu Hause mehr gebraucht werden«.[53] Tatsächlich deutet ihre Placierung an der Spitze der neugeschaffenen Kommissionen für Waffenstillstands- und Friedensfragen darauf hin, daß Stalin über den wohlbedachten Affront gegen seine Bündnispartner hinaus das Hauptgewicht ihres von ihm geschätzten Wirkens von der Außen- und Bündnispolitik auf die Ebene der Blockbildungs- und Nachkriegspolitik verlagerte. Die europäische Nachkriegsordnung wurde von nun an zunehmend allein in Moskau und nicht mehr im Gespräch mit den verbündeten Mächten festgelegt. Die interalliierten Treffen, die mit der Moskauer Außenministerkonferenz Ende Oktober und der Konferenz von Teheran im November 1943 einsetzten, dienten in Stalins Augen als Zustimmungsforum der allgemeinverbindlichen Festlegung auf die von den Moskauer Kommissionen erarbeiteten Leitlinien.

Die Entsendung Kleists – eine verpaßte Gelegenheit?

Etwa gleichzeitig mit der Einsetzung der beiden Kommissionen in Moskau schickte der deutsche Außenminister Ribbentrop, diesmal mit ausdrücklicher Tolerierung Hitlers und einem von diesem selber hingeworfenen Grenzziehungsangebot in der Tasche, seinen neuernannten Ministerialdirigenten im Auswärtigen Amt, Peter Kleist, zur Kontaktaufnahme mit der Sowjetgesandtschaft nach Stockholm. Kleist traf – nach schwedischen Ein- und Ausreisevermerken – am 2. September 1943 in Stockholm ein und schrieb sich, ohne die erforderliche Meldung bei den schwedischen Behörden, im Strand-Hotel ein. Hier blieb er zunächst bis zum 5. September und reiste dann nach Helsinki weiter. Doch schon am 7. September kehrte er aus Helsinki zurück und stieg wieder im Strand-Hotel ab. Zwei Tage später, am 9. September, flog er nach Berlin zurück.

Nach Darstellung von Peter Kleist erfolgte am 4. September die erste Zusammenkunft mit Edgar Klaus. Dieser habe sich in einer unerfreulichen Gemütsverfassung befunden und geklagt, daß er es satt habe, mit Leuten Politik spielen zu müssen, die nicht wüßten, wie man sie betreibe. Klaus habe Kleist dann vorgehalten, daß Alexandrow nach ihrer letzten Begegnung neun Tage in Stockholm auf einen deutschen Gesprächspartner gewartet habe, ohne daß auch nur eine Absage eingegangen sei.[54] Er sei dann in größter Sorge um sein eigenes Schicksal und mit häßlichen Worten für Klaus nach Moskau abgereist. Doch Kleist konnte – so besagt seine Darstellung – Klaus »durch gutes Zureden« für einen weiteren Vermittlungsversuch bei Madame Kollontaj und Gesandtschaftsrat Semjonow gewinnen. Von diesen sei er »an einem der nächsten Tage« mit dem Vorschlag zu Kleist zurückgekehrt, die sowjetische Seite wolle die »Weiterführung der Beziehungen« (Kleist), das heißt wohl die Inbetrachtnahme einer Anbahnung von Gesprächen, davon abhängig machen, daß die deutsche Seite durch einen der Sowjetregierung vorher angekündigten »Wink« ihre Bereitschaft zu einem Kurswechsel dokumentiere. Auf einen solchen Wink werde die Sowjetregierung ihrerseits durch eine ähnliche Verlautbarung antworten. Unter dieser Voraussetzung werde sich Moskau bereit finden, mit Deutschland über eine sofortige Beendigung der Kriegshandlungen zu diskutieren.[55] Das sowjetische Verhandlungsziel bestehe dabei in der Wiederherstellung der Grenze von 1914, freier Hand in der Meerengenfrage sowie in ganz Asien und Entwicklung ausgedehnter Wirtschaftsbeziehungen zwischen Deutschland und der UdSSR. Als Verhandlungspartner auf deutscher Seite wäre Botschafter Graf Schulenburg genehm. Die Gründe, die die UdSSR zu diesem Zeitpunkt für einen Sonderfrieden mit Deutschland bewegten, lägen – so hatte sich angeblich Gesandtschaftsrat Semjonow geäußert – in der Einsicht, daß die Verhältnisse in Osteuropa, von Finnland bis hinab zu den türkischen Meerengen, nur gemeinsam mit Deutschland und nicht mit den Westmächten dauerhaft geordnet werden könnten.[56] Außerdem glaube man in Moskau nicht an eine schnelle Kapitulation Deutschlands. Man gehe vielmehr davon aus, daß die deutsche Wehrmacht um so verbissener kämpfen werde, je näher die Rote Armee den deutschen Grenzen komme. Kleist betonte, er habe seinem Gesprächspartner nach diesen Ausführungen in Erinnerung gerufen, daß »Hitler nicht die geringste Absicht zu Verhandlungen habe«[57], und die Stimmung in der obersten deutschen Führung noch immer viel zu optimistisch sei, um etwa einer Grenzziehung nach den Linien von 1914 zuzustimmen. Klaus habe geantwortet, er glaube wohl, daß die Deutschen nicht verhandeln wollen, »weil sie nämlich vom Verhandeln nichts verstehen«. Und er habe Kleist in Andeutungen zu verstehen gegeben, wie ein deutscher Verhandlungsvorgang etwa beschaffen sein müsse, um möglichst viele Konzessionen zu erhalten. »Geduld« und »Kenntnis des Partners« - Qualitäten, die der deutschen Seite nach Aussage von Klaus fehlten - müßten die Basis solcher Verhandlungen bilden. Hier reißt die Darstellung Kleists von seinem Treffen mit Klaus unter Hinweis auf seinen Abflug nach Helsinki ab.

Tatsächlich dürfte dieses Gespräch anders verlaufen sein, als es Kleist darstellte. Die Dokumente des schwedischen Verteidigungsstabes über Klaus bieten einen Schlüssel an. Nach der Abreise Kleists nach Helsinki berichtete Klaus am 6. September seinem Gesprächspartner, »daß die Deutschen jetzt beschlossen haben, um jeden Preis Frieden mit den Russen zu schließen«.[58] Bis zu diesem Zeitpunkt, so erwähnte er, »waren die Russen nicht darauf eingegangen. Aber man hatte die Hoffnung, daß sie irgendeinen Sendboten hierherschicken würden, um die Sache wenigstens zu besprechen.« Es scheint also Kleist gewesen zu sein, der unter Hinweis auf die von Hitler festgelegte Demarkationslinie, deren Plan er bei sich führte, seinen Partner Klaus bat, ein Treffen mit einem sowjetischen Verhandlungspartner zu bewerkstelligen. Klaus bemühte sich also allem Anschein nach mit geringen Hoffnungen, dies zu tun.

Am Abend des 7. September - Kleist dürfte gerade aus Helsinki zurückgekehrt gewesen sein - teilte Klaus seinem schwedischen Partner mit, daß »die Deutschen ... ihre Versuche, Frieden mit den Russen zu erreichen, fortsetzen«. Um ihren guten Willen unter Beweis zu stellen, bereiteten sie die Überführung von einigen an der finnischen Eismeerküste stationierten deutschen Divisionen nach Norwegen vor. »Leider haben die Russen bisher nicht reagiert. Die deutschen Unterhändler sind zur Zeit hier, aber irgendwelche Repräsentanten Moskaus haben sich nicht gemeldet.«[59]

Wenn Klaus von mehreren deutschen Unterhändlern sprach, so hatte er offenbar neben Kleist (mindestens) noch einen deutschen Gast im Auge, der sich zu diesen Zwecken in Stockholm aufhielt: Am 5. September hatte sich der »deutsche Kaufmann« Ernst Egon Bremer telephonisch bei dem Ehepaar Klaus gemeldet und bald darauf mit ihm zu einem Lunch verabredet. Bremer war am 4. September in Stockholm angekommen und hatte sich im Hotel Reisen angemeldet. Da die schwedische Polizei bei seiner Ankunft bereits Verdachtsmomente hatte, wurde Bremer während dieses Besuches und seiner folgenden Aufenthalte von der schwedischen Polizei observiert. Er unterhielt rege Beziehungen zu dem Ehepaar Klaus.[60]

Am 8. September traf sich Kleist – nach eigener Darstellung – wieder mit Klaus. Er fand ihn »in größter Aufregung«.[61] Soeben habe er aus der Sowjetischen Gesandtschaft die Nachricht erhalten, »daß man sich in Moskau doch noch einmal zu einem drastischen Schritt entschlossen habe«. Dekanosow, der Sowjetische Botschafter in Berlin in der Zeit des Molotow-Ribbentrop-Paktes, jetzt Vizeaußenminister und wie Stalin ein Georgier, werde zwischen dem 12. und 16. September »auf der Durchreise« in Stockholm Station machen, »um sich mit Kleist zu treffen«. Voraussetzung für diese Zusammenkunft seien die sofortige Zusage von deutscher Seite, das Eintreffen des deutschen Unterhändlers in Stockholm vor dem Dekanosows zu arrangieren und ein vorher vereinbarter »Wink« der deutschen Reichsregierung. Nach Kleists Darstellung ermunterte Klaus mit vor Eifer glühendem Gesicht seinen deutschen Gesprächspartner, »die Leute in Berlin« davon zu überzeugen, daß sie jetzt die letzte Chance hätten, »das versackte Schiff wieder flott« zu machen, in das »der Hitler nur einzusteigen und zu fahren (brauche), um aus der ganzen Katastrophe herauszukommen«.[62]

Am folgenden Morgen flog Kleist aus Stockholm ab. Am 10. September hielt er – nach eigenen Angaben – Vortrag vor Ribbentrop. Den Außenminister empörte die Zumutung, sein Amt niederzulegen, um den Weg für Verhandlungen freizumachen. »Der Herr Clauß«, so habe er Kleist entgegnet, solle sich einmal die sowjetischen Berichte von seinem Auftreten in Moskau anschauen, um sich zu überzeugen, daß er, Ribbentrop, mit dem Bruch des Paktes überhaupt nichts zu tun habe. Auch den Vorschlag, Rosenberg fallenzulassen, wage er dem Führer nicht weiterzugeben – das sähe ja nach Eifersüchtelei aus. Überhaupt sei es abwegig, einen Wink an die Sowjets zu erwägen, »da Hitler nach wie vor jeden Gedanken an Friedensgespräche« zurückweise.[63] An den Vortrag Kleists habe sich ein Meinungsaustausch angeschlossen, in dessen Verlauf Ribbentrop – aufgrund der von Kleist wiedergegebenen, erstaunlichen Detailkenntnisse Klaus' über die Kreml-Interna – zu der Ansicht gelangt sei, daß Klaus kein »abenteuerlicher Schwindler« sei. Noch während des Gespräches habe eine Ordonnanz dem Außenminister eine Meldung von Radio Moskau überbracht, der zufolge Dekanosow demnächst als Botschafter nach Sofia gesandt werde.[64] Kleist erkannte in dieser Meldung den angekündigten »Wink« von sowjetischer Seite und empfahl Ribbentrop, umgehend den Grafen Schulenburg zum Deutschen Botschafter in Sofia zu ernennen. Damit wäre die erste der drei Bedingungen erfüllt. Doch Ribbentrop »blieb bei seiner Ablehnung« und sah selbst in einem derartigen verdeckten Wink schon die Bekundung einer auf deutscher Seite bestehenden Verhandlungsbereitschaft – ein Eindruck, den Hitler vermieden wissen wollte.

Dennoch hielt Ribbentrop angeblich noch in der Nacht, nämlich der zum 11. September 1943, Rücksprache mit Hitler. Sie endete mit der Anweisung an Kleist, Klaus auf privatem Wege mitzuteilen, daß er derzeit nicht reisen könne, im übrigen aber mit Interesse »den Faden zu halten«, um zu erfahren, »wie weit die Russen dieses Spiel noch treiben werden«. Klaus - dies habe ein weiteres Gespräch Kleists mit Ribbentrop und drei Spezialisten aus seinem Stabe am 11. September ergeben - sollte als reine »Informationsquelle ... weiterhin offengehalten werden«.[65]

In der Nacht vom 12. zum 13. September - der Zeit, zu der sich Dekanosow nach Angaben Kleists im Falle einer von deutscher Seite angezeigten Bereitschaft in Stockholm hätte befinden sollen - klärte Botschafter Hewel, der Verbindungsmann Ribbentrops zu Hitler, Kleist über die mißliche Lage im Führerhauptquartier auf. Hier vollziehe sich ein häufiger und völlig undurchschaubarer Meinungswechsel. So habe Hitler Ribbentrop kürzlich erklärt, er möge ihm, wenn er unbedingt geschäftig sein möchte, doch »einen Frieden mit England oder Rußland bringen«.[66] Dabei habe er dem Frieden mit England den Vorrang gegeben, aber erklärt, wenn dieser nicht zu erreichen sei, würde er auch Rußland akzeptieren. Nach vergeblichen Tastversuchen im Westen habe Ribbentrop sich - nach Darstellung Hewels bei Kleist - mit der gleichen Vorsicht nach Osten gewendet, wo mit Sicherheit ebensowenig herauskommen werde. Denn Ribbentrop werde dort »seine Fühler noch zaghafter ausstrecken als im Westen, weil der Name des Herrn Clauß bei Hitler immer noch in Verruf steht«.[67] Es stellt sich hier die bereits angedeutete Frage, auf welche Begebenheit sich dieser rückwirkende Verweis bezieht: Erinnerte Hewel an ein Auftreten von Klaus in der Umgebung Hitlers, das dann allerdings zur Verärgerung Hitlers geführt hätte, oder aber - was wahrscheinlicher ist - an die Sondierungen über die Hintergründe und Volkszugehörigkeit von Edgar Klaus; in diesem Falle allerdings will das Wort »Verruf« keinen rechten Sinn annehmen.

Am 12. September 1943 wurde Mussolini auf Befehl Hitlers durch ein SS-Kommando aus seinem Gefängnis am Gran Sasso befreit und ins Führerhauptquartier gebracht. Mussolini, der sich schon früher für eine Beilegung des deutsch-russischen Konfliktes ausgesprochen hatte[68], empfahl Hitler offenbar auch jetzt, den Krieg im Osten zu beenden. In einem Gespräch, das vermutlich am 13. September stattfand, versprach Hitler Mussolini im Beisein Ribbentrops, »er wolle sich mit Rußland einigen«.[69] Ribbentrop brachte daraufhin - nach eigener Darstellung - die Bitte um Weisung vor, wurde aber mit unpräzisen Antworten bis zum nächsten Tag hingehalten. Dann, also vermutlich am 14. September, lehnte Hitler wiederum »jede Fühlungnahme« ab.[70] Als Erklärung habe er dem bestürzten Außenminister bekannt: »Wissen Sie, Ribbentrop, wenn ich mich heute mit Rußland einige, packe ich es morgen wieder an - ich kann halt nicht anders.«[71] Bei diesen Worten habe Ribbentrop »ein Grauen vor der Zukunft« überkommen, was ihn allerdings nicht bewogen hat, die Möglichkeit seines Rücktritts in Erwägung zu ziehen. Er rief lediglich - nach Angaben Kleists - am 14. September, also offenbar nach der endgültigen Weigerung Hitlers, bei Kleist an, um sich persönlich davon zu überzeugen, daß dieser Klaus »die angeordnete Absage übermittelt« habe.[72] Für Kleist war damit »die Sache ›Claußs‹ ... begraben«.

Es ist schon früher von aufmerksamen Lesern des vermeintlichen Tatsachenberichtes von Kleist an dieser Stelle die Frage gestellt worden, welche Denk- und Entscheidungsprozesse sich wohl in den fraglichen Tagen in der Zentrale Moskau abgespielt haben. Eine einzige, ernst zu nehmende Quelle, nämlich Wolfgang Leonhards Erinnerung an das angeblich »zurückgezogene Waffenstillstandsabkommen«[73], bietet gewisse Erklärungen an, die sich indes bei näherer Betrachtung als eine fragwürdige Schlußfolgerung aus den für wahr gehaltenen Kleistschen Insinuierungen erweisen. Leonhard, damals Verbindungsbote zwischen dem NKFD und der unter Leitung von Rudolf Herrnstadt stehenden Druckerei des Komitees, hatte offenbar in der fraglichen Zeit eine Reihe von höchst überraschenden Beobachtungen gemacht, für die er später - bei der Lektüre des Buches von Peter Kleist - eine Erklärung zu finden glaubte.

Ende August, so erinnerte sich Wolfgang Leonhard, sei die bis dahin obligate Bezeichnung des NKFD als eines »Kerns einer zukünftigen neuen deutschen Regierung« über Nacht aus dem Verkehr gezogen worden. Wenn die wiedergegebene Angabe zutrifft, daß Kleist im Auftrage Ribbentrops (am 16. 8. wurde Kleist zu dem entsprechenden Gespräch mit Ribbentrop zitiert) die von Hitler um die Mitte August gezeichnete »Demarkationslinie« per Kurier zu Klaus nach Stockholm schickte (Klaus teilte ja LO am 26. oder 27. August mit, Ribbentrop habe den Russen jetzt das Angebot der Räumung beträchtlicher Teile des sowjetischen Gebiets »geschickt«), so könnte dies den Schluß zulassen, daß die Sowjetregierung nach diesem ersten vorliegenden Zeugnis einer Verhandlungsbereitschaft der Hitler-Regierung die gegen diese betriebene Propagierung des NKFD als künftiger deutscher Regierung zeitweilig, und zwar abrupt, unterband: Eine verhandlungsbereite Hitler-Ribbentrop-Regierung, die ihre Fehler einsah, könnte ihr für die Zukunft als ein eher berechenbarer Partner erschienen sein als eine nicht erprobte zukünftige deutsche Regierung aus kommunistisch-weltverbessernden Literaten und nationalistischen preußischen Militärs. Der Wegfall der Formel vom NKFD als Kern einer Regierung im Exil gegen Ende August würde unter diesen Umständen weniger eine plötzliche »Degradierung« (Leonhard) des Nationalkomitees als vielmehr ein Fingerzeig an die Adresse Hitlers sein, daß Stalin die bestehende deutsche Regierung als Verhandlungspartner akzeptiert hätte.

Dem steht entgegen, daß die Redewendung vom NKFD als dem Kern der zukünftigen deutschen Regierung möglicherweise im engeren Kreis der Männer gebraucht wurde, mit denen Leonhard täglich dienstlichen Umgang pflegte (W. Ulbricht, E. Weinert, R. Herrnstadt und andere deutsche Emigranten, die sich selbst gern als Glieder der deutschen Nachkriegsregierung verstanden), daß sie demgegenüber im offiziellen Gebrauch »stets sorgfältig vermieden« wurde (Heinrich Graf Einsiedel). Tatsächlich bestätigt eine Überprüfung der Veröffentlichungen des NKFD aus der fraglichen Zeit den Hinweis Leonhards nicht.

Größeres Gewicht könnte die zweite Beobachtung besitzen, an die sich Wolfgang Leonhard bei der Lektüre der Darstellung Kleists zu erinnern glaubte: Aus unerklärlichen Gründen habe Stalin die seit längerem geplante und schließlich auf den 1. September 1943, den 4. Jahrestag des Beginns des Zweiten Weltkriegs, festgesetzte Gründung des »Bundes Deutscher Offiziere« (BDO) Ende August kurzentschlossen abgeblasen oder aber vertagt. Der Bund Deutscher Offiziere, der als Auffangbecken der konservativen, nationalen deutschen Militärs in der russischen Kriegsgefangenschaft konzipiert war, wäre überflüssig geworden, wenn die aktuelle deutsche Reichsregierung ihren Generalstab veranlaßt hätte, die sowjetischen Gebiete kampflos und absprachegemäß zu räumen. Zehn Tage später, so berichtete er, wurde das Steuer erneut herumgeworfen und der BDO am 11./12. September doch noch überstürzt gegründet. Dies wäre der Zeitpunkt gewesen, an dem in Moskau Gewißheit darüber herrschte, daß sich kein deutscher Unterhändler in Stockholm einfand, um die Ankunft des sowjetischen Verhandlungspartners (Dekanosow) zu erwarten. Denn der Aufenthalt Dekanosows war ja angeblich für die Zeit vom 12. bis 16. September in Aussicht gestellt.

Allerdings steht Wolfgang Leonhard mit dieser Interpretation der schleppenden Gründung des BDO allein. Die breite Memoirenliteratur der Männer des NKFD legt demgegenüber beredtes Zeugnis von den anhaltenden Widerständen ab, auf die die Agitatoren des NKFD bei ihren Bemühungen um Heranziehung der Generale zu dieser Art politischer Tätigkeit stießen. In zähen vieltägigen Überredungsversuchen sollten möglichst viele der prominenten Stalingrad-Generale, besonders aber Paulus, für die Mitarbeit im BDO gewonnen werden. Doch die »Josephs«, die Goerdeler in Deutschland vergebens für die Sache des Widerstandes zu gewinnen suchte, wiesen in ihrer Mehrheit (so Paulus in den ersten Septembertagen) auch in russischer Gefangenschaft die Idee eines Putsches der deutschen Wehrmacht gegen die Hitler-Regierung von sich. Eine Woche später, so erinnert sich Graf Einsiedel, wurde der BDO ohne Generalfeldmarschall Paulus gegründet.

Und schließlich sollte - ebenfalls nach der Erinnerung Leonhards - »in der ersten Septemberhälfte 1943« in der Zeitung des NKFD, »Freies Deutschland«, ein Leitartikel unter dem aus seiner Sicht geradezu phantastisch anmutenden Titel »Waffenstillstand - das Gebot der Stunde« erscheinen. Der Artikel wurde in der Nacht vor Erscheinen der Zeitung in aller Eile von Rudolf Herrnstadt selbst aus der Presse gezogen, bestimmte Formulierungen durch belanglose Sätze ersetzt. Auch dieser Wandel der Direktiven, der nach Ansicht Leonhards nur auf allerhöchstes Geheiß erfolgen konnte, könnte im Lichte der Stockholmer Sondierungen eine Erklärung finden. Wenn es Edgar Klaus - wie die LO-Berichte vor dem Hintergrund der Informationen Kleists nahelegen - im Anschluß an seine Gespräche mit Kleist (4. bis 6. und dann 7./8. bis eventuell 9. September) tatsächlich gelungen wäre, seine vermeintlichen Gesprächspartner auf sowjetischer Seite davon zu überzeugen, daß es der deutschen Seite diesmal ernst und die von Hitler gezeichnete Demarkationslinie ein geeigneter Ausgangspunkt zu weiteren Verhandlungen sei, so hätte dies zu einer positiven Entscheidung Stalins führen können. Durch den in deutscher Sprache erscheinenden Artikel vom Waffenstillstand als dem Gebot der Stunde konnte dann die sowjetische Verhandlungsbereitschaft zum Ausdruck gebracht und zugleich der wankelmütige Hitler (oder Reichsaußenminister) in seiner Verhandlungsabsicht bestärkt werden. Am 11. oder 12., spätestens am 13. September aber mußte es der Sowjetregierung klarwerden, daß kein deutscher Unterhändler erschien, die Anregung also nicht auf fruchtbaren Boden gefallen war, und Hitler - mit anderen Worten - keine weiterreichende Verhandlungsbereitschaft besaß. In letzter Minute wäre dann das potentielle Waffenstillstandsangebot aus dem Druck gezogen worden.

Dem ist entgegenzuhalten, daß die Forderung des Waffenstillstandes ein fester Bestandteil der propagandistischen Arbeit des NKFD war, der sowohl im Gründungsmanifest, in den Beschlüssen des Plenums des Nationalkomitees vom 14. September 1943 als auch in zahlreichen anderen Verlautbarungen im Vordergrund stand. Nur implizierte diese Forderung selbstverständlich kein Angebot an die Hitler-Regierung, sondern stand vielmehr im Zusammenhang mit den Aufrufen zur Beseitigung Hitlers und Zurückführung der deutschen Wehrmacht zu den Reichsgrenzen. Sie war als eine Aufforderung deutscher Militärs an ihre alten Kameraden zu verstehen, die das Ziel hatte, den sowjetischen Boden kampflos zu räumen. Hatte nicht bei Tauroggen eine Waffenstillstands-Konvention den Beginn der Selbstauflösung der Grande Armée herbeigeführt?[74]

Der von Wolfgang Leonhard nahegelegten Interpretation steht ferner die Tatsache entgegen, daß Stalin am 8. September 1943 - nach vielwöchigem Schweigen zu allen essentiellen Anfragen seiner Verbündeten, das mit seiner »Unabkömmlichkeit« vom Kriegsschauplatz begründet wurde - die wiederholt vorgetragenen Anregungen zur Einberufung einer Dreierkonferenz aufgriff (die Note wurde Churchill am 9. September vom neuen Sowjetischen Botschafter in London, Fjodor Gusjew, überreicht). Dies wäre also etwa in jenen Tagen geschehen, als Klaus mit Kleist erst über die Bedingungen der Aufnahme von Verhandlungen, unter anderem den von Kleist häufig zitierten »Wink«, sprach.

Allerdings hatte Churchill, dem wahrscheinlich die Meldungen von den wiederholten Treffen zwischen Kleist und Klaus vorlagen[75], am 5. September durch drei ultimative, Stalin umgehend übermittelte Telegramme mit erheblichen Zugeständnissen an die sowjetische Adresse (unter anderem mit der Zustimmung zur Bildung einer interalliierten politisch-militärischen Kommission sowie der Zusage, selbst nach Moskau zu kommen) mit Macht in Stalins Entscheidungsprozeß eingegriffen. Stalins Antwort war eine Art zurückhaltender Zustimmung, gemischt mit Vorhaltungen über die verspätete Zusage für die Bildung einer gemischten Kommission. Er willigte ein, eine Außenministerkonferenz zusammentreten zu lassen, bestand aber auf einer vorher verbindlich festgelegten Tagesordnung. Doch ließ er die Frage des Zeitpunktes unter Hinweis auf die sich ständig wandelnde militärische Lage offen. Churchill ließ keine Zeit verstreichen und verstand es, Stalin bereits am 10. September mittels einer Anschlußnote in einen Meinungsaustausch über die Planung der Konferenz einzubeziehen, der schließlich in die Vorbereitungen der Moskauer und Teheraner Konferenzen einmündete. Erst am 29. September brachte Stalin in einer Note an das Foreign Office eigene neue konstruktive Gesichtspunkte in die Diskussion ein: Als Hauptpunkt der Tagesordnung schlug er bezeichnenderweise Maßnahmen zur Verkürzung des Krieges gegen Deutschland und die mit ihm verbündeten Mächte vor. Es stellt sich erneut die Frage, ob er Ende August/Anfang September 1943 (noch) bereit gewesen wäre, dieses Ziel in Direktverhandlungen mit dem Feinde zu erreichen.

Folgt man noch einmal den Vorstellungen Leonhards, so könnte Stalin mit dem Verstreichen des Termins vom 12. September, dem Datum des angeblich in Aussicht gestellten Besuchs von Dekanosow (wobei die Person des potentiellen Gesprächs- oder gar Verhandlungspartners zweifelhaft erscheint: der weltbekannte Dekanosow hätte eine solche Mission schwerlich unbemerkt durchführen können), könnte der sowjetische Regierungschef tatsächlich seine »nationalsozialistische Option« fallengelassen und sich ausschließlich auf seine westlichen Bündnispartner eingestellt haben. Bei dieser Annahme blieb noch immer offen, ob diese »nationalsozialistische Option« im politischen Kalkül Stalins einen erst-, zweit- oder aber drittrangigen Stellenwert besessen hätte. Mit der demonstrierten Zurückweisung der sowjetischen Gesprächsbereitschaft von deutscher Seite mußte diese »Option« erlöschen.

Kleist, der am 28. September noch einmal in Stockholm sein Glück versuchte[76], berichtete, Edgar Klaus habe ihm nun »kurz und bündig« erklärt, die Sowjetgesandtschaft habe mehrfach angefragt, ob Kleists Anmeldung vorliege. Als dann schließlich die Absage Kleists eingetroffen sei, habe man Klaus »in der unfreundlichsten Weise verabschiedet«.[77] Damit habe Deutschland - so Klaus in der Wiedergabe Kleists - seine »letzte Chance im Osten verpaßt«. Mit diesen Worten sowie mit dem Versprechen, weiterhin freundschaftliche Verbindungen aufrechtzuerhalten, hätten sich die beiden Männer verabschiedet. Hier endet Kleists Darstellung der »sowjetischen Friedensfühler« in Stockholm.

Die schwedischen Quellen, die über die Begegnungen zwischen Kleist und Klaus sowie ihre Bemühungen, einen Kontakt zur Sowjetgesandtschaft herzustellen, Auskunft geben, brechen hingegen hier noch nicht ab. Doch hatte Kleist im nachhinein gute Gründe, seine gescheiterte Mission mit diesem letzten »Angebot von sowjetischer Seite« enden zu lassen. Er blieb auch in der Nachkriegszeit der erwähnten »Sprachregelung« treu.[78] Denn was folgte, war eine Kette von erfolglosen und für ihn persönlich höchst demütigenden deutschen Friedensfühlern, die fast ausnahmslos auf verschlossene sowjetische Türen stießen.

Drei sowjetische Dementis

Der erste Schritt der Sowjetregierung, der auf einen Wandel in der Einstellung zu Separatverhandlungen schließen lassen könnte, war eine Note des Außenkommissariats an das State Department vom 14. September 1943; sie wurde Staatssekretär Cordell Hull am 16. September vom sowjetischen Geschäftsträger in Washington, Andrej Gromyko, überreicht.[79] Das Volkskommissariat machte dem amerikanischen Verbündeten Mitteilung, daß die japanische Regierung der Sowjetregierung am 13. September den Vorschlag gemacht habe, einen Sonderfrieden zwischen Deutschland und der UdSSR zu vermitteln. Die Sowjetregierung habe den Vorschlag sofort abgelehnt. Zwar hatte die Sowjetregierung schon früher Dementis angeblicher Friedensfühler an die Adresse ihrer westlichen Verbündeten gerichtet. Doch hatten sie üblicherweise in Zusammenhang mit aktuellen Gerüchten oder Nachfragen gestanden, die den sowjetischen Partner belasteten. Eine Bekanntgabe ohne schwerwiegenden, unmittelbaren Anlaß war - zumal zu diesem Zeitpunkt wenig von einer japanischen Initiative die Rede war - in dieser Form ein Novum.

Ein weiterer Schritt, der als das Ende der Periode offener Gesprächsbereitschaft gedeutet werden konnte, war die unerwartete Ernennung der Gesandtin Kollontaj zur Botschafterin (19. September 1943). Stalin selbst sprach diese Beförderung aus, indem er sie »als eine Belohnung für die Dienste, die sie ihrem Lande erwiesen hat« charakterisierte.[80] Die schwedische Presse brachte diesem ungewöhnlichen Schritt große Aufmerksamkeit entgegen und stellte ihn in Zusammenhang mit den geheimen finnisch-russischen Separatfriedensverhandlungen. Doch wurde nicht ausgeschlossen, daß die Ernennung auch im Rahmen geheimer deutsch-sowjetischer Friedensverhandlungen erfolgt sein könnte. So verwies unter anderem die Tageszeitung *Aftonbladet* auf diesbezügliche Gerüchte, betonte aber, daß diese Gerüchte seit kurzer Zeit auch von deutscher Seite ausgestreut wurden. Dies lege die Vermutung nahe, daß ein wichtiges deutsch-russisches Zusammentreffen in Vorbereitung sei. Alles Interesse konzentriere sich nun auf Stockholm. Als wenige Tage später bekannt wurde, daß auch Gesandtschaftsrat Jarzow, der ehemalige Mitarbeiter von Madame Kollontaj, der sich seit zwei Monaten in Moskau aufhielt, nun offiziell aus Stockholm abberufen und mit einem wichtigen neuen Auftrag in die Türkei entsandt worden sei, verdichtete sich der Eindruck, daß das sowjetische Außenministerium im Auftrag Stalins eine Belohnungsaktion für komplizierte, aber zur Zufriedenheit des Regierungschefs vollbrachte Aufgaben vornahm. Das gab den Gerüchten neue Nahrung.

Irving Pflaum, Korrespondent der *Chicago Times*, wußte am 24. September 1943 zu berichten, daß »das deutsche Militär« beschlossen habe, Graf von der Schulenburg im Range eines Botschafters nach Stockholm zu entsenden. Schulenburg sei immer ein Gegner des Rußlandfeldzugs gewesen und besitze die Sympathie des Kreml. Seine Präsenz in Schweden werde amerikanische Ängste in Richtung auf einen neuen deutsch-sowjetischen Pakt verstärken.

Erneut rückte die Möglichkeit eines solchen Paktes ins Zentrum des amerikanischen Interesses. Dem OSS fiel die Aufgabe zu, die vorhandenen Anzeichen und Prognosen in ein verläßliches Bild zu bringen. Ein Bericht der Abteilung Forschung und Analyse (Research and Analysis Branch)[81] von Mitte September unter dem Titel »Rußland und die Frage eines russisch-deutschen Separatfriedens« kam trotz weitverbreiteter gegenteiliger Ansichten zu dem Ergebnis, daß die Sowjetregierung keinen Frieden mit Deutschland schließen würde. Eine deutsche Militärregierung – und nur mit einer solchen würde Stalin zum gegebenen Zeitpunkt noch ein Arrangement erwägen können – würde Rußland vermutlich bei nächster Gelegenheit wieder angreifen, so daß Rußland einem nicht vollständig geschlagenen Deutschland gegenüber in ständiger militärischer Wachsamkeit verharren müßte. Dieser Umstand würde die Vorzüge eines Sonderfriedens mit Deutschland stark relativieren. Rußland könne ferner in diesem Falle weder von Deutschland noch von den Westmächten die für seinen Wiederaufbau erforderlichen

Lieferungen erhalten. Die Westmächte würden im Falle eines Sonderfriedens ihren militärischen Einsatz gegen Deutschland verringern, wenn nicht völlig einstellen. Dies würde Deutschland die Möglichkeit geben, sich schnell von den Kriegsschäden zu erholen und einen Gegenschlag nach Osten vorzubereiten. Rußland würde also weder seinen Einfluß in Ost- und Mitteleuropa nennenswert ausweiten, noch würde es entscheidend und langfristig entlastet. Der Abschluß eines Separatfriedens mit einer nichtnazistischen Militärmacht Deutschland wäre aus sowjetischer Sicht allein unter der Voraussetzung der bedingungslosen Kapitulation sinnvoll.

Mit diesem Urteil der UdSSR-Experten des OSS, die auch schon während der Konferenz von Washington und Quebec ähnlich nüchterne Prognosen abgegeben hatten, war der Gedankenaustausch im Stabe Donovans aber erst eröffnet. Die anhaltenden Gerüchte schufen neue Denkansätze. Am 21. September leitete das OSS seinem Direktor einen Kommentar zu früheren Berichten zu[82], in dem zum ersten Mal die Vermutung geäußert wurde, die sowjetischen Truppen könnten Berlin - sei es durch Absprachen mit der deutschen Führung, sei es durch die rapide deutsche Niederlage - vor den amerikanischen Truppen erreichen. Churchill, der längst erkannt habe, daß die westlichen Armeen den Truppen Stalins in Berlin zuvorkommen müßten, wenn die Westmächte ein Wort in der Nachkriegsordnung für ein nicht gänzlich kommunistisches Europa mitreden wollten, habe aus Furcht vor der Ausbreitung des Kommunismus in Mitteleuropa seine Truppen während des Afrika-Feldzuges geschont, um sie für die letzte Auseinandersetzung in Europa bereitzuhalten. Der OSS-Experte legte Donovan folgende Alternative vor: Gelänge es den Deutschen, Stalin durch Bestechung mit großen territorialen Konzessionen so weit zu bringen, daß er einen Sonderfrieden mit Deutschland schlösse, so würden die Deutschen zweihundert Divisionen an die Westfront werfen und den Krieg im Westen um weitere drei bis vier Jahre erfolgreich verlängern können. Ließe sich Stalin aber nicht für einen Sonderfrieden gewinnen, so werde der deutsche Zusammenbruch und in seinem Sog die Etablierung kommunistischer Regierungen in Deutschland und Frankreich erfolgen. Selbst unter der Voraussetzung eines Kopf-an-Kopf-Rennens der amerikanischen und sowjetischen Truppen würde eine solche Entwicklung der amerikanischen Wirtschaft beträchtliche Lasten auferlegen. Demgegenüber könne ein europäischer Friede die Börse zwar kurzfristig in Unruhe versetzen, langfristig würden die Indices aber steigen ...

Den in Washington und London angestellten Spekulationen zum Trotz machte der Erste Sekretär der Sowjetischen Gesandtschaft in Stockholm, K. W. Winogradow, dem Amerikanischen Gesandten in Schweden, Herschel Johnson, in einem weiteren, exemplarischen Schritt der Sowjetregierung eine unerwartete Mitteilung. In einem Gespräch schnitt der Amerikanische Gesandte am 29. September 1943 die Frage nach dem Wahrheitsgehalt der in Stockholm zirkulierenden Gerüchte an und erfuhr, daß tatsächlich »gewisse Personen« versucht hätten, als »Agenten« und »Mittelsmänner« für Deutschland zu agieren; sie hätten sich im Interesse Deutschlands bemüht, an die Sowjetische Gesandtschaft heranzutreten.[83] Demgegenüber versicherte Winogradow zugleich, daß bisher keine »direkten Friedensfühler« von deutscher Seite die Sowjetische Gesandtschaft erreicht hätten.

Tatsächlich aber bestätigen sowohl die deutschen als auch die schwedischen Dokumente und Memoiren, daß von deutscher Seite mehrere »Mittelsmänner« eingeschaltet wurden; dies waren neben Klaus und anderen Hermann Rasch, »Prinz« Sakomelskij und vermutlich Dimitrijewskij. Es scheint, daß die Sowjetische Gesandtschaft präzise Auskünfte über diese Personen eingeholt hatte und wußte, für wen sie als »Agenten« tätig waren. Im Falle von Edgar Klaus ließen sich aus seinem Lebenswandel und seinen Bewegungen in Stockholm einigermaßen verläßliche Schlüsse ziehen. Eine strikte Observierung, die die Verbindungen von Klaus zur Gesandtschaft und zum sogenannten Büro Wagner nachwies, mußte seine Glaubwürdigkeit in sowjetischen Augen beträchtlich verringern. Denn anders als unter britischen Geheimdienstspezialisten, die bereit waren, Canaris als eigenwilligen, aber weltmännisch kooperativen Mann anzuerkennen, galt und gilt der Chef der deutschen Abwehr aus sowjetischer Sicht als einer der gefährlichsten, da intelligentesten Drahtzieher westlicher Industrie- und Kapitalinteressen.

Schließlich ergriff die neuernannte Botschafterin, Madame Kollontaj, am 1. Oktober 1943 die Gelegenheit, jedem Separatfriedensgerücht energisch entgegenzutreten. In einem Interview mit dem englischen Journalisten Gordon Young bestritt sie kategorisch jede Möglichkeit eines deutsch-russischen Separatfriedens. Ein Sonderfrieden, so erklärte sie, sei »vollständig unmöglich, und die Deutschen kennen sehr wohl die Gefühle, die wir für sie hegen«.[84]

Damit war auf drei Ebenen - der von Gromyko in Washington überbrachten Mitteilung des Narkomindel, der Verlautbarung der Botschafterin Kollontaj und der Erklärung des Gesandtschaftssekretärs Winogradow - jede Bereitschaft der Sowjetregierung zu einem Sonderfrieden mit Deutschland verneint worden.

Diese Erklärungen erfolgten vor dem Hintergrund eines unaufhaltsamen Vormarsches der Sowjetarmee. Am 19. September hatte der durch seine deutschfreundliche Haltung bekannte schwedische Militärkorrespondent der *Stockholms Tidningen,* Oberst Bratt, unter dem Titel »Die Barriere weicht« eine äußerst pessimistische Einschätzung der militärischen Lage im Osten vorgenommen und die Vision entwickelt: »... wenn alle anderen auf Europas Boden kämpfenden Truppen zu

Tode ermüdet sind, dann wird die russische Armee noch immer in der Lage sein, ihre Ziele zu erreichen, so wie sie Stalin auf der Karte markiert hat.« Der Gesandte Thomsen schickte diesen Auszug kommentarlos dem Staatssekretär im Auswärtigen Amt.[85]

Chaotische deutsche Friedensfühler

Während in den Hauptstädten der drei verbündeten Mächte die Vorbereitungen auf die interalliierten Konferenzen von Moskau und Teheran getroffen wurden[86], verstärkte sich in den Zentren der schwindenden Macht des nationalsozialistischen Deutschland - wie es scheint, verspätet und immer noch von diffusen Erwartungen geleitet - der Wille zu einem Ausgleich mit Rußland.

Einerseits hatten hochplacierte, aber jedes wirklichen Mitspracherechtes bare Beamte, an ihrer Spitze Botschafter Graf von der Schulenburg, nun aufgrund der Kenntnis der »sowjetischen Friedensangebote«, die ihnen auf inoffizielle Weise von Peter Kleist und auf offiziellem Wege aus dem Mund Ribbentrops zugingen, in dem Bewußtsein ihrer politischen Ohnmacht den Schritt zum Widerstand vollzogen. Sie bildeten innerhalb der von Sommer 1943 an sich zur Bewegung ausweitenden Opposition gegen Hitler und die Parteiherrschaft den »Ostflügel«, das heißt die Fraktion, die sich für einen Separatfrieden mit der sowjetischen Regierung und die Etablierung fester und dauerhafter Beziehungen im Sinne Bismarcks einsetzte. Zur »Ost-Lösung« des deutschen Widerstandes neigte neben Schulenburg auch der um eine Generation jüngere Legationsrat im Auswärtigen Amt, Adam von Trott zu Solz, dessen Interesse an dieser Lösung stärker generationsgebunden und emotional sowie durch die unnachgiebige Haltung der Westmächte bedingt war. Immerhin war sein Großvater von Schweinitz Militärbevollmächtigter und später Botschafter am Zarenhof gewesen und seine Mutter in St. Petersburg gebürtig; die russophile Familientradition ließ ihn sich intuitiv Botschafter Schulenburg anschließen. Dieser wurde in der ersten Oktoberhälfte über Legationsrat Eduard Brücklmeier, einen früheren Mitarbeiter aus der Deutschen Botschaft Teheran, mit Henning von Tresckow, dem Ic des Feldmarschalls von Kluge, Leiter der Heeresgruppe Mitte mit Standort Smolensk, bekannt gemacht. Man erörterte die Möglichkeit, Stalin das Friedensangebot einer künftigen deutschen Oppositionsregierung zu übermitteln. Über Trott wurden die Ergebnisse Claus Schenk Graf von Stauffenberg mitgeteilt, der sich im Sommer 1943 für die Sache des Widerstandes entschieden und zur Liquidierung Hitlers durchgerungen hatte. In den Tagen, in denen das von Kleist geschilderte »letzte sowjetische Angebot« unbeantwortet blieb, hatte Schulenburg über die Möglichkeit nachgedacht, selber zu

Stalin zu gelangen. Schließlich war er ja – nach dem Bericht Kleists – von sowjetischer Seite als Verhandlungspartner gewünscht worden. Der 68jährige Graf Schulenburg erklärte den um vieles jüngeren Aktiven des Widerstandes seine Bereitschaft, mit einer deutschen Militärmaschine die Heeresgruppe Mitte zu überfliegen und sich hinter der sowjetischen Frontlinie absetzen zu lassen. Von dort wollte er zu Stalin gelangen und ihn von der Friedensbereitschaft der deutschen Opposition in Kenntnis setzen. Doch die Pläne scheiterten im Oktober 1943 am Wankelmut der Führung der Heeresgruppe Mitte. Günther von Kluge nahm sein Versprechen, ein Flugzeug zur Verfügung zu stellen und die entsprechenden Vorkehrungen zu treffen, zurück und machte damit den Plan scheinbar undurchführbar. Ob Schulenburg bei Ausführung des Planes sein Ziel erreicht hätte, bleibt ungeklärt.[87]

Doch nicht nur die deutsche Opposition hatte zunehmendes Interesse an einer Ost-Lösung der deutschen Probleme. Ende September 1943 schien sich auch Goebbels für einen Ausgleich mit Rußland zu erwärmen. Am 23. September hat er Hitler darauf aufmerksam gemacht, daß Deutschland dringend ein Abkommen »mit der einen oder anderen Seite« benötige. Hitlers Antwort bestand zu diesem Zeitpunkt darin, daß er Verhandlungen mit Stalin vorziehen würde – Stalins Waffenerfolge hatten ihm außerordentlich imponiert, und er bezeichnete den Tyrannen im Osten im Gespräch mit seiner nächsten Umgebung in Augenblicken uneingeschränkter Bewunderung als den einzigen Staatsmann, vor dem er wirklich Respekt habe. Doch betonte er Goebbels gegenüber sofort, daß er nicht an einen Erfolg solcher Verhandlungen glaube.[88]

Ende September traten wiederum die Japaner in Berlin an das Auswärtige Amt heran, um einen neuen Anstoß für eine Lösung im Osten zu geben. In einem Gespräch vom 30. September mit dem neuen Staatssekretär des Auswärtigen Amts, Baron Steengracht von Moyland[89] – sein Vorgänger von Weizsäcker hatte sich zum Botschafter beim Heiligen Stuhl ernennen lassen und tendierte stärker zu einer Annäherung an die Positionen der national-konservativen Opposition –, und vom 5. Oktober 1943 mit Reichsaußenminister Ribbentrop[90] trug Botschafter Oshima die Befürchtungen seiner Regierung vor, Deutschland könne sich mit Rußland ohne vorherige Absprache mit Japan einigen. Schließlich hatte ihm auch der Finnische Botschafter in Berlin, Kivimäki, von seiner Unruhe über einen deutsch-russischen Pakt auf Kosten Finnlands berichtet. In beiden Gesprächen bezeichnete er die Errichtung eines festen Ostwalls als das einzige Mittel, über das Deutschland, nachdem es eine politische Lösung auszuschlagen scheine, verfüge, um dem Geschehen eine Wende zu geben. Schließlich sei – so hielt die deutsche Mitschrift des Gespräches Oshima – Steengracht fest – nicht auszuschließen, daß »Stalin selber einen Frieden mit uns in dem Augenblick wünsche, wo Deutschland eine undurchstoßbare, feste Linie bezogen habe und er einsehen müsse, daß ein weiterer Kampf gegen Deutschland erfolglos sei«. Und auch in der Mitschrift des Gespräches Oshima-Ribbentrop (Protokollant Gottfriedsen) werden Oshima die Worte in den Mund gelegt, »es könnte Stalin zu einem Frieden mit Deutschland von sich aus bereit sein, wenn Deutschland eine feste Linie im Osten bezogen hätte«. Oshima trug Steengracht die Anregung vor, daß »man« sich mit dieser Überlegung »doch einmal ernster befassen müsse«.

Tatsächlich war die bereits völlig illusorische Hoffnung auf einen »festen, undurchdringlichen Ostwall« zu dieser Zeit in den Berliner Dienststellen noch weit verbreitet, und es bedurfte nicht erst der Anregung des Diplomaten Oshima, sie zu überdenken. In Wahrheit dürften die Protokollanten, wie es auch früher geschah, Worte dieser Art vorzugsweise der japanischen Seite in den Mund gelegt haben. Denn den Militärs, die sich mit der Realisierbarkeit eines festen Ostwalls herumzuschlagen hatten, schien eine undurchdringliche Linie durch einige Tausend Kilometer russisch-sowjetischen Gebiets wohl ebenso undurchführbar wie eine neue erfolgreiche Gegenoffensive. Der »Ostwall« entsprang der infantil-dilettantischen Vorstellung des »obersten Feldherrn« Hitler, und die zynisch-realistischen Pragmatiker in Tokio dürften ihr kaum eine große militärische Chance eingeräumt haben. Demgegenüber ging Staatssekretär Steengracht immer noch von der für ihn beruhigenden Voraussetzung aus, »daß den Bolschewisten weiterhin derartige Verluste beigebracht würden, daß sie auf jeden Fall Frieden schließen müßten«.

Doch war in anderen Dienststellen eine totale Unruhe ausgebrochen. Während sich der von Ribbentrop entsandte Ministerialdirigent im Auswärtigen Amt, Peter Kleist, vom 28. September bis 6. Oktober unverrichteterdinge in Stockholm aufhielt, reiste auch Walter Schellenberg am 2. Oktober wieder nach Stockholm, wo er sich im Grand-Hotel niederließ. Es ist nicht auszuschließen, daß die beiden Reisen in der einen oder anderen Weise aufeinander abgestimmt waren und Schellenberg versuchte, durch geschickte Manöver einen neuen Anstoß zur Spaltung der Allianz zu liefern. In jedem Falle führte der zweite Mann des RSHA, von sowjetischer Seite genauestens observiert, in geradezu provozierender Offenheit Sondierungen in westlicher Richtung durch, in denen die drohende »Bolschewisierung Mitteleuropas« das Druckmittel war. Schellenberg erörterte zunächst mit Jacob Wallenberg eine Reihe von Friedenslösungen und erbat die Vermittlung des mit den Alliierten in Verbindung stehenden Bruders Marcus;[91] gleichzeitig nahm sein Verbindungsmann in Schweden, Georg Conrad Graf von der Goltz, der an der Deutschen Gesandtschaft offiziell als »Wirtschaftsoffizier« beim Militärattaché figurierte, am 5. Oktober 1943 den ersten Direktkontakt zur amerikanischen Seite auf: Er traf an diesem Tage mit Abraham Steven Hewitt zusammen, der nach einer Kontaktnahme mit Jacob Wallenberg im Sommer dieses Jahres laut offizieller Anmeldungsnote der US-Gesandtschaft vom 6. September 1943 als Vertreter der »United States Commercial Company« und als solcher als »Repräsentant der US-Regierung« in Stockholm arbeitete. In Wahrheit vertrat er (auch) das OSS und war speziell zur Beobachtung deutscher »Friedensfühler« verschiedenster Provenienz nach Stockholm entsandt worden. Nach Auskunft des Grafen Goltz an die schwedischen Behörden war Hewitt an diesem 5. Oktober mit der Überlegung an ihn herangetreten, »Friedensverhandlungen zwischen der deutschen Armee - unter der Bedingung der Beseitigung Hitlers - und den Alliierten« einzuleiten.[92] In Wahrheit leitete Goltz die Sondierungen über die Möglichkeiten eines Friedens zwischen Deutschland und den Westmächten ein und benutzte folgende Argumente: Die starre westliche Haltung treibe Deutschland in die Arme des russischen Kommunismus, der später auch die Westmächte bedrohen werde. Demgegenüber glaubten Hitler und die NS-Partei »ehrlich« an die Bereitschaft der Westmächte, Deutschland in einem von ihm regierten Europa den ihm gebührenden »Platz an der Sonne« zu überlassen, während die Westmächte selber »außerhalb Europas« dominieren würden. Ein vernünftiger, jede Erniedrigung ausschließender Friede dieser Art werde auf immer die Gefahr des Kommunismus in Europa bannen.

Die Argumentation dürfte den Direktor des OSS an Lowells Berichte über die Vision Hans Thomsens vom Dezember 1941 erinnert haben - nur daß diesmal nicht die deutschen Panzer vor Moskau, sondern russische Panzer und amerikanische Lastwagen im Süden am Dnjepr und im Norden vor Witebsk standen.

Wenig später schaltete sich auf persönlichen Wunsch Himmlers Felix Kersten in diese Sondierungen ein. Kersten, der Himmler mit Blick auf den Gesundheitszustand Hitlers auf die Notwendigkeit hingewiesen hatte, »diesen Mann im Interesse des deutschen Volkes auszuschalten«[93], war von Himmler gebeten worden, den Amerikanern mitzuteilen, daß er eine aus SS-Männern zu bildende Regierung *in petto* hielt, wobei Himmlers »Hauptratgeber in außenpolitischen Fragen« Oberführer Walter Schellenberg und Braun seien.[94] Kersten bat Hewitt, einen der beiden Männer in Stockholm zu treffen.

Nach seiner Rückkehr aus Schweden erteilte Schellenberg Kaltenbrunner den Auftrag, gestützt auf SS-Quellen aus Stockholm ein Bild der englischen Gesprächsbereitschaft zu entwerfen. Kaltenbrunner bemerkte, daß zahlreiche in Schweden anwesende Engländer, vor allem der Churchill unmittelbar unterstellte Sonderbevollmächtigte für Wirtschaftsfragen, McEwen, einen Ausgleich mit Deutschland suchten, um mit seiner Hilfe das gefährliche Übergewicht des russischen Imperialismus einzudämmen.[95] Doch schloß Kaltenbrunner seinerseits die Möglichkeit nicht aus, daß hinter der Gesprächsbereitschaft lediglich die Absicht stehe, »den Russen die Möglichkeit einer deutsch-englischen Verständigung auf russische Kosten als politisches Druckmittel vor Augen zu führen«. So könnte etwa ein verdeckter Hinweis auf solche deutsch-englischen Verhandlungen auf der Moskauer Außenministerkonferenz »eine wichtige Rolle als Gegengewicht gegen die ständigen russischen Drohungen mit einer deutsch-russischen Verständigung spielen«.

Die Möglichkeit, daß die Engländer eine deutsche Friedensbereitschaft in diesem Sinne mißbrauchten, schien Hitler so groß, daß er am 19. Oktober die Weisung erteilen ließ, in dieser Sache nichts weiter zu unternehmen.[96] Himmler aber sah das anders. Die Tage vom 1. bis 5. November - in Moskau tagte die Außenministerkonferenz - verbrachte Walter Schellenberg wieder in Stockholm, um die Gespräche mit Hewitt nun persönlich fortzusetzen. Am 2. und 3. November besuchte er ihn in Anwesenheit von Medizinalrat Kersten in seinem Büro im Plaza-Hotel.[97] Er bestätigte die zuvor von Kersten angedeutete Verhandlungsbereitschaft Himmlers und unterbreitete dem amerikanischen Präsidenten dessen Angebot[98], das in seinem Hauptstück die bolschewistische Gefahr an die Wand malte, um von den Westmächten Zugeständnisse und Kooperationsbereitschaft zu erpressen. Hewitt erfuhr in diesem Zusammenhang vom Plan Himmlers, Deutschland unter der bestehenden Regierung so lange wie möglich intakt zu halten und zu diesem Zweck - wenn nötig - auch zwanzig bis dreißig Millionen Deutsche zu erschießen; wenn aber die Widerstandskraft der deutschen Wehrmacht schwinde, werde er in Deutschland das Privateigentum zerstören und eine kommunistische Massenbewegung entfachen. »Er wird sich dann selbst zum Kommunisten erklären und sein Los auf die russische Seite werfen.« Er und seine Anhänger gingen bei diesen Überlegungen von der Überzeugung aus, daß es Deutschland aufgrund seiner technischen und organisatorischen Überlegenheit gelingen werde, allmählich die russische Bevölkerung zu dominieren und die russischen Ressourcen zu kontrollieren – ein anderer Weg, die Himmlerschen Kolonisationspläne im Osten in die Praxis umzusetzen.

Doch das Schreckgespenst einer Himmler-Stalin-Koalition, wie es in den Gesprächen Schellenbergs und Kerstens mit Hewitt gezeichnet wurde, verfehlte auf amerikanischer Seite seine Wirkung. Die sowjetische Seite dürfte diese Vision - sollte ihr der Inhalt der Gespräche zu Gehör gekommen sein - kaum noch mit Ernst zur Kenntnis genommen haben.

Für die Amerikaner wie für die Sowjetrussen wären zu dieser Zeit wohl nur noch Gespräche mit einer echten Oppositionsgruppe in Frage gekommen.

Dennoch dürfte es für Washington und Moskau eine gewisse Überraschung gewesen sein, als in den neutralen Hauptstädten unerwartet Gerüchte von einer bevorstehenden Abberufung Ribbentrops und Ernennung des Deutschen Botschafters in der Türkei, Franz von Papen, zum Reichsaußenminister zirkulierten.[99] Der OSS-Bericht Nr. 46633 aus Istanbul brachte den Ministerwechsel sogar mit Friedensfühlern in Zusammenhang, »die zu Rußland ausgestreckt wurden«. Sollte sich hierin in der Tat ein verspätetes Entgegenkommen der deutschen Regierung hinsichtlich gewisser geheimer Forderungen der UdSSR anzeigen? In den hohen deutschen Ämtern - das machten Berichte aus der Reichshauptstadt deutlich[100] - sprach »jedermann« über Frieden mit der Sowjetunion. »Selbst der Gesandte Schmidt«, so berichtete ein rumänischer Diplomat, »hat angedeutet, daß dieser Frieden sehr wahrscheinlich zustande kommen wird.« Dem rumänischen Diplomaten war ferner nicht entgangen, daß das deutsche Volk mit Rußland »mehr als irgend etwas anderes« in Frieden zu leben wünsche, und die deutsche Regierung zu Zugeständnissen an Rußland in Form territorialer Opfer bereit sei.

Auch in Stockholm hielten die Gerüchte über Friedensverhandlungen an. Am 8. Oktober, drei Tage nach der Abreise Kleists aus Stockholm, veröffentlichte die Tageszeitung *Social-Demokraten,* deren derzeitiger Moskauer Korrespondent Richard Lindström in gutem Kontakt zu Gesandtschaftsrat Jarzow gestanden hatte, eine Information ohne Datum, der zufolge das Deutsche Reich der Sowjetregierung Friedensvorschläge unterbreitet habe. Die sowjetische Antwort - so glaubte *Social-Demokraten* zu wissen - hätte für die Deutschen unannehmbare Gegenvorschläge enthalten. Diese Meldung, die angeblich auf den militärischen Sprecher einer mit Deutschland verbündeten Nation zurückging, besagte ferner, das Deutsche Reich sei bereit, seine Truppen bis zur »Ribbentrop-Linie«, also zu der polnischen Grenze von 1939 zurückzuziehen. Dem sollten ein Waffenstillstand und anschließende Friedensvorbereitungen folgen. Demgegenüber hätten die Sowjetvertreter den sofortigen und bedingungslosen Rückzug der deutschen Truppen bis zur Vorkriegslinie und die Auslieferung Hitlers an die UdSSR zur Bedingung der Aufnahme irgendwelcher ernsterer Verhandlungen gemacht. Auf diese sowjetischen Vorschläge habe sich Ribbentrop in seiner Rede zum Jahrestag des Dreimächtepaktes bezogen und erklärt, eine solche Annahme könne überhaupt nicht in Frage kommen. Die Schweizerische Zeitung *La Suisse* griff diese Meldung aus Stockholm am 9. Oktober unter dem Titel auf »Ce qu'auraient été les pourparlers germano-russes«; neben diesem Artikel stand in großen Lettern der Hauptbericht »Moscou annonce ›La plus grande offensive de tous les temps‹. Pour Berlin, il ne s'agit que de combats locaux«. Dieser Bericht schien die Akzente korrekter zu setzen als die Stockholmer Meldung. Wer immer der Urheber der Meldung vom 8. Oktober war – der im deutschen Auftrag arbeitende Onodera oder der von sowjetischen Mitteilungen gespeiste Moskauer Korrespondent der Zeitung – sie war beabsichtigter- oder unbeabsichtigterweise geeignet, die sowjetische Verhandlungsposition in Moskau und Teheran zu stärken. Entstammte sie also deutschen Quellen, so hatte man ihre Wirkung auf fatale Weise falsch eingeschätzt. Und es sprechen mehrere Anzeichen dafür. Einerseits erfuhr das OSS aus italienischer Quelle in Istanbul[101], die Japaner hielten sich noch immer in ihrer Rolle potentieller Friedensvermittler bereit. Doch erachteten sie die sowjetische Armee in diesem Moment für zu mächtig, als daß ein Angebot an Rußland sinnvoll wäre. Auch vermutete man in Deutschland starke verborgene Kräfte, mit denen die »Festung Europa« lange verteidigt werden könne. Im Moment einer voraussehbaren Schwächung Rußlands würde Japan erfolgreich zu einer Vermittlungsaktion ansetzen. Vor diesem Hintergrund wäre es durchaus denkbar, daß ein japanischer Informant wie etwa Militärattaché Onodera mit japanischer Zustimmung und deutscher Beteiligung die Nachricht vom scheinbaren Friedensspiel zweier Giganten an den *Social-Demokraten* geleitet hat. Und auch auf dem Stockholmer Sondierungsterrain rissen in diesen Tagen die Versuche deutscher Sendboten nicht ab, Kontakt zur Sowjetgesandtschaft herzustellen. Am 12. Oktober, sechs Tage nach Kleists Abreise, teilte Edgar Klaus einer russisch sprechenden schwedischen Bekannten am Telephon auf deren Frage, ob »wir bald nach Rußland fahren können«, in russischer Sprache mit, viele Anzeichen sprächen dafür, denn: »Die Verhandlungen sind schon im Gange. Ich weiß dies aus zuverlässiger Quelle.«[102] War es ihm doch noch einmal gelungen, den Sowjetvertretern in Stockholm ein deutsches Angebot zuzuspielen?

Diese Anzeichen sowie die Notwendigkeit, sich in Vorbereitung der großen Herbstkonferenzen von Moskau und Teheran ein zutreffendes Bild von den Absichten und Optionen des sowjetischen Bündnispartners zu machen, veranlaßten das OSS, seinen Expertenstäben erneut die Frage einer möglichen deutsch-sowjetischen Sonderregelung vorzulegen. Eine Diskussion zwischen Angehörigen verschiedener Stäbe zum Vorgang »Die geeignete Handlungsweise der USA im Falle eines Kompromißfriedens zwischen Rußland und Deutschland«[103], in der Kenntnisstand und Perspektiven des Spätsommers aufgegriffen wurden, hatte den Auftakt gebildet. Die Befragung zahlreicher Personen aus eingeweihten polnischen, tschechischen und anderen betroffenen Kreisen[104] hatte ergeben, daß Deutschland, vermutlich aus taktischen Gründen, einen sofortigen Waffenstillstand schließen würde, um den Feind im Westen in die Knie zu zwingen und sich dann mit gestärktem Prestige erneut Rußland zuzuwenden; zu diesem Zwecke sei Deutschland wohl auch bereit, seine Truppen vorübergehend »zur Molotow-

Ribbentrop-Linie in Polen zurückzuziehen«. Rußland biete ein Separatfrieden gegenwärtig einen großen Vorteil, da es ohne Verluste an Menschen und Material seine alten Provinzen Ostpolen und das Baltikum zurückerhielte und an allen Fronten Ruhe hätte. Es könnte dann seine Eroberungen ausbauen, Industrie und Landwirtschaft reorganisieren und seine Truppen auffüllen. Eine intensive Propagandakampagne in allen betroffenen Ländern würde folgen.

Zu ähnlichen Schlüssen waren auch britische Quellen gelangt[105], die bereits in der relativen Ruhe an der Ostfront Hinweise auf ein bevorstehendes Einvernehmen sahen. Die Schlußfolgerungen britischer Analytiker waren ebenso augurenhaft wie beunruhigend: »Während ... alle Anzeichen für ein Abkommen der Achse mit Rußland über die Aussetzung der Operationen und Erhaltung eines *status quo* mit dem Ziele sprechen, daß die Achse nur einen Feind auf einmal schlagen kann, und Rußland die Achse und die anglo-amerikanischen Kräfte sich gegenseitig erschöpfen und sich selbst als stärkste Kraft hervorgehen sehen möchte«, sei dies doch nur als Möglichkeit und nicht als Wahrscheinlichkeit zu betrachten. Denn definitive Beweise lägen bisher nicht vor. Die Expertenstäbe des OSS konnten sich mit Aussagen dieser Art nicht begnügen. Im Laufe des Monats Oktober wurden drei Arbeitspapiere zum Thema »russisch-deutscher Separatfrieden« ausgearbeitet.[106] Sie stammten aus der Europa-Afrika-Abteilung, der unter anderem Marcuse, Anderson, Neumann und Dorn angehörten, aus der Mittel-Europa-Abteilung unter Harold Deutsch und aus der von J. A. Morrison betreuten UdSSR-Abteilung des OSS. Diese Arbeitspapiere versetzten den Leiter der Abteilung Research and Analysis, William L. Langer, der daraus eine Empfehlung an die amerikanischen Delegationen herleiten sollte, nicht in den Stand, zu Schlüssen und Voraussagen zu gelangen. Denn während zahlreiche Gründe für die Annahme sprachen, die UdSSR wünsche ein starkes, nichtnationalsozialistisches Deutschland, wurde ein Machtwechsel in Deutschland mit nachfolgender Regierungsneubildung für ausgeschlossen gehalten. So sah es Langer als seine geistig-moralische und politische Pflicht an, diese Expertisen, die »eines der schwierigsten Gesamtprobleme« des Krieges beträfen, in dem Moment, als die US-Delegation zur Außenministerkonferenz nach Moskau reiste, »auf unbegrenzte Zeit in Aktenschränken zu verschließen und das ganze Problem neu zu betrachten«.

Während die Expertenstäbe des OSS noch tagten, diskutierte Präsident Roosevelt dieses heikle Problem mit seinem persönlichen Berater Harry Hopkins. Trotz aller Anzeichen einer massiven Desinformation von deutscher und von sowjetischer Seite erwies sich die Frage eines Sonderfriedens in diesen Gesprächen doch als so bedrohlich, daß sich der Präsident zu einer Gegenmaßnahme entschloß. Er ließ seinen engsten Vertrauten und Berater Harry Hopkins, der die Verantwortung für die Pacht- und Leihhilfe an die Sowjetunion trug, in einem Artikel mit dem Titel »Wir können den Krieg 1945 gewinnen!«[107] die Ansicht vertreten, daß die USA den Krieg gegen Deutschland selbst in dem Falle gewinnen würden, daß sich die Sowjetunion aus dem Bündnis hinwegstehle. Hopkins schrieb: »Rußland, der Schlußstein des Krieges, kämpft erbittert weiter. Wenn wir es verlieren, so glaube ich doch nicht für einen Augenblick, daß wir den Krieg verlieren. Ich würde lediglich meine Prognose über die Zeit des Sieges ändern.«[108] Ungeachtet dieser öffentlichen Bekundung amerikanischer Siegessicherheit blieb im Weißen Haus jedoch die Sorge über mögliche deutsch-sowjetische Geheimverhandlungen bestehen. Personen aus der unmittelbaren Umgebung des Präsidenten glaubten zu wissen, daß Roosevelt unter dem Druck dieser Gefahr bereit war, der Sowjetunion auf den Herbstkonferenzen mit betonter Bereitwilligkeit gegenüberzutreten und ihr insbesondere die größten Teile Osteuropas ohne weiteres zu überlassen - eine Haltung, der sich auch der englische Außenminister anschloß.[109]

Es stellt sich hier die Frage, ob wohl die nicht zuletzt von deutscher Seite verbreiteten Friedensgerüchte, die doch in erster Linie den Zweck verfolgten, die Sowjets in die Pflicht zu nehmen, wie ein Bumerang auf die deutsche Seite zurückkamen, dem gefürchteten bolschewistischen Rußland aber zum Vorteil gerieten.

In jedem Falle zielte die westliche Verhandlungsstrategie auf der Moskauer Außenministerkonferenz deutlich darauf ab, Stalin davon zu überzeugen, daß ihm das bestehende Bündnis weit größere Vorteile bringe, als Deutschland sie ihm jemals hätte bieten können.[110] Überrascht, aber beflügelt von dem großen Entgegenkommen der westlichen Delegationen, trat Stalin dann tatsächlich am letzten Sitzungstag auf den amerikanischen Staatssekretär Cordell Hull zu, um »mit höchst sarkastischen Worten ... Berichte (zu bestreiten), denen zufolge die Sowjetunion und Deutschland eine Einigung über Friedensbedingungen erzielen könnten«.[111]

In Stockholm hatte Edgar Klaus während der Moskauer Außenministerkonferenz den Standpunkt vertreten, die einzige Möglichkeit, die Deutschland jetzt noch habe, bestehe darin, die Konferenz zu torpedieren, indem es »Frieden unter der Bedingung (der Grenzen) von 1914 anbietet und seine Truppen sofort dorthin zurückzieht«.[112] Wie die Dinge aber lägen, würden die Russen »kaum ein Friedensangebot akzeptieren«. Klaus hielt es nicht für ausgeschlossen, daß die deutschen Generale Hitlers Kriegspläne bewußt sabotierten, und wußte zu berichten, daß die oppositionell eingestellte Militärführung und andere Teile des Widerstandes Hitler und die NS-Führung nur deshalb nicht beseitigt hätten, weil »sie sie nicht davon entbinden wollen, die Verantwortung für die Niederlage zu tragen«.[113] Sie wollten ferner keinen Beitrag zur Bildung einer neuen Dolchstoßlegende liefern. Zwar würde die

Parteiführung, vor allem die SS, gern selbst einen Umsturz inszenieren, doch wisse man, daß niemand ihnen eine Chance zum Frieden geben würde. Klaus fürchtete, daß »die Deutschen in ihrem Prestigewahnsinn« in eine neue russische Falle gehen könnten.

Unmittelbar nach der Außenministerkonferenz soll Klaus - nach Mitteilung Kleists[114] - der deutschen Seite zu verstehen gegeben haben, daß Stalin trotz seines großen Erfolgs vor dem Treffen mit den angelsächsischen Staatschefs in Teheran noch einmal den Versuch einer Verständigung mit Deutschland unternehmen wolle. Er habe hinzugefügt, wenn man ihm und dem Stockholmer Pflaster mißtraue, so könne man sich auch mit Astachow[115] in der Schweiz treffen. Doch Hitler, von dieser Möglichkeit informiert, habe es vorgezogen, sie zu ignorieren.

Dieser Hinweis Kleists scheint doch eher der Berliner Gerüchteküche als Stockholmer Erkundungen zu entspringen. Denn in Deutschland wurden die von der Moskauer Außenministerkonferenz durchsikkernden Nachrichten in durchaus einseitiger Weise interpretiert. Eine gute Verständigung - so sagten deutsche diplomatische Quellen - sei in Moskau nicht erzielt worden. Und die sowjetischen Verhandlungspartner hätten sich bis zur Errichtung der Zweiten Front »freie Hand für politische Aktionen vorbehalten«.[116] Davon ausgehend fand sich neben Schellenberg auch der Sendbote Ribbentrops, Peter Kleist, in den ersten Novembertagen wieder in Stockholm ein. Während die schwedische Polizei diesmal kein Treffen zwischen Klaus und Kleist observierte (Kleist selber erwähnte die Tarnmaßnahmen, die beide verwendeten[117]), konnte sie am 6. November ein rätselhaftes Telephongespräch zwischen Klaus und seinem Anwalt, Graf Hamilton, registrieren, in dem auch der Name Kleist fiel. Klaus teilte Hamilton mit, daß Kleist eingetroffen sei und sich im Hotel Reisen aufhalte. In dem anschließenden Gespräch wurden zwei deutsche Parteien unterschieden, als deren »Repräsentanten« Hamilton Klaus bezeichnete: Kleist, der in Stockholm darauf warte, daß »etwas ist«; »wenn etwas ist«, werde Kleist »mit ihnen« sprechen. Die andere Partei, »Stumm, Rischer (Röchling, I. F.) und die anderen«, hätten »mit dieser Sache nichts zu tun«. Sie kämen erst wieder, wenn der Krieg zu Ende sei. »Stumm«, so Klaus, sei schließlich »ein europäischer Name, Stumm-Konzern«. Klaus verblieb mit dem Versprechen, Hamilton mitzuteilen, »wenn etwas ist«.[118] Hier schien Klaus von zwei Verhandlungspartnern unterschiedlicher Affiliation zu sprechen, als deren »Repräsentant« er in einer Richtung tätig war, von der (der sowjetischen Gesandtschaft?) »etwas« (eine Antwort, ein Angebot, ein Gegenvorschlag?) erwartet wurde. Der Hinweis auf die Partei »Stumm« mit ihren internationalen Wirtschaftsverbindungen konnte sich aber auch auf die Vermittlung des Gesandten Braun von Stumm »und der anderen« Männer aus dem Auswärtigen Amt in der

Frage der Freilassung der sogenannten Warschau-Schweden beziehen. Wahrscheinlich war in beiden Fällen eine Kombination beider Interessen angeschnitten: Kleist und »Stumm ... und die anderen« suchten Edgar Klaus' Hilfe, um von ihm das ersehnte Entree bei der Sowjetgesandtschaft zu erhalten, und versprachen ihm ihrerseits, sich als Gegenleistung für seine Vermittlung in Berlin für die Freilassung der inhaftierten Schweden einzusetzen. Hamilton interessierte der Ausgang dieser Bemühungen, weil er um die Verlängerung der Aufenthaltsberechtigung für Klaus kämpfte.

In seinem Austausch mit Kleist zeichnete Klaus in jenen Tagen – so schrieb Kleist später[119] – ein düsteres Bild von Deutschland; es könne »in diesem europäischen Ausverkauf«, der auf der Konferenz von Teheran eingesetzt habe, »wohl nicht mehr mitbieten«. Deutschland sei Objekt der Großmachtpolitik geworden und sehe seiner physischen Liquidierung durch die Rote Armee entgegen. Das Nationalkomitee Freies Deutschland sei von Stalin geschickt als Druckmittel gegen die westlichen Alliierten verwendet worden und habe jetzt ausgespielt. Von nun an bestehe seine Funktion bestenfalls in Agenten- und Spionagetätigkeit. Im allgemeinen stelle das nun etablierte Informationsnetz alles, was der sowjetische Geheimdienst im Ausland bis dahin geleistet habe, in den Schatten. »Hitler müsse damit rechnen«, so habe Klaus angedeutet[120], »daß jedes Wort, das er äußere, in Stundenfrist der Führung der Roten Armee bekannt sei.« Diese Einsicht könnte Klaus beim Verfolgen der Prozesse gegen die »Rote Kapelle« Schweden gewonnen haben.

Am Sonntag, dem 7. Oktober 1943, ging der schwedischen Polizei die telephonische Bombendrohung eines Unbekannten zu, die sich auf die Flüge von Stockholm nach Finnland bezog. Die Polizei ordnete eine Leibesvisitation aller für die Flüge nach Finnland gebuchten Passagiere an. Am 9. November befand sich Peter Kleist unter den fraglichen Luftpassagieren. Die schwedische Polizei, die bei der letzten Abreise von Kleist am 6. Oktober die Mitteilung erhalten hatte, er sei von »Madame Ribbentrop« (vermutlich eine versehentliche Kontraktion der Worte »von Ribbentrop zu Madame Kollontaj«) zu Friedensverhandlungen nach Stockholm entsandt worden, schickte sich an, ihn und sein plombiertes Gepäck einer Untersuchung zu unterziehen, stieß aber auf allerentschiedensten Protest. Der Chef der Stockholmer Abwehr, Intendent Lundquist, der über den Vorgang in Kenntnis gesetzt wurde, verbot die Durchführung der Leibesvisitation. Doch die Kontrollorgane wollten nicht von ihrer Anordnung abrücken. Kleist weigerte sich abzureisen und blieb in Stockholm. Am 11. November erschien er erneut auf dem Flugplatz Bromma und ließ nun die Untersuchung zu. Diesmal ließ man sein Reisegepäck plombiert.[121]

Nach Darstellung Kleists, der dieses und anschließende Treffen mit

Klaus verschwieg, aber behauptete, Klaus habe ihn auf schriftlichem Wege weiter über die Vorgänge in Stockholm und Moskau informiert, berichtete er dem Außenminister über die von Klaus eingegangenen Nachrichten. (Dies war wohl in Wahrheit sein an die Reise anschließender Rapport.) Ribbentrop habe darauf äußerst betroffen reagiert und Kleist berichtet, daß Hitler, als seine Berichte von der Teheraner Konferenz eingegangen seien, »sehr ungnädig geäußert« habe: »Die Sache mit dem Klauß ist ein Wurm, der sich noch zur Schlange auswachsen wird.« Hitler habe dann die Meinung geäußert, daß »der ganze Komplex der sowjetischen ›Friedensfühler‹ ... im übrigen durch den Gang der Ereignisse überholt« sei – eine Äußerung, mit der er nun offenbar mehr Realitätssinn bewies als seine Paladine. Ein Eingehen auf »ein russisches Angebot« hätte – so Ribbentrop an Kleist – zu diesem Zeitpunkt bedeutet, daß Deutschland »militärisch und politisch auf die falsche Waagschale« trete. Der Fall müsse ausgekämpft werden.

Was den anonymen Anruf bei der schwedischen Polizei betraf, so kann nicht ausgeschlossen werden, daß eine interessierte Partei das Augenmerk der schwedischen Sicherheitsorgane auf Kleist und möglicherweise die Dokumente lenken wollte, die er bei seiner Abreise aus Stockholm bei sich trug. Ob dies ein von sowjetischer Seite ausgehender Versuch mit dem Ziel war, die Nichtigkeit der Ergebnisse der Schweden-Reise des Ribbentrop-Boten ans Licht der Öffentlichkeit zu bringen, ist ungeklärt.

Die Molotow-Note

Wenige Tage später tat die Sowjetregierung einen letzten Schritt, um sich von jedem Verdacht geheimer Verhandlungen mit Deutschland freizumachen: Am 12. November 1943 überreichte der sowjetische Außenminister Motolow dem Botschafter der Vereinigten Staaten in Moskau, W. Averell Harriman, ein Memorandum, in dem der Narkomindel dem amerikanischen State Department offiziell die Stockholmer Versuche einer deutschen Fühlungnahme zur Kenntnis brachte.[122] In diesem Schreiben teilte Molotow mit, daß der Sowjetischen Gesandtschaft in Stockholm Mitte Oktober durch die Post ein Brief zugestellt worden sei, in dem der Absender ohne Namensnennung und unter Angabe einer Deckadresse seine Bereitschaft zu erkennen gegeben habe, der Sowjetregierung Informationen zu überbringen, die zur Beendigung des Krieges im Jahre 1943 führen könnten. Molotow bestätigte, daß sich daraufhin ein Angehöriger der Gesandtschaft mit dem Verfasser des anonymen Briefes getroffen habe. Dabei habe sich herausgestellt, daß es sich um den deutschen Staatsbürger Edgar Klaus handelte.

"MAGIC" SUMMARY
No. 504

A. MILITARY

1. Berlin: The Summary for 7 August noted the first part of a long report on the world situation from Major General Okamoto, the head of the group of Japanese "liaison men" in Europe. In the first portion

Possibility of a German-Russian Peace

Germany really desires a peace with Russia, and Russia, for her part, is somewhat weakened. However, the war is proceeding favorably for Russia, and then, too, the Ukraine is absolutely essential to Germany as a source of food. "Under these circumstances there is absolutely no possibility of peace between the two nations."

War Department
Office of Assistant
Chief of Staff, G-2
10 August 1943

"MAGIC" SUMMARY
No. 502

A. MILITARY

1. Berlin: There is now available a further part of Ambassador Oshima's report describing his July 29 conversation with Hitler. The additional portion of the message sets out the following colloquy:

Hitler: "As I have just said, I am going to strengthen my European fortress, and, if America and England try to land on the continent, I am going to smash them."

Oshima: "You say that the Soviet cannot be militarily exhausted this year and that in order to break her you will have to fight her harder than ever. Well, sir, have you ever made up your mind as to just when you expect to do all these things?"

Im Juli 1943 bedeutet Hitler dem japanischen Botschafter Oshima, daß Deutschland, wenn es einen langen Krieg gegen die Westmächte durchstehen wolle, der Ukraine bedürfe – daher könne ein Frieden mit der Sowjetunion nur unter dieser Bedingung in Betracht gezogen werden.

OFFICE OF STRATEGIC SERVICES
WASHINGTON, D. C.

20 March 1944

MEMORANDUM FOR THE PRESIDENT

Here is a statement made by Abram Hewitt, whom I think you know. He was in Sweden for some time and these notes represent a meeting with Dr. Kersten, attending physician of Himmler, and the efforts of Kersten to induce Hewitt to go to Germany.

We have told Hewitt that he should not do this as I assumed you would not care to have Americans in Germany on such a basis.

The doctor reported that Prince Wied, the German Minister to Stockholm, had come with a peace proposal from the Russians to SS Headquarters about the time of Stalingrand, and that von Papen had come with another one from Ankara in May 1943. The outlines of the proposals were that Germany should take about one-half the Baltic countries to the north of East Prussia; that Poland should be divided according to the 1939 lines; that Russia should demand the whole coast to the Black Sea, including the mouth of the Danube, and should go as far as Constantinople and Salonika, and should also have a port on the Adriatic. Ribbentrop and Goebbels had been in favor of accepting these proposals, while Himmler and Hitler were against them.

The Germans calculated that, if the Russians continued an all-out offensive, which they have in fact done, their reserves would be exhausted towards the end of April 1944, and that the Eastern Front might develop into a stale-mate in the summer of 1944.

The doctor also reported that British and American bombing of Germany was resulting in a very large increase in communism, as when people have their homes destroyed, as well as all their personal property, they are automatically thrown upon the state to provide them with everything they need.

Himmler's policy was that he intended to keep order in Germany under the existing government as long as possible, and was prepared to shoot 20 or 30 million Germans to do so. However, when the time came that he believed that further military resistance was futile,

Himmlers Verhandlungsangebot an den amerikanischen Präsidenten malt in der Hauptsache die bolschewistische Gefahr an die Wand, um Zugeständnisse zu erpressen.

Stockholm, den 21. Juni 1943 15,00 Uhr
Ankunft: den 21. Juni 1943 16,30 Uhr

Nr.1767 vom 21.6.

Geheime Reichssache.

Nach Mitteilung eines Gewährsmannes des KO-Leiters Schweden aufhält sich zur Zeit der Beamte des russischen Außenkommissariats Alexandrow, früher Legationsrat bei der Sowjetbotschaft in Berlin, jetzt angeblich Stellvertreter von Molotow, in Schweden.

Am 20. dieses Monats war Alexandrow auf der hiesigen britischen Gesandtschaft eingeladen, heute besucht er Sowjetgesandtin Madame Kollontay in Mösseberg bei Gotenburg, am 22. dieses Monats ist er Gast in der amerikanischen Gesandtschaft Stockholm. Er beabsichtigt in den nächsten Tagen nach London zu fliegen und nach etwa zweiwöchigem Aufenthalt nach Stockholm zurückzukehren.

Gewährsmann mitteilt weiter, Alexandrow habe den Wunsch geäußert, mit einem ihm bekannten Herrn des Deutschen Auswärtigen Dienstes zusammenzutreffen, jedoch nicht mit Gesandten Schnurre oder Generalkonsul Nöldecke. Gewährsmann bestätigt auf Befragen KO-Leiters ausdrücklich, daß die Initiative zu einem derartigen Zusammentreffen in vorliegendem Fall von Alexandrow ausgeht.

Aus gleicher Quelle stammt auch Meldung meines Drahtberichts vom 21. dieses Monats Nr.1768 +).

Thomsen

St. S. Keppler
U. St. S. Pol
Botschafter Ritter
Botschafter Gaus
Leiter Abt. Pers
" " Ha Pol
" " Recht
" " Kult Pol
" " Presse
" " Rundfunk
Chef Prot
Dg. Pol
Gr. Leiter Inl. I
Gr. Leiter Inl. II
Arb.-Expl. bei

Dies ist Exemplar Nr. ....

Im Juni 1943 geht Hitler gleich von drei Seiten die Nachricht zu, Stalin habe dem Dritten Reich ein Friedensangebot gemacht und ein hohes Mitglied des Außenkommissariats – den legendären Alexandrow – nach Stockholm bemüht.

Dieser habe folgende Erklärung abgegeben: »In Deutschland existiere eine Gruppe von Industriellen, die von einem Vertreter der Firma Stuum [sic!] mit dem Namen Kleist geleitet werden. (Bis zum gegenwärtigen Zeitpunkt ist es nicht möglich gewesen, festzustellen, ob eine solche Firma oder eine solche Person existiert.) Diese Gruppe ist in engem Kontakt mit Ribbentrop, und die Mitglieder dieser Gruppe befürworten den Abschluß eines Separatfriedens mit der Sowjetunion. In der Absicht, Kontakt zu Sowjetvertretern mit dem Ziele von Verhandlungen über den Abschluß eines Separatfriedens herzustellen, seien mehrere Vertreter dieser Gruppe im Herbst dieses Jahres nach Stockholm gekommen, um ... Kontakt zu den Sowjetvertretern in Stockholm aufzunehmen. Aber sie fanden keinen geeigneten Mittelsmann, und dieser Kontakt scheiterte. Der zweite Versuch, einen Kontakt herzustellen, wurde von diesen deutschen Industriellen über den oben erwähnten deutschen Geschäftsmann Klaus durchgeführt, der auch den erwähnten Brief an die Sowjetische Gesandtschaft geschickt hatte. Klaus, der sich auf Instruktionen bezog, die er von Kleist und anderen Industriellen erhalten hatte, erklärte unserem Mitarbeiter, daß die Deutschen allen Forderungen der Sowjetregierung zustimmen würden und bereit sind, sogar die Grenzen von 1914 (anzuerkennen). Klaus erklärte in diesem Zusammenhang, daß den Deutschen klar ist, daß sie den Krieg verloren haben, daß die Moral der Bevölkerung in katastrophaler Weise sinkt und Deutschland nicht genug Truppen zur Weiterführung des Krieges besitzt ... Zum Schluß wollte Klaus wissen, ob er den Personen, die ihn geschickt hatten, versprechen könne, daß die Möglichkeit einer (direkten) Kontaktaufnahme mit Sowjetvertretern bestehe, und ob nicht einer der sowjetischen Vertreter den Wunsch habe, sich mit Ribbentrop persönlich zu treffen.« Diese Note Molotows schloß mit der Versicherung, die Gesandtschaft sei angewiesen worden, keine weiteren Kontakte wahrzunehmen.

Die Note, die in ihrem Grundgehalt zweifellos den Tatsachen entspricht, gibt indes Anlaß zu Fragen. Mit Sicherheit traf die Tatsache zu, daß Klaus unsignierte Briefe an die Sowjetgesandtschaft richtete. Obgleich der hier erwähnte Brief der Aufmerksamkeit der schwedischen Polizei entging (vermutlich war er nicht mit der Post geschickt worden), haben andere Briefe (in Kopie) doch den Weg in die Klaus- oder Semjonow-Akte bei der schwedischen Polizei gefunden (es liegen ein Brief vom Dezember 1943 und drei Briefe vom Sommer 1944 vor). Die Angaben, die Klaus im Gespräch gemacht habe, stimmten weitgehend mit den Tatsachen überein. Und selbst die Hinweise auf »Stumm« und »Kleist« trafen im großen und ganzen zu, wobei der sowjetischen Seite im Gespräch offenbar die Zusammenhänge nicht ganz klar ge-(macht) worden waren. Fest stand jedoch, daß beide mit Ribbentrop zusammenarbeiteten und ihn für eine Friedenslösung im Osten zu gewinnen suchten. Und dies war der Ausgangspunkt der Gespräche. Selbst die Tatsache, daß die Sowjetvertretung nicht mit ihnen persönlich oder gar mit Ribbentrop verhandeln wollte, dürfte den Fakten entsprechen. Nur erscheint der angegebene Zeitablauf fragwürdig. So ist die Annahme wenig wahrscheinlich, daß Klaus der Sowjetgesandtschaft erst jetzt persönlich und in seiner Eigenschaft als Vermittler bekannt wurde. Wenn Klaus aber schon früher und vielleicht häufiger mit Vertretern der Sowjetgesandtschaft gesprochen haben sollte, so dürften dennoch dort einige Fragen über seine eigenen Motive und die Auftraggeber seiner Vermittlungstätigkeit offengeblieben sein. Die Tatsache, daß die Note von einem im Oktober eingegangenen Brief ausgeht, dürfte damit zusammenhängen, daß tatsächlich im Herbst 1943 (nach unseren Ermittlungen bereits Ende August/Anfang September 1943) mit der von Hitler gezeichneten Demarkationslinie zum ersten Mal ein ganz konkretes Angebot auf den Tisch kam, über das man unter Umständen hätte diskutieren können. Erstaunlich ist, daß Molotow in seiner Note konzediert, daß ein Vertreter der Sowjetischen Gesandtschaft tatsächlich einen Friedensvermittlungsvorschlag angehört habe. Die Note wich damit nicht vom Buchstaben, wohl aber vom Geist der alliierten Vereinbarungen ab; die Verhandlungen mit der betreffenden Partei hatten ja nicht begonnen - wohl aber wurde ein Vermittler angehört. Die Frage, was Molotow wohl veranlaßt hat, dieses Eingeständnis zu machen, stößt auf unterschiedliche Motive. Einerseits mußten die einschlägigen »Organe« (der umgangssprachliche russische Ausdruck für den allgegenwärtigen sowjetischen Geheimdienst) aufgrund ihrer Kenntnis der geheimdienstlichen Grauzone Stockholms davon ausgehen, daß Treffen zwischen Klaus und Vertretern der Sowjetischen Gesandtschaft längst observiert und auf schwedischer sowie westlicher Seite bekannt geworden waren. Die Tatsache, daß (ein) Treffen stattgefunden hatte(n), im nachhinein zuzugeben, schien unter dieser Voraussetzung nur weise: das Eingeständnis erhöhte die sowjetische Glaubwürdigkeit. Andererseits gab Stalin seinen Verbündeten mit dem Wortlaut der Note einen deutlichen Hinweis, daß er in der Zeit der Koalitionskrise gezwungen gewesen war, die Vorstellungen der Feindseite zumindest anzuhören. Er bestätigte damit ja nur, in welche Gewissensqualen und zermürbenden inneren Überlegungen ihn die Verbündeten mit ihrem Desinteresse und Unverständnis gebracht hatten. Nun, da die westlichen Alliierten auf der Moskauer Außenministerkonferenz eine veränderte Haltung an den Tag gelegt hatten, konnte er diesen Versuchsballon leichthändig fahren lassen. Damit gab er seinen Verbündeten aber zugleich wenige Wochen vor der Konferenz von Teheran einen letzten deutlichen Fingerzeig, daß auch die deutsche Seite Angebote bereithalte, auf die die Sowjetregierung - sollten ihre Alliierten doch wieder mit den Lieferungen und der Erfüllung anderer Versprechen zögern -

jederzeit eingehen könnte. Die Tatsache, daß ein deutscher Unterhändler vom Range Klaus' mit deutschen Angeboten im Hintergrunde wartete, stärkte die Verhandlungsposition der UdSSR. In dem Augenblick, als Stalin den Namen Edgar Klaus preisgab, bezog er dessen Person als psychologisches Druckmittel in sein außenpolitisches Kräftespiel ein. Der Name Klaus wurde zum Alptraum der Regierungen der Westmächte und zur Spielkarte in Stalins Hand.

4. Von Teheran zum 20. Juli 1944

Die Konferenz von Teheran verschob das Gefüge der Allianz endgültig zugunsten der sowjetischen Position. Als am 1. Dezember 1943 das Schlußkommuniqué von den drei anwesenden Staatschefs Stalin, Roosevelt und Churchill unterzeichnet wurde, hatte Stalin einerseits die Genugtuung, ein gemeinsames Dokument in der Hand zu halten, das ihm für den 1. Mai 1944 die Errichtung einer Zweiten Front an der europäischen Atlantikküste verbriefte. Die Westmächte hatten andererseits dem sowjetischen Konzept der Förderung von Partisanenbewegungen im besetzten Europa zugestimmt, die den nach Moskau tendierenden Untergrundbewegungen stärkere Unterstützung angedeihen ließ, als den nach Westen orientierten monarchistischen, nationalkonservativen und demokratisch-liberalen Bewegungen. Außenpolitisch gewissermaßen legitimiert konnte so das Politbüro des ZK der Kommunistischen Partei im Dezember 1943 unter der Leitung Stalins den Plan ausarbeiten, die besetzten Länder Europas nach dem Sieg über Deutschland durch (Beihilfe zur) Machtübernahme der kommunistischen Parteien in den sowjetischen Einflußbereich einzubeziehen.[1] Und schließlich entstand am Rande der Konferenz der Plan zu einer engeren Zusammenarbeit zwischen dem sowjetischen und dem amerikanischen Nachrichtendienst - ein Unikum in der Geschichte der Sowjetunion. Das führte wenige Wochen nach der Konferenz zu einer Absprache über den Austausch geheimdienstlichen Materials über den deutschen Feind.[2] Dieser Nachrichtenaustausch - nach den Worten des damaligen amerikanischen Botschafters in Moskau, W. Averell Harriman, »der erste greifbare Beweis für den Geist der Zusammenarbeit, der auf den Konferenzen von Moskau und Teheran angesprochen wurde«[3] - war das Ergebnis von Gesprächen, die der Direktor des OSS, General Donovan, in Anwesenheit von Botschafter Harriman und Charles (»Chip«) Bohlen vom State Department, am 25. Dezember 1943 mit Molotow und später mit Generalleutnant P. N. Fitin, dem Leiter des (Auslands-?) Geheimdienstes des NKWD, und Oberst Ossipow, dem Leiter der Abteilung für Sabotageoperationen des NKWD, in Moskau führte.[4] Beim Abschluß dieses Kooperationsabkommens der Auslands-Geheimdienste der beiden Verbündeten verfolgte die amerikanische Seite zwei Ziele: Einerseits bestand im Weißen Haus die Hoffnung, durch diesen Informationsaustausch die deutsche Niederlage zu beschleunigen. Die Absprache, die Donovan und Fitin trafen, legte folglich die Errichtung einer Mission des NKWD unter Führung von Oberst Grauer in Washington sowie einer OSS-Mission unter Oberst H. F. Haskell in Moskau »zum frühestmöglichen Termin« fest und definierte die Richtlinien für den gegenseitigen Austausch von geheimdienstlichen Materialien über Deutschland und die von Deutschland besetzten Länder. Das OSS sicherte General Fitin in § 6 der Absprache »ausgewähltes Geheimmaterial von OSS-Herkunft sowie ausgewähltes Forschungsmaterial von der Art zu, wie sie vom OSS gesammelt und verarbeitet werden«. Die britische SOE-Mission in Moskau war von Donovan über die Absprache informiert und aufgefordert worden, parallele Demarchen dieser Art zu unternehmen. Darüber hinaus bestand zwischen dem OSS und dem britischen Geheimdienst seit Anfang März 1943 ein Austauschabkommen über streng geheimes Material.[5] Andererseits brach das Austauschprogramm, als eine Art Nebenprodukt seines eigentlichen Ziels, das Tabu jeder geheimdienstlichen Überwachung der UdSSR, ihrer Vertreter und Operationen im Ausland, das Präsident Roosevelt mit Beginn der Großen Allianz über seine Nachrichtendienste verhängt hatte und das bis zu diesem Zeitpunkt vom amerikanischen OSS strikt eingehalten worden war. Mit den neuen Formen der Kooperation und besonders der (offiziellen) Etablierung einer Mission in Moskau – so hoffte der OSS-Chef Donovan und mit ihm der FBI-Chef Edgar Hoover – würden die internen Strukturen der sowjetischen Geheimdienstarbeit im In- und Ausland ansatzweise transparent werden. Diese Hoffnung hatte Donovan besonders angesichts der Wende der sowjetischen Militär- und Nachkriegsstrategie vom Spätsommer und Herbst 1943 in die Diskussionen über Formen der amerikanisch-sowjetischen Zusammenarbeit eingebracht.

Die Moskauer Absprache über den Austausch von Geheimmaterial nahm ihr eigenes Schicksal. Während die Errichtung beiderseitiger Missionen zunächst verschoben wurde und später, auf Wunsch des amerikanischen Präsidenten vom 13. März 1944, als eine »zum gegebenen Zeitpunkt nicht geeignete« Maßnahme unterblieb[6] (der Präsident folgte darin der Empfehlung von J. Edgar Hoover, der die Ansicht vertrat, der NKWD habe »in diesem Lande ohnedies bereits viel zu viele Vertreter«), setzte ab Januar 1944 tatsächlich ein reger Strom ausgetauschter Geheiminformationen ein – der allerdings vornehmlich vom Potomac zur Moskwa floß. Ein Memorandum über »Geheimdienstmaterial für die UdSSR«, das am 4. Februar 1944 allen Abteilungen des OSS zuging, legte fest, daß alle OSS-Berichte, die der UdSSR in ihrer Kriegführung gegen Deutschland behilflich oder nützlich sein könnten, an die Sowjetunion zu liefern seien.[7] Präzise Gegenstände und Bereiche des auszutauschenden Materials hatte der »Rat der Weisen« des OSS bereits am 20. Januar 1944 definiert:[8] Sie schlossen neben Nachrichten über das Wirtschafts- und Militärpotential des Feindes auch »politische und soziale Geheimdienstbereiche« und unter diesen die folgenden Gebiete ein: »Schätzungen der Stärke von politischen Gruppierungen und Bewegungen, die in den von der Achse beherrschten Ländern für und gegen den Feind arbeiten«, »Die Rolle der Kirche und des Vatikan«, »Feindliche Aktivitäten in neutralen Ländern, besonders in Spanien und dem Nahen Osten«, »Veränderungen in der sozialen Struktur des Feindes und der vom Feind beherrschten Staaten« sowie (in Absatz C) »Politische Organisationen«, die für die Kriegführung der Alliierten besondere Wichtigkeit besaßen. Wenn auch wenig über den genauen Inhalt der Tausende von *de facto* an den sowjetischen NKWD übergebenen Geheimdienstberichten und -informationen sowie Forschungsanalysen bekannt ist[9], steht doch fest, daß sich besonders wichtige Informationen über die deutsche Entschlüsselung des sowjetischen Militärcodes darunter befanden, Hinweise auf »undichte Stellen« im sowjetischen Informations- und Nachrichtendienst im neutralen Ausland, vor allem in der Schweiz, sowie andere hochempfindliche Nachrichten. Alles in allem war die Ausbeute aus dem von amerikanischer Seite gelieferten Geheimmaterial für die politisch-militärische Führung der UdSSR so befriedigend, daß Generalleutnant Fitin – nach einer über den sowjetischen Geschäftsträger in Washington, Andrej Gromyko, an ihn gerichteten amerikanischen Nachfrage – dem Vertreter des OSS in Moskau in einem Schreiben vom 15. Februar 1945 seinen »Dank für die Hilfe« aussprach, »die uns ... in dieser äußerst wichtigen Angelegenheit gewährt wurde«.[10]

Die Vermutung liegt nahe, daß sich unter diesen für die Sowjetführung höchst wichtigen Materialien auch Unterlagen befanden, die aus den beiden wichtigsten Materialquellen des OSS über die Lage innerhalb Deutschlands stammten: die Geheimakten des Auswärtigen Amts, die Fritz A. H. Kolbe (der persönliche Kurier des Botschafters z.b.V. Karl Ritter zum Führerhauptquartier und ab 3. Juli 1944 Kanzler im Büro Ritter) ab August 1943 regelmäßig persönlich oder über Freunde nach Bern brachte, um sie dort dem Leiter der OSS-Abteilung Schweiz, Allan W. Dulles, zu übergeben; und die Berichte, Informationen und Dokumente, die Hans Bernd Gisevius und einige Vertraute, die wie er die Abwehr in der Schweiz vertraten, mit ebensolcher Regelmäßigkeit von Januar 1944 bis zum Scheitern des Attentatsversuchs vom 20. Juli 1944 zu Dulles nach Bern brachten. Dulles funkte die Inhalte dieser streng geheimen Nachrichten unter dem Codewort »Breakers« (die »Brecher« der NS-Diktatur, also der Widerstand) nach Washington, wo diese »Breakers«-Cables eine besondere Bedeutung für die amerikanische Einschätzung des Widerstandes erlangten.[11] Durch Fritz Kolbe gingen dem OSS innerhalb von achtzehn Monaten 1600 besonders wichtige, streng geheime Drahtberichte zu, die das Auswärtige Amt von deutschen diplomatischen Vertretungen in zwanzig Ländern erhielt. Unter ihnen befanden sich auch zahlreiche Berichte der Militär- und Marineattachés sowie Angaben über Zusammensetzung und Aktivität der in die deutschen Vertretungen, auch in den neutralen

Ländern Schweden, Schweiz und Spanien, »eingebauten« Geheimdienststellen. Die Berichte der Abwehr Bern, die dem OSS auch nach Übernahme der gesamten Abwehr durch Walter Schellenberg und das RSHA ungemindert weiter zugingen, lieferten exakte Daten über die Entwicklung der V-Waffen, das Anwachsen und auch die Umsturzpläne des deutschen Widerstandes und über die internen Machtkämpfe im Dritten Reich.[12]

Zwei Tendenzen der innerdeutschen Entwicklung, die sich aus den Informationen dieser beiden Materialquellen ablesen ließen, dürften für die etwaigen sowjetischen Empfänger besonders wichtig gewesen sein: Das von dem Abwehrbeauftragten in Bern, Gisevius, an das OSS gelieferte Material verdeutlichte, daß der überwiegende Teil der deutschen Opposition, vor allem aber der in der aktiven Widerstandsbewegung zusammengeschlossenen Kräfte, eine Verständigung mit dem Westen wünschte; sie unterschied sich in dieser Tendenz nicht von den mit Hitler rivalisierenden Machtgruppen des nationalsozialistischen Deutschland, die ebenfalls mit Hilfe der Westmächte die deutschen Streitkräfte an der Ostfront zu konzentrieren und den »Ostwall« zu stabilisieren suchten. Dem stand als eine Art gegenläufige Tendenz die Tatsache gegenüber, daß ein kleiner, aktiver Kern der Widerstandsbewegung im Verlauf des ersten Halbjahres 1944 mit wachsendem Interesse die Möglichkeiten eines Ausgleichs mit Deutschlands Nachbarn im Osten und die Chancen für einen Sonderfrieden mit der Sowjetregierung erörterte. Diese Tendenz des Widerstandes schien in den Berichten des national-konservativen Abwehrbeauftragten und früheren Stahlhelm-Mannes Gisevius jedoch in schemenhaft-beunruhigender Form auf und verdichtete sich im Laufe des Frühjahrs 1944 und verstärkt nach der anglo-amerikanischen Invasion sowie handgreiflich real im Vorfeld des Attentats auf Hitler zur direkten Bedrohung der Widerstandsbewegung durch eine »rote« Fraktion in ihrem Aktionszentrum.

Diese Nachrichten wurden durch das Informationsmaterial relativiert, das dem OSS (und vielleicht zu einem bestimmten Zeitpunkt auch dem NKWD) aus der Korrespondenz des Auswärtigen Amts zuging. In ihm kam deutlich der auf Spaltung des Bündnisses gerichtete Charakter der deutschen Außen- und Informationspolitik zum Ausdruck: Durch gezielte Desinformation sollten die Westmächte zu der Erwartungshaltung animiert werden, Deutschland sei unter bestimmten Umständen bereit, gemeinsam mit den Westarmeen die »Eindämmung« der kommunistischen Gefahr für ganz Europa zu sichern; gleichzeitig sollte in der Sowjetregierung die Hoffnung entstehen, Deutschland habe seinen Wunsch nach Ausschaltung der westlichen Imperialismen nicht aufgegeben und sei unter neu zu definierenden Bedingungen bereit, ihn im Verein mit einer siegreichen Sowjetarmee zu verwirklichen. Diese Politik der Spaltung der Allianz im rudimentärsten und kurzsichtigsten

Sinne eines *divide et impera*, die auf eine vorübergehende Ein-Fronten-Situation und damit auf eine größere Möglichkeit des Niederringens jedes Feindes zu seiner Zeit hinarbeitete, sprach aus zahlreichen Anweisungen an die deutschen Vertreter im neutralen Ausland und gipfelte in der großen »Sprachregelung« Ribbentrops vom Februar 1945.[13]

Die Frage, ob in Deutschland - dem offiziellen eines Ribbentrop sowie dem inoffiziellen einer nach Machtübernahme drängenden Zivil- und Militäropposition - ein echter Wille nach Frieden, zumal im Osten, bestand, mußte vor dem Hintergrund dieser Dokumente zumindest als äußerst zweifelhaft gelten. Insbesondere war der Abwehrmann Gisevius, der durch allzu offenkundige Beziehungen zum RSHA und SD belastet war und seinen »roten« Rivalen aus der »Grafen-Gruppe«, Stauffenberg, im Ausland mit mancherlei unedlen Mitteln zu diskreditieren suchte, kein verläßlicher Bote einer nicht machtpolitisch orientierten Friedensgruppe innerhalb der deutschen Opposition - von den in vielerlei Hinsicht mit offizieller deutscher Politik gleich lautenden außenpolitischen Ansichten und Forderungen des Widerstandes, für den er sprach, einmal ganz abgesehen.

In jedem Falle verdichtete sich auf sowjetischer Seite im Zuge der wachsenden Waffenerfolge trotz (oder vielleicht gerade wegen) der scheinbar allzu leicht errungenen diplomatischen Siege von Moskau und Teheran (aus sowjetischer Sicht konnten sie ja auch eine besonders trickreiche machtpolitische Falle der Westmächte sein, in die man nicht geraten durfte) die Befürchtung, die Westmächte könnten in letzter Minute mit der offiziellen deutschen Reichsregierung oder einer westlich orientierten, oppositionellen Militärregierung einen Bund zur Verteidigung Mitteleuropas gegen den steigenden sowjetischen Einfluß und die zunehmende sowjetische Militärpräsenz schließen. Als eine Art Testfall für die wirklichen, verborgenen Intentionen seiner westlichen Verbündeten klopfte Stalin am 17. Januar 1944 mit einer *Prawda*-Meldung auf den Busch.[14] Der Ausgangspunkt dieser sowjetischen »Ente« war möglicherweise die Tatsache, daß der Britische Botschafter in Moskau die Sowjetregierung darüber in Kenntnis setzte, daß Vertreter Deutschlands auf dem Balkan Friedensfühler nach England ausgestreckt hätten.[15] Die Sowjetregierung, die die Vermutung hegen mochte, daß sich hinter diesen von britischer Seite eingestandenen Friedensfühlern noch weit wichtigere, uneingestandene Friedenskontakte verbargen (denn hatte sie das nicht häufig in ähnlichen Fragen selber vorgeführt?), veröffentlichte daraufhin am 17. Januar auf dem Titelblatt der *Prawda* eine Meldung, die angeblich von ihrem Korrespondenten in Kairo stammte; sie besagte, daß zuverlässigen griechischen und jugoslawischen Quellen zufolge kürzlich in einer Küstenstadt der Pyrenäenhalbinsel ein Treffen zwischen Ribbentrop und führenden englischen Politikern stattgefunden habe. Dieses Treffen, das der Klärung der

Sonderfriedensbedingungen für Deutschland gedient habe, sei angeblich nicht ergebnislos verlaufen. Die Reaktion von englischer Seite erfolgte schnell und zur Zufriedenheit Stalins. Noch am selben Tage sprach Balfour in einer Unterredung mit Vizeaußenkommissar Dekanosow und später auch mit Stalin ein entschiedenes Dementi aus. Und Außenminister Eden kam mit dem sowjetischen Botschafter überraschend schnell überein, daß die *Prawda*-Meldung kein Abweichen vom »Geist von Teheran« andeute - eine Auffassung, die Lord Beaverbrook auch Premierminister Churchill vorgetragen hatte.[16] Der Test hatte sich ausgezahlt, und die Sowjetregierung »bedankte« sich beim Foreign Office mit einer Note vom 3. Februar für die erwiesene Aufrichtigkeit, in der sie nun ihrerseits die Versuche eines NS-Agenten zur Kenntnis der Alliierten brachte, der Ende Januar durch direkte Kontaktaufnahme mit dem TASS-Büro in Stockholm versucht habe, der Sowjetregierung eine Sonderfriedensregelung mit Deutschland schmackhaft zu machen: Er habe von der Bereitschaft einer apolitischen Gruppe von Militärs um General Keitel gesprochen, die mit Werner Best in Dänemark in Verbindung stehe, sofortige Friedensverhandlungen mit der Regierung Stalins aufzunehmen. Die TASS-Mitarbeiter, so sagte die Note Gusjews, hätten den ungebetenen Gast, als dieser sich als verkappter Deutscher erwiesen habe, umgehend des Hauses verwiesen.[17]

Während die TASS-Meldung in der Umgebung Ribbentrops in Berlin mit deutlicher Genugtuung, das Interesse der Weltpresse für diese Vorgänge mit einer gewissen Schadenfreude aufgenommen wurden[18], war das amerikanische OSS, dessen Berner Büro zu dieser Zeit seine Beziehungen zur deutschen Abwehr und zum Widerstand festigte und bis zu einem gewissen Grad institutionalisierte, durch die Meldung und die peinlichen westlichen Dementis bis zu dem Grade gewarnt, daß es jeden Kontakt mit deutschen Friedensgruppen, der auch nur im entferntesten an den Inhalt der *Prawda*-Meldung erinnerte, vermieden wissen wollte.[19] Das britische Foreign Office, dem in den ersten Februartagen neue Gerüchte von deutsch-sowjetischen Friedenssondierungen in der Türkei und Schweden zugingen, welche es nun eindeutig als eine neue Runde deutscher Desinformation mit dem Ziel der Spaltung der Allianz auslegte, reagierte anders: Es stellte es dem Britischen Botschafter in Moskau, Sir A. Clark Kerr, anheim, Molotow diese Gerüchte vorzutragen und dabei zu zeigen, »wie unterschiedlich wir uns angesichts solcher Gerüchte verhalten«.[20]

Tatsächlich war der Operationsradius jener Kräfte innerhalb und außerhalb Deutschlands, die ernsthaft an einer Beendigung des Krieges im Osten arbeiteten, durch die Ergebnisse der Konferenz von Teheran und die neue Atmosphäre allseitiger Umsicht und peinlicher Zurückhaltung der Alliierten äußerst klein geworden. Die einzige Chance zur Bewahrung Deutschlands vor der totalen Niederlage - das teilte Edgar

Klaus Anfang Januar 1944 seinem schwedischen Gesprächspartner mit[21] - bestehe nun darin, daß Hitler selbst der Sowjetregierung einen Friedensvorschlag unterbreite und in dem Moment zurücktrete und weniger belasteten Gruppen die Verhandlungsführung überlasse, in dem sein Vorschlag zurückgewiesen werde. Einen Fingerzeig in dieser Richtung hatte Klaus, um den Faden potentieller Verhandlungen nicht abreißen zu lassen, nach Ende der Konferenz von Teheran in einem anonymen Schreiben an Gesandtschaftsrat Semjonow der Sowjetgesandtschaft gegeben.[22] Und in diesem Sinne dürfte er auch auf die deutschen Gesprächspartner eingewirkt haben, die sich ab Mitte Februar 1944 wieder in der schwedischen Hauptstadt einstellten.

Mitte Januar wandte sich Klaus auch mit warnenden Informationen an die Amerikanische Gesandtschaft. Seit mehreren Monaten traf er sich mit einem Rigaer Landsmann, dem Leiter des auf Litauen gerichteten Abhördienstes der Amerikanischen Gesandtschaft Stockholm, Vytautas Gylys.[23] Gylys hielt die Angaben seines »immer pessimistischer werdenden« Gesprächspartners für so wichtig, daß er sie dem Gesandten, Herschel Johnson, zuleitete. In einem Gespräch vom 14. Januar 1944 sprach Klaus von den Gefahren, die ein deutsch-sowjetisches Zusammengehen auf kommunistischer Grundlage für die Westmächte bedeutete.[24] In Moskau - daran bestand zu dieser Zeit für Klaus kein Zweifel - verhandelte die Sowjetregierung mit dem Nationalkomitee Freies Deutschland, um es für eine günstige Nachkriegsregelung zu gewinnen. Klaus glaubte zu wissen, daß zu diesem Zwecke ein Dekanosow und Alexandrow unterstelltes Komitee bestehe, das unter den deutschen Kriegsgefangenen geeignete Kandidaten auswählen und sie auf die künftige Aufgabe vorbereiten solle. Dieses Komitee führe vermutlich bereits Verhandlungen mit General von Seydlitz und Graf Einsiedel dahingehend, daß die Rote Armee ihre Operationen an der deutschen Volks- und Sprachgrenze einstelle, um dann der in Moskau gebildeten deutschen Schattenregierung das Feld zu überlassen. Zwischen dem von dieser Gruppe regierten Deutschland und der UdSSR sei die Bildung einer Reihe von mehr oder minder unabhängigen Pufferstaaten geplant - Polen, Rumänien und vielleicht Litauen, während Estland, Lettland und möglicherweise Litauen aufgrund ihrer Lage am Meer für Rußland unverzichtbarer Bestandteil des sowjetischen Territoriums seien. Allerdings sollte man sich die Einverleibung der baltischen Länder in den Verband der Sowjetrepubliken nicht wie die sowjetische Besetzung während des Molotow-Ribbentrop-Paktes vorstellen: Die Sowjetregierung habe ihre Praktiken in fünf Jahren entbehrungsreicher Kriegführung mildern müssen, was ihre Zugeständnisse in der Kirchen- und Nationalitätenfrage bewiesen. Gylys' Frage, warum Stalin mit einem Deutschen Komitee und nicht mit seinen Verbündeten über die zukünftige Gestaltung Europas spreche, beantwortete Klaus mit dem noch immer bestehenden Mißtrauen sowie dem weitblickenden machtpolitischen Realismus Stalins: Dieser erkenne jetzt, daß der nächste große Krieg in Europa möglicherweise zwischen Rußland und Deutschland auf der einen und den angelsächsischen Ländern auf der anderen Seite ausgefochten werde.[25] Klaus warnte vor dieser Zwei-Stufen-Strategie Stalins und bezog sich dabei unter anderem auf Hinweise, denen zufolge die Sowjetarmee bisher ausschließlich mit russischen Waffen kämpfe, während sie ihr bestes Material - Waffen, Wagen und Ausrüstung, die ihr im Rahmen des Leih-Pacht-Abkommens mit den Westmächten zufielen - bisher nicht einsetze. Diese blieben für die zweite, nachfolgende Machtprobe in den Magazinen...

Sichtlich war der russophile, wenn auch sowjetkritische V-Mann des deutschen Abwehrchefs unter dem Eindruck des unaufhaltsamen sowjetischen Vormarsches in immer tiefere Unruhe geraten. Da seine Warnungen in Deutschland auf taube Ohren trafen, hielt er sie bei seinem im amerikanischen Dienst stehenden Landsmann nicht zurück.

Etwa gleichzeitig, möglicherweise aber im Zusammenhang mit der Molotow-Note, in der der Name Klaus erwähnt wurde, suchte der amerikanische Geheimdienst dem Rätsel Edgar Klaus nachzugehen. In einem Telegramm[26] an das OSS Bern war die Mitteilung enthalten, »Klaus« stehe mit dem deutschen Widerstand in Verbindung. Der Leiter des OSS Bern, Allan W. Dulles, bat daraufhin im Telegramm vom 20. Januar 1944[27] um Präzisierung der Ansicht, »für wie zuverlässig Klaus von ›unseren Freunden‹ gehalten wird«. Das Wort ›unsere Freunde‹ wurde in den »Breakers«-Cables in der Regel als Synonym für die »Breakers«, also die mit Dulles in Bern konspirierenden Angehörigen des Widerstandes und der Abwehr, verwendet. Er fügte hinzu: »Mein eigener Eindruck ist, daß er wahrscheinlich völlig in Ordnung ist. Nur ist er gesprächig und neigt zu Dienstfertigkeit.« Am 26. Januar ging in Bern die Antwort ein; sie besagte: »Soweit hier bekannt ist, gibt es keinen Grund dafür, Klaus nicht zu benutzen.«[28]

Neue Sondierungen - Trott zu Solz und Kleist

Am 16. Februar 1944, 14.07 Uhr, wurde die schwedische Sicherheitspolizei durch telephonische Überwachung des Anschlusses von Edgar Klaus auf die Ankunft von »Herren« aufmerksam, die Klaus für das Wochenende erwartete.[29] Noch am selben Tage traf Bruno Peter Kleist, Ministerialdirigent im Auswärtigen Amt, auf dem Flugplatz Bromma bei Stockholm ein. Am Freitag, dem 18. Februar, suchte Kleist Edgar Klaus in seinem Zimmer im Carlton-Hotel auf, wo die beiden Männer die Zeit zwischen 18.55 und 22.55 Uhr in angeregtem Gespräch verbrachten. Am darauffolgenden Tag reiste Kleist nach Berlin zurück.

An dem Tag, an dem Kleist und Klaus unter dem forschenden Blick eines Hoteldieners im Carlton-Hotel konferierten, unterzeichnete Hitler eine Verordnung, die für die Existenz Klaus' in Schweden dramatische Folgen hatte: Er löste die Canaris-Organisation, die durch zahlreiche Verhaftungen prominenter Angehöriger seit Anfang des Jahres – darunter die Verhaftung Helmuth James Graf von Moltkes – hinreichend belastet erschien, *de facto* auf und integrierte ihre verbleibenden Reste in das Reichssicherheitshauptamt. Unter dem Vorwand einer Vereinheitlichung aller deutschen Nachrichtendienste wurde die Abwehr den Dienststellen Himmlers angeschlossen, wobei Kaltenbrunner das eigentliche Amt Abwehr zufiel. Erstaunlicherweise blieb ein Mann aus der engsten Umgebung von Canaris, der Leiter der Abteilung I, zu der auch die Ost-Abteilung gehörte, Oberst Georg Hansen, zunächst noch im Amt. Hansen, der sich mit großem Nachdruck für den Verbleib von Edgar Klaus in Schweden eingesetzt hatte, war bereit, »alle seine Macht und alle seine Möglichkeiten in den Dienst des Kampfes gegen Hitler zu stellen«.[30] Doch auch Hansens Aktionsspielraum war nun eingeengt. Eine der ersten Maßnahmen, die die SS nach Übernahme der Abwehr verfügte, konnte er nicht mehr verhindern: die Entlassung aller jüdischen Agenten und V-Männer der Abwehr im In- und Ausland. Klaus wurde zur Gesandtschaft (vermutlich zu Oberst Wagner selbst) zitiert und »nach vielem Hin und Her entlassen. Er schien ziemlich verzweifelt und kam in dieser Zeit oft zu uns ...«[31]

Als die SS die alte Abwehr dieser Säuberung unterzog, hielt auch Kleist sich wieder in Stockholm auf. Zwar wurde sein Aufenthalt im Monat März 1944 von der schwedischen Polizei nicht bemerkt oder nicht registriert. Doch läßt eine Anfrage des Amtes Abwehr des OKW an das Auswärtige Amt vom 25. März erkennen, daß er sich in dieser Zeit offenbar in Stockholm aufhielt. In dieser Anfrage[32] ist davon die Rede, daß sich ein deutscher Ministerialdirigent mit dem vermeintlichen Namen Kleist zur Zeit in Stockholm befinde; Zweck seiner Reise sei eine »Fühlungnahme mit den Russen ... Um ein Werturteil zu dieser Angelegenheit und gf. um Angabe, welchem Ministerium der Ministerialdirigent Kleist angehört«, zu erhalten, wandte sich das Amt Abwehr an das Auswärtige Amt. Dieses antwortete am 6. April[33], Kleist sei ein Ministerialdirigent im Ostministerium und halte sich mit Wissen des Auswärtigen Amts in Stockholm auf. Allerdings bestehe seine Aufgabe, anders als im Schreiben des OKW vermutet, in der Rückführung schwedischstämmiger Personen aus Ingermanland nach Schweden. Es ist unklar, wer diese Anfrage beim Auswärtigen Amt veranlaßt hat. Wahrscheinlich waren die neuen Herren des Amtes Ausland/Abwehr interessiert, neben ihren eigenen Erkundungen in dieser Sache auch die Beurteilung des Auswärtigen Amts zu erfahren. Wenig später reiste Boening, der sich nun auch mit seinem Vorgesetzten Wagner –

dieser schloß sich ohne Umschweife seinen neuen Meistern an – überworfen hatte, nach Berlin, um Oberst Hansen eingehend über die in Stockholm entstandene Lage in Kenntnis zu setzen.

In dem Moment, als sich nach Kenntnis des Amtes Ausland/Abwehr und des Auswärtigen Amts Ministerialdirigent Kleist zu Gesprächen in Stockholm aufhielt, befand sich auch ein anderer jüngerer Angehöriger des Auswärtigen Amts in Stockholm: Im Auftrage der deutschen Widerstandsgruppen um Goerdeler, Beck und Schulenburg bemühte sich der Legationsrat Adam von Trott zu Solz zum dritten Mal, auf schwedischem Boden die Einstellung der Alliierten zu sondieren. Seine Hauptaufgabe bestand darin, die englische Regierung zu dem Versprechen zu bewegen, daß sie die Bombenangriffe und andere gegen Deutschland gerichtete Maßnahmen einstelle, sobald eine deutsche Widerstandsregierung die Macht ergriffen habe. Anders, so befürchtete man in diesen Kreisen, würde die Regierung der Lage nicht gewachsen sein. Trott traf sich – wie schon während seiner früheren Besuche – mit einflußreichen Persönlichkeiten der schwedischen Politik. Neu war in diesen Gesprächen sein erhöhtes Interesse an der Frage eines Ausgleichs zwischen einer Widerstandsregierung und Stalin. Würde dieser, so fragte Trott in den Gesprächen mit Ivar Anderson, dem Chefredakteur des *Svenska Dagbladet* am 14. und 18. März 1944, mit einer aus Generalen oder Zivilisten gebildeten deutschen Widerstandsregierung Frieden schließen?[34] Anderson stützte sich auf die Reden Stalins sowie eine Reihe sachlicher Gründe und glaubte, diese Frage positiv beantworten zu können: Stalin wäre einer deutschen Oppositionsregierung gegenüber vermutlich verhandlungsbereit. An einem der folgenden Tage führte Trott informative Gespräche mit Sverker Åström, dem damaligen Attaché an der Schwedischen Gesandtschaft Moskau, in denen er ähnliche Fragen aufgeworfen haben dürfte. Wenige Tage nach der Abreise Trotts aus Schweden teilte ein dort lebender deutscher Informant dem amerikanischen Geheimdienst mit, die deutsche Wehrmachtführung habe nun Direktkontakte zur UdSSR hergestellt.[35] Dabei stelle man sich die Frage, ob sich ein Sonderfrieden mit der Sowjetregierung besser mit oder ohne Hitler schließen lasse.

Diese Nachricht könnte allerdings auch das Werk deutscher Desinformation gewesen sein – damit waren in diesen Wochen die Dossiers der alliierten Geheimdienste zum Thema »Sonderfrieden?« wieder gefüllt. So hatten Angehörige des Deutschen Generalkonsulats in Istanbul am 9. März 1944 die Nachricht verbreitet, in Tokio fänden seit längerem Friedensverhandlungen zwischen Japan, Deutschland und der Sowjetunion statt. Ihr Ziel sei es, einen deutsch-russischen Sonderfrieden und, an diesen anschließend, ein Dreierbündnis gegen die kapitalistische Welt zu schmieden.[36] Das Gerücht wurde auf amerikanischer Seite bereits ausschließlich als ein Beispiel für »German MO« (Moral Operations Methods) aufgezeichnet.

Auf sowjetischer Seite hatte Stalin schon in seinem Tagesbefehl Nr. 16 vom 23. Februar 1944 die verzweifelten Versuche der »faschistischen deutschen Räuber« bloßgestellt, »in das Lager der Anti-Hitler-Koalition Zwiespalt zu tragen« und dabei betont: »Die Hitlerschen Diplomaten jagen aus einem neutralen Land ins andere und suchen ... Verbindungen anzuknüpfen, wobei sie Anspielungen machen, daß ein Sonderfriede, sei es mit unserem Staate oder mit unseren Verbündeten, möglich wäre.« Alle diese Schliche, so machte Stalin deutlich, würden an der festen Gemeinsamkeit der Grundinteressen der Verbündeten scheitern.

Aktiv schaltete sich in diesen Prozeß der Desinformation nun auch Walter Schellenberg, einer der illegitimen Erben des Canaris-Nachlasses und zugleich sein intriganter Rivale, ein. Zu dieser Zeit hatte Schellenberg durch seine in britischen und amerikanischen Kreisen verkehrenden Agenten erfahren, daß auf westalliierter Seite größte Sorge über das sowjetische Vorrücken und Beunruhigung darüber bestehe, ob etwa noch im Moment des Zusammenbruchs der deutschen Ostfront die Gefahr einer deutsch-sowjetischen Verständigung drohe. Er nahm dies als »eine sehr günstige Gelegenheit« zum Anlaß, um durch gezielte Desinformation die Einstellung der Westmächte zur Sowjetunion »im deutschen Sinne zu beeinflussen«.[37] In einem Schreiben an seinen Verbindungsmann zur Abteilung Inland II im Auswärtigen Amt, Legationsrat Wagner, forderte er das Auswärtige Amt auf, umgehend eine entsprechende »Sprachregelung« zu treffen. Diese »Sprachregelung«, die das Auswärtige Amt nach nochmaliger Mahnung Schellenbergs am 22. Mai erließ, lautete: »Bei einem Zusammenbruch der Ostfront würden Deutschland und alle europäischen Länder mit Moskau zusammengehen.«[38]

Tatsächlich häuften sich von diesem Zeitpunkt an in auffälligem Maße die Berichte aus unterschiedlichen deutschen Quellen, denen zufolge in der breiten Masse des deutschen Volkes ein Prozeß der Umorientierung in russischer Richtung stattfinde und die Sympathie für Stalin und das Sowjetsystem aus Enttäuschung über die militärische Haltung der Westmächte beträchtlich an Boden gewinne. Was deutsche Diplomaten und »eingebaute« Angehörige der deutschen Geheimdienste in vielen Ländern nun hinter vorgehaltener Hand flüsterten, was anonym zur Kenntnis der westlichen Geheimdienste gebracht wurde, klang aber verwirrenderweise auch in den »Breakers«-Cables immer wieder an, die Allen W. Dulles nach seinen Gesprächen mit Gisevius an die OSS-Zentrale in Washington drahtete. Sowohl der national-konservative Widerstand, für den er sprach, als auch die offiziellen Auslandsstellen des nationalsozialistischen Deutschland verfolgten dabei ein Ziel: Sie wollten – hier aus echten Befürchtungen über die Entwicklung in Mitteleuropa, dort im Sinne eines rein taktischen Erpressungsmanövers – durch diese Art der Berichterstattung die westlichen Regierungen zu Zugeständnissen bringen.

Dabei stand der national-konservative Widerstand seinerseits unter dem Druck der Generalität, die verlangte, daß – nach der Formulierung des Canaris-Mitarbeiters Heinz – »für ihre Beteiligung am Sturz Hitlers die Westalliierten den Preis zahlen sollten, auf die bedingungslose Kapitulation im Osten zu verzichten, um die damals noch intakte Ostfront im europäischen Gesamtinteresse halten zu können«.[39] Je näher die Errichtung der Zweiten Front im Westen Europas rückte, desto mehr häuften sich in westlichen Berichten auch die deutschen Stimmen, die eine politische oder – sofern diese von den Westmächten abgelehnt wurde – zumindest eine militärische West-Lösung erhofften. Das erste detaillierte und militärisch durchdachte Angebot dieser Art ging Allen W. Dulles in Bern in der zweiten Maiwoche 1944 über Gisevius aus Deutschland zu.[40] Es besagte, daß die deutsche Heeresleitung im Westen unter der Bedingung bereit war, den westlichen Armeen den Weg ins Herz Deutschlands zu bahnen, daß diese der deutschen Wehrmacht erlaubten, die Ostfront zu halten. Doch auch diesmal nahm Dulles die Entschlossenheit der mit den »Breakers« paktierenden Generale, in Absprache mit den Westmächten »ein festes angloamerikanisches Bollwerk gegen das russisch kontrollierte Europa« zu errichten, schweigend zur Kenntnis und »betonte erneut die Tatsache, daß wir (die USA, I. F.) weiter uneingeschränkt zu unseren Vereinbarungen mit Rußland stehen werden, und zwar sowohl dem Buchstaben als auch dem Geiste nach«. Seine Direktiven untersagten ihm jede Art verbaler Zugeständnisse oder auch nur Ermunterungen an die Adresse der deutschen Opposition.

Als der Deutsche Botschafter in der Türkei, Franz von Papen, wenige Tage später über jüdische Flüchtlinge aus Deutschland eine ähnliche Mitteilung an die Westmächte richtete, wurde diese unter dem Stichwort »Propagandalinie des Deutschen Botschafters in der Türkei« zu den Akten gelegt.[41] Tatsächlich zeigte sich Papen beeindruckt von der Stärke der deutschen Wehrmacht und sagte voraus, daß die alliierte Invasion im Westen kaum jemals deutsches Kernland erreichen werde. Statt dessen werde ein Kompromißfrieden folgen, den eine nachnazistische Regierung schließen werde. Die Grundlage dieses Friedens werde ein Bund der Briten und Amerikaner zur Errichtung einer kontinentalen Festung als Ausgangspunkt gemeinsamer Operationen gegen Rußland sein. Die alliierte Ostfront werde dann an der Weichsel und nicht am Rhein liegen.

Diese Mischung oppositionell-konservativen und traditionell-machtpolitischen Denkens war schon aus westalliierter Sicht nur schwer als ein von der Parteilinie abweichender Standpunkt zu bewerten; aus der Sicht der Sowjetführung, der solche Berichte direkt, im Rahmen des amerikanisch-sowjetischen Nachrichtenaustausches, oder indirekt, durch ihre zahlreichen Auffangzentralen im besetzten und freien Europa, zugingen, stellten sie, da der Triumph absehbar war, ein hohes, letztlich unkontrollierbares Gefahrenmoment dar. Schließlich schrumpfte das feindliche Lager - nicht zuletzt dank gezielter Interventionen der sowjetischen Geheimdiplomatie - in diesen Monaten ansatzweise zusammen, und dem Abfall der Satelliten sollte die Brechung des Widerstandes des Hauptfeinds, Hitler-Deutschland als Zentrum und Koordinator der Achse, von außen und innen folgen. Während Finnland dem von Gesandtschaftsrat Jarzow unter Führung von Madame Kollontaj eingeleiteten Prozeß der Desintegration folgte, sich von der Achse allmählich löste und sein Geschick im Einvernehmen mit der Sowjetregierung bestimmte[42], führte Gesandtschaftsrat Semjonow geheime Verhandlungen mit dem Rumänischen Gesandten in Stockholm, F. C. Nano.[43] Als Vermittler hatte ein bulgarischer Geschäftsmann fungiert. In den Gesprächen, die Nano mit Vertretern der Sowjetgesandtschaft - dem Presseattaché Spichinskij, Gesandtschaftsrat Semjonow (laut Nano angeblich alias »Kaufmann«) und schließlich Madame Kollontaj selber (April 1944) in deren Zimmer im Strand-Hotel Saltsjöbaden - führte, wurde er darüber aufgeklärt, daß die Sowjetregierung mit der amtierenden rumänischen Regierung und keineswegs mit einer ihr unbekannten Widerstandsregierung zu verhandeln wünsche. Ferner wurde ihm mitgeteilt, daß die Bitte um Waffenstillstand von der rumänischen Regierung ausgehen müsse. Dies waren Vorstellungen, wie sie auch in etwaigen parallellaufenden Gesprächen mit deutschen Kontaktleuten hätten zur Sprache kommen können. Semjonow trug den sowjetischen Standpunkt in großer Siegesgewißheit vor. Madame Kollontaj war bemüht, den Rumänischen Gesandten von der Friedfertigkeit Stalins und den guten Bedingungen zu überzeugen, die die rumänische Nation bei einem Pakt mit der UdSSR erwarteten. Es gehe Stalin, so betonte die Botschafterin, um einen dauerhaften Frieden und die Freundschaft zu allen benachbarten Nationen. Ähnliche Versprechen machte Gesandtschaftsrat Semjonow während der gemeinsamen Ausarbeitung der Waffenstillstandsbedingungen im Mai 1944. Daneben bemühte sich Semjonow in seiner Einflußnahme auf die polnischen Exilorganisationen, eine Stalin gefällige Nachkriegsordnung in Polen zu präjudizieren. Seine Bemühungen gipfelten in dem »Zusammenschluß der Polnischen Patrioten« in Schweden (5. August 1944), dem er selber als »nichtoffizieller« Teilnehmer beiwohnte. Die Liste dieser konstituierenden Versammlung von in Schweden lebenden Exilpolen wies indes kaum einen polnischen Namen auf.

Die Sowjetregierung sah - darauf deutet das forcierte Tempo dieser

Geheimverhandlungen vom Frühjahr 1944 an wohl hin - der Errichtung der Zweiten Front nun mit gespannter Aufmerksamkeit entgegen. Sie war in den ihr vorausgegangenen Monaten damit befaßt, durch aktive Einflußnahme auf die mittel- und mittelosteuropäische Zone Grundfakten ihrer Nachkriegspolitik zu schaffen, die durch die in Westeuropa vorrückenden Westarmeen nicht mehr verändert, geschweige denn gefährdet werden könnten. Insbesondere dürfte sie jede Andeutung einer »West-Lösung« mit Argusaugen verfolgt haben. Es kann unter diesen Bedingungen nicht ausgeschlossen werden, daß sich auch für Deutschland durch Direktverhandlungen mit Moskau ein Waffenstillstand im Osten hätte erreichen lassen, der günstiger als eine »bedingungslose Kapitulation« gewesen wäre.

Edgar Klaus, der der Logik dieser Vorgänge folgte, wandte sich am 2. Juni, vier Tage vor der alliierten Invasion in der Normandie, erneut mit einem anonymen Schreiben an den sowjetischen Gesandtschaftsrat Semjonow.[44] Die Informationen, die diesem Schreiben zugrunde lagen, waren ihm von Kleist mitgeteilt worden. Dieser hielt sich zu dem Zeitpunkt - von der schwedischen Polizei wiederum nicht beschattet - in Stockholm auf, wo er mit Graf Bernadotte Gespräche über die Heimschaffung der schwedischstämmigen Familien aus Estland führte. Klaus, der Kleist in diesem Brief als »meinen Freund« bezeichnete, nahm diese Tatsache zum Anlaß, darauf hinzuweisen, daß in Berlin die Möglichkeit erwogen werde, der sowjetischen Seite durch Vermittlung Bernadottes einen Austausch von Kriegsgefangenen vorzuschlagen. Dabei, so betonte Klaus, suche man in Berlin letztlich nur einen Anlaß, um auch über andere Fragen sprechen zu können. Denn das Auswärtige Amt suche um jeden Preis, »mit Ihnen in Verbindung zu treten und einen Kontakt mit Moskau herzustellen, um mit Friedensverhandlungen beginnen zu können«. Graf Bernadotte lege nach Auskünften des »Freundes« Kleist in dieser Frage deutliche Zurückhaltung an den Tag und habe im Gespräch mit dem Freunde auf die Tatsache hingewiesen, daß seines Wissens bereits eine andere deutsche Persönlichkeit in Stockholm, nämlich »Ingenieur Rasch«, in diesen Fragen mit der Sowjetgesandtschaft verhandele. Dies hielt Klaus für eine schlechte Nachricht. Denn Hermann Rasch - Schellenberg bezeichnete ihn nach dem Kriege als seinen Verbindungsmann zur Sowjetgesandtschaft - sei aufgrund seiner Eigenschaften - Prestigesucht und Redseligkeit - wenig für eine so delikate Mission geeignet. Natürlich würde Rasch in den Gesprächen bald einen Übergang von den humanitären Fragen zu »Verhandlungen über die Möglichkeit eines Separatfriedens« suchen, doch dürften die Ergebnisse nichtig sein. Klaus ließ durchblicken, daß Rasch einer anderen politischen Richtung angehörte als seine »beiden Freunde«, die »ganz und gar Anhänger eines Freien Deutschland und in jeder Hinsicht zuverlässig« seien.

Nach dem Krieg gab Graf Bernadotte an, er habe in der Tat mit Kleist Gespräche über humanitäre Aktionen geführt und sei in diesem Zusammenhang auch von Kleist darüber in Kenntnis gesetzt worden, daß eine seiner Missionen in Stockholm friedenstiftender Natur gewesen sei. Der Name Klaus sei in diesem Zusammenhang erwähnt worden, doch konnte sich Bernadotte an eine Begegnung nicht erinnern.[45]

Die Zweite Front - Stalin als Retter in der Not?

Als Klaus sich in einem anonymen Schreiben erneut an Gesandtschaftsrat Semjonow wandte, war die Zweite Front bereits Wirklichkeit.[46] Die Landung der Engländer, so teilte Klaus Semjonow mit, habe, besonders da sie so erfolgreich verlaufen sei, einen tiefen Eindruck in allen Kreisen des deutschen Volkes, ja sogar im Führerhauptquartier, hinterlassen. An einen Sieg glaube in Deutschland »kein Teufel« mehr. Nur wisse niemand, wie man aus diesem unglücklichen Krieg herauskommen und sich der Hitlerbanditen entledigen könne. Klaus berichtete ferner über ernste Meinungsverschiedenheiten in der Obersten Heeresleitung sowie die wirtschaftlichen und moralischen Folgen der Bombenangriffe. Er berichtete von Säuberungsmaßnahmen der Gestapo, die mittlerweile auch die Deutsche Gesandtschaft Stockholm erreicht hatten. Klaus übermittelte die Namen von Personen in der Gesandtschaft, die sich als nationalsozialistische »uniformierte Banditen« erwiesen hatten (darunter Stempel von der Konsularabteilung) und nahm andere Angehörige der Gesandtschaft, wie etwa Dankwort und den sich gerade in Sicherheit bringenden Boening, explizit als »anständige Deutsche« aus.

Als Edgar Klaus diese Mitteilungen an die Sowjetische Gesandtschaft richtete, hielten sich zum zweiten Male gleichzeitig zwei jüngere Angehörige des Auswärtigen Amts zur Kontaktnahme mit Sowjetvertretern in Stockholm auf: Adam von Trott zu Solz befand sich in der Zeit vom 19. Juni bis 3. Juli 1944 zum vierten und letzten Mal in Schweden und hatte nun vom aktiven Kern des Widerstandes, nämlich Leber und Stauffenberg, die Empfehlung mit auf den Weg bekommen, endlich die seit längerem geplante, aber bis zu diesem Zeitpunkt vermutlich undurchführbare Sondierung in sowjetischer Richtung durchzuführen. Und Bruno Peter Kleist, der seinen längsten Stockholm-Aufenthalt erneut durch Verhandlungen mit humanitären Zielen motivierte, hielt sich vom 16. Juni 1944, mit kurzen Unterbrechungen in Finnland, bis zum 22. Juli, zwei Tage nach dem fehlgeschlagenen Attentat, also insgesamt fünf Wochen, in Stockholm auf; Kleist war mit Deckung Ribbentrops und vermutlich mit Wissen Hitlers nun geradezu krampfhaft darum bemüht, einen Kontakt zur sowjetischen Seite herzustellen.

Treffen Trott zu Solz – Kollontaj?

Adam von Trott zu Solz war von den aktiven Männern des Widerstandes, der sich in Vorbereitung auf den entscheidenden Schlag gegen die Herrschaft Hitlers in Deutschland zu einem breiten Bündnis konsolidierte, mit der Klärung der Frage beauftragt worden, ob die Alliierten einer neuen deutschen Regierung durch Waffenruhe an den Fronten und Einstellung der Bombenangriffe eine Chance geben würden. Während Trott diesmal bei seinen britischen Gesprächspartnern mehr Resonanz fand als bei den drei vorausgegangenen Besuchen (in der ersten Juli-Woche schlugen auch Winston Churchill und sein Stellvertreter Clement Attlee vor dem Unterhaus einen neuen, den deutschen Widerstand ermutigenden Ton an), gab er auch die Bemühungen nicht auf, die Haltung der Sowjetregierung einer künftigen Widerstandsregierung gegenüber zu ergründen. Das Ziel seiner Reise war zweifellos, wenn irgend möglich mit Garantieerklärungen der britischen und sowjetischen Seite in der Tasche nach Berlin zurückzukommen. Diese hätten zu diesem Zeitpunkt vermutlich die Generalität auf die Seite der Verschwörer geführt, die Gefahr eines Bürgerkrieges in Deutschland erheblich verringert und damit der gesamten Durchführung des »Unternehmens Walküre« einen stärkeren, ja unwiderstehlichen Impuls gegeben. Zu diesem Zweck war ihm auch von seiten der führenden Kräfte der im Wachstum begriffenen Koalition der verschiedenen oppositionellen Bewegungen ans Herz gelegt worden, keine Sondierungen zu betreiben, die nach einem Versuch der Spaltung des Bündnisses aussahen. Die Friedensfühler sollten ehrlich und nach allen Seiten offen sein.[47]

Die Notwendigkeit dazu ergab sich – neben der Erfahrung, die Trott mit den Vertretern der Westmächte gemacht hatte – aus der besonderen Situation, in der sich der deutsche Widerstand zu diesem Zeitpunkt befand. Am 22. Juni 1944 fand in Berlin das seit langem geplante, folgenschwere Kontakttreffen zwischen den Sozialisten Leber und Reichwein und Vertretern des ZK der illegalen KPD, Anton Saefkow und Bernhard Bästlein, statt. Der dritte, sich als Kommunist ausgebende Anwesende, Hermann Rambow, war Zuträger der Gestapo und zeigte die Beteiligten an, was zu ihrer Festnahme führte und sich auf Planung und Durchführung des Attentats verhängnisvoll auswirkte. In diesem Kontaktgespräch sollte die Frage geklärt werden, wie sich der deutsche kommunistische Untergrund am »Tage X« verhalten werde. Dabei erwiesen sich die Kommunisten als wesentlich kooperationsbereiter, als es die Sozialisten zunächst erwartet hatten; sie sprachen sich für eine »freie Demokratie« unter Beibehaltung eines begrenzten Privateigentums, aber für die Verstaatlichung des Großkapitals aus und kamen ihren Gesprächspartnern auch in der Kirchenfrage entgegen. Viele

Anzeichen deuten darauf hin, daß die gemäßigte Haltung dieser deutschen Kommunisten nicht allein Ausdruck einer innerdeutschen kommunistischen Entscheidung zur Kurswende war. Denn die Gruppe um Anton Saefkow und Franz Jakob, eine der aktivsten und zu diesem Zeitpunkt intaktesten kommunistischen Untergrundgruppen in Deutschland - vermutlich die Zentrale der mit Moskau in Verbindung stehenden Kommunisten -, unterhielt unter anderem enge Beziehungen mit der kommunistischen deutschen Exilgruppe in Schweden, vor allem mit Karl Mewis. Einer der Verbindungsleute zwischen Mewis und der Saefkow-Gruppe in Berlin war der Chauffeur der Schwedischen Gesandtschaft Berlin, Arvid Lundgren.[48] Über Lundgren, der viele Vorzüge des diplomatischen Verkehrs nutzen konnte, stand die Saefkow-Gruppe sowohl mit ihren Genossen im schwedischen Exil, in erster Linie Mewis, als auch mit der Parteizentrale in Moskau in Verbindung. Diese Verbindung läßt auch die Vermutung zu, daß Madame Kollantaj und ihr Stab über die Entwicklung im deutschen Widerstand bis zu einem gewissen Grade unterrichtet waren.

Vor diesem Hintergrund ist interessant, daß in unmittelbarem zeitlichem Zusammenhang mit der Anreise Kleists (16. Juni) und Trotts (19. Juni) in Stockholm Tatsachen bekannt wurden, die auf eine sowjetische Gesprächsbereitschaft schließen lassen konnten. Die Deutsche Kommunistische Partei im schwedischen Exil hatte soeben einen vertraulichen Rundbrief an ihre Mitglieder verschickt, in dem sie vor jeder Art von »Fanatikern« und »ultralinken Elementen« aus und in den eigenen Reihen warnte. Der Rundbrief wies darauf hin, daß Personen, die ungeeignete Begriffe verwendeten und für das Nachkriegsdeutschland eine andere Staatsform als eine »demokratische Republik« einzuführen hofften, der »deutschen Sache« nur Schaden brächten.[49] Gleichzeitig drückte die Sowjetbotschafterin im Gespräch mit einem nahen schwedischen Freund ihre Mißbilligung darüber aus, daß »viele Kommunisten in Deutschland und unter den in Schweden lebenden Emigranten leider noch immer im Sumpf der alten leninistischen und sogar trotzkistischen Konzeptionen stecken, nach denen allein die Kommunistische Partei den Weg zum Sozialismus beschreiten kann«.[50] Die Zeit schien günstig für eine Sondierung.

Zu den Personen, die Trott um Aufklärung über die sowjetischen Absichten sowie Vermittlung eines Kontaktes oder Gespräches mit einem maßgeblichen Partner auf sowjetischer Seite bat, gehörten der schwedische Gesandtschaftsattaché in Moskau, Sverker Åström, vor allem aber Willy Brandt und Gunnar Myrdal. Noch vor den Mittsommerfeiern suchte Trott über befreundete schwedische Kirchenleute den Weg zu Willy Brandt.[51] Im Rahmen eines längeren Gedankenaustauschs über die außenpolitischen Ziele und Optionen der deutschen Opposition sowie die Möglichkeiten der politischen Gestaltung eines

Nachkriegsdeutschlands warf Trott auch die Frage auf, ob Willy Brandt in der Lage wäre, ein Gespräch zwischen Trott und Madame Kollontaj zustande zu bringen. In ihm sollte »das sowjetische Verhalten nach dem Umsturz in Berlin«, mithin die Einstellung der Regierung Stalins zu einer Widerstandsregierung einer breiten Koalition zwischen Sozialdemokraten, Zentrumsleuten und nationalen bis nationalkonservativen Militärs und Zivilisten geklärt werden. Willy Brandt erklärte sich bereit, ein solches Treffen unter Inanspruchnahme der Hilfe norwegischer Freunde vorzubereiten, die Madame Kollontaj von früher her, vermutlich seit den Tagen ihres norwegischen Exils, kannten. In den folgenden Tagen reiste Brandt zu den Mittsommerfeiern aufs Land. Nach seiner Rückkehr sollten die Dispositionen zu dem gewünschten Treffen erfolgen. Auch Trott verbrachte das Fest bei Freunden auf dem Lande. Als Trott Willy Brandt nach beider Rückkehr in die Stadt erneut aufsuchte, deutete er an, daß die Bitte um Vermittlung in der Zwischenzeit hinfällig geworden sei. Man habe nämlich in Erfahrung gebracht, daß in der Sowjetgesandtschaft eine »undichte Stelle« existiere, durch die die Kenntnis von diesem Treffen schnell nach Deutschland gelangen könnte. So stellte Willy Brandt seine Bemühungen um die Zusammenführung des Sendboten des deutschen Widerstandes mit der Sowjetdiplomatin ein.

In der Zwischenzeit hatte Trott aber noch eine andere Persönlichkeit gebeten, ein Treffen mit Madame Kollontaj zu arrangieren - vermutlich Gunnar Myrdal. Der Gesandte der Vereinigten Staaten, Herschel Johnson, teilte dem State Department am 26. Juni 1944[52] mit, daß Trott zu Solz »seinen schwedischen Freund« gebeten habe, einen Kontakt zu Madame Kollontaj herzustellen, um »mögliche russische Pläne für Deutschland festzustellen«. Johnson wies darauf hin, daß dieser Schwede nach Ansicht des Informanten der US-Gesandtschaft - durchaus in der Lage sei, den gewünschten Kontakt herzustellen und auch »die Absicht habe, sich mit dieser Bitte an Madame Kollontaj zu wenden«. Zwar ist der Name Myrdals in diesem Schreiben nicht erwähnt, doch war er gewiß einer der Schweden, die am leichtesten den Weg zu Madame Kollontaj bahnen konnten. Auch hatte Gunnar Myrdal bereits vorher auf Wunsch Trotts erfolgreich ein Gespräch zwischen Trott und dem amerikanischen Korrespondenten von *Life* und *Time*, dem Vertreter des OSS, John Scott, vermittelt, das am 23. Juni in Myrdals Büro stattfand und zwei Stunden dauerte. In diesem Gespräch hatte Trott unter anderem auf die wachsende Bedeutung der unter dem Einfluß Moskaus und des NKFD stehenden Freien Deutschen Komitees hingewiesen, die an vielen Orten Deutschlands und der von Deutschland besetzten Länder entstanden. Er hatte berichtet, daß eine wachsende Zahl von Deutschen mit der Freien Deutschen Bewegung sympathisiere und gute Kontakte mit den Russen wünsche. Er sagte ferner eine sowjetische Besetzung Deutschlands voraus und prophezeite, daß unter solchen Umständen viele antinazistische Deutsche, er selbst eingeschlossen, eine Wende ihrer Sympathien nach Osten vollziehen würden. (Hier sei daran erinnert, daß Edgar Klaus in seinem Schreiben an Gesandtschaftsrat Semjonow vom 2. Juni davon gesprochen hatte, daß seine »beiden Freunde«, nämlich Kleist und ein zweiter deutscher Sendbote in Stockholm, überzeugte Parteigänger der Freien Deutschen Komitees und »in jeder Hinsicht« politisch zuverlässig seien.) Diese von Trott vorgetragenen Ansichten führten den OSS-Vertreter Scott zu der Vermutung, daß Trott ein NS-Propagandist sein könnte - eine Annahme, die Gunnar Myrdal mit Nachdruck zurückwies; Trott, dies wisse er mit Bestimmtheit zu sagen, sei überzeugter und unbeirrbarer NS-Gegner seit 1939, dem Zeitpunkt, als Myrdal mit ihm in Berührung gekommen war.

Gunnar Myrdal, in dessen Haus - neben vielen anderen schwedischen und internationalen Gästen aus Wissenschaft, Politik und Kunst - auch Gesandtschaftsrat Jarzow ein und aus gegangen war, dürfte bei einem Versuch, einen Kontakt zwischen der Sowjetischen Botschafterin und einem Sprecher des deutschen Widerstandes zu vermitteln, für dessen Gesinnung er bürgte, nicht auf Ablehnung gestoßen sein - zumal wenn es sich nicht unbedingt um einen direkten, sondern vielleicht nur indirekten Kontakt gehandelt hätte. Indes ist nicht bekannt, ob Trott tatsächlich von Madame Kollontaj persönlich zu einem Gespräch empfangen wurde. Die Aussagen hierüber sind widersprüchlich. Einige Freunde und Kontaktpersonen Trotts in Stockholm verneinten, daß es zu einem solchen Gespräch gekommen sein könnte.[53] Auch Theodor Steltzer, eine dritte, von Trott um Vermittlung gebetene Person, betonte nach dem Kriege, seines Wissens sei es nicht zu einer persönlichen Begegnung gekommen; Steltzer suchte über seinen norwegischen Freund Henrik Sörensen Trott den Weg zu Madame Kollontaj zu bahnen, wobei er davon ausging, daß diese erste Fühlungnahme Trotts mit der Sowjetbotschafterin nur eine Vorsondierung für die nachfolgenden Gespräche zwischen Botschafter Graf Schulenburg und Madame Kollontaj sei.[54] Nach Aussagen Steltzers führte Trott dann nach seiner Rückkehr in Berlin am 10. Juli 1944 ein ausführliches Gespräch mit seinem Freund Leo Borchard; Borchard sprach perfekt russisch und sollte für eine weitere Reise nach Stockholm gewonnen werden - ein Plan, der nicht mehr realisiert wurde.[55]

Diese Angabe Steltzers, daß eine Anschlußhandlung an den Besuch Trotts in Stockholm notwendig oder wünschenswert war, wird durch ein anderes Zeugnis bestätigt. In seinem Schreiben an das State Department vom 26. Juni betonte der Amerikanische Gesandte Herschel Johnson, Trott habe der Sowjetgesandtschaft während seines Aufenthaltes tatsächlich ein Angebot unterbreitet - ob direkt oder indirekt, bleibt offen, und er wolle um den 3. oder 4. Juli einen anderen deutschen Sendboten nach Stockholm schicken, um noch vor dem Umsturz in Deutschland die sowjetische Antwort in Empfang zu nehmen.

Tatsächlich blieben Trott im Anschluß an seine zweite Begegnung mit Willy Brandt, die unmittelbar nach der Mittsommerfeier stattfand, bis zur Abreise nach Deutschland noch volle sieben Tage. Und es stellt sich die Frage, ob er in diesen Tagen nicht noch weiteren Bemühungen nachging, die von anderer Seite unternommen wurden und weniger riskant waren als eine unmittelbar über die Sowjetische Gesandtschaft geleitete Initiative, wie sie zunächst im Gespräch mit Willy Brandt angeregt worden war. Das OSS Washington teilte seinem Vertreter in Bern unter Zugrundelegung britischer Geheimdienstberichte am 4./5. Juli 1944[56] mit, »800« (das Codewort für Adam von Trott zu Solz) habe in der Tat während seines Aufenthaltes in Stockholm erreicht, daß »Kontakt zu Madame Kollontaj hergestellt wurde..., um Rußlands Absichten gegenüber Deutschland in Erfahrung zu bringen«. Ferner habe die Gruppe von »800« (also die Widerstandsgruppe, der Trott angehörte) die feste Absicht, Anfang Juli einen anderen Deutschen nach Stockholm zu schicken, »um die Antwort zu erhalten«. Der letzte Satz freilich konnte sich auf die Mitteilung gründen, die Herschel Johnson in seinem Telegramm vom 26. Juni 1944 an das State Department geleitet hatte und die von dort - wie die britischen Geheimdienstberichte - den Weg zum OSS gefunden hatte.

Es erhebt sich also die Frage, ob es Trott tatsächlich gelungen war, einen wie immer gearteten Kontakt zu Madame Kollontaj herzustellen, und ob ein »zweiter Mann« eine etwaige Antwort der sowjetischen Seite auf die Anfrage des Widerstandes in Empfang nehmen sollte. Wer wäre dieser »zweite Mann« gewesen? Hierbei drängt sich erneut Klaus' Bemerkung von seinen »beiden Freunden« auf, für deren rußlandfreundliche Gesinnung er sich verbürgte.

Nun hat Peter Kleist, der sich während Trotts Aufenthalt in Stockholm befand und hier bis zum 22. Juli, also zwei Tage nach dem Attentat, blieb, nach dem Krieg für sich in Anspruch genommen[57], er sei ein Mitglied jener Friedensgruppe im Auswärtigen Amt gewesen, die sich um den früheren Deutschen Botschafter in Moskau, Graf von der Schulenburg, gruppierte und der unter anderen auch Trott zu Solz angehört habe. Diese Gruppe sei um eine Friedenslösung bemüht gewesen und habe versucht, den Alliierten, in erster Linie der UdSSR, Vorschläge in dieser Richtung zu unterbreiten. Sie hätte sich stärker auf die Sowjetunion konzentriert, nachdem die Westmächte jede Hoffnung auf Anhörung und ein Arrangement zunichte gemacht hätten. Kleist behauptete, er habe Klaus in Stockholm »die Pläne dieser Friedensgruppe überbracht, worauf dieser der sowjetischen Seite den Vorschlag eines deutsch-sowjetischen Separatfriedens unterbreitete«. Er, Kleist, sei dabei von der Annahme ausgegangen, daß Klaus unmittelbar mit Vertretern Stalins in Verbindung stehe.

Einige Tatsachen sprechen für eine solche Kombination der Personen und Interessen. Graf Schulenburg war mit Gewißheit über die Ereignisse in Stockholm informiert, wie sie sich aus der Perspektive Kleists darstellten.[58] Trott wußte entweder von Kleist direkt (Angabe Kleists) oder über Graf Schulenburg von Kleists Verbindungen. Daneben sind weitere Zusammenhänge möglich. Die simultan unternommenen Reisen Trotts und Kleists konnten abgesprochen oder in anderer Weise koordiniert sein. Beide Sendboten könnten sich der Hilfe des »Kontaktmanns« zur Sowjetgesandtschaft, Edgar Klaus, bedient haben, wobei Kleist Klaus mit Sicherheit, Trott Klaus möglicherweise seit längerem konsultierte (nämlich vom zweiten oder dritten Besuch an). Schließlich kann auch die entferntere Möglichkeit nicht ausgeschlossen werden, daß Admiral Canaris selbst, in einem letzten Versuch, die Lage im Osten zu retten, die beiden Enden, die er seit Jahren in der Hand hielt - nämlich seinen potentiellen Verbindungsmann zur Sowjetgesandtschaft und damit nach Moskau und seine Verbündeten im aktiven deutschen Widerstand - auf schwedischem Boden zusammenführte. Doch für eine solche Verbindung liegt kein schriftlicher oder mündlicher Hinweis vor.

Und ein Argument scheint gegen einige dieser Annahmen zu sprechen: die scheinbar unvereinbaren Charaktere und der unterschiedliche persönliche Hintergrund der Beteiligten.[59] Sollten die Männer des Widerstandes die Hilfe eines SS-Obersturmbannführers und Parteikarrieristen für ihre hohen Ziele in Anspruch genommen haben?

Ein einziges Indiz scheint darauf hinzuweisen, daß eine wie immer geartete Beziehung zwischen dem Besuche Trotts und der Anwesenheit Kleists auf schwedischem Boden bestand. Am 3. Juli 1944, 10.46 Uhr, registrierte der Abhördienst der schwedischen Polizei ein Telephongespräch zwischen Edgar Klaus (Carlton-Hotel) und Peter Kleist (Strand-Hotel): »Ich wollte dich nur darüber auf dem laufenden halten, daß er gestern abgereist ist. Und dann treffen wir uns und sprechen morgen miteinander.«[60] Dieser Hinweis könnte sich auf Trott zu Solz (»er«) beziehen. Zwar kehrte dieser - nach Angaben von Clarita von Trott[61] - am 3. Juli nach Deutschland zurück. Doch schloß dies nicht aus, daß er in Stockholm schon am 2. Juli (»gestern«) abgereist war oder zumindest seinen Abschiedsbesuch in der Deutschen Gesandtschaft abgestattet hatte. Und dies hätte Klaus zu der Annahme veranlassen können, er sei noch am selben Abend abgereist. Tatsächlich könnten die Anwesenheit sowie die Abreise Trotts in innerem Zusammenhang mit den Aktivitäten von Kleist und Klaus in dieser Zeit gestanden haben. Dem Anruf waren nämlich wichtige Ereignisse vorausgegangen.

Am Freitag, dem 23. Juni 1944, 9.42 Uhr - Kleist war wenig zuvor zu einem Kurzaufenthalt nach Helsinki abgeflogen, Trott nahm auf dem Lande an den schwedischen Mittsommerfeiern teil -, setzte sich Edgar Klaus in Stockholm, nach den Beobachtungen der schwedischen Polizei zum ersten Male, telephonisch mit der Sowjetgesandtschaft in Verbindung. In russischer Sprache stellte Klaus einem ihm offenbar unbekannten Mann in der Sowjetischen Gesandtschaft (einem »Herrn X«) die Frage, ob die Gesandtschaft »morgen«, also am Samstag, dem 24. Juni, empfange. Die Antwort war abschlägig: die Gesandtschaft pflege an Samstagen nicht zu empfangen. Darauf stellte Klaus die Frage: »Dann kann man mit Semjonow nicht sprechen? Wird er denn morgen dort sein?« Auf die Gegenfrage: »Wer spricht?« antwortete Klaus: »Zelin.« Darauf entfernte sich der Unbekannte vom Telephon und kehrte einen Moment später mit der Nachricht zurück: »Semjonow pflegt am Samstag hier zu sein, aber man müßte die genaue Zeit vereinbaren.« Darauf fragte Klaus: »Aber am Montag ist der offizielle Empfangstag?« X antwortete: »Ja, zwischen 11 und 13 Uhr.« Und Klaus sagte: »Melden Sie Zmeïn an.«[62]

Während aus der Mitschrift des Gesprächs nicht ersichtlich ist, ob der Name »Zelin« dem unbekannten Herrn X oder der Person, die er in diesem Moment offenbar konsultierte, bekannt war, mutet die Nennung zweier Namen aus einem Munde eigentümlich an; auffällig ist allerdings, daß die beiden slawischen Namen »Zelin« und »Zmeïn« eine ebenso deutliche Klangähnlichkeit aufweisen wie die beiden deutschen Namen »Klaus« und »Kleist«. Möglicherweise standen die zwei angegebenen slawischen Namen für diese beiden deutschen Namen. Dies würde allerdings die Vermutung nahelegen, daß die beiden Namen nicht zum ersten Male verwendet wurden, sondern dem Gesandtschaftsrat Semjonow, an den Herr X vermutlich auch die Frage weitergab, als er sich für einen Moment entfernte, bekannt waren. In jedem Falle scheint die Nennung des zweiten Namens, verbunden mit der Bitte, diesen zu melden, die Anwesenheit einer zweiten Person, nämlich Kleists, in Stockholm anzukündigen.

Obwohl Klaus die Nachricht entgegengenommen hatte, daß am Montag Empfangstag sei, rief er sowohl am Samstag, dem 24., als auch am Sonntag, dem 25. Juni, erneut in den Morgenstunden in der Sowjetgesandtschaft an, um nach Semjonow zu fragen. Doch er erhielt die Auskunft, daß er Semjonow nicht sprechen könne, da dieser abwesend sei. Das Gespräch vom 25. Juni, 10.35 Uhr[63], hatte folgenden Wortlaut. Klaus: »Kann ich heute mit Herrn Semjonow sprechen? Ich habe (bereits) gestern angerufen.« Der von der schwedischen Polizei als Jerochin identifizierte Angehörige der Gesandtschaft fragte: »Wer fragt (nach ihm)?« - Klaus: »Zmeïn.« Darauf Jerochin: »Herr Semjonow ist heute verreist. Er bat, daß Sie ihn morgen um elf Uhr anrufen.« - »Danke!« Unmittelbar nach Abschluß dieses Gesprächs rief Klaus Boening an und teilte ihm mit, daß er am Montag zwischen 11 und 13 Uhr Semjonow treffen werde.

Am Montag, dem 26. Januar 1944 - Trott dürfte an diesem Tage vom Land nach Stockholm gekommen sein und am Nachmittag Willy Brandt zum zweiten Male aufgesucht haben -, rief Edgar Klaus um 11.05 Uhr in der Sowjetischen Gesandtschaft an und teilte einem Manne, der vermutlich wieder Jerochin war, mit: »Hier ist Zmeïn. Wollen Sie Genossen Semjonow fragen, wann ich ihn treffen kann?« Darauf folgte die Entgegnung: »Können Sie nicht mit jemand anders sprechen?« Und Klaus: »Nein, es ist nur eine kleine Privatsache, über die ich mit ihm sprechen muß.« Darauf die Stimme aus der Gesandtschaft: »Kommen Sie in die Gesandtschaft. Denn er ist wohl jetzt hier.« Klaus: »Ist das in der Villangatan?« - »Ja.« - Klaus: »Ich komme in fünfzehn bis zwanzig Minuten.«

Tatsächlich fand sich Klaus - wie die schwedische Polizei beobachtete - genau nach Ablauf einer Viertelstunde, nämlich um 11.20 Uhr, in der Sowjetischen Gesandtschaft ein. Er blieb zehn Minuten in dem Gebäude und verließ es genau um 11.30 Uhr. Nach Kenntnis der schwedischen Polizei befand sich Gesandtschaftsrat Semjonow zu dieser Zeit in der Gesandtschaft.

Der amerikanische Geheimdienst, der diesen Vorgängen ebenfalls nachging, dessen Informant sich aber in der Datierung um einen Tag irrte (was darauf hindeutet, daß er nicht mit dem Beobachter der schwedischen Polizei identisch ist), hielt fest, daß »Klausson« (unter diesem Namen stellte sich Klaus in diesen Tagen beim Portier des Hotels vor, in dem Kleist wohnte) die Sowjetische Gesandtschaft aufsuchte. Er sei dort (führte die »undichte Stelle« in der Sowjetbotschaft etwa nach Washington?) »in das Büro Semjonows gegangen. Nach zehn Minuten verließ er dieses, nachdem er offenbar gewisse Papiere bei Semjonow deponiert hatte.«[64] Unbekannt blieb, worin der Inhalt des kurzen Gesprächs mit Semjonow bestand. Die Antwort, die Klaus nach dem Kriege den schwedischen Untersuchungsbehörden auf diese Frage gab, er habe sich nach Einziehung seines deutschen Passes um einen sowjetischen Paß bemüht, sei aber abschlägig beschieden worden, entsprach sicher nicht den Tatsachen. Auch über die Art der deponierten Papiere liegt keine Aussage vor. In jedem Falle dürfte einer der Punkte, die in diesem Gespräch berührt wurden, der Termin für ein Treffen zwischen Kleist und Semjonow gewesen sein, den Klaus für Kleist vereinbarte. Denn am Abend des 28. Juni 1944 ging der schwedischen Polizei »aus zuverlässiger Quelle« die Nachricht zu, »daß Dr. Kleist am 28. 6. 1944 mit dem sowjetischen Gesandtschaftsrat Wladimir Semjonow und dem russischen

Militärattaché Nikolaj Nikituschew zusammengetroffen ist. Das Treffen fand vermutlich in Semjonows Villa auf Lidingö statt.«[65] Der amerikanische Geheimdienst besaß genauere Informationen: »Am 28. Juni fuhr Kleist mit dem Auto zu Semjonows Villa auf Lidingö. Früher am selben Tage war der russische Militärattaché in Stockholm zu dieser Villa gekommen. Semjonow war zu Hause. Kleist blieb für etwa anderthalb Stunden in der Villa.«[66] Ein dritter Bericht aus Stockholm lautete: Am 27. Juni (eine vermutlich versehentliche Rückdatierung um einen Tag, die auch in dem OSS-Dokument L 39004 in Hinblick auf den Besuch Klaus' in der Gesandtschaft erfolgt war) habe ein Treffen zwischen »Bruno von Kleist (Mitarbeiter Ribbentrops) und Nikituschew und Semjonow, dem Militärattaché und Gesandtschaftsrat der Sowjetgesandtschaft in Stockholm, stattgefunden«.[67] In diesem Bericht, der einer weniger zuverlässigen Quelle entstammte (Zuverlässigkeitsstufe F – O), wurde der Japanische Botschafter in Stockholm als vermeintlicher Vermittler bezeichnet.

Ungenannt blieb in den Geheimdienstberichten die Tageszeit des Treffens. Doch am selben Tage, um 17.34 Uhr, versuchte Klaus, Kleist telephonisch in seinem Zimmer im Strand-Hotel zu erreichen. Doch Kleist war zu dieser Zeit abwesend. Klaus beauftragte den Portier daraufhin, Kleist auszurichten, daß »Klassen angerufen« habe. Am nächsten Tage suchte Klaus nach telephonischer Verabredung um 16.46 Uhr Kleist um 17.20 Uhr in seinem Zimmer im Strand-Hotel auf. Hier dürfte er den Bericht von dem Treffen Kleists mit Semjonow und Nikituschew angehört haben.

Die vorhandenen Unterlagen erwecken den Eindruck, als sei das Treffen zwischen Kleist und den beiden sowjetischen Gesandtschaftsangehörigen am 28. Juni 1944 das einzige relativ sicher observierte Treffen zwischen einem Vertreter der Deutschen Reichsregierung und Angehörigen der Sowjetischen Gesandtschaft Stockholm während des deutsch-sowjetischen Krieges gewesen, bei dem die politischen (Gesprächspartner Semjonow) und militärischen (Gesprächspartner Nikituschew) Bedingungen eines Waffenstillstandes oder Sonderfriedens erörtert worden sind. Allerdings scheint diesem Treffen keine weitere Begegnung gefolgt zu sein.

Doch Klaus und Kleist haben auch in den folgenden Tagen häufig über Stunden hinweg miteinander konferiert. Neben Klaus traf sich Kleist in diesen Tagen auch mit anderen Deutschen; so nahm er beispielsweise am Samstag, dem 8. Juli, das Lunch zusammen mit dem deutschen Staatsangehörigen Pentzlin ein.[68]

Am 10. Juli war Kleist zum ersten Mal seit längerer Zeit zu einem Abendessen eingeladen, das ein Mitglied des Stabs der Deutschen Gesandtschaft gab.[69] Dies war – wie auch der amerikanische Geheimdienst bemerkte – ein Beweis dafür, daß die Gesandtschaft diesmal von seinem Aufenthalt in Stockholm wußte. Der Gastgeber war Heinz Thorner, der Vertreter von Goebbels' Propagandaministerium an der Deutschen Gesandtschaft. Geladen waren neben Bruno Peter Kleist auch Werner Dankwort, einige Mitglieder der Presseabteilung der Botschaft - auf deutscher Seite also Personen und Vertreter von Ressorts, die mit Friedenspropaganda oder anderen »Friedensaufgaben« betraut waren - sowie ein Finne, einige Japaner und zwei höhere Beamte des Schwedischen Außenministeriums. Die Zusammensetzung dieser Abendgesellschaft erweckt den Eindruck, als habe man an diesem Abend vor allem über Friedenssondierungen sprechen wollen. Denn die Japaner (vielleicht war ja einer der beiden anwesenden Japaner der Militärattaché Onodera) hatten seit langem ihre Vermittlerdienste angeboten und sondierten im geheimen; die Finnen waren bereits seit längerer Zeit im Begriff, Waffenstillstandsverhandlungen zu führen, die auf Friedensverhandlungen hinausliefen. Und möglicherweise wollte man auch Kleist zu Äußerungen über seine Sondierungen in sowjetischer Richtung veranlassen. Nicht ausgeschlossen ist ferner, daß das Treffen speziell zu dem Zweck organisiert wurde, nach dem Fehlschlagen von Kleists Gespräch mit der sowjetischen Seite eine neue Möglichkeit der Anknüpfung zu eruieren und dazu erfahrene Personen der verschiedenen Bereiche zu hören.

Auf jeden Fall ging dem Direktor des OSS in Washington kurz darauf eine Reihe von Nachrichten zu, die dieser in einem Bericht an den Präsidenten in der folgenden Weise zusammenfaßte:[70] Berichte aus Stockholm ließen erkennen, daß »ein Mann mit dem Namen Bruno von Kleist in direkten Kontakt zu Sowjetvertretern getreten« sei. Ein hochgestellter Angehöriger des Schwedischen Außenministeriums, der als schwedischer Karrierediplomat ausreichende Erfahrungen in russischen Angelegenheiten besitze, habe frische Insider-Informationen aus Deutschland erhalten. Diese besagten, daß die nationalsozialistische Moral am Boden liege und die deutsche Militärmaschinerie der völligen Erschöpfung entgegengehe. Den Generalen falle keine politische Rolle mehr zu. Demgegenüber dränge Himmler zur Spitze und werde – wenn er sie erreiche - »den Versuch machen, ein Sonderabkommen mit Rußland abzuschließen«. Solche Andeutungen konnten sehr wohl aus dem Munde des SS-Mannes Kleist stammen.

Die Zeit vom 17. bis 19. Juli 1944 verbrachte Kleist in Finnland.[71] Er kehrte am Spätnachmittag des 19. Juli 1944 nach Stockholm zurück, wo er sich sofort in sein Zimmer im Strand-Hotel begab. An diesem Abend konnte Kleist zwei auffällige Ereignisse konstatieren. Einerseits war die Telephonverbindung zwischen Berlin und Stockholm stillgelegt.[72] Diese außergewöhnliche Tatsache läßt die Annahme zu, daß in Berlin eine hochgestellte und über das Attentat im voraus informierte Person oder Dienststelle verhindern wollte, daß in der Nacht vom 19. auf den 20. Juli oder aber am Tage des Attentats selbst ein Telephongespräch zwischen Deutschland und Stockholm geführt werden konnte. Man ging also möglicherweise davon aus, daß sich in Stockholm zu dieser Zeit eine Person aufhielt, die mit den Ereignissen in Berlin in Zusammenhang stand. Im Kreise der Eingeweihten nun, der unmittelbar vor dem Attentat schon recht groß war, herrschte - wie Gisevius später dem OSS mitteilte[73] - zu dieser Zeit die Ansicht, daß Stauffenberg sich mit der Absicht trage, unmittelbar nach dem erfolgreichen Staatsstreich »Frieden mit den Russen zu schließen«. Geheime Mitwisser der Staatsstreichpläne konnten also von der Kenntnis oder Vermutung ausgehen, daß sich Stauffenbergs Kontaktmann zur sowjetischen Seite möglicherweise in Schweden aufhielt. Vielleicht war aus diesem Grunde die Telephonverbindung unterbrochen worden.

Das zweite ungewöhnliche Ereignis dieses Abends war eine Mitteilung der BBC, die an diesem 19. Juli zwischen 17.00 Uhr und Mitternacht in verschiedenen europäischen Sprachen ausgestrahlt wurde und den Namen Kleist enthielt. Die Meldung besagte, daß zahlreiche deutsche Diplomaten in den letzten Wochen Stockholm besucht und dabei den Versuch gemacht hätten, einen direkten Kontakt zur Sowjetvertretung herzustellen. Das Ziel dieser Kontaktversuche sei der Abschluß eines Separatfriedens zwischen Deutschland und Rußland gewesen. Die Versuche dieser Besucher, die allesamt wohlbekannte Sprecher der Wilhelmstraße wären, seien nicht verborgen geblieben, obgleich diese Männer sich den Anschein gegeben hätten, in Schweden lediglich ihre Ferien zu verbringen. Doch seien alle ihre Versuche »vollständig gescheitert«. Die BBC nannte die folgenden Namen: »Schmidt, Schnurre von der Handelsabteilung des Auswärtigen Amts, Gesandter von Grundherr, Leiter der Skandinavien-Abteilung des Auswärtigen Amts, und von Kleist, der Ribbentrop 1939 nach Moskau begleitete.«[74]

Dies war - mit Ausnahme von Karl Schnurre[75] - tatsächlich die Liste der Personen, die im Auftrag der einen oder anderen Person oder Dienststelle der offiziellen Reichsregierung Sondierungen nach Osten durchgeführt hatten (im Falle von Grundherrs liegt allerdings nur die Darstellung von P. Schwarz vor). Aus heutiger Sicht stellt sich die Frage, warum die BBC ausgerechnet am Abend des 19. Juli 1944 in verschiedenen europäischen Sprachen die Namen dieser offiziellen Kundschafter bekanntgab und woher sie diese kannte. Die Tatsache, daß der Leiter der Abteilung für politische Sendungen und Koordinator der Programmgestaltung der BBC zu dieser Zeit Guy Burgess war, der seit 1934 in sowjetischen Diensten stand, bringt vielleicht Licht in diese Zusammenhänge. Sollte die Sowjetregierung ausgerechnet am Vorabend des geplanten »Unternehmens Walküre«, über das sie vermutlich zumindest in Umrissen informiert war, angeordnet haben, die Versuche der Kontaktnahmen der NS-Regierung unter Nennung der korrekten Namen publik zu machen und dabei zugleich anzuzeigen, daß sie alle kühl abgewiesen worden waren? Und was wäre ihr Interesse dabei gewesen? Wollte sie den Verschwörern einen Fingerzeig geben, in dem sie die offiziellen Kontaktmänner bloßstellte, den Sendboten oder Überbringer des Angebots der Widerstandsgruppe aber ungenannt ließ? Und könnte dies ein Zeichen dafür gewesen sein, daß sie das Angebot akzeptierte oder zumindest überdachte? Wäre dies der Fall, so würde die Nennung Kleists in diesem Katalog erfolgloser offizieller Missionen ausschließen, daß sein Besuch in Stockholm und seine Begegnung mit Semjonow in irgendeinem positiven Zusammenhang mit dem Auftrag Trotts und des deutschen Widerstandes stand. Doch war Kleist zumindest allem Anschein nach über die Vorgänge in Berlin in Kenntnis gesetzt worden. Am Morgen des 20. Juli 1944, um 10.00 Uhr, suchte ihn Edgar Klaus, offenbar nach einer im voraus getroffenen Verabredung, in seinem Zimmer im Strand-Hotel auf. Um 11 Uhr verließ Kleist das Hotel, während Klaus zurückblieb. Kleist begab sich in die Abwehr-Abteilung der Gesandtschaft, Kaptensgatan 6, wo er bis 13.00 Uhr blieb. Auch nach dem Lunch, das er mit einer Angestellten der Gesandtschaft, Erna Kühl, einnahm, ging er in die Kaptensgatan 6 zurück. Hier konnte er, da die Telephonverbindung nach Berlin unterbrochen war, Direktinformationen über Funk erhalten. Am Morgen des nächsten Tages, des 21. Juli 1944, registrierte die schwedische Überwachung, die um 8.45 Uhr ihren Dienst beim Strand-Hotel aufnahm, daß Klaus sich zu dieser Zeit bereits bei Kleist befand. Die beiden Männer konnten die Nacht beim gemeinsamen Abhören fremder Sender verbracht oder sich in aller Frühe getroffen haben. Um 10.10 Uhr verließ Klaus das Hotel Kleists, zwei Minuten später folgte Kleist. Während des Tages gelang es Kleist in möglicherweise gezielt wirren Bewegungen, seine Verfolger von der schwedischen Polizei abzuschütteln. Am Morgen des 22. Juli traf Klaus um 9.40 Uhr in Kleists Hotel ein. Nach längerem Gespräch verabschiedeten sich die beiden Männer. Gegen Mittag flog Kleist nach fünfwöchigem Aufenthalt nach Berlin zurück.

Der Zeitpunkt der Abreise war gewiß kein Zufall; über die Gründe geben die vorhandenen Quellen indes keine Auskunft. Einige Vermutungen bieten sich an. Die Möglichkeit, daß Kleist während dieser im Auftrage Ribbentrops und nicht ohne Wissen Hitlers erfolgten Mission zusätzlich mit den der Ost-Orientierung anhängenden Männern des Widerstandes in Verbindung gestanden und seine Versuche der Kontaktnahme zur Sowjetgesandtschaft in irgendeiner Weise mit denen Trotts koordiniert haben könnte, ist bereits angesprochen worden. Kleist selber deutete eine solche Verbindung nach dem Krieg an. Doch scheinen innere Einstellungen und äußeres Verhalten bei Männern wie Trott und Schulenburg einerseits und Kleist andererseits zu weit auseinanderzuliegen, als daß man dieser Annahme Glauben schenken sollte.

Wäre Kleist schließlich, wenn er dem aktiven Widerstand in irgendeiner Form nahegestanden hätte, am 22. Juli nach Deutschland zurückgereist?

Dennoch bleibt die Tatsache bestehen, daß Kleist das einzige von schwedischer Seite observierte direkte Treffen mit geeigneten Sowjetvertretern hatte und daß aus dem engeren Kreise um Stauffenberg ein »Kontakt mit Frau Kollontaj« erwähnt wurde.

So sprach Gisevius nach seiner Flucht aus Deutschland im Januar 1945 wiederholt von einer »Links-Wendung« der Stauffenberg-Gruppe »in letzter Minute«. Diese Wende, so berichtete er, habe eine »plötzliche«, totale Divergenz der Ansichten der aktiven Widerständler ausgelöst und zum Scheitern des Umsturzversuches beigetragen. Nach den Worten von Gisevius »nahm Stauffenberg für sich in Anspruch, in Verbindung mit dem Seydlitz-Komitee zu stehen und über Madame Kollontaj von dem Seydlitz-Komitee die Versicherung erhalten zu haben, Deutschland würde (von sowjetischer Seite, I. F.) einen fairen Frieden erhalten, und die deutsche Wehrmacht würde nicht völlig entwaffnet werden«.[76] Trott, so fuhr Gisevius fort, habe bei seinem letzten Versuch, Kontakt zur britischen Regierung herzustellen, kein Entgegenkommen gefunden und sich deshalb voll und ganz der Ostlösung angeschlossen. Diese »pro-russische Fraktion«, die aus Stauffenberg und seinen engsten Mitarbeitern bestanden habe, sei »entschlossen gewesen, die (Ost-)Front unmittelbar den Russen zu öffnen, ohne sogar noch den Versuch zu machen, mit ihnen zu verhandeln«. Bei den Gesprächen über die Regierungsbildung hätte diese Fraktion auf der Ernennung eines »linken« Ministerpräsidenten, nämlich Leber oder Leuschner, bestanden. Wenige Tage vorher war »512«, der OSS-Name für Gisevius, sogar so weit gegangen zu behaupten, daß Stauffenberg, das »aktive Element im Juli-Putsch, im Falle des Gelingens die Ost-Lösung geplant und vorgeschlagen hatte, in Deutschland einen Arbeiter- und Bauernstaat auszurufen«.[77] Er und seine Gruppe seien davon überzeugt gewesen, daß die Russen gegenüber Deutschland »harte, aber gerechte Herrscher« sein würden. Auch in seinem später überdachten und überarbeiteten Erlebnisbericht »Bis zum bitteren Ende« spricht Gisevius von der »plötzlichen Passion« der Grafengruppe »für den Ostkurs«, die er auf den Einfluß des russophilen Grafen Stauffenberg zurückführte.

Diese Berichte Gisevius', die damals geeignet waren, den Empfängern im Weißen Haus und Pentagon einen irreführenden Eindruck von der inneren Diskussion des Widerstandes zu geben[78], fanden in den Aussagen eines Mannes mit einer noch komplizierteren, neid- und haßerfüllten Haltung gegenüber den Männern des Widerstandes, und insbesondere Stauffenberg, eine gewisse Bestätigung. Schellenberg hat anscheinend nach dem Attentat in der Schweiz berichtet, er habe

Einblick in die Akten der Untersuchung der Verschwörung.[79] Dort habe er persönlich den Entwurf eines Abkommens zwischen Deutschland und Rußland gesehen, das Gültigkeit erlangt hätte, sobald der Staatsstreich erfolgreich ausgegangen wäre. »Man nimmt an, daß das Deutsche Moskauer Komitee weitgehend für den Entwurf verantwortlich gewesen ist, der dann den Verschwörern übergeben wurde.« Das Abkommen habe das Ziel gehabt, das Leben von Millionen deutscher Arbeiter und Soldaten zu retten und einen friedlichen gemeinsamen Wiederaufbau Deutschlands und Rußlands einzuleiten. Das OSS-Dokument betont, der Informant (also höchstwahrscheinlich Walter Schellenberg) sei überzeugt, daß dem Attentat eine »russisch-deutsche Absprache« (russo-german combine) vorausgegangen sei. Dennoch bezeichnete er das Mißlingen des Anschlags als »eine Katastrophe, da Hitler der einzige Mann im Reich ist, der mit niemandem verhandeln will... Aufgrund der hartnäckigen Weigerung des Führers, mit irgend jemandem zu verhandeln, sind alle Möglichkeiten einer Übereinkunft mit den Russen ausgeschlossen.« Es bestehe nun die Gefahr einer unkontrollierbaren »Bolschewisierung« Deutschlands, die durch Ausschaltung Hitlers und eine rechtzeitige Einigung mit der UdSSR verhindert worden wäre.

Den Aussagen des Nebe- und Helldorf-Freundes Gisevius und des Himmler-Intimus Schellenberg steht als verläßliche Aussage die Mitteilung von Otto John gegenüber, dem zweiten der beiden überlebenden Abwehrbeauftragten aus dem engen Kreise der Verschwörer. John, der mit Stauffenberg bis zum Vorabend des Attentats in Verbindung und persönlich auf besserem Fuße stand als Gisevius, berichtete, daß im engsten Kreis um Stauffenberg bis zuletzt die Alternative von West- und Ost-Lösung bestand und insbesondere Stauffenberg selber bis zuletzt daran arbeitete, eine direkte Beziehung zu General Eisenhower herzustellen, um in Absprache mit ihm eine militärische Westlösung herbeiführen zu können.[79] Allerdings vertrat Otto John in den Gesprächen mit Stauffenberg eine stärker nationale und gemäßigt konservative Orientierung. So war es John, der die Möglichkeit der Kandidatur des Prinzen Louis Ferdinand von Preußen ins Gespräch brachte und den Prinzen auch in seiner Absicht bestärken konnte, sich dem Widerstand zur Verfügung zu stellen. Sollte Stauffenberg tatsächlich in den letzten Tagen oder Wochen vor dem Attentat stärker an einer Ost-Lösung gearbeitet haben (und eine wie auch immer geartete Zusicherung aus sowjetischer Richtung hätte ihn darin bestärken können), so hätte er vielleicht nicht Einzelheiten mit Otto John diskutiert, der ohnedies als Abwehrbeauftragter auf der iberischen Halbinsel die Aufgabe hatte, die Verbindung zu Engländern und Amerikanern herzustellen und aufrechtzuerhalten. Dennoch spricht vieles für Johns Mitteilung, die Alternative West und Ost habe bis zuletzt bestanden, eine definitive Entscheidung sei nicht gefallen. Einige andere ernst zu nehmende Zeugen bestätigen dies.[80]

Doch nicht die internen Diskussionen des Widerstands interessieren hier; vielmehr ist zu fragen, ob der Widerstand irgendwelche Garantien von sowjetischer Seite hatte oder haben konnte. Und in dieser Frage reichen die Fakten nicht aus, um eine überzeugende Antwort zu geben. Allerdings sind Anhaltspunkte vorhanden. Trott bat einen »schwedischen Freund«, vermutlich Gunnar Myrdal, um Vermittlung oder Überbringung eines Schriftstückes, das die Überlegungen und Bitten des Widerstandes im Hinblick auf das sowjetische Verhalten im Moment des Umsturzes betraf. Möglich ist, daß er noch während seines Aufenthaltes in Stockholm eine mündliche oder schriftliche Antwort erhielt. Dies konnte eine Zusage - Einstellung der Kämpfe an der Ostfront im Moment des geglückten Attentats und Staatsstreichs - sein; wahrscheinlicher aber ist eine mündliche, ausweichende und hinhaltende Antwort von der Art: Beschäftigt ihr euch damit, das Übel in eurem Lande zu beseitigen, dann werden auch wir ein menschliches Gesicht zeigen! Diese Antwort war ihm vielleicht über seinen »schwedischen Freund« oder aber auf andere Weise zugegangen. Denn im unmittelbaren zeitlichen Kontext seiner Sondierung bemühte sich Edgar Klaus in einer bisher noch nie beobachteten Intensität darum, um jeden Preis (unter Umgehung jeglicher Sicherheitsgrenzen) einen Direktkontakt zu Gesandtschaftsrat Semjonow herzustellen. Er erreichte wohl sein Ziel, deponierte Papiere unbekannten Inhalts auf seinem Schreibtisch und vermochte sogar ein Treffen zwischen Semjonow, Militärattaché Nikituschew und einem seiner »beiden Freunde« zu arrangieren, die »auf der Linie der Nationalen Komitees und des friedlichen Ausgleichs mit der UdSSR« lagen. Entweder wußte Semjonow, daß die »beiden« genannten Freunde Trott, der Überbringer der Bitte des ostorientierten Flügels des Widerstandes, und Kleist, ein an der Idee des Molotow-Ribbentrop-Paktes festhaltender Mann aus der nächsten Umgebung des Außenministers, waren, oder er mußte es vermuten. Er machte am 26. Juni, kurz vor Mittag, die Zusage zu einem Gespräch. Am Nachmittag dieses Tages teilte dann vermutlich Trott Willy Brandt mit, die Sache habe sich erübrigt (tatsächlich hatte sich Klaus und nicht Kleist zur Sowjetischen Gesandtschaft begeben, wo die »undichte Stelle« vermutet wurde). Kleist traf Semjonow und Nikituschew aller Wahrscheinlichkeit nach am Nachmittag des 28. Juni in der Villa Semjonows auf Lidingö. Allerdings war die Begegnung, gemessen am Wert des Gesprächsgegenstandes, kurz. Nach anderthalb Stunden wurde Kleist verabschiedet. Er hatte nicht - wie wohl erwartet worden war - eine dem Widerstand vergleichbare Position vorgetragen, sondern ein neuerliches Angebot Ribbentrops und Hitlers unterbreitet. Dies war längst vom Geschehen der Zeit überholt und unannehmbar. Die sowjetische

Seite fühlte sich unangenehm berührt, vielleicht sogar hintergangen (war dies aus ihrer Sicht nicht eine erneute deutsche Provokation?) und machte ihrem Ärger über die Zumutung des Kleist-Besuchs in der Verlautbarung der BBC vom 19. Juli Luft. Demgegenüber glaubte Klaus weiterhin im besten Sinne seines Auftrages durch Canaris zu handeln. Boening war über die Angelegenheit auf dem laufenden und hatte seinerseits wohl Oberst Hansen bei mehrmaligen Besuchen in Berlin über die Vorgänge in Kenntnis gesetzt. Und Klaus empfahl Kleist am 20. Juli und nach dem Scheitern des Attentats, am 21. Juli, sogar, sich der technischen Möglichkeit der Abwehr in der Kaptensgatan zu bedienen, um sich ein Bild von der Lage in Berlin zu verschaffen; er selbst konnte sie als aus der Abwehr entfernter Jude nicht mehr benutzen. Beide, Trott und Kleist, verließen Stockholm in tiefer Resignation.

Allerdings verlief das Schicksal der beiden Männer in Berlin unterschiedlich. Während Adam von Trott zu Solz für seine hohen Ziele mit dem Leben bezahlte (er wurde am 26. August 1944 in Plötzensee hingerichtet), bot Peter Kleist seine Dienste (nun) der SS an. Er überlebte die NS-Zeit und wurde in der Bundesrepublik Deutschland zu einem der Begründer einer neonazistischen Partei. Ausgerechnet auf die von Willy Brandt und Walter Scheel verfolgte Ostpolitik reagierte er mit seiner »Aktion Widerstand«. Diese Beobachtungen sowie die Tatsache, daß er sich, ohne größere Schwierigkeiten oder Nachteile zu erleiden, am 22. Juli zurück nach Deutschland begab und dort Kontakt zu Walter Schellenberg aufnahm, legen noch eine weitere Vermutung nahe: daß Kleist nämlich schon diese Schweden-Reise mit Wissen und aktiver Tolerierung der SS unternommen hatte. Als Obersturmbannführer beim SS-Hauptamt, der selber im nachhinein den Beginn seiner Verbindungen zu Kaltenbrunner auf das Jahr 1943 datierte, konnte er seine Reise im Juni 1944 sehr wohl mit Wissen Kaltenbrunners und vielleicht sogar Himmlers angetreten haben. Für diese Annahme spricht auch die Tatsache, daß Kleist während dieser Reise durch Vermittlung von Klaus Kontakt zu den Vertretern des Jüdischen Weltkongresses in Stockholm aufnahm. Am 3. Juni 1944 traf er sich in Anwesenheit von Edgar Klaus zum ersten Male mit Hillel Storch.[81] Zwar dürfte die Initiative von Edgar Klaus ausgegangen sein, der sich zu dieser Zeit mit den ihm zur Verfügung stehenden Mitteln für die Rettung der in den Konzentrationslagern leidenden Juden Ostmitteleuropas einsetzte. Doch führten alle Wege einer solchen Rettungsaktion über Himmler, und Kleist könnte – wie später auch Felix Kersten in seinen Gesprächen mit Graf Folke Bernadotte und Storch – diese Verbindung schwerlich ohne Wissen Himmlers aufgenommen oder fortgesetzt haben. Schließlich war es Himmler, der sich durch Freigabe einer begrenzten Zahl inhaftierter Juden bei Kriegsende einen straflosen Ausgang zu erschleichen hoffte.

Daneben erhärtet sich heute die Annahme, daß Himmler im Detail über die Pläne und Vorbereitungen des Attentats auf Hitler und der Durchführung des »Unternehmens Walküre« unterrichtet war.[82] Wie Schellenberg andeutete, erwog Himmler, einem erfolgreichen Attentat eine zweite Machtprobe folgen zu lassen – die Machtprobe zwischen der SS und der Widerstandsbewegung. Er hoffte, daß sie zur Herausbildung einer neuen Machtkonstellation und Bildung einer Regierung unter seiner Leitung führen würde. Die Tatsachen, daß seine Sondierungen zu den Westalliierten fehlgeschlagen waren, ihm gleichzeitig von Kleist, über Kaltenbrunner, aber die Nachricht zuging, daß »die Russen« offenbar mit sich reden lassen würden, konnten ihn zu der völlig irrealen[83] Hoffnung veranlassen, daß er nach Beseitigung Hitlers durch den Widerstand und einer erfolgreichen Machtprobe mit den Führern des Widerstandes durch die SS als Chef einer neuen deutschen Regierung selber Frieden mit der Stalin-Regierung werde schließen können. Diese Hintergedanken Himmlers stellten möglicherweise auch den Kern der Mitteilung dar, die dem OSS Washington als Insider-Information aus Schweden zugegangen war. Im allgemeinen fehlte es ja in diesen Wochen und Monaten nicht an Gerüchten über die »Ost-Orientierung« Himmlers. Unter diesen Voraussetzungen ist eine Konstellation denkbar, in der Himmler seinen untergebenen Mitarbeiter beim SS-Hauptamt in Berlin, Kleist, der »erwiesenermaßen« über den »heißen Draht« zur Sowjetgesandtschaft verfügte, während der Vorbereitung des Attentats (es war ja zweimal verschoben worden, weil Stauffenberg vergebens auf die Anwesenheit Himmlers unter den potentiellen Opfern wartete) und der darauf folgenden Machtprobe in Stockholm placierte.[84] Im entsprechenden Moment hätte Kleist dort unter Umständen den Vorschlag eines von Himmler regierten Deutschland an die Regierung Stalins überbringen sollen. Sollte Kleist in seinem Gespräch mit Semjonow und Nikituschew am 28. Juni schon eine derartige Möglichkeit angedeutet haben, so würde dies die schnelle Verabschiedung durch die sowjetischen Gastgeber zusätzlich erklären.[85] An der Liquidierung Himmlers und seiner Herrschaft führte aus sowjetischer Sicht kein Weg vorbei.

Die Sowjetregierung hätte zu diesem Zeitpunkt wohl ausschließlich eine ihr genehme deutsche Widerstandsregierung toleriert. Und sie mag den Ereignissen des 20. Juli in Berlin mit Spannung gefolgt sein. Sie scheint sogar ihr deutsches Sprachrohr, nämlich das Nationalkomitee Freies Deutschland, verwendet zu haben, um den in Berlin geplanten Anschlag moralisch zu unterstützen. Denn am 20. Juli 1944 ab 12 Uhr mittags, also knapp eine Stunde vor dem gegen 12.50 Uhr durchgeführten Attentat, strahlte die BBC in deutscher Sprache den Aufruf des in russischer Gefangenschaft befindlichen Generalleutnants Hoffmeister an die deutsche Wehrmacht aus. Hoffmeister, dessen Aufruf gleichzeitig in russischer Sprache in der sowjetischen Presse veröffentlicht wurde, begann seine vernichtende Kritik der militärischen und diplomatischen Strategie Hitler-Deutschlands mit den Worten: »Deutschland steht vor der Aufgabe, eine Basis für Friedensverhandlungen zu schaffen.« Und er schloß den Aufruf mit der Aufforderung: »Das deutsche Volk wird die Antwort auf die Frage geben müssen. Die Frage heißt: Wie kann Deutschland die Grundlage für Friedensverhandlungen schaffen? Andere Länder werden nicht mit Hitler verhandeln. Deshalb muß eine neue Lage, müssen neue Männer geschaffen werden!«[86] Spätestens mit diesem Aufruf - er wurde in deutscher Sprache über die BBC, den bevorzugten Sender der nationalen, liberalen, konservativen und demokratischen Kreise Deutschlands und der Opposition ausgestrahlt - hatte Moskau vielleicht das Signal zu geben erlaubt, daß ein Staatsstreich mit sofort einsetzenden Friedensverhandlungen gewünscht wurde. Tatsächlich sprechen viele Tatsachen dafür, daß die Sowjetregierung das Gelingen des Umsturzversuches wünschte, und sei es nur, weil sie - wie Heinrich Graf Einsiedel vermutet[87] - in diesem Falle über das NKFD »ihren Fuß in der Tür halten, ihre Männer in eine deutsche Nachkriegsregierung einbauen« wollte.

Als schließlich die Tatsache bekannt wurde, daß eine Gruppe beherzter deutscher Generalstabsoffiziere einen Anschlag auf das Leben Hitlers verübt hatte, antwortete die sowjetische Presse mit Begeisterung. Die Leitartikel der großen Tageszeitungen vom 22. bis 24. Juli 1944 sprachen mit Bewunderung und Anteilnahme von dem vaterländischen Bewußtsein der Offiziere, die ihr Land von den Hitler-Verbrechern reinigen wollten. In der *Prawda* vom 22. Juli veröffentlichte Nikolaj Bodrow einen ausführlichen TASS-Bericht über die Vorgänge in Berlin. Selbst wenn der Aufstand wirklich niedergeschlagen sei, so schrieb Bodrow, wäre dies nur der Beginn einer fundamentalen Krise in Deutschland. Andere Zeitungen deuteten an, daß der versuchte Umsturz auf die Existenz einer machtvollen Opposition in Deutschland hinweise und diese selbst dann noch eine gewaltige Explosion auslösen werde, wenn der gegenwärtige Versuch gescheitert sein sollte.[88] Der allgemeine Tenor dieser Pressestimmen verdeutlichte die große Erwartung, die die Sowjetregierung an diesen Umsturzversuch geknüpft hatte. Am 21. Juli - die Entwicklung in Deutschland war noch nicht voll abzusehen - sprach auch General von Seydlitz über den Moskauer Rundfunk zum deutschen Volk. Er forderte Volk und Wehrmacht auf, den Umsturz nach Kräften zu unterstützen, und betonte, daß der Augenblick gekommen sei, da Hitler und seiner Bande der offene Krieg erklärt werden müsse. Seydlitz forderte die deutschen Generale auf, Verbindung mit den Führern der Arbeiterschaft und der Kirchen aufzunehmen. Die Offiziere ermahnte er, nicht mehr den Vorgesetzten, sondern denen zu folgen, die im Begriffe seien, das Vaterland zu retten. Der Freie Deutsche Rundfunk in Moskau wies darauf hin, daß der Zusammenbruch nun bevorstehe.

Erst als die Nachrichten aus Deutschland zusehends schlechter wurden und sich auch in der Sowjetunion der Eindruck durchsetzte, daß der Putsch gescheitert sei, wurden die Stimmen lauter, die betonten, daß es Deutschland nicht erlaubt werde, den Krieg am Verhandlungstisch zu beenden; er müsse auf dem Schlachtfeld ausgekämpft werden. Dennoch wurde dem NKFD noch einmal die Möglichkeit gegeben, einen Kampfappell an die deutschen Arbeiter und Soldaten zu richten, der unter anderen die Unterschriften des Generals Walter von Seydlitz und des Generalleutnants Edler von Daniels enthielt. In ihm wurde dem deutschen Widerstand ein letzter Hinweis gegeben, daß die Sowjetregierung gegebenenfalls mit einer deutschen Widerstandsregierung über einen sofortigen Waffenstillstand sprechen würde.[89] Nach der unwiderruflichen Zerschlagung der im Attentat vom 20. Juli 1944 verbundenen deutschen Opposition mußten die Männer des NKFD in Moskau den Eindruck gewinnen, daß ihr Wert als Mittler zu einer deutschen Widerstands- und eventuellen Nachkriegsregierung in der Einschätzung der Sowjetführung beträchtlich gesunken war, daß das Komitee seine Hauptfunktion verloren hatte.[90]

5. Von der Ausschaltung der deutschen Opposition bis zum Ende des Krieges

Mit dem Scheitern des Attentats vom 20. Juli 1944 und der Zerschlagung der Bewegung, die zu ihm geführt hatte, war in Deutschland keine politische Kraft mehr vorhanden, die aus sowjetischer Sicht als Partner für Waffenstillstands- oder Friedensgespräche in Betracht gekommen wäre.

Im Führerhauptquartier allerdings meinte man, auch jetzt den Dingen noch eine günstige Wendung geben zu können. Man begnügte sich nicht damit, jene Mär von der »kleinen Clique blaublütiger Verräter« zu verbreiten, sondern nahm den fehlgeschlagenen Umsturzversuch auch zum Anlaß, eine neue Kampagne der Desinformation einzuleiten. So konnte man in neutralen Hauptstädten bald die Darstellung hören, die Wehrmacht, die freiwillig von der Ostfront zurückweiche, habe beabsichtigt, ihren Frieden mit Rußland zu machen, da sie unter den harten Bedingungen der Westmächte nicht hoffen könne, mit einer gewissen Integrität aus dem Kriege hervorzugehen. Hitler habe mit der Niederschlagung des Putschversuchs verhindern wollen, daß die deutsche Wehrmacht das Vordringen des Bolschewismus nach ganz Europa vorbereite.[1] Gleichzeitig kursierten in Lissabon und Bern Gerüchte genau entgegengesetzten Inhalts, daß nämlich die Wehrmacht gezwungen worden sei, zur Macht zu drängen, da die Nationalsozialisten im Begriffe waren, ein Separatabkommen mit der Sowjetunion zu schließen. Während sich die Wehrmachtführung um einen Friedensschluß mit den Westmächten bemüht habe, hätte Hitler sie in dem Bemühen, den Russen näherzukommen, zwingen wollen, die Positionen im Osten kampflos zu räumen. Die Offiziersrevolte sei die Antwort auf die ostorientierte Politik der deutschen Reichsführung gewesen. Nun, da sie gescheitert sei, sehe man verstärkten Bemühungen der NS-Führungsspitze entgegen, eine Verständigung mit Stalin herbeizuführen.[2] Der Putschversuch, so wußten andere Informanten zu berichten[3], werde von der NS-Führung nur noch als Legitimation benutzt, sich nach dem erwarteten revolutionären Zusammenbruch in Deutschland den Russen in die Arme zu werfen. Sie würde dies einer »ordentlichen Besetzung« durch die Westmächte vorziehen. »Und selbst Hitler wird mehr Genugtuung dabei empfinden, vor der anströmenden sowjetischen Flut Harakiri zu begehen, als der zahme Gefangene der Angelsachsen zu werden.«

Wiederum verdichtete sich Glaubhaftes und Unglaubhaftes so sehr zu Gerüchten, daß der englische Geheimdienst - nach Kenntnis des SD[4] - seine Agenten in Madrid beauftragte, den Wahrheitsgehalt der Gerüchte nachzuprüfen, »nach denen deutsch-russische Verhandlungen über einen Separatfrieden stattfinden sollen«.

Doch aus Stockholm ging dem OSS und von diesem auch bald dem Londoner Secret Intelligence Service die Mitteilung eines ehemaligen deutschen Generalstabsoffiziers zu, nach der die Russen auf einen Separatfrieden mit Deutschland keinerlei Wert zu legen schienen.[5]

Währenddessen griffen in Deutschland Verhaftungen und Säuberungen um sich, in deren Verlauf der nunmehrige Amtschef Kaltenbrunner sich - nach eigenen Worten - genötigt sah, »auch in den Personenkreis der ihm unterstellten Abwehr tief einzugreifen«.[6] Neben dem Abwehrchef, der im August 1944 von Schellenberg persönlich verhaftet wurde, fiel auch Abteilungsleiter Oberst Hansen dem Zugriff Kaltenbrunners zum Opfer. Georg Alexander Hansen wurde am 9. September 1944 in Plötzensee hingerichtet, während sein Chef, Admiral Canaris, und dessen rechte Hand, Hans Oster, bis zum 9. April 1945 in Todeszellen gehalten und dann gehängt wurden. Der Sendbote des Widerstands und Angehörige des Auswärtigen Amts, Adam von Trott zu Solz, wurde wenige Tage nach dem Attentat, Tagen qualvollen Wartens, in seiner Berliner Wohnung verhaftet und am 26. August 1944 hingerichtet. Der Mann, dem er in Stockholm den Weg zu Friedensverhandlungen mit der Sowjetregierung bahnen sollte, Friedrich Werner Graf von der Schulenburg, wurde zuerst unter Beobachtung und am 16. August unter Hausarrest gestellt. Ende August verhaftet, wurde er über Wochen ausführlichen Verhören über die außenpolitischen Pläne und Verbindungen des Widerstandes unterzogen, bis er am 10. November 1944 ebenfalls gehängt wurde.

Die Auswirkungen der Säuberungsaktionen waren bis in die Deutsche Gesandtschaft Stockholm spürbar. Der als Filmbeauftragter der Gesandtschaft figurierende Abwehrbeauftragte Boening, aufgrund früherer Kontaktversuche in englischer Richtung auf der Liste des SD, tauchte für einige Monate in Stockholm unter. Als er später die Unvorsichtigkeit besaß, nach Deutschland zu fahren, wurde er im November 1944 verhaftet. Vergebens bemühte sich Edgar Klaus in Stockholm um Boenings Freilassung. Erst der Einmarsch der Roten Armee befreite ihn aus der Haft. Nach dreimonatigen Verhören wurde er freigelassen.

Nur einer der an den Stockholmer Sondierungen Beteiligten blieb unbehelligt: Peter Kleist. Er hatte die ersten Tage nach seinem Eintreffen in Berlin (22. Juli 1944) offenbar benutzt, um sich nach dem fehlgeschlagenen Putsch ein Bild von der bestehenden Kräftekonstellation zu machen. Danach begab er sich für fünf Tage zum Reichsaußenminister. In der Umgebung Ribbentrops hielt sich zu dieser Zeit auch der Leiter des sogenannten Rußlandgremiums beim RAM, Botschafter Graf Schulenburg, auf. Den westlichen Geheimdiensten ging - vermutlich durch Fritz Kolbe - die Nachricht zu, Ribbentrop versuche den Grafen Schulenburg, den er möglicherweise für gefährdet hielt, »an sich zu binden und ihn bei sich zu haben, wohin immer er sich begibt«.[7] Doch dürfte ein wesentlicherer Grund als der Schutz Schulenburgs[8] gewesen sein, daß Ribbentrop glaubte, in der »Stockholm-Frage« binnen kurzem zu handfesten Entscheidungen gelangen zu müssen. Und dazu benötigte er in erster Linie den Rat Botschafter Schulenburgs und eventuell Botschaftsrat Hilgers, Schulenburgs Mitarbeiter aus der Moskauer Zeit, den Ribbentrop in seinen Persönlichen Stab aufgenommen hatte.

Während seines fünftägigen Aufenthaltes bei Ribbentrop in den letzten Juli- und ersten Augusttagen 1944 dürfte Kleist seinen Bericht von den Stockholmer Begegnungen also vermutlich in Gegenwart Schulenburgs und vielleicht auch Hilgers vorgetragen haben. Darauf deutet eine Nachricht Schulenburgs vom 29. August 1944. Der Botschafter befand sich zu diesem Zeitpunkt bereits im Gestapo-Gefängnis Prinz-Albrecht-Straße und äußerte dort die Bitte, »Herrn Hilger seine Dienstpost zugänglich zu machen, da unter dieser Dienstpost sehr wahrscheinlich Briefe wären, die einen gewissen Auftrag beträfen, von dem nur der Herr Reichsaußenminister, Botschaftsrat Hilger und er selbst Kenntnis hätten. Nähere Angaben über diesen Auftrag machte er nicht und wollte er auch nicht machen.«[9] Schulenburg dürfte hier den »Auftrag Kleist« im Auge gehabt haben, zu dem er von Ribbentrop seit längerer Zeit, mindestens seit Sommer 1943, konsultiert wurde und der in seinen Augen von allergrößter Wichtigkeit war. Auch nach diesem Vortrag Kleists hatte vermutlich Schulenburg, sekundiert durch seinen treuen Gehilfen Hilger, dem Außenminister mit Nachdruck empfohlen, entsprechende Schritte einzuleiten. Ribbentrop ließ eine neue, schriftliche Aufzeichnung an Hitler gelangen und bat um seine Stellungnahme. Hitler antwortete »ablehnend«. Doch beabsichtigte Ribbentrop - nach Angabe Kleists[10] -, Hitler »unter Hinweis darauf, daß die Chancen einer Provokation oder eines anderweitigen Reinfalls [sic!] für die Sowjets unvergleichlich viel größer seien als für uns, ... um eine neue Stellungnahme zu bitten«. Dies geschah nach Aussage Ribbentrops am 30. August 1944.[11]

Kleist in Stockholm - Diener dreier Herren

Unglücklicherweise unterlag Graf Schulenburg in der Annahme, der Kreis der in den »Auftrag Kleist« Eingeweihten beschränke sich auf drei Personen, einer Täuschung.[12] Nachdem Kleist sich von den realen Machtverhältnissen in der Reichshauptstadt überzeugt hatte, entschied er sich, sein Los in die Waagschale der SS zu werfen. Am 3. August, unmittelbar nach seiner Rückkehr von Ribbentrop, erschien der frisch beförderte SS-Standartenführer Kleist beim Amtschef VI des Reichssicherheitshauptamtes, um Brigadeführer Walter Schellenberg »in langen Ausführungen die Hintergründe seines fünfwöchentlichen [sic!] Stockholmer Aufenthaltes« mitzuteilen.[13] Obgleich ihn der Reichsaußenminister – nach Kleists Worten an Schellenberg – »zu größter Geheimhaltung auch uns (der SS, I. F.) gegenüber« verpflichtet hatte, fühlte sich Kleist doch »immerhin ... als SS-Führer gehalten, uns laufend (also bereits zuvor? I. F.) zu informieren«. Die Tendenz des Gesprächs mit Kleist, so berichtete Schellenberg an den Chef der Sicherheitspolizei und des SD, Heinrich Himmler, »ging dahin, der Chef der Sicherheitspolizei und des SD bzw. der Reichsführer-SS mögen [sic!] seine Vermittlungspläne über den Reichsaußenminister bzw. unmittelbar beim Führer unterstützen«. Schellenberg schloß seinen Bericht an Himmler mit der »Stellungnahme: Dr. Kleist ist eine echte Verbindung zu den Sowjets vielleicht sogar umgekehrt [sic!]. Ob die meiner Ansicht nach echte Spielmöglichkeit genutzt wird, muß höheren Ortes entschieden werden.« Dieser Stellungnahme Schellenbergs lag ein zweiseitiger Bericht mit dem Titel »Vermerk betreffend Sowjet-Kontakt« bei, in dem die Gespräche zwischen Klaus und Kleist in einer auf SS-Interessen abgestimmten Tonlage wiedergegeben, das Treffen Kleists mit Semjonow und Nikituschew aber nicht erwähnt wurde. Demgegenüber gab dieser Vermerk Auskunft über die geheimdienstlichen Materialien, die Kleist seinem Gesprächspartner Klaus offenbar seit längerer Zeit zur Weitergabe an die Sowjetische Gesandtschaft überbrachte. Diese »Meldungen über antisowjetische militärische Pläne in England«, die Kleist dem Mittelsmann diesmal übergeben habe, hätten die Sowjetvertreter sehr interessiert und zu einer »Reihe von Rückfragen« veranlaßt. Die Spaltungsmanöver der Reichsleitung machten also auch vor dieser, in ihren Augen vorrangigen Verbindung nach Moskau nicht halt.

Kleist betonte, daß der »Mittelsmann ... nachgewiesenermaßen beste und höchste Verbindungen« zur Sowjetgesandtschaft unterhalte, eine Angabe, deren Richtigkeit er »durch eine zweite Mittelsperson im großen und ganzen (habe) nachprüfen können«. Der Vermerk enthielt den drängenden Hinweis, daß »die Sowjets ... jetzt ... spätestens innerhalb von 8 Tagen« eine Nachricht über die erneute Anreise Kleists in Stockholm erwarteten, um einen Verhandlungspartner aus Moskau zu ihm zu schicken. Er schloß mit dem Vermerk: »Es würde der Sache schaden, wenn der Reichsaußenminister erfahren würde, daß über diese Angelegenheit auch anderweitig Kenntnis besteht.«

Während Peter Kleist auf Anweisungen seiner neuen und alten Dienstherren wartete, reiste Paul Schmidt-Presse erneut zu geheimen Kontakten nach Stockholm.[14]

Am 30. August – Graf Schulenburg befand sich seit einigen Tagen in Einzelhaft – überreichte Ribbentrop Hitler eine weitere »Denkschrift«. In ihr bat er um Ermächtigung, »nach allen Seiten sofort wegen eines Friedensschlusses zu sondieren«.[15] Er begann seine Denkschrift mit einem Zitat aus Hitlers »Mein Kampf«, wonach es die »Aufgabe einer

Diplomatie« sei, dafür zu sorgen, daß ein Volk nicht heroisch zugrunde gehe, sondern erhalten bleibe. Und er suchte unter diesem verdeckten Hinweis auf den bevorstehenden Untergang Deutschlands einen Entscheidungsprozeß in Gang zu setzen. Doch er hatte »keinen Erfolg, und ... erhielt die Vollmachten nicht, die ich erbeten hatte«.

In den ersten Septembertagen - in den Hauptstädten der alliierten Länder reiften die Pläne über die Behandlung des total erschöpften Deutschland heran[16] - meldete sich Kleist erneut mit der Mitteilung bei Ribbentrop, er habe dringende Nachrichten von dem Stockholmer Mittelsmann erhalten. Am 5. und 7. September, so teilte Kleist in einem »Vermerk für den Herrn Reichsaußenminister«[17] mit, seien ihm Mitteilungen zugegangen, nach denen sich eine hohe, ihm bekannte Persönlichkeit des Außenkommissariats in Stockholm aufhalte, um mit ihm Gespräche zu führen. Als Begründung für diese »nachhaltigen Versuche« von sowjetischer Seite, mit deutschen Vertretern ins Gespräch zu kommen, habe man ihm, Kleist, angegeben: »1. Das Fehlschlagen des Putsches vom 20. 7. habe die Sowjets der Möglichkeit beraubt, ein ihnen willfähriges Deutschland in ihre militärischen und politischen Kombinationen einzuspannen. Sie müßten daher mit dem Faktor Deutschland so operieren, wie er jetzt ist. 2. Die schnellen Waffenerfolge der Anglo-Amerikaner verschöben das Kräfteverhältnis in Europa jeden Tag zuungunsten der Sowjetunion ...« Ferner planten die Westmächte neue Invasionen auf dem europäischen Kontinent, die die Sicherheitszone der UdSSR direkt bedrohen würden. »Beide Vorhaben berühren unmittelbar die Sowjetinteressen. Der Widerstand der gesamten deutschen Front hindere die Sowjets, dieser Gefahr zu begegnen. Sie wünschten daher den sofortigen Kontakt mit Deutschland zur Änderung der Lage.« Darüber hinaus habe der Stockholmer Mittelsmann vor den Vermittlungsversuchen der Japaner gewarnt und darauf hingewiesen, daß die Sowjets den Japanern mißtrauten. Kleist bat »in Anbetracht der Tatsache, daß die Initiative hier eindeutig von den Sowjets« ausgehe, um Ermächtigung, um »unter den nötigen Vorsichtsmaßnahmen« zu Gesprächen nach Stockholm reisen zu dürfen.

Ribbentrop gab die Information Kleists in der Form, »die Russen hätten den Wunsch geäußert, in Kontakt mit uns zu kommen«, an Hitler weiter. Und das scheinbar Unmögliche geschah. Ribbentrop schrieb: »Ich erhielt endlich von ihm die Erlaubnis, meine Fühler in Stockholm auszustrecken.«[18] Hitler war in der Zwischenzeit wohl auch dem Druck Himmlers ausgesetzt gewesen.

Als »Diener dreier Herren«, nämlich im Auftrag des Reichsaußenministers, mit Zustimmung Hitlers und unter Beobachtung Himmlers, hielt sich Kleist in der Zeit vom 16. bis 21. September 1944 in Stockholm auf. »Tatsächlich«, so mußte Ribbentrop später bekennen, »ist dann kein russischer Unterhändler erschienen.«[19]

Klaus war offenbar sehr erstaunt, Kleist bei so guter Gesundheit wieder in Stockholm zu sehen. Darauf angesprochen, antwortete Klaus, »man« habe Kleist zu den Männern des 20. Juli gerechnet und nicht geglaubt, er werde jemals wiederkommen können. Klaus selbst - und nicht wie Kleist meinte: die Sowjetgesandtschaft - hatte sich offenbar von den Reden Kleists täuschen lassen und geglaubt, Kleist gehöre einem besseren Lager an. Möglicherweise hatte Klaus auch die von Kleist erwähnten Nachrichten vom 5. und 7. September nur zu dem Zwecke nach Berlin gelangen lassen, Kleist einen Vorwand zum Absprung nach Schweden zu liefern. Ähnliches versuchte er später im Falle Boenings. Der äußerst zweifelhafte Inhalt der angeblich übermittelten Nachrichten könnte in diese Richtung deuten.

Allerdings versäumte es Klaus nicht, den Mann, in dem er nun mehr und mehr einen Verbindungsmann zu Himmler sehen mußte, wieder mit Hillel Storch, dem Vertreter des Jüdischen Weltkongresses in Stockholm, zusammenzuführen. Am 20. September 1944 fand eine längere Aussprache zwischen den drei Männern statt.[20] Da Klaus' Versuch, durch ein Zusammenbringen von Olsen und Boening eine Verbindung zwischen dem Jüdischen Weltkongreß und der Abwehr herzustellen, um so 4500 namentlich erfaßte Juden aus deutschen Konzentrationslagern zu befreien und nach Schweden zu bringen, durch die Zerschlagung der Abwehr gescheitert war, versuchte er nun, Storch den Zugang zu den Dienststellen Kleists zu öffnen. Storch war in der glücklichen Lage, Peter Kleist beträchtliche Summen zum Loskauf der Inhaftierten anbieten zu können und erzielte tatsächlich eine Absprache mit ihm. Hiernach sollte die SS die beim Abzug der deutschen Truppen aus Minsk und den baltischen Staaten mitgeführten verhafteten Juden in geordneter Form nach Deutschland überführen. Dieses Versprechen wurde - nach Angabe Storchs - von der deutschen Seite gehalten; ein Teil dieses »Kontingents« sei später in Schweden eingetroffen.[21] Für eine größere Loskaufoperation konnte Kleist - wie er Storch bei seinem nächsten Besuch mitteilte - in Berlin kein Interesse wecken. Geld, so bedeutete er ihm, könne die Dienststellen in Berlin nicht zur Freigabe so vieler Juden bewegen. Sie erwögen statt dessen die Möglichkeit, die jüdischen Lagerinsassen in einem größeren politischen Kräftespiel als Geiseln zu benutzen . . .[22]

Offenbar hat Kleist während dieses Aufenthaltes aber auch einen Versuch unternommen, mit Sowjetvertretern ins Gespräch zu kommen. Die schwedische Polizei stellte lediglich fest, er habe mit Graf Bernadotte über die Freilassung der sogenannten Estlandschweden verhandelt, observierte aber auch einige sonderbare Bewegungen. Am letzten Tag seines Aufenthaltes, dem 20. September 1944, wurden mehrere Begegnungen mit Edgar Klaus beobachtet, während der Polizei das Treffen mit Hillel Storch entging. Dafür aber wurde am Donnerstag, dem 21. September, bereits um 7.45 Uhr morgens ein Besuch Klaus' in Kleists Zimmer im Eden-Hotel vermerkt, während sich gleichzeitig mehrere Herren in der Halle aufhielten, die sich zuvor telephonisch bei Kleist angemeldet hatten. Klaus habe sich dann aus dem Zimmer entfernt und sei um 8.30 Uhr wieder erschienen. »Während Kleist die anderen Besucher empfing, ging Klaus in die Halle und wartete.«[23] Das Hotelpersonal zählte insgesamt fünf Besucher. »Der letzte von diesen entfernte sich durch den Hinterausgang.« Um 12.40 Uhr reiste Kleist ab.

Als Entgelt für seine Dienste wurde Klaus durch Kleist eine große Menge falscher englischer Pfundnoten überreicht.[24] Sie stammten aus den Beständen, die die Spezialisten der SS im Rahmen der Aktion »Bernhard« fabrizierten.[25] Mit ihnen wurde unter anderem der englische Agent in deutschen Diensten, »Cicero«, in der Türkei entlohnt. Klaus hat diese Banknoten in einem Safe deponiert und keinen Gebrauch von ihnen gemacht.

Einen Tag nach Kleists Abreise, nämlich am 22. September 1944, veröffentlichte die schwedische Presse[26] die großaufgemachte Meldung »Opfert Himmler Hitler? Separatfriedenspläne auf bolschewistischer Basis!« Unter Hinweis auf eine Meldung aus Lissabon, die Radio London am 19. September ausgestrahlt hatte, berichtete die Zeitung recht genau über die Hintergründe der jüngsten deutschen Friedenssondierung in Richtung Moskau. Die NS-Führung, so wurde berichtet, sei gegenwärtig bereit, der UdSSR jedes Zugeständnis zu machen, um den Rücken für den Endkampf im Westen frei zu haben. Ende voriger Woche habe man sich durch Vermittlung eines neutralen Landes - dies war möglicherweise ein Hinweis auf neue Bemühungen Kleists gegenüber Graf Bernadotte - wieder in Moskau um Gehör bemüht. »Himmler, der Leiter der Aktion, hat angeblich erklärt, daß er bereit sei, Hitler zu opfern und in Deutschland einen scharf linksradikalen Kurs einzuschlagen. Man rechnet in Lissabon und London auch damit, daß Hitler in nächster Zeit ein Ultimatum von Himmler erhalten wird: Abdankung oder Selbstmord. Himmler soll die Unterstützung von Goebbels haben.«

Einige Wochen nach der Rückkehr Kleists nach Berlin ging auch dem Leiter des OSS-Büros in Bern, Dulles, der Bericht eines »Agenten aus Deutschland«[27] zu, dem zufolge Kleist im September im Auftrag Ribbentrops und möglicherweise sogar Hitlers nach Stockholm gereist sei, um eine Verbindung zu den Russen herzustellen. »In Stockholm aber hat ihm der Gesandtschaftsrat Semjonow zweifellos Bescheid gesagt, daß eine solche Handlung ungeeignet ist (Kleist wurde abgewimmelt).[28] Dessenungeachtet werden die Bemühungen in dieser Richtung fortgesetzt. Man versucht nun, durch Herrn Dankwort von der Deutschen Gesandtschaft einen engeren Kontakt zustande zu bringen. Als Köcher[29] hier[30] war, wurde auch er nach seinen Möglichkeiten gefragt, sich in Bern still und heimlich den Russen zu nähern. Doch auch er sagte, den Russen passe das nicht (abgewimmelt). Hitler hat den Gedanken an eine Übereinkunft mit der UdSSR nicht gänzlich ausgeschlossen. Er wünschte allerdings, daß (von sowjetischer Seite, I. F.) einige definitive Angebote gemacht werden. Kleist kann durch seine flache Brust identifiziert werden; er ist fast 50 Jahre alt, etwa 1,80 m groß, hat dunkle Augen und Haare, bleiche Gesichtsfarbe und die langen, schmal zulaufenden Finger eines Komponisten.«[31]

Nach seiner Rückkehr trug Kleist am 22. September 1944 im Sonderzug »Westfalen«, Ribbentrops mobilen Amtsräumen, seinen Bericht vor. Ribbentrop schien entmutigt; nun schaltete sich seine Frau Annelies geborene Henkell in den »Friedensprozeß« ein. In einem Brief an »den Führer« erbot sie sich, als »geschiedene Frau«, die er jederzeit desavouieren könne, einen Besuch bei Madame Kollontaj zu machen, »um auf diese Weise vielleicht Anhaltspunkte darüber zu gewinnen, ob es überhaupt Möglichkeiten für ein ernsthaftes Friedensgespräch mit Rußland gebe«.[32] Es überrascht nicht, daß Hitler dieses Anerbieten zurückwies. Erstaunlich war nur seine Erklärung dafür: Die Einstellung der Russen erkunden zu wollen bedeute nichts anderes, als »einen rotglühenden Ofen anzufassen, nur um festzustellen, daß er heiß ist«.

Der Diktator kannte seinen Gegenspieler.

Und dennoch schien er ein »Zeichen« von ihm zu erwarten.

Denn die Zeit zwischen dem 30. September und dem 9. Oktober 1944 verbrachte Kleist wiederum in Stockholm. Mit Zustimmung des Außenministers wollte er »im Laufe einer Wartezeit von 10 bis 12 Tagen auf einen Gesprächspartner ... warten«.[33] Kleist hatte sich vor seiner Abreise von Schellenberg »verabschiedet«. Erneut brachte er »dem Mittelsmann« in Stockholm Nachrichten über sowjetfeindliche Strömungen in England und den USA. Klaus machte sich Notizen, »dankte für die Auskünfte und erklärte, sie zugleich mit der Nachricht über mein Eintreffen der Sowjetgesandtschaft übermitteln zu wollen«.[34] Doch verlief bereits das erste Treffen dieses Aufenthaltes wenig verheißungsvoll. Zwar habe – nach Kleists Bericht – Klaus mitgeteilt, »daß russischerseits die Angelegenheit wieder aufgegriffen worden sei und ernst genommen werde«.[35] Doch habe ihm Klaus berichtet, daß sich Gesandtschaftsrat Semjonow nun eingehend nach der Person Kleists erkundigt habe. Denn auf sowjetischer Seite habe man ihn anfangs »mit unter die Clique des 20. Juli gerechnet«. Dann sei man davon ausgegangen, daß er »lediglich als Privatmann auf eigene Faust den Kontakt mit den Russen gesucht« habe und geglaubt, daß die inzwischen erschienene Zeitungsnotiz ihm »erhebliche Schwierigkeiten« bereitet hätte. Klaus habe Kleist dann, zu seinem Erstaunen, gefragt, ob er noch dem Otto-Wolff-Konzern angehöre. Kleist entgegnete, daß er dem Konzern niemals angehört habe, daß er aber in gutem Kontakt zu seiner Rußland-Abteilung stehe.[36] Jetzt war Klaus - Kleist zufolge aber »die Sowjetgesandtschaft« - sichtlich über die wahren Gründe und Hintergründe der Anwesenheit Kleists beunruhigt.

Schließlich habe Klaus - angeblich im Auftrag der Gesandtschaft - nach der genauen Dienststellung Kleists gefragt. Kleist habe betont, daß er dem Rosenbergschen Ministerium für die besetzten Ostgebiete angehört habe, nun aber, da das Ministerium nach Räumung der Ostgebiete seinen Daseinszweck verloren habe, zur Wehrmacht einberufen sei.

Auf einem weiteren Treffen am 5. Oktober habe Klaus dann Kleist für den Dienstag der darauffolgenden Woche eine »Antwort aus Moskau« in Aussicht gestellt. Doch am Sonntag ging Kleist in Stockholm ein Telegramm Ribbentrops zu, in dem dieser auf Kleists Ergebnisprotokoll vom ersten Gespräch mit Klaus antwortete. »Man ist hier sehr erstaunt«, teilte Ribbentrop Kleist vermutlich mit Zustimmung Hitlers mit, »daß die Gegenseite sich erst jetzt nach Ihrer Person erkundigt.« Ferner habe Kleists Äußerung über die Einstellung der Arbeit des Ostministeriums mißfallen. »Wir wiederholen Ihnen, daß Ihre Grundhaltung eine unbeugsame Siegesgewißheit sein muß, daß niemals der Eindruck einer Initiative oder gar einer Pression unsererseits in Ihren Gesprächen auftreten darf.« Zwei Tage später traf ein zweites, von Ribbentrop unterzeichnetes Telegramm vom 8. Oktober ein, in dem Kleist zur sofortigen Abreise »mit Flugzeug oder Bahn« aufgefordert wurde. Die Freiheit in der Wahl des Reisemittels zeigte an, daß es dem Absender nicht um eine schnelle Ankunft oder Berichterstattung in Berlin, sondern ausschließlich um eine unvermittelt schnelle, brüskierend deutliche Abreise aus Stockholm ging. Das Telegramm schloß mit der Aufforderung: »Erklären Sie Ihrem Gesprächspartner, daß Sie bereit seien, in St. zu erscheinen, wenn eine Ihnen bekannte Persönlichkeit dort auftaucht und den Wunsch nach einer Unterhaltung mit Ihnen ausdrückt.«

Wie Kleist nach seiner Rückkehr berichtete, gelang es ihm in der Eile noch, Klaus die plötzlich notwendig gewordene Abreise plausibel zu machen. Klaus sei sehr erregt gewesen, habe sich mit dieser Nachricht »nicht zu den Russen« getraut, »denn dort würde man ihn für einen unseriösen Charlatan [sic!] halten«. Bei einem so unberechenbaren Verhalten der deutschen Seite, habe er geäußert, werde man aus Moskau nicht noch einmal »auf Verdacht« einen Verhandlungspartner nach Stockholm entsenden.

In einer Mischung von großsprecherischer Arroganz und Servilität gegenüber dem Empfänger dieses in »Führertypen« geschriebenen, also für Hitler bestimmten Berichts teilte Kleist mit: »Ich erklärte darauf Klaus ziemlich brüsk, daß, wenn die Russen sich mit uns zu unterhalten wünschten, sie dazu ein Dutzend Möglichkeiten finden würden und weder auf Herrn Klaus noch Herrn Kleist angewiesen seien. Im übrigen konnte er versichert sein, daß, wenn die Russen diesen bestehenden Kanal benutzen wollten, ich innerhalb von drei Tagen nach erhaltener Meldung in Stockholm sein könnte. Es verlange kein Mensch von den Russen, daß sie sich in Stockholm hinsetzten, um auf mich zu warten, es könne also auch niemand von mir verlangen, daß ich mich nach Stockholm setze, um auf die Russen zu warten. Wenn er also einen Anreisetermin eines Gesprächspartners hätte, könnte ich bei rechtzeitiger Benachrichtigung gleichzeitig in Stockholm sein, so daß niemand den anderen gegenüber Konzessionen zu machen brauchte. Klaus behauptete aber nach wie vor, daß er nach den eingetretenen Pannen den Russen gegenüber kein Gesicht mehr hätte und keine Hoffnung mehr auf eine Weiterführung der Angelegenheit habe. Er wolle es aber natürlich noch einmal versuchen. Im übrigen müsse er mit [sic!] noch mitteilen, daß die Einsetzung des Generals Wlassow große Verwunderung erregt habe und man sie als ein Zeichen nehmen müsse, daß Deutschland keinen Ausgleich mit der Sowjetunion suche. Ich antwortete, daß das gleiche für General von Seydlitz zuträfe, und daß im übrigen der entstandene Eindruck durchaus richtig sei, denn zwischen einer privaten Fühlungnahme zwischen einem Russen (sic!) und mir und der Änderung der deutschen Politik gegenüber der Sowjetunion würde noch ein weit schwererer Weg liegen, der aber, wie ich hoffte, eingeschlagen und gegangen werden würde.« Darauf reiste Kleist aus Stockholm ab.

Diese Sprache verwendete – wenn die Darstellung wahrheitsgetreu und nicht reines Imponiergehabe des Hitler-Boten war – ein deutscher diplomatischer Unterhändler in dem Augenblick, da sich die Sowjetarmee zur Winteroffensive und damit zum letzten Ansturm auf das deutsche Kernland rüstete und Hekatomben von Gefallenen und Verstümmelten zu beiden Seiten der Oder beklagt wurden ... Es erübrigt sich der Hinweis, daß »die Russen ... diesen bestehenden Kanal« nicht benutzen wollten.

Kleist war über seine Rückbeorderung durch Ribbentrop so erzürnt, daß er vom Flughafen schnurstracks ins Reichssicherheitshauptamt fuhr und Schellenberg berichtete: »... es hat mit dem Reichsaußenminister keinen Sinn.«[37] Schellenberg ließ sich wiederum ausführlich Bericht erstatten, schrieb seinerseits ein Resümee für den Reichsführer SS und fügte diesem die augurenhaften Worte hinzu: »Es bleibt zu erwarten, was Dr. Kleist nach seinem Vortrag beim Reichsaußenminister hier von neuem vorzutragen hat.«

Der von vielen Seiten beobachtete, neuerliche Aufenthalt Kleists in Stockholm gab wieder Anlaß zu Spekulationen über die Möglichkeit eines deutsch-sowjetischen Friedensabkommens in letzter Minute. Eine geheime Umfrage, die der Direktor des OSS, Donovan, unter sowjetischen Bürgern in offizieller und halboffizieller Funktion in Washington durchführen ließ[38], ergab, daß die Sowjetregierung noch immer mit Sorge gewisse »Appeasement«-Tendenzen in den angelsächsischen Ländern verfolge und befürchte, starke Finanzgruppen in Deutschland und den westlichen Ländern könnten aus Gründen gemeinsamer antikommunistischer Gefühle die alliierten Absprachen für eine künftige Friedensregelung torpedieren. Die Behandlung Deutschlands nach dem Kriege, so meinten die Sowjetbürger, werde zu einem großen Teil vom Verhalten der Deutschen selbst abhängen: »Das deutsche Volk soll für den Krieg und die Nazi-Verbrechen verantwortlich gemacht werden, es sei denn, es zeige, daß es diese Regierung ablehnt, indem es gegen sie aufsteht. Die Russen würden eine solche Revolte begrüßen, fühlen aber, daß sie sich nicht mehr ereignen wird. Der Aufstand müßte eine Volksbewegung und nicht der Staatsstreich einer kleinen Gruppe von Offizieren und Industriellen sein.« Das Nationalkomitee Freies Deutschland, dies war die entschiedene Ansicht der Sowjetvertreter, sei ein Propaganda-Instrument zur Auflösung der Wehrmacht gewesen – in den russischen Nachkriegsplänen für Deutschland habe es keinen Platz.

Anfang Oktober ging dem OSS aus Bern wieder ein »Breakers«-Telegramm zu, dessen Inhalt von einem nicht verhafteten Mitglied der Widerstandsbewegung stammte.[39] Es berichtete von den Bemühungen rechtsgerichteter Kräfte in der SS, Hitler zu beseitigen. Himmler selbst sei sich der Unzufriedenheit seiner Männer wohl bewußt und laviere zwischen der SS und Hitler. »Hitler und Himmler haben einen erfolglosen Versuch unternommen, mit den Russen zu verhandeln. Aber sie sind trotzdem der Meinung, daß dort noch eine Chance besteht.«

Neue japanische Interventionen

An die Möglichkeit, in letzter Minute ein gewisses Gleichgewicht der weltpolitischen Kräfte herzustellen, in dem Japan eine gewichtige Rolle spielen könnte, wollte auch der japanische Außenminister glauben. Er hatte seit der Niederschlagung der deutschen Offiziersrevolte von seinem Botschafter in Berlin alarmierende Nachrichten über den Niedergang der Moral der Deutschen empfangen. Dem standen Berichte seines Botschafters in Moskau, Sato, gegenüber, die von der wachsenden Siegeseuphorie auf russischer Seite sprachen. Schon in den ersten Augustwochen hatte Außenminister Shigemitsu angeordnet, auf beiden Seiten die Bemühungen zu verstärken und auch noch so geringe Anzeichen von Verhandlungsbereitschaft zum Vorbringen von Vermittlungsvorschlägen zu nutzen. Die bedrohliche militärische Lage Japans, so teilte er seinen Botschaftern mit, lasse das Aufbrechen der Allianz und die Bildung eines starken Dreibundes der »totalitären

Mächte« Deutschland, Rußland und Japan mit dem Ziel des Kampfes gegen die Demokratien als einzige Alternative zur totalen Niederlage erscheinen. Jede Spannung zwischen den verbündeten Nationen sollte ausgelotet und durch entsprechende Aktionen vertieft werden.[40] Während Botschafter Sato aus Moskau weiterhin von der kühlen Ablehnung berichtete, die jeden derartigen Versuch überflüssig machte, wußte Botschafter Oshima aus Berlin bald von hoffnungsvolleren Zeichen zu berichten.

Am 19. Oktober 1944 veröffentlichte der *Evening Star* detaillierte Ausführungen von Constantine Brown über die japanischen Bemühungen, einen deutsch-sowjetischen Ausgleich herbeizuführen. Die sowjetische Nachrichtenagentur TASS gab den Inhalt des Artikels in einer Meldung aus Washington wieder. Hitler, so betonte Brown, wünsche, daß das »Mißverständnis« zwischen ihm und Stalin bald ausgeräumt werde. Die militärische und politische Ausdehnung der UdSSR habe nun ein Maß erreicht, das nicht nach Erweiterung verlange. Der Durchbruch durch den deutschen Ostwall habe so viele Kräfte verbraucht, daß die Führung der Sowjetarmee auf einen Durchbruch nach Berlin verzichten könne. Churchill betreibe eine Politik der Eindämmung des sowjetischen Einflusses, die die UdSSR unter Umständen in letzter Minute daran hindere, ihre langgehegten und auf deutscher Seite wohlverstandenen Wünsche zu befriedigen. Ein russisches Bündnis mit Hitler auf der einen und Japan auf der anderen Seite würde das Gesicht der Welt verändern und der Sowjetunion völlig neue Einflußsphären garantieren.

Das Echo, das dieser Artikel fand, regte Außenminister Shigemitsu zu einer neuen Sondierung an. In seinem Antworttelegramm aus Moskau hielt Botschafter Sato ein Friedensabkommen Stalins mit Deutschland für ausgeschlossen und verwies auf die Tatsache, daß »die wichtigsten Führer beider Länder dieses nicht wünschen«. Er warnte die rechtsgerichteten Kräfte in Japan davor, »Luftschlösser« zu bauen, und verwies auf Stalins Unansprechbarkeit in dieser Frage.[41] Demgegenüber schien Botschafter Oshima diesmal für seine relativ positive Einschätzung der Verhandlungsbereitschaft in Berlin gewichtige Gründe zu besitzen. In einem Telegramm vom 16. November teilte er dem Außenminister mit, Goebbels habe in einer persönlichen Aussprache mit ihm »offen den Wunsch der Deutschen nach einer politischen Lösung mit Rußland« zum Ausdruck gebracht. Ein Frieden mit einem England unter Churchill werde von deutscher Seite ausgeschlossen. Demgegenüber halte Goebbels Stalin für »einen außerordentlich realistischen Politiker, der Frieden schlösse, wenn dieser für ihn vorteilhaft wäre, ohne dabei seine Verpflichtungen einzuhalten«. Doch Goebbels' Ansichten unterschieden sich nach Beobachtung Oshimas von denen des Außenministers; dieser habe ihm in einem kurz darauf herbeigeführten

Gespräch zu verstehen gegeben, daß die Initiative unbedingt von Rußland ausgehen müsse und »ein gewisses Maß militärischer Erfolge die Voraussetzung einer Kompromißlösung sein« müsse. In seinem Fernschreiben vom 24. November forderte der japanische Außenminister Botschafter Oshima daraufhin auf, Goebbels zu präziseren Aussagen zu bewegen. Am selben Tage richtete Shigemitsu auch ein geheimes Telegramm an den Japanischen Botschafter in Moskau, Sato, in dem er auch ihn aufforderte, die Frage eines Friedensschlusses zwischen Deutschland und Rußland erneut zu stellen. Der Botschafter, so forderte der Außenminister, solle in seinen Gesprächen mit Vertretern der Sowjetregierung darauf hinweisen, daß die Möglichkeiten, die das Bündnis mit den Angelsachsen für Rußland eröffnet habe, nunmehr erschöpft seien. Ein Kompromißfrieden mit Deutschland hingegen könne der Sowjetführung nicht nur Sicherheiten in Hinblick auf gewisse Grundprinzipien einer künftigen Ordnung, wie sichere Grenzen und Nichteinmischung, bringen – er könnte darüber hinaus »ein erster Schritt in Richtung auf einen allgemeinen Weltfrieden« nach sowjetischen Vorstellungen sein . . .[42]

Doch die japanischen Sondierungen verliefen im Sande.

Torschlußpanik im Reichsaußenministerium

Während die Rote Armee über die Oder-Linie ins Innere Deutschlands eindrang, wurde Kleist vom Reichsaußenminister zu einer neuen Sondierung ins Ausland beordert. Zwischen Weihnachten 1944 und Neujahr 1945 sollte er mit einem Sonderflugzeug von Stuttgart aus in Madrid und Lissabon Friedenssondierungen durchführen. Entweder hatte Kleist in der Eile vergessen, sich von seinen Kollegen im Reichssicherheitshauptamt zu »verabschieden«, oder er hatte bei diesem übereilten Abflug seine eigenen Überlegungen angestellt. Jedenfalls trat ihm kurz vor dem Besteigen der kleinen Maschine eine Gruppe von Männern in Ledermänteln in den Weg, die sich als SD-Angehörige auswiesen und ihn baten mitzukommen. Kleist protestierte laut und zeigte einen schriftlichen Auftrag des Reichsaußenministers vor. Doch dies machte keinerlei Eindruck auf die Leute vom Sicherheitsdienst. Er wurde abgeführt; die Reise fand nicht statt.[43] Der alliierte Geheimdienstbericht, der sich auf französische und andere Beobachter stützte, betonte, daß Kleist im Auftrage Ribbentrops zu Verbindungsleuten auf der iberischen Halbinsel fliegen sollte, »um Verhandlungen mit den Russen zu führen«. Kleist, der bereits im Sommer 1943 in gleicher Mission nach Stockholm geschickt worden sei, habe damals eine Verbindung zu Madame Kollontaj gesucht. Doch »die Russen sind darauf nicht eingegangen, und die Mission verlief ergebnislos«. Nun, so besagte der Bericht, befinde sich Kleist gegenüber Ribbentrop in einer ebenso schwierigen Situation wie seinerzeit Langbehn gegenüber Himmler: »Er allein kennt die Details der Verhandlungen mit den Russen.« Mit diesem Hinweis wurde wohl ein düsteres Schicksal Kleists angedeutet. Düster waren auch die Berichte, die die schwedische Presse in den ersten Tagen des neuen Jahres zu dem Thema »Verhaftung des deutschen Friedensboten« veröffentlichte.[44] Auch hier betonte man, daß der Rußlandexperte des Auswärtigen Amts, Kleist, vor dem Abflug nach Barcelona von der Gestapo verhaftet worden sei. »Dr. Kleist«, so hieß es weiter, »besuchte Stockholm im letzten Sommer in geheimer Mission. Er versuchte, über die Möglichkeiten eines Separatfriedens mit den Russen zu sprechen, wurde aber von der russischen Gesandtschaft gar nicht erst empfangen.« Doch habe Ribbentrop, wie man nun sehe, seine Pläne nicht aufgegeben.

Tatsächlich sind die wahren Gründe der Verhaftung von Peter Kleist nie bekannt geworden. Das Schicksal Carl Langbehns hat ihn nicht ereilt. Entweder war die Verhaftung Kleists überhaupt fingiert, oder Kleist konnte sich sehr schnell mit seinen Kollegen aus der SS einigen. Denn im März 1945 erschien er noch einmal in Stockholm, um Verhandlungen mit Graf Folke Bernadotte zu führen.

Die überstürzte Entsendung Kleists war nur eine der Maßnahmen, die der Reichsaußenminister in letzter Minute ergriff, um die Rote Armee zum Stehen zu bringen. Im Januar 1945, also nach Kleists Verhaftung, machte er auch bei Hitler »noch einen letzten Vorstoß«. »Ich sagte dem Führer, ich sei bereit, mit meiner Familie nach Moskau zu fliegen, um Stalin von vornherein von der Ehrlichkeit und dem Ernst unserer Absichten zu überzeugen und mit mir und meiner Familie gewissermaßen ein Pfand in die Hand zu geben. Hitler sagte darauf nur: ›Ribbentrop, machen Sie mir keine Sachen wie Heß.‹«[45] Damit endete – in Ribbentrops Worten – »das tragische Kapitel meiner Versuche, zum Frieden mit Rußland zu kommen, um danach den Krieg durch einen Kompromiß mit dem Westen beenden zu können«.

Hier, wie in anderen Fragen, verschwieg Ribbentrop einige für ihn persönlich wohl peinliche, aber politisch wesentliche Details. Botschaftsrat Gustav Hilger gab die Stimmung, in der sich der Reichsaußenminister im Frühjahr 1945 befand, im folgenden Bericht wieder: In den letzten Kriegswochen – Ribbentrop hatte sich, wie häufig in Situationen, denen er sich nicht gewachsen fühlte, »indisponiert« in seine Schlafräume zurückgezogen – wurde Hilger zu ihm gerufen. Ribbentrop stellte ihm die Frage, unter welchen Bedingungen Stalin wohl zu einem Abkommen mit Deutschland bereit sei. Auf Hilgers Antwort, daß Stalin unter keinen Umständen mit der jetzigen deutschen Regierung verhandeln werde, geriet Ribbentrop »in heftige Wut« und begann, laut auf Hilger einzureden. Doch seine Stimme wurde von der

TYSK-RYSKA FÖRHANDLINGAR OM FRED

SS-vårvare inför rätta i dag

Brev till Quisling om anställning — Regnell slutade skolan "som nazist"

På onsdagsmiddagen förekom för första gången den livligt uppmärksammade värvaraffären för tyska Waffen-SS inför rådhusrättens femte avdelning. Domare var assessor Nordström och de tre häktade, Kurt Lundin alias von Kühn alias Kirch, Åke Regnell och Fred Nilsson företräddes samtliga av advokat Densloe. Åklagare var stadsfiskal Glas, vilken också varit den som beslutat om häktningen. Sedan de tre unga männens levnadsomständigheter genomgåtts fortsatte rättegången inför lyckta dörrar.

De häktade förefollo icke endast taga saken lugnt utan även lätt. Det var tre leende herrar, som infördes i rättssalen. De logo glatt både åt varandra och åt pressbordet. Inför domaren intogo de gärna militärisk givaktsställning, i vilken som sig bör den permitterade SS-mannen Lundin vann första priset.

Vid genomgåendet av levnadsomständigheterna kallades först Regnell fram till domarbordet. Denne, som är född 1919, har inför polisen berättat, att hans föräldrahem genom skilsmässa upplöstes, då han endast var sex år. Hans skolgång inskränker sig till den lägre folkskolan samt en kort tids vistelse vid Falu läroverk. På grund av en höftskada måste han avbryta sin skolgång. Sedan han återkommit till läroverket fick han, medan han ännu befann sig i småklasserna, sluta skolan på grund av sina nazistiska idéer. Hans bana därefter har i korthet haft följande förlopp: Lagerbiträde, arbetslös, lagerbiträde igen, värnpliktstjänstgöring vid Svea livgarde som expeditionsbiträde, försäljningschef i Nordisk Litteratur utan lön, ansvarig utgivare för Veckans PM, arbetslöshet samt politisk verksamhet. Han sökte 1942 tillstånd att resa till Norge, Finland, Danmark och Tyskland och uppgav som skäl journalistisk verksamhet, vilken han skulle bedriva för författaren Gustaf Erikssons räkning. Han erhöll också det begärda tillståndet och avreste till Oslo, medförande en ytterst liten reskassa samt som litteratur Erikssons "Kreuger kommer tillbaka" och "Alarm". Till Berlin anlände han i oktober 1942, där han sökte utbildning som frontkorrespondent. I november återkom han till Sverige, där han anhölls i Hälsingborg och hördes av polisen. Han uppgav sig vidare sakna alla tillgångar medan han däremot hade en del skulder. Sedan 1935 har han varit övertygad nazist men har sedan 1937 icke varit ansluten till något svenskt nazistiskt parti. Sina åsikter betecknade han vara desamma som hystes av Nationella ...

ha pågått i Sverige

Dragkamp om Ukraina

Fredsförhandlingar mellan Tyskland och Ryssland ha enligt bestämda uppgifter för någon tid sedan förts på ett pensionat i Sverige. De pågingo i flera dagar mellan representanter för Sovjetunionen, varibland Madame Kollontay, samt högre tyska officerare. Emellertid strandade förhandlingarna på de territoriella frågorna.

Det uppges att Ryssland förklarat sig berett att avstå Balticum samt hela Polen, medan Tyskland krävde Ukraina. Ryssarna skulle inte ha gått med på detta senare krav, utan snarast tolkat det som ett tecken på Tysklands svaghet ifråga om den egna försörjningen.

Möjligen kunna dessa fredsförhandlingar ha något samband med den relativa stillheten på ostfronten, och de kunna dessutom i någon mån tjäna som en förklaring till Finlands ställning i samband med de trevare till separatfred som utan tvivel förekommit.

Trots att dessa uppgifter äro hämtade ur säkraste källa är det att förmoda att dementier från båda parter kunna väntas inom de närmaste timmarna.

---

26. JUNI 1944 IKO Lka 1 S HEMLIG

Avskrift

26. JUNI 1944

Från Sthlm Carlton Hotel Hr Klaus

Till Sthlm 11 03 85 rysk. leg. Hr Jerochin

1944 25/6 10.35

Avl.av Odr

Ryska

K. Kan jag få tala med Hr. Semenov i dag, jag ringde igår.

J. Vem frågar?

K. Zmein.

J. Hr. S. är bortrest idag, han bad att Ni ska ringa i morgon kl.11.

K. Tack.

Unter Bezugnahme auf die Sondernummer der Nya Dagligt Allehanda vom 16. Juni räumt die New York Times einen Tag später Gerüchten über deutsch-sowjetische Gespräche eine Spalte ein – wertet das Ganze aber als »verspäteten Aprilscherz«.

Erstmals im Juni 1944 setzt Edgar Klaus sich telephonisch mit der Stockholmer Sowjetgesandtschaft in Verbindung – um ein Treffen mit Wladimir Semjonow zu verabreden.

Im Anschluss an diese Unterhaltung machte ich meinen Bericht vom 3. X. 44, indem ich glaubte, mich kurz fassen zu können, da die Richtlinien meiner Arbeit seit über einem Jahr festliegen.

Aus den Antworttelegrammen Nr. X und Nr. Y entnahm ich, dass diese Knappheit zu Missverständnissen Anlass gegeben hatte. Da eine Klarstellung aber sehr umfangreiche Darlegungen erfordert hätte, glaubte ich, davon absehen zu müssen. Am Donnerstag, den 5. Oktober traf ich Klaus wieder für einige Minuten, wo er mir zusagte, dass etwa am Dienstag der nächsten Woche eine Antwort aus Moskau vorliegen könne. Am Sonntag früh um 2 Uhr erreichte mich die Aufforderung zur Rückkehr. [Z] Da Klaus bei Verwandten seiner Frau ausserhalb Stockholms war, antworte ich mit meinem Telegramm vom 8. X. Es gelang mir aber, Klaus noch am späten Abend des Sonntag zu erreichen. Er war über mein plötzliches Erscheinen sehr beunruhigt. Ich erklärte ihm daher ganz beiläufig, es hätten sich über die Abwicklung der Estland-schwedischen Frage eine Reihe von Fragen ergeben, die eine Klärung in Berlin erforderten. Ich müsste bald abreisen, würde aber, wenn sich eine Gesprächsmöglichkeit mit einem mir bekannten Manne aus Moskau ergäbe, sicher wieder einen Vorwand finden, der mir eine Reise nach

Als »Diener dreier Herren« wirkt Bruno Peter Kleist im Herbst 1944 in Stockholm, wird aber im Oktober von Ribbentrop abberufen. Nach seiner Rückkehr berichtet er auch über die Treffen mit Edgar Klaus.

Schweden möglich machen würde. Klaus sagte sehr erregt, dass ich ihm doch die Wahrheit sagen möchte, wenn die ganze Sache endgültig abgeblasen sei. Er traute sich mit dieser Nachricht nicht zu den Russen, denn dort würde man ihn für einen unseriösen Charlatan halten, wenn er die Tatsache seiner Abreise den Russen mitteil te, würde das nach Moskau gemeldet werden und Moskau würde nicht noch einmal den Versuch unternehmen, jemanden "auf Verdacht" nach Stockholm reisen zu lassen. Ich erklärte darauf Klaus ziemlich brüsk, dass, wenn die Russen sich mit uns zu unterhalten wünschten, sie dazu ein Dutzend Möglichkeiten finden würden und weder auf Herrn Klaus noch auf Herrn Kleist angewiesen seien. Im Übrigen könnte er versichert sein, dass, wenn die Russen diesen bestehenden Kanal benutzen wollten, ich innerhalb von drei Tagen nach erhaltener Meldung in Stockholm sein könnte. Es verlange kein Mensch von den Russen, dass sie sich in Stockholm hinsetzten, um auf mich zu warten, es könne also auch niemand von mir verlangen, dass ich mich nach Stockholm setzte, um auf die Russen zu warten. Wenn er also einen Anreisetermin eine Gesprächspartners hätte, könnte ich bei rechtzeitiger Benachrichtigung gleichzeitig in Stockholm sein, sodass niemand dem anderen gegenüber Konzessionen zu machen

brauchte. Klaus behauptete aber nach wie vor, dass er nach den eingetretenen Pannen den Russen gegenüber kein Gesicht mehr hätte, und keine Hoffnung mehr auf eine Weiterführung der Angelegenheit habe. Er wolle es aber natürlich noch einmal versuchen.

Mit dem Scheitern des Attentats vom 20. Juli 1944 gibt es in Deutschland keine politische Kraft mehr, die aus sowjetischer Sicht als Partner für Friedensgespräche in Betracht käme. Der Sendbote des Widerstands und Angehörige des Auswärtigen Amts Adam von Trott zu Solz wird wenige Tage nach dem Attentat verhaftet und am 26. August 1944 hingerichtet.

Der Mann, dem er in Stockholm den Weg zu Friedensverhandlungen mit der Sowjetunion bahnen sollte, Friedrich Werner Graf von der Schulenburg, wird nach ausführlichen Verhören über die außenpolitischen Pläne des Widerstands am 10. November 1944 gehängt.

seiner Frau übertönt, die einen Fliegerangriff ankündigte. Das Gespräch brach ab und wurde niemals beendet.[46]

In diesem Wechselspiel von verspätetem Tatendrang und Tatenlosigkeit setzte Ribbentrop in den Monaten Februar und März noch eine Reihe von Friedenssondierungen ins Werk, die - wie Paul Schmidt-Presse in der Poole-Befragung aussagte - unter dem Decknamen »Gold« liefen. Diese streng geheimen Sondierungen, die in den Hauptstädten der neutralen Länder erfolgten, sollten auch die Vertreter der UdSSR erreichen. Hitler betrachtete diese Aktion mit Skepsis, erlaubte Ribbentrop aber, die Initiative zu ergreifen. Im Rahmen dieser Aktion hat Ribbentrop die erwähnte »Sprachregelung« zur Beeinflussung der Westmächte erlassen. Doch auch Vertreter der Sowjetregierung sollten - in Umkehrung der politisch-verbalen Symmetrie - auf die Gefahren eines Sieges der Westmächte hingewiesen und für ein Zusammengehen mit Deutschland in letzter Minute gewonnen werden.

Im neutralen Ausland begann man, diese Art von »Friedensspielen« zu durchschauen. Das *Svenska Dagbladet* vom 15. 3. 1945[47] wies (ohne Nennung von Namen) darauf hin, daß seit Anfang März Vertrauensmänner Ribbentrops in der schwedischen Metropole in beiden Richtungen sondierten. Im Kontakt mit den Engländern erweckten diese Vertrauensmänner dabei bewußt den Eindruck, daß Hitler eigentlich lieber den Russen gegenüber nachgeben wolle. Doch, so betonte das Blatt -, »mit dem NS-Regime kann man nicht paktieren - möglicherweise mit anderen« Kräften in Deutschland. *Svenska Dagbladet* fügte interessanterweise, aber ohne nähere Angaben, in Klammern hinzu: »Was die Russen ja auch getan haben!« Es fuhr fort: Sollte es den Deutschen in letzter Minute gelingen, eine Übergangsregierung zu bilden, so könnten Deutschland vielleicht große Menschenopfer und größeres Chaos erspart werden. Besonders auf angelsächsischer Seite sei man unter Umständen bereit, mit einer verhandlungsfähigen Oppositionsregierung zu sprechen, um der Bolschewisierung Mitteleuropas einen Riegel vorzuschieben. Allerdings schien dem Korrespondenten der Zeitung, Arvid Fredborg, der Gedanke an eine Übergangsregierung doch eher »Theorie« zu sein. Der sozialdemokratische *Arbetaren* berichtete in seinem Artikel vom 17. März 1945 von diesem deutschen »Spaltungsversuch«[48] der Allianz und betonte, daß britische Regierungsvertreter nun die Annäherungsversuche der deutschen Reichsregierung bestätigt und »alle Informationen in bezug auf die deutsche Annäherung ... umgehend an Rußland und die Vereinigten Staaten weitergeleitet« hätten. Ribbentrop habe daraufhin im deutschen Nachrichtenbüro *Transocean* ein heftiges Dementi an die ausländische Presse gerichtet und die Behauptung, es seien von deutscher Seite Friedensfühler ausgestreckt worden, als »reinen Schwindel« bezeichnet. Solche feindlichen Manöver, so habe der Reichsaußenminister betont, könnten die Entschlossenheit des deutschen Führers und Volkes zum Endkampf nicht untergraben.

Diese Pressenotizen bezogen sich in erster Linie auf die Mission, die der Vertraute Ribbentrops, Fritz Hesse, in der ersten Märzhälfte 1945 in Stockholm ausführte. Dabei hatte Hesse Vertreter der Britischen Gesandtschaft mit der Nachricht konfrontiert, die deutsche Reichsleitung könnte die Tore Mitteleuropas dem Bolschewismus öffnen, wenn die britische Regierung nicht schnell mit sich reden lasse.[49] Doch alliierte Kreise, so kommentierte das *Svenska Dagbladet* die Reise Hesses, hielten sein Waffenstillstandsangebot an England für ein Glied in einer Kette eines »genau geplanten nazistischen Propagandamanövers mit dem Ziel, Mißtrauen zwischen der Sowjetunion und den Westmächten zu säen«. Durch diese ostentativen Kontaktversuche bemühe sich die deutsche Reichsregierung, den Verdacht zu wecken, »daß die eine oder die andere Seite falschspielt und bereit ist, das Abkommen zu brechen und insgeheim mit der NS-Regierung zu paktieren«.[50] Das Blatt vermutete, daß Goebbels hinter diesen »Friedensfühlern« stehe, und sich diese in den nächsten Wochen wohl noch häufen würden. *Stockholms Tidningen*[51] stellte die Hesse-Mission unter das Leitwort »Ribbentrops lahme Friedenstaube«. Das einzige Verhandlungsangebot, das die Alliierten vielleicht noch akzeptieren würden, müßte – nach Ansicht dieser Zeitung – von einer deutschen Militärregierung ausgehen. Doch die Hoffnung, daß sich eine solche in letzter Minute konstituieren und die Hitler-Regierung ablösen könnte, wurde als äußerst gering angesehen.

Die Reaktionen, welche gleichlautende Versuche anderer Sendboten im neutralen Ausland auslösten – die Mission Weizsäckers beim Vatikan, Schmiedens in Bern und eines anderen hohen Beamten in Lissabon – waren kaum verheißungsvoller. Schließlich forderte Ribbentrop in den letzten Märztagen noch den in Schweden wohlbekannten Sondergesandten Karl Schnurre auf, sich umgehend nach Stockholm zu begeben. Schnurre sollte sicherheitshalber gleich mit zwei Sendschreiben reisen – einem Schreiben an die Britische Gesandtschaft in der rechten Tasche und einem Geheimbrief umgekehrten Inhalts an die Sowjetgesandtschaft in der linken Tasche. Auf Schnurres skeptisch-trockene Bemerkung: »Aber Herr Reichsaußenminister, es ist zu spät . . .!« erhielt er keine Antwort.[52]

Die schwedische Presse, die die Demarchen des Gesandten Schnurre auf schwedischem Terrain aufmerksam verfolgte[53], hielt schon bald fest, daß in der Tat gewisse Anzeichen auf Kontakte mit der Britischen Gesandtschaft hindeuteten.[54] Wenige Tage später konstatierte die schwedische[55], danach auch die britische Presse[56] mit einer gewissen Erleichterung, daß es der deutsche »Friedensbote« vorgezogen habe, sich mit einer Erkältungskrankheit zurückzuziehen. Der Versuch, in der Villangatan bei Madame Kollontaj anzuklopfen, erübrigte sich für diesen Kenner Rußlands. Andere, namentlich nicht genannte deutsche Sendboten haben solche Versuche noch im März 1945 unternommen.[57] Doch ihre Mission verlief im dunkeln. Wie aus schwedischer Perspektive zu beobachten war, zeigte die Sowjetische Gesandtschaft »nicht das geringste Interesse« für das Anliegen der deutschen Herren.[58] Der »Türspalt nach Osten«, den der Leiter der Ost-Abteilung der Dienststelle Ribbentrop, Bruno Peter Kleist, offen zu sehen glaubte, öffnete sich nicht.

Ohnedies hätten die deutschen Sendboten Madame Kollontaj[59] zu dieser Zeit nicht mehr in Schweden antreffen können. Die Botschafterin hielt sich nach den überstandenen physischen und psychischen Strapazen der Kriegsjahre bereits zu einem Erholungsurlaub in ihrer Heimat auf. Ihre schwedische Ärztin, die bekannte Gelehrte und gebürtige russische Jüdin, Professor Nanna Swartz, die sie nach Moskau begleitet hatte und Anfang April nach Stockholm zurückkehrte, teilte der schwedischen Presse am 8. 4. 1945 lächelnd mit, die Genesung ihrer Patientin schreite gut voran.[60] Zudem sei Frau Kollontaj soeben im Kreml zu einem freundschaftlichen Gedankenaustausch von Außenkommissar Molotow empfangen worden, der ihr - auch im Namen des Staatschefs Stalin - für ihre außerordentlichen Leistungen und Verdienste gedankt habe. Die Botschafterin plane, Ende Mai nach Stockholm zurückzukommen.

Sechstes Kapitel

Tod eines Agenten

Am Ende des Krieges war Edgar Klaus physisch und psychisch erschöpft. Sein Gesundheitszustand wurde von den ihn behandelnden Ärzten, unter ihnen dem Leibarzt des Königs, Dr. Cassermann, als ernst bezeichnet. Die Diagnose lautete auf Angina pectoris mit akuten Herzanfällen.

In den letzten Kriegsmonaten hatte Edgar Klaus den Kelch der Enttäuschungen bis zur Neige leeren müssen. Die »Paulsen-Lönnegren-Affäre«, die im Januar und Februar 1945 an die Oberfläche drang und deren Höhepunkt die Entdeckung war, daß die als »Herr x« und »Herr y« apostrophierten Hintermänner der beiden schwedischen Staatsbeamten die deutschen Geheimdienstmänner Oberst Hans Wagner und sein Gehilfe Utermark waren, verwirrte und empörte nicht nur die schwedische Öffentlichkeit; sie lieferte auch Edgar Klaus eine Reihe bitterer Erkenntnisse. War es doch Wagner gewesen, der durch seine verborgenen Verbindungen zu SS und Gestapo vermutlich einige der Fäden der Abschiebung, der Paßentziehung und der schließlich ausgesprochenen gnadenlosen Entfernung aus dem Dienst der Abwehr unter Hinweis auf seine nichtarische Herkunft in der Hand gehalten hatte; der darüber hinaus versucht hatte, Klaus mit den brutalen und unehrenhaften Methoden wilder Geheimdienstmachinationen zum »Kaufen« der sowjetischen Gesandtschaftsangehörigen durch beträchtliche Summen Geldes (in falschen englischen Pfundnoten) zu zwingen. »Gegen diesen Herrn«, so teilte Klaus seinem schwedischen Bridgepartner mit, »würde er auch gern vor Staatsanwalt Mejel aussagen«.[1] Schikanen und Aufforderungen zu unerwünschten Handlungen, die er von seiten Wagners erfahren hatte, würden die Liste der kriminellen Aktivitäten Wagners auf schwedischem Boden füllen. Und mit äußerster, tiefer Bitterkeit fügte er hinzu, er glaube nun ausreichend Beweise für die Annahme zu besitzen, daß »Wagner alle seine Aktionen sabotiert« habe. Erst jetzt, nach den Eröffnungen, die die Paulsen-Lönnegren-Affäre gebracht habe, beginne er, die wahren Arbeitsmethoden Wagners zu durchschauen. Die Abschiebung Wagners und Utermarks nach Deutschland am 21. Februar 1945[2] gab Klaus nur eine oberflächliche Genugtuung.

Denn gleichzeitig begann ein Verfahren gegen den nunmehrigen Staatenlosen Edgar Klaus, der für die Einziehung seines Passes eben diesen Wagner verantwortlich machen mußte. Die schwedischen Behörden sahen sich im Zusammenhang mit der Paulsen-Lönnegren-Affäre veranlaßt, auch gegen den an das Büro Wagner angehängten Klaus ein Ermittlungsverfahren »wegen unerlaubt betriebener Geheimdienstarbeit« einzuleiten. Schließlich waren die Hintergründe der allmählichen Übernahme des Amtes Ausland/Abwehr durch das Reichssicherheitshauptamt zu diesem Zeitpunkt noch nicht völlig transparent, die Unterscheidung, ob ein Mitarbeiter oder V-Mann der Abwehr in seinem Inneren dem alten oder aber dem neuen Amtschef gegenüber loyal war, schlechterdings unmöglich. Am 18. Januar 1945 war der Fall Edgar Klaus im Justizdepartement neu aufgenommen worden. Doch waren für die Freigabe der zur Prozeßführung essentiellen Mitschriften der auf schwedischer Seite dechiffrierten deutschen Geheimkorrespondenz langwierige Entscheidungen notwendig. Schweden befand sich noch am Rande des Kriegsgeschehens, die außenpolitischen Entwicklungen schienen noch zu kompliziert und ungewiß, als daß man durch Verwendung dieser Mitschriften in einem Prozeß die Aufmerksamkeit der Öffentlichkeit auf die Tatsache hätte lenken dürfen, daß Schweden seit 1940 an der Dechiffrierung des deutschen militärischen und diplomatischen Codes arbeitete und dabei zumindest seit 1942 außerordentliche Erfolge erzielt hatte. Doch diese Geheimtelegramme des Büros Wagner mit den Anfangsworten »Schönemann berichtet ...« sollten den Schlußstein für den Nachweis der Geheimdienstaktivitäten von Edgar Klaus bilden. Und in diesen Fragen gingen die Interessen der verschiedenen, mit dem Fall Klaus befaßten schwedischen Instanzen auseinander. Am 22. Februar, einen Tag nach der Abschiebung Wagners aus Schweden, teilte das über die Entdeckungen dieser Affäre verärgerte Justizministerium mit, es sehe kein Hindernis mehr, nun auch Klaus zu inhaftieren. Am selben Tage richtete aber auch der Verteidigungsstab beim Hauptquartier der Schwedischen Armee ein Schreiben an den Leiter der Rechtsabteilung des Außenministeriums, Außenrat Gösta Engzell[3], in dem er berichtete, daß aus der Sicht von Polizeiintendent Lundquist grundsätzlich keine Einwände mehr bestünden, eine Ermittlung in dieser Angelegenheit einzuleiten; der Verteidigungsstab wollte nun vom Leiter der Rechtsabteilung des U.D. wissen, ob auf seiten des Außenministeriums Einwände dagegen bestehen würden, die von der Dechiffrierabteilung des Verteidigungsstabs aufgezeichneten Telegramme bei einer polizeilichen Untersuchung eventuell als Beweis für eine Anklage gegen Klaus zu verwenden, falls sich der Verteidigungsstab zu ihrer Freigabe entschließen sollte. Außenrat Engzell jedoch machte »die guten Verbindungen« geltend, die Klaus seit jeher zum Schwedischen Außenministerium unterhalte, und setzte sich in diesem Sinne auch mit Intendent Lundquist ins Benehmen. Darauf folgte am 24. Februar der Bescheid des Polizeiintendenten, daß gegen Klaus, der gute Verbindungen im Außenministerium habe, »keine Maßnahmen ergriffen werden dürfen«. Vermutlich stand diesen beiden wohlinformierten Männern noch immer die Gefahr vor Augen, daß Klaus im Falle einer ungünstig verlaufenden Ermittlung –

wie nunmehr Oberst Wagner – die Abschiebung nach Deutschland drohe, die für ihn als Juden mit Sicherheit fatale Folgen haben würde.

Ein zusätzlicher Wermutstropfen war für Klaus das Verhältnis zu den anderen jüdischen Emigranten und den Vertretern des Jüdischen Weltkongresses in Stockholm. Auch sie konnten sich nicht dazu durchringen, Klaus, trotz aller Verdienste, die er sich in diesen Monaten um die Rettung inhaftierter Juden aus Deutschland erworben hatte, als einen der ihren zu sehen. Das Odium des »Gestapo-Agenten« haftete ihm an und verstärkte sich noch mit den Entdeckungen der Paulsen-Lönnegren-Affäre. Klaus, der noch immer über seine »Besucher« aus Deutschland gewisse zweckdienliche Mitteilungen erhielt, wurde zwar als Informationsquelle ausgeschöpft[4] – das Verdienst und den Ruhm teilten sich aber andere. Himmler selber hatte nun über seinen Leibarzt Felix Kersten eine Direktverbindung zu engagierten Vertretern der jüdischen Gemeinden Schwedens hergestellt und versuchte durch Freilassung begrenzter Kontingente in Lagern befindlicher Juden den eigenen Kopf zu retten.

Während die Familie seiner Frau und die wenigen Freunde, die sich trotz jenes Verdachts nicht von dem Ehepaar Klaus distanziert hatten, in den ersten Maitagen 1945 das Ende des Krieges mit Freude begingen, zeigte sich in dem Mann, der die Kriegsjahre mit zermürbenden und mißverstandenen Vermittlungsversuchen verbracht hatte, ein immer größerer Zug zum Pessimistischen, ja Tragischen. Obgleich ihm die Nachricht von der Hinrichtung Canaris' zunächst vorenthalten blieb, wußte er doch von seiner Verhaftung und der Ermordung anderer Bekannter und Vertrauter, darunter Oberst Hansen. Er wurde sich auf tragische Weise der Tatsache bewußt, daß das Deutschland, mit dem er sich verbunden und für das er seine besten Energien eingesetzt hatte, nicht mehr bestand. Das Deutschland Canaris' war von dem Himmlers ausgelöscht worden, und das wurde – in erschreckender Gerechtigkeit – von den Panzern Stalins überrollt. Selbst bei Kriegsende schien es aus schwedischer Perspektive noch, daß die Schellenbergs triumphierten[5], während die Schulenburgs vernichtet waren.

Nach Kriegsende stellte man sich in Schweden, jetzt unter anderen Vorzeichen, die Frage, was mit dem staatenlosen früheren Zuträger des Büros Wagner, dessen Herkommen und politische Sympathien niemals ganz klar wurden, geschehen sollte. Am 19. Juni 1945 beantragte die Staatliche Ausländerkommission (Statens Utlänningskommision) die Ausweisung von Edgar Klaus aus Schweden. Als ehemaligem deutschem Staatsangehörigen stand ihm als Zielland in erster Linie Deutschland zur Verfügung. In seiner Heimatstadt Riga und in seiner Wahlheimat Jugoslawien standen die Heere der sowjetischen Besatzer und die von ihnen geförderten kommunistischen Landesverbände. Die Eisenerzgruben in Slowenien, die er seiner Frau überschrieben hatte und die die Existenzsicherung für die nächsten Jahre hätten versprechen können, wurden verstaatlicht. Dennoch fürchtete Edgar Klaus noch immer den Gedanken der Abschiebung nach Deutschland. Wahrscheinlich hat sich in den drei Kriegsjahren, nach den Erlebnissen seiner Abschiebung im August 1942, in seinem Unterbewußtsein ein Abschiebungstrauma eingenistet, das auch mit dem Ende des nationalsozialistischen Deutschland nicht gebannt wurde. Hinzu kamen die realen Kenntnisse der Massaker, die sich in Deutschland ereignet hatten, wuchs der Horror des Juden vor dem Land, mit dem er zusammengearbeitet hatte. Der Abscheu, dorthin zurückzukehren, vergrößerte sich mit den Nachrichten, die sich allmählich ausbreiteten. Erneut beauftragte Klaus seinen schwedischen Anwalt, die Abschiebung zu verhindern. Hamilton berief sich in seinen Schreiben an die Ausländerkommission - eine merkwürdige Zeitverschiebung, die die Wirren jener Tage und Wochen widerspiegelt - auf Klaus' jüdische Herkunft und verwies auf die Gefahren für Leib und Leben, die ihm aus einer Abschiebung in das noch immer ungeordnete Nachkriegsdeutschland erwachsen könnten. Die Sache Klaus ging in die höheren Instanzen. Doch am 29. Juni 1945 bestätigte die Regierung im Namen des Königs als der letzten Entscheidungs- und Appellationsinstanz in Sachen Abschiebung den Ausweisungsbescheid der Ausländerkommission und verfügte die Ausweisung von Edgar Klaus zum 7. Juli 1945. In einem verzweifelten Wettlauf gegen die Ausführung dieser allerhöchsten Verfügung sowie gegen die spürbar und sichtbar voranschreitende Krankheit bemühte sich Klaus, die Aufhebung oder - falls dies nicht gelingen sollte - die Aufschiebung der Ausweisung zu bewerkstelligen. Die behandelnden Ärzte stellten ihm alle erforderlichen medizinischen Gutachten aus.

Etwa gleichzeitig mit dem Ausweisungsbeschluß der Staatlichen Ausländerkommission wurde ein Gesetz erlassen, das Klaus ebenfalls betraf. Paragraph 8 des Gesetzes vom 15. Juni 1945 legte fest, daß alle bei Kriegsende auf schwedischem Boden verbliebenen Angehörigen von Dienststellen des nationalsozialistischen Deutschland in Internierungslagern zusammengefaßt werden sollten. Von dort aus sollte nach eingehenden Verhören über ihre weitere Behandlung entschieden werden. Am 1. Juli 1945 wurde Edgar Klaus zusammen mit den aktiven Nationalsozialisten der Deutschen Gesandtschaft Stockholm sowie der sogenannten deutschen Kolonie in Schweden im Internierungslager Bollmäs untergebracht. Dieser Aufenthalt brachte - wie aus den Briefen an seine Frau zu ersehen ist - für Edgar Klaus mancherlei Unannehmlichkeit und Pein, wohingegen das schwedische Personal seine von den Mitinternierten abstechende vorbildliche Haltung hervorhob. Am 13. Juli wandte Klaus sich mit Hilfe seines Anwaltes in einem Schreiben an die Staatliche Ausländerkommission, um die Aufhebung des Ausweisungsbescheides und die Entlassung aus der Internierung zu veranlassen. Als

Bürgen für seine Loyalität gegenüber Schweden und seine nichtnazistische Einstellung führte er die schwedischen Untertanen Dr. Carl Buchberger und Regierungsobmann Malte Jacobson sowie aus dem Kreise seiner früheren Landsleute und Mitemigranten Bruno Kreisky, Direktor A. Spivak und Großkaufmann Alfred Kaiser an. Doch Spivak und Kaiser, die mit Hillel Storch in Verbindung standen und es - wie dieser - schon früher für ihre Pflicht gehalten hatten, der schwedischen Polizei darüber Mitteilung zu machen, daß die eigentlichen Aktivitäten und Hintergründe des Edgar Klaus undurchsichtig seien, gingen davon aus, daß es mit der Internierung von Klaus in dem »Nazi-Lager« Bollmäs wohl doch seine Richtigkeit habe.

Nach intensiven Bemühungen der behandelnden Ärzte gelang es, Klaus Mitte August aus dem strengen Internierungslager Bollmäs in das dem milderen Internierungslager Hälsingmo angeschlossene Krankenhaus Söderhamn zu transferieren. Die Ärzte stellten hier gefährliche Werte von Angina pectoris und Bluthochdruck fest. Am 22. August wurde Klaus in das gepflegte Landeskrankenhaus Gävle in Mittelschweden überführt. Doch auch hier klagte Klaus über die Wirkung, die »eine solche moralische Depression auf einen Herzleidenden ausübt«.[6]

Die Bemühungen seines Anwalts um Freilassung liefen weiter. Am 25. Juli 1945 wandte sich Graf Hamilton mit der dringenden Bitte, man möge Klaus gemäß seinen Verdiensten behandeln, an den Leiter der Rechtsabteilung des U.D., Außenrat Engzell. Klaus, so schrieb er, habe sich Schweden gegenüber immer loyal verhalten; er habe sich um die Freilassung der in Gestapo-Haft befindlichen Warschau-Schweden bemüht und den schwedischen Interessen auch sonst in mancherlei Hinsicht gedient. Darüber hinaus sei sein Gesundheitszustand nun bedrohlich, und sein Privatleben werde unter einem längeren, erzwungenen Aufenthalt in Deutschland mit Sicherheit leiden. Die ganze Ausweisungssache sei künftighin unzumutbar und aus der Sicht des Schweden unverständlich.[7] Hamilton dürfte indes das Interesse übersehen haben, das die Westmächte an der Auslieferung und Befragung jenes Mannes nehmen mußten, der in der Molotow-Note vom 11. November 1943 als deutscher Mittelsmann und Unterhändler in Vorgesprächen über einen deutsch-sowjetischen Separatfrieden genannt wurde und - wie die alliierten Geheimdienste wußten - auch nach der Entdeckung noch an deutschen Kontaktversuchen in sowjetischer Richtung beteiligt gewesen war. Aus der Sicht Engzells, dem die Repräsentanten der jüdischen Gemeinden Schwedens nach dem Kriege ein vorzügliches Zeugnis ausstellten, waren die Gefahrenmomente einer Ausweisung des jüdischen Staatenlosen nach Deutschland nun endgültig gewichen; er konnte dort seine Angelegenheiten regeln und wohlbehalten nach Schweden zurückkehren. Besondere Schutzmaßnahmen oder gar Verschleppungen, wie sie während des Krieges vom U.D. in dieser Sache angewendet wurden, erschienen nun - gottlob! - als überflüssig.

Immerhin wurde die Ausweisung dilatorisch behandelt. Und die schwedischen Sicherheitsorgane waren aufgrund der Angaben des Anwalts gehalten, in eigener Regie Nachforschungen über die Hintergründe der Tätigkeit von Klaus während des Krieges anzustellen. Diese Verhöre begannen im Oktober 1945. Klaus hatte nicht mehr die innere Kraft, um die wahren Zusammenhänge seines Aufenthaltes in Schweden darzustellen. Die Affäre Wagner belastete ihn psychisch stark, und er mußte noch immer befürchten, mit ihr in Verbindung gebracht zu werden. Er gab freizügig Auskunft über sein persönliches Leben und seine politischen Ansichten, doch konnte er für seine Verbindungen zur Sowjetgesandtschaft - ein immer wiederkehrender Punkt bei den schwedischen Befragungen - keine zufriedenstellende Erklärung vorbringen. Sein Versuch, diese Verbindungen als rein persönliche, auf Zufälligkeiten beruhende Kontakte zu verniedlichen, löste gerade die umgekehrte Vermutung aus, daß Klaus nämlich neben seiner Verbindung zum Büro Wagner möglicherweise auch in sowjetischen Diensten gestanden habe. Und die dechiffrierten deutschen Geheimtelegramme »Schönemann berichtet ...« - der zweite Stein des Anstoßes - wollten den schwedischen Untersuchungsbehörden beim besten Willen nicht nur als Informationsmaterial erscheinen, das Klaus beim Abhören fremder Radiostationen und Lesen der internationalen einschließlich der zivilen und militärischen sowjetischen Presse eruiert und kompiliert hatte. Obwohl die Authentizität ihrer Inhalte nicht nachgewiesen werden konnte, waren diese Telegramme bei den Verhören von Klaus eine schwere Belastung.

Die Offiziere, die die Befragungen durchführten, bedeuteten Klaus, daß im Falle seiner Einstellung durch eine schwedische Firma die Frage seiner Ausweisung nach Deutschland hinfällig würde. Klaus versuchte daher, aus der Internierung heraus Verbindungen zu schwedischen Industriekonzernen aufzunehmen. In einem Erzbergwerk in Falun schien seine Berufserfahrung willkommen zu sein. Doch der Direktor bat sicherheitshalber in Stockholm um Auskunft über diesen höchst versierten, aber staatenlosen Ausländer. Am 17. November ging ihm die »streng vertrauliche Mitteilung« zu, daß Klaus im Jahre 1942 kurzzeitig nach Deutschland ausgewiesen wurde, »da er unerwünschter Kundschaftertätigkeit für die Deutschen verdächtigt wurde. Zweifellos hatte er in deutschem Auftrag die russischen Verhältnisse ausspioniert.« Das Justizministerium, so wurde dem Direktor des Bergwerks weiter mitgeteilt, überprüfe zur Zeit die Frage, ob ein fortgesetzter Aufenthalt von Edgar Klaus in Schweden möglich sei. Die Anstellung kam nicht zustande.

Am 20. Dezember 1945 gab die Staatliche Ausländerkommission eine abschließende Stellungnahme zu den Befragungen von Klaus ab. Eine neutrale Beurteilung mit wohlwollendem Grundtenor bestimmte den Bericht. Am 8. Januar 1946 richtete der Vorsitzende der Ausländerkommission, E. Bexelius, sein abschließendes Urteil unter Beilage des Kommissionsgutachtens »An den König (Justizdepartement)«. Gleichzeitig wurde Klaus auf Antrag die Erlaubnis erteilt, das Internierungshospital Gävle für mehrtägige Heimaturlaube in Stockholm zu verlassen. Er verbrachte die jeweiligen Wochen in Stockholm gemeinsam mit seiner für das Schwedische Rote Kreuz arbeitenden Frau in der alten Suite im Carlton-Hotel. Während dieser Aufenthalte in Stockholm führte er lange Gespräche mit Anwalt Hamilton, die neue, unermüdliche Demarchen nach sich zogen.

Während sich in den Frühjahrsmonaten der Gesundheitszustand von Edgar Klaus weiter verschlechterte und sich seine Herzanfälle häuften, entschied das Justizdepartement, an seiner Ausweisung festzuhalten. Diese Entscheidung, für deren Begründung sich weder verläßliche Dokumente noch überzeugende Argumente anführen lassen, dürfte auf Wunsch der westlichen Alliierten zustande gekommen sein, wobei das englische Interesse aufgrund der anhaltenden Krise des Mißtrauens gegenüber den wahren Nachkriegsplänen Stalins vermutlich den Ausschlag gab.[8] Die endgültige Abschiebung von Edgar Klaus wurde für den 1. April 1946 angesetzt.

Am Wochenende vor diesem Ausweisungstermin besuchte ihn seine Frau im Hospital Gävle. Klaus war an diesem Sonntag merkwürdig gefaßt und von durchdringender Klarheit. Er hatte sein Krankenzimmer gelichtet, Unwesentliches entfernt und die Briefschaften geordnet. Seiner Frau verheimlichte er seine bevorstehende Abschiebung, wohl um ihr unnötige Unruhe zu ersparen. Beim Abschied sagte er ihr: »Was immer du in der nächsten Zeit erfahren wirst, du hast niemals Anteil an irgendeiner meiner Handlungen gehabt.«[9]

Am Morgen des Tages seiner geplanten Abschiebung nach Deutschland, um 8.20 Uhr, erlag Edgar Klaus einem Herzinfarkt.[10]

Der Tod von Edgar Klaus hat ebensoviel Anlaß zu Mutmaßungen und Gerüchten gegeben wie sein Leben und Wirken. Während seine Frau, der die tiefen Ängste ihres Mannes vor einer Abschiebung nach Deutschland bekannt waren, zu der Ansicht neigte und heute noch neigt, ihr Mann habe Selbstmord begangen, verbreitete Werner Boening nach dem Krieg das Gerücht, Klaus sei vermutlich vom sowjetischen Geheimdienst ermordet worden. Und Bruno Peter Kleist, mit dem sich Boening nach dem Krieg verständigte, stimmte dieser Version vom Tod seines »sowjetischen Mittelsmannes« zu.[11] Boening berichtete, er habe nach dem Krieg von seiten der schwedischen Abwehr zuverlässig erfahren, daß Klaus in seinem Hotelzimmer in Stockholm im Auftrag des KGB ermordet worden sei.[12]

Allein die meisten Beobachtungen und Nachforschungen haben ergeben, daß Klaus aller Wahrscheinlichkeit nach eines natürlichen Todes starb. Die Untersuchungen, die unmittelbar nach Auftreten der von Kleist und Boening verbreiteten Gerüchte auf schwedischer Seite eingeleitet wurden[13], wie auch die Einsichten, zu denen die Verfasserin dieses Buches bei ihren Recherchen und den Befragungen der Freunde und Bekannten von Edgar Klaus sowie der mit seinem Fall befaßten Dienststellen in Schweden gelangte, verweisen die Mordthese ins Reich der Spekulation (Boening) und schuldgeprägter politischer Phantasie (Kleist). Heute scheint festzustehen, daß Edgar Klaus am Morgen des Tages seiner Auslieferung einer Herzattacke erlag, die durch eine Kette schwerer und zermürbender Erlebnisse, tiefer Enttäuschungen und Verkehrung seiner besten Absichten durch aussichtslosen Kampf an einer unsichtbaren Front herbeigeführt worden war. Die Aussicht, nach all dem Erlebten deutschen Boden betreten zu müssen, brach ihm wohl das Herz.

Die Meinungen über Edgar Klaus gehen bis zum heutigen Tag auseinander.

Für Schweden blieb Edgar Klaus »der mystische Mann des Krieges«[14], für die westlichen Alliierten eine unliebsame Erinnerung an die während des Krieges immer bestehende Gefahr eines neuen deutsch-sowjetischen Bündnisses, für die Sowjetregierung die Spielkarte, die Stalin zog, aber nicht ausspielte, für Deutschland ein Unbekannter, ein Mann zwischen den Welten, der in den Strudel des Untergangs gezogen wurde und aus der Geschichte verschwand.

Schlußbetrachtung

War ein deutsch-sowjetischer Separatfrieden möglich?

Während der gesamten Dauer des deutsch-sowjetischen Krieges war die Furcht der westlichen Staatschefs vor einer Erneuerung des Paktes zwischen der deutschen Regierung und Stalin, der in Form eines Separatfriedens hinter ihrem Rücken vorbereitet und geschlossen werden könnte, präsent und zu gewissen Zeiten so dominierend, daß sie ihre Kriegs- und Nachkriegspolitik hinsichtlich der Rolle, die die UdSSR in Europa spielen sollte, mitbestimmte. Am Ende der Betrachtung über den wirklichen Charakter und das Ausmaß der gefürchteten deutsch-sowjetischen Friedensfühler erhebt sich die Frage, ob die Sorge denn berechtigt war, die Churchill im August 1942 in einem wahren Kanossa-Gang zu Stalin führte, Roosevelt in Moskau und Teheran im Herbst 1943 ohne jede Not zu ganz außerordentlichen Zugeständnissen veranlaßte und schließlich Roosevelt und Churchill dazu bewegte, Stalin in Jalta im Hinblick auf ganz Osteuropa unerwartete Avancen zu machen.

Erstens: Die Sorge schien - soweit es die hier analysierten Dokumente erkennen lassen (und andere Vorgänge dieser Art scheinen kaum bestanden zu haben) - in zweierlei Hinsicht weit weniger begründet, als Churchill und Roosevelt annahmen: Einerseits verringerte sich - je tiefer die deutsche Wehrmacht in Rußland eindrang und je kleiner mit jedem Kilometer eroberten Landes und der Verschiebung der Front nach Osten ihre Siegeschancen wurden - die Fähigkeit der deutschen Reichsregierung zu irgendeiner Art von *politischer* Kriegführung. Der angelsächsische Pragmatismus, der sich in Hitler bereits angesichts dessen Vorkriegsdiplomatie so entscheidend getäuscht hatte, war nun noch weniger imstande zu begreifen, daß die im politisch-militärischen Kräftespiel übliche umgekehrte Proportionalität - je aussichtsloser die militärischen Optionen, desto hoffnungsvoller die politischen - in Hitlers zwanghaft determiniertem Denken einer Alles-oder-Nichts-Maxime unterlag. Jede Flexibilität eines diplomatischen *do ut des* war ihm fremd und rückte - im Schritt mit den erwarteten durchschlagenden deutschen Siegen - im Laufe des Feldzuges in immer weitere Ferne. Ein konventionelles Handeln um Gebietsgewinne und -verluste - traditionelles Nebenelement jeder Eroberungs- (aber eben nicht Raub-) Politik - bezog dieser geschichtsunkundige Unterwerfer nicht in sein Kalkül ein - es sei denn aus einer rigiden Position extremer Stärke, und diese war in dem Moment, als ihn seine Umgebung auf die Möglichkeit eines Handels aufmerksam machte, schon unwiederbringlich verspielt.

Andererseits war die Sowjetregierung aus einer Reihe von Gründen und überwiegend aus wohlverstandenem Eigeninteresse diesmal (im Unterschied zum August 1939) keinesfalls so stark zum »Paktieren mit dem Teufel« bereit, wie es ihr die Westmächte (aufgrund der in Brest-Litowsk und im August 1939 in Moskau gemachten Erfahrungen) jetzt unterstellten.

Vielschichtig waren die Gründe, die die Sowjetregierung ernstlich von einem Frontenwechsel im Krieg und einer Pakterneuerung mit Deutschland zurückhielten. Sie reichten von tiefer Erschütterung nach dem Vertragsbruch und mit zunehmender Schwere der Kämpfe Erbitterung sowie Angst vor dem Zusammenbruch des eigenen Systems schließlich, als das Kriegsglück sich wendete, zum Stolz auf den geleisteten Widerstand bis hin zu Siegesenthusiasmus und, als die Armee auf Deutschland zumarschierte, sogar Großmachteuphorie. Zementiert wurden die sich wandelnden Einstellungen zum vertragsbrüchigen Feind durch die kollektive Erniedrigung, getäuscht und unvorbereitet angegriffen worden zu sein, durch wachsende nationale Solidarität und Einheit im Kampf und schließlich, nach der leidvollen Erfahrung des besonderen Charakters dieses Krieges, durch eine in Ansätzen spürbare allsowjetische Kohärenz.

Zweitens: War der Spielraum für eine Annäherung zwischen den beiden in die Kämpfe verstrickten Seiten somit weit enger gesteckt, als man in westlichen Regierungskreisen glaubte (westliche Geheimdienstkreise, besonders die Mitarbeiter der Mittel-Europa- und Rußland-Abteilung des OSS, sahen die Dinge in der Regel nüchterner und realitätsnäher), so blieb doch eine gewisse Möglichkeit des Erkundens und Experimentierens bestehen. Sie bestand in Schweden – aus anderen neutralen Ländern sind uns keine vergleichbaren Vorsondierungen bekannt geworden – auf der unteren geheimdienstlich-privaten Ebene, und sie wurde im wesentlichen von den Aktivitäten der in der einen oder anderen Weise interessierten Mittelsmänner (»go-betweens« im wahrsten Sinne des Wortes) ausgefüllt. Durch eine aktive (nicht rein rezeptive) Vermittlerrolle brachten diese einerseits einen gewissen Informationsfluß in Gang; andererseits versuchten sie aber, auf beiden Seiten durch Vorbringen (Überbringen) realer, möglicher oder nur gedachter Optionen eine Bereitschaft zu Verhandlungen auszulösen. Der wichtigste und effektivste dieser Mittelsmänner, möglicherweise auch der einzige, dessen Vermittlungsangebot die sowjetische Seite über einen gewissen Zeitraum hinweg operative Ernsthaftigkeit beimaß, war zweifellos Edgar Klaus. Dabei verhielten sich die angesprochenen sowjetischen Vertreter, nicht anders als die Ansprechpartner deutscher Sendboten im Westen, allerdings grundsätzlich und weitestgehend passiv. Sie nahmen die wechselnden Mittlerpersonen, Angebote oder in Aussicht gestellten Angebote mit einer Art sublimem Desinteresse zur Kenntnis und waren schnell mit globalen Zurückweisungen bei der Hand – zu Recht, möchte man sagen, wenn man verfolgt, mit welch phantastischen Vorschlägen Sprecher der deutschen Reichsregierung dem mächtigen Feind und alles überrollenden Gegner in den einzelnen Phasen des Rußlandfeldzuges höchst unzeitgemäß aufwarteten. (Man könnte sich fragen, ob in dem naiven Glauben an die russische Fähigkeit, zu verzeihen und Geschehenes vergessen zu machen, nicht ein weiterer Zug des deutschen Rußland-Bildes zu jener Zeit bestand.)

Drittens: Innerhalb dieses engbemessenen Spielraumes für eine Mittlertätigkeit, der von mehr oder minder ehrlichen Maklern genutzt wurde, boten sich zwei Perioden, in denen diese mit einem gewissen sichtbaren Erfolg Kontakte zu vermitteln vermochten: der Zeitraum zwischen der Wende von Stalingrad und der Entscheidungsschlacht von Kursk und Orël und die Periode zwischen der Errichtung der Zweiten Front am Atlantik und der Ausschaltung der deutschen Opposition im Sommer 1944.

Nach der gewonnenen Schlacht um Stalingrad hatte die Sowjetführung die militärischen Kräfte des Landes gesammelt und erwies sich als Herr der Lage. Sie hatte ihre Haltung wiedererlangt und ging moralisch gestärkt aus der Kraftprobe hervor. Der Nimbus der unbesiegbaren deutschen Wehrmacht war ein für allemal gebrochen. Aus einer Position zunehmender Stärke könnte nun vielleicht auch die Sowjetführung der Hitler-Regierung wieder Ansätze einer gewissen Rationalität in den politischen Entscheidungsprozessen unterstellt haben. Stalin hat vielleicht, zumindest vorübergehend, die Möglichkeit nicht ausgeschlossen, daß er es nun mit einer sich besinnenden deutschen Reichsführung zu tun hätte, die ihre Fehler partiell einsah und angesichts der unter Schmerzen neu entstehenden, realistischeren Einschätzung der russischen Schlagkraft zu einem partiellen Schuldbekenntnis (daher Ablösung der verhaßten und für die während des Feldzuges begangenen Verbrechen verantwortlich zu machenden Minister) und einem Angebot und Arrangement bereit sein könnte. Während die Vertreter der Sowjetregierung den Annäherungsversuchen der Agenten Himmlers mit tauben Ohren begegneten, scheinen sie in dieser Periode zwischen Stalingrad und Kursk doch den intensiven Anregungen von Mittelspersonen wie Edgar Klaus gefolgt zu sein und die deutschen Vorschläge und Vorstellungen zumindest auf unterer Ebene (Jarzow-Schmidt-Treffen) angehört zu haben. Die dabei von deutscher Seite formulierten Vorbedingungen für Gespräche waren erneut desillusionierend: Die ansatzweise unterstellte Rationalität der Entscheidungsprozesse im Führerhauptquartier war nicht eingetreten, die deutschen Unterhändler wähnten sich noch immer in einer verhandlungsfähigen Großmachtposition, die – hätte sie jemals bestanden – nun von den militärischen Ereignissen längst hinweggefegt war. Die Vorkontakte wurden umgehend fallengelassen, die (oder das) Treffen mit dem Ausdruck höchster Peinlichkeit über diese unsittlichen Anträge dementiert. Wie die Verbündeten war möglicherweise auch die Regierung Stalins für kurze Zeit der Illusion erlegen, sie habe es mit einem politisch denkenden Feind zu tun, den eine Einengung seiner militärischen Optionen zur Ernüchterung und zur Suche nach einem neuen, politischen Ausweg führte.

In der zweiten Periode galt eine offenbar bestehende Kontaktbereitschaft auf unterer Ebene, wie sie die Dokumente vom Juni 1944 nahelegen, zweifellos schon nicht mehr der Hitler-Regierung, vielmehr stand sie im Vorfeld der Erwartung einer Aktion des deutschen Widerstandes, der möglicherweise eine außenpolitische Deckung und Legitimation zur Durchführung seiner innenpolitischen Pläne suchte. Die Vorstellung Kleists bei Semjonow und Nikituschew dürfte vor diesem Erwartungshorizont - zumal wenn Kleist dabei das Szenario einer Regierung Himmlers ohne Hitler entworfen haben sollte - eine gewisse Überraschung, aber auch degoutiertes Kopfschütteln angesichts der Zumutung eines Handels mit Himmler und einer neuerlichen Offerte obsoleter Verhandlungsgegenstände (gemeinsame Ausbeutung der Ukraine und so weiter) ausgelöst haben.

Es ist aber auch möglich, daß die Stockholmer Sowjetvertretung Repräsentanten der Bewegung des 20. Juli 1944 einen mehr oder weniger eindeutig positiven Wink gab, da sie in ihr eine breite, zur Volksfront tendierende Widerstandsbewegung sah, die zwischen die beiden Pole - deutscher kommunistischer Untergrund einerseits und Nationalkomitee Freies Deutschland andererseits - eingespannt werden konnte.

Nach dem Ausscheiden der Möglichkeit einer aus eigenen Kräften zur Macht gelangenden Widerstandsbewegung und dem sichtbaren Nachgeben der Alliierten in allen für die Sowjetregierung essentiellen Fragen mußte die sowjetische Bereitschaft, Sprecher der faktischen oder einer potentiellen deutschen Regierung direkt oder indirekt anzuhören, als erloschen gelten.

Viertens: Die Bereitschaft, (nach aktiven Vermittlungen) Vorstellungen der Feindseite überhaupt anzuhören, stand nämlich in einem bestimmten, wenn auch bisher oft überschätzten Verhältnis zur Glaubwürdigkeit der Westmächte und Effektivität ihrer Unterstützung. Krisen des Bündnisses konnten Stalin wiederholt zu einer Schaukeltaktik (bei gleichbleibenden Prämissen seiner real betriebenen Politik) veranlassen, wie es die Krise von Ende August/ Anfang September 1943 in exemplarischer Form zeigt. Doch war - sosehr seine Schaukelmanöver den westlichen Staatsmännern damals auch Kopfzerbrechen bereiteten - hierin nur ein kurzes, die Westmächte in Zugzwang bringendes Signal seines zunehmend kraftvolleren und unabhängigeren militärischen und politischen Schrittes zu sehen. Langfristig waren Anfang September

1943 die Weichen für die Kriegs- und Nachkriegsstrategie schon gestellt - und zwar im Sinne einer Politik *mit* den Verbündeten (wenn auch mit diesen im Schlepptau und nicht an der Spitze der angestrebten politischen Richtung); taktisch konnte sich Stalin aber den Anschein geben, als existiere für ihn eine zweite oder dritte Option. Dies versprach nicht nur schnelleres Zugreifen der Alliierten (und damit eine Entlastung der sowjetischen Kriegsmaschinerie auch im Hinblick auf spätere Zeiten), sondern sicherte auch größeren Spielraum bei der Gestaltung der Nachkriegssphären. Und bei diesen taktischen Manövern kam Stalin - eine Art diabolisch verketteter Komplizenschaft aus den Zeiten des gemeinsamen Bündnisses - die von Hitler befehligte und von Goebbels durchgeführte Desinformationskampagne über angebliche deutsche oder aber sowjetische Friedensbemühungen nur entgegen.

Fünftens: Die taktische Komponente gewisser Verlautbarungen Stalins hat auch die Deutsche Reichsregierung verwirrt, das vorhandene Potential narzißtischer Selbstbehauptung zu vermessenen Hoffnungen aktiviert. Irrigerweise glaubte die Hitler-Regierung (und bedauerlicherweise nicht sie allein), den durch Stalins Droh- und Schaukel-Manöver eröffneten Raum von Mißtrauen und Besorgnis der Westmächte durch dosierte Warnungen und gezielte Sondierungen für ihre eigenen Zwecke nutzbar machen zu können. Aber das Spiel wurde durchschaut. Und die Absicht verkehrte sich in der politischen Wirklichkeit des Bündnisses in ihr Gegenteil: einen unnachgiebig engen Schulterschluß der Alliierten, an dem auch die insgesamt ungenügend koordinierten und für die Alliierten großenteils undurchschaubaren Kontaktversuche des Widerstandes abprallten.

Sechstens: Es bleibt die Frage der Grenzziehung, die Fragestellung also, ob Stalin bei einer anderen als der tatsächlichen deutschen Disposition in den Vorsondierungsrunden zu einer Friedenslösung bereit gewesen wäre und worin ein solcher Frieden dann hätte bestehen können. Bereits im Vorfeld von Stalingrad scheint die Sowjetführung (wenn man davon ausgeht, daß Edgar Klaus aus den Gesprächen mit Sowjetvertretern tatsächlich reale Anhaltspunkte für die sowjetische Position gewonnen hatte) auf einem bedingungslosen Rückzug aller deutschen Truppen zum *status quo ante* bestanden zu haben. Nach der Wende von Stalingrad und vor der Entscheidungsschlacht von Kursk scheint ein Kompromißfrieden, also ein Friedensschluß unter Bedingungen oder Garantien, durch den sich die Sowjetführung bewußt von der Forderung ihrer Verbündeten nach »bedingungsloser Kapitulation« abgehoben hätte, nicht grundsätzlich ausgeschlossen worden zu sein. Doch wurde jeder Territorialkompromiß, mithin jede Diskussion über genuin sowjetisches Gebiet als Handelsobjekt, grundsätzlich zurückgewiesen (daran scheiterte die erste Vorrunde der Fühlungnahmen

Schmidts, insbesondere der deutsche Anspruch auf die Ukraine). Dies legt die Vermutung nahe, daß sich ein »Kompromiß« lediglich im Hinblick auf die besondere Form des staatlichen Überlebens Deutschlands und möglicherweise seiner Wehrmacht hätte erzielen lassen, Stalin also unter Umständen Hitler oder lieber wohl Deutschland eine Niederlage in Ehren garantieren wollte. Nach der irreversiblen militärischen Wende von Kursk und Orël und der nachfolgenden strategisch-institutionellen Neuorientierung der Sowjetregierung galt die Forderung der Grenzen von 1939 beziehungsweise 1941 als überholt. Es setzte sich eine expansionistische Orientierung und ein Kalkül des Zugewinns durch, das nun die alten, »genuin russischen« Grenzen von 1914 anstrebte und im Süden mit den Dardanellen liebäugelte, dem großrussischen Traum seit dem Erstarken des Expansionismus gegen Ende des 19. Jahrhunderts.

Siebtens: So hat die deutsche Reichsführung nach dem mephistophelischen Verhaltensmuster dessen, der (seinem Feinde) stets das Böse will und doch das Gute schafft, durch Spaltungs- und Desinformationspolitik mit dem Ziele, die Glaubwürdigkeit der Alliierten zu untergraben und das Prestige der UdSSR zu unterhöhlen, ihrem Gegner dazu verholfen, seinen »Lebensraum« zu vergrößern und als wirklicher »Koloß« aus dieser Machtprobe hervorzugehen. Hitlers frühe visionäre Angstvorstellungen, daß Deutschland den konzentrischen Kreisen der Zerstörung ausgesetzt und einem bewahrten Rußland zum Opfer gebracht würde, der »volle Wahnsinn« dieser Zerstörung, erfüllten sich. Niemand griff wirksam ein, um Deutschlands Untergang aufzuhalten. Einige haben es versucht. Sie waren zu schwach.

Anmerkungen

Anmerkungen zum ersten Kapitel

1 Hitler, A. Mein Kampf, München 1939, S. 748
2 Hitlers Zweites Buch. Ein Dokument aus dem Jahre 1928, Stuttgart 1961, S. 154
3 Ebd.
4 Hitler, Mein Kampf, S. 749
5 Hitlers Zweites Buch, S. 155
6 Geheimer Vortrag Jodls am 7. 11. 1943, zitiert in: Uhlig, H. Das Einwirken Hitlers auf Planung und Führung des Ostfeldzuges, in: Vollmacht des Gewissens, Band II, Frankfurt/Main 1965, S. 147-286, hier: S. 157
7 Hill, L. Die Weizsäcker-Papiere 1933-1950, Berlin 1974, S. 36, Aufzeichnung vom 23. Mai 1940
8 Klee, K. Unternehmen »Seelöwe«, Göttingen 1958, S. 189
9 Generaloberst Halder, Kriegstagebuch (= KTB), bearbeitet von Hans-Adolf Jacobsen, Stuttgart 1962, Band I, S. 374
10 Information Halders, Uhlig, Einwirken, S. 158
11 Halder KTB II, S. 6
12 Halder KTB II, S. 9
13 Etzdorf, H. v. Meine Tätigkeit als Vertreter des Auswärtigen Amts beim Oberkommando des Heeres, in: Haas, W. Beitrag zur Geschichte der Entstehung des Auswärtigen Dienstes in der Bundesrepublik Deutschland, Bonn 1969, S. 528-31, hier S. 530
14 Herwarth, H. v. Zwischen Hitler und Stalin. Erlebte Zeitgeschichte 1931-1945, Frankfurt/Main 1982, S. 239. Über die hier einsetzende Entwicklung vgl. auch: Förster, J. Hitlers Entscheidung für den Krieg gegen die Sowjetunion, in: Das Deutsche Reich und der Zweite Weltkrieg, Band 4: Der Angriff auf die Sowjetunion, Stuttgart 1983, S. 3-37
15 Halder KTB II, S. 31
16 Klee, »Seelöwe«, S. 192
17 Assmann, K. Deutsche Schicksalsjahre, Wiesbaden, 1950, S. 250f.
18 Halder KTB II, S. 32
19 Warlimont, W. Im Hauptquartier der deutschen Wehrmacht 1939-1945, Frankfurt/Main 1962, S. 129
20 Halder KTB II, S. 43
21 Halder KTB II, S. 46
22 Herwarth, Hitler, S. 208
23 Halder KTB II, S. 66, 86. Affidavit Ernst August Köstring vom 20. 11. 1945, Nürnberg-Dokument PS-3014; Interrogation E. A. Köstring vom 11. 9. 1945, National Archives (=NA), Record Group (=RG) 226, Records of the Office of Strategic Services (=OSS) XL 18533, wo Köstring das entsprechende Gespräch mit Halder auf September 1940 datiert; Interrogation E. A. Köstring vom 30./31. August 1945, NA RG 165, Records of the War Department General and Special Staffs
24 Der »Operationsentwurf Ost« des Generalmajor Marcks vom 5. August 1940, hrsg. und eingel. von Ingo Lachnit und Friedhelm Klein, in: Wehrforschung, Heft 4/1972, S. 114-123

25 Gibbons, R. Opposition gegen »Barbarossa« im Herbst 1940. Eine Denkschrift aus der Deutschen Botschaft Moskau, in: Vierteljahreshefte für Zeitgeschichte (=VfZ), 3/1975, S. 332-40, hier S. 333
26 Halder KTB II, S. 209
27 Nürnberg-Dokument PS-446

Anmerkungen zum zweiten Kapitel

1 Kotze, H. v. Hrg. Heeresadjutant bei Hitler 1938-1943. Aufzeichnungen des Majors Engel, Stuttgart 1974, S. 41
2 Müller, K.-J. Struktur und Entwicklung der nationalkonservativen Opposition, in: Aufstand des Gewissens. Der militärische Widerstand gegen Hitler und das NS-Regime 1933-1945. Im Auftrag des Bundesministeriums für Verteidigung zur Wanderausstellung herausgegeben vom Militärgeschichtlichen Forschungsamt, Herford und Bonn, o. J. [1984], S. 263-309 sowie Hoffmann, P. Widerstand. Staatsstreich. Attentat. Der Kampf der Opposition gegen Hitler, München 1969
3 Wagner, E. Hrg. Der Generalquartiermeister. Briefe und Tagebuchaufzeichnungen des Generalquartiermeisters des Heeres, General der Artillerie Eduard Wagner, München 1963, S. 194
4 Krausnick, H. und Wilhelm, H.-H. Die Truppe des Weltanschauungskrieges. Die Einsatzgruppen der Sicherheitspolizei und des SD 1938-1942, Stuttgart 1981 (= Quellen und Darstellungen zur Zeitgeschichte, Band 22) S. 112
5 Groehler, O., Zur Einschätzung der Roten Armee durch die faschistische Wehrmacht im ersten Halbjahr 1941, dargestellt am Beispiel des AOK 4, in: Militärgeschichte (Berlin-Ost), 1968, Heft 6
6 Hillgruber, A. Das Rußland-Bild der führenden deutschen Militärs vor Beginn des Angriffs auf die Sowjetunion, in: Rußland-Deutschland-Amerika. Festschrift für Fritz T. Epstein zum 80. Geburtstag, Wiesbaden 1978 (= Frankfurter historische Abhandlungen, Band 17), S. 296-310
7 Ueberschär, G. R. Ansätze und Hindernisse der Militäropposition gegen Hitler in den ersten beiden Kriegsjahren (1939-1941), in: Der militärische Widerstand gegen Hitler und das NS-Regime 1933-1945, Band 5 der Vorträge zur Militärgeschichte, Bonn 1984, S. 81-109, hier S. 97 sowie Beispiele in Anm. 102 auf S. 107/8.
8 Abshagen, K.-H. Canaris. Patriot und Weltbürger, Stuttgart 1949; Colvin, I. Chief of Intelligence, London 1951; Höhne, H. Canaris. Patriot im Zwielicht, München 1978
9 Gisevius, H. B. Bis zum bitteren Ende, München 1946, Band II. S. 140, München [3]1982, S. 303
10 Heinz, F. W. Von Wilhelm Canaris zur (sic!) NKWD, Manuskript, NA Modern Military Branch (= MMB), S. 120
11 Gisevius, Ende[3], S. 280
12 Thun-Hohenstein, R. G. Graf von, Der Verschwörer. General Oster und die Militäropposition, Berlin 1982, S. 136
13 Wheeler-Bennett, J. Die Nemesis der Macht. Die deutsche Armee in der Politik 1918-1945, Düsseldorf 1954, S. 397
14 Krausnick, K. und Deutsch, H. Hrg. Groscurth, H. Tagebücher eines Abwehroffiziers 1938-1940, Stuttgart 1970, S. 179, Eintragung vom 24. 8. 1939
15 Graml, H. Der Fall Oster, in: VfZ 14/1966, S. 26ff.
16 Nürnberg-Dokument PS-884

17 Vgl. auch: Canaris und der Rußlandfeldzug, in: Buchheit, G. Soldatentum und Rebellion. Die Tragödie der deutschen Wehrmacht, Rastatt und Baden 1961, S. 247ff.
18 DAZ vom 2. 4. 1939 »Tirpitz und die Weltpolitik«, anläßlich des Stapellaufes der »Tirpitz«
19 Hassell, U. v. Vom Anderen Deutschland: Aus den nachgelassenen Tagebüchern 1938–1944, Frankfurt/Main 1964, S. 200, Eintragung vom 4. 5. 1941
20 Hassell, Deutschland, S. 183
21 Hammerstein, L. Frhr. v. Kurt Freiherr von Hammerstein-Equord, 1878 bis 1943, s.l., s.d. S. 7
22 Finker, K. Politischer Realismus und militärisches Verantwortungsbewußtsein. Einige geschichtliche Erfahrungen aus dem 20. Juli 1944, in: Militärgeschichte (Berlin-Ost), 3/1984, S. 195–200, hier S. 199
23 Hassell, Deutschland, S. 209
24 Hassell, Deutschland, S. 210, Tagebucheintragung vom 13. 7. 1941
25 Vgl. Neujahrsgrüße 1938/9 von Canaris an Schulenburg, Politisches Archiv (=PA) des Auswärtigen Amts (=AA). Deutsche Botschaft Moskau, Rußland 178460-1
26 Heinz, Canaris, S. 46
27 Heinz, Canaris, S. 175
28 Ebd.
29 Ebd.ff.

Anmerkungen zum dritten Kapitel

1 Die schwedischen Akten zur Person und Aktivität von Edgar Klaus zerfallen in drei Quellengruppen: Das Schwedische Außenministerium (Utrikesdepartment = U.D.) besitzt eine kleine Aktenkollektion unter dem Titel »Spionage in Sweden«, der auch einige Klaus-Akten angehören, sowie eine weit größere Sammlung, in die die Akten über die in Schweden lebenden Ausländer eingegangen sind. Dies sind Akten des vormaligen Sozialamtes (Socialstyrelsen), zu dessen Unterabteilungen das Ausländerbüro (Utlänningsbyrån) gehörte, sowie der Nachfolgeinstitution (ab 1. Juli 1944) des Sozialamtes, der Staatlichen Ausländerkommission (Statens Utlänningskommission). Die dritte und umfangreichste Aktensammlung befindet sich in Archiven der Reichspolizei (Rikspolis) und enthält eine Vielzahl von Akten, die mit Sicherheitsfragen zusammenhängen. Sie reichen von den Akten der Sicherheitspolizei (Stockholms Polis) bis zu denen des Verteidigungsstabes (Förvarsstaben). In dieser Aktensammlung der Reichspolizei befinden sich neben den Personalakten von Edgar Klaus auch die Personalakten vieler anderer Personen, mit denen Klaus in der einen oder anderen Weise in Verbindung stand. Die Reichspolizeiakten zur Person von Edgar Klaus (P 2744) bestehen aus den formellen Dokumenten (wie Visa, Aufenthaltsberechtigungen, diverse Anträge etc.), aus den Observierungsberichten der schwedischen Polizei, aus offiziellen Schriftwechseln, Empfehlungsschreiben, Affidavits etc. sowie aus den Verhörprotokollen, die nach Ende des Krieges angefertigt wurden. Es sei angedeutet, daß es den schwedischen Behörden bis zuletzt nicht gelang, sich ein klares Bild vom Leben und von der Tätigkeit dieses Mannes zu machen. Dementsprechend groß sind die Defizienzen der Dokumente. Das Bild, das dieses Buch zeichnet, geht auf erhebliche detektivische und kombinatorische Arbeit sowie zahlreiche Gespräche mit der Witwe, mit Freunden und Bekannten von Edgar Klaus zurück.

2 Verhör Edgar Klaus vor der Ausländerkommission vom 20. Dezember 1945, U.D.
3 Koch, H. W. The Spectre of a Separate Peace in the East: Russo-German ›Peace Feelers‹, 1942–44, in: Journal of Contemporary History, Band 10, Nr. 3, Juli 1975, S. 531–549, hier S. 547, Note 8 unter Bezug auf: Auswärtiges Amt. Krieg 1914: Die Zukunft der Baltischen Provinzen, 28. Konnte nicht nachgeprüft werden.
4 LO-Bericht über ein Gespräch mit E. Klaus vom 9. 1. 1943, Rikspolis (= RP) P 2744.
5 Verhörprotokoll Gävle vom 16. 10. 1945, RP P 2744
6 Zeugnis des früheren österreichischen Gesandten in Ankara, Dr. Carl Buchberger, Stockholm, vom 21. April 1943, der angab, Klaus in den zwanziger Jahren in Berlin gekannt zu haben. RP P 2744.
7 Angaben von Klaus vor der schwedischen Polizei; Rapport des Stockholms Polis vom 16. Juni 1941 und 21. April 1942, RP P 2744.
8 Der Vorname seiner ersten Frau, Mila Klaus, räumt die Möglichkeit ein, daß sie aus Jugoslawien stammte oder hier Familie hatte.
9 Befragungsprotokoll der Ausländerkommission vom 20. 12. 1945, U.D.
10 LO-Berichte sowie Anzeige von Landsfiskal Lindblom, August 1943, RP P 2744
11 Vgl. sein Promemoria an den schwedischen Außenminister Christian Günther vom 2. Oktober 1943, U.D.
12 Persönliche Mitteilung an Vf.
13 E. Klaus, Brief an die Staatliche Ausländerkommission vom 18. Oktober 1945, U.D.
14 PA AA, Generalkonsulat Riga, Spionage- und Agentenwesen, Geheim 14, 2
15 Ebd. Pol VI 121 g
16 PA AA Pol I M, Geheimakten betreffend: Agenten- und Spionagewesen. Einzelfälle, Band 2, Aufzeichnung Amtsrat Kurschat vom 27. Juli 1942
17 E. Klaus, Brief an die Staatliche Ausländerkommission vom 18. Oktober 1945, U.D.
18 Verhör vom 16. 10. 1945, RP P 2744
19 PA AA, Schreiben der Deutschen Gesandtschaft Stockholm, gez. Prinz Wied, vom 6. Mai 1942, Geheime Reichssache, Pol I M, Akten betreffend: Abwehr Schweden, September 1941 bis, Pol I M 38
20 Verhör durch Erbacke und Granlund vom 16. Oktober 1945, RP P 2744
21 LO-Bericht vom 18. 1. 1943 sowie Aussagen von Felix Niebuhr über seine Gespräche mit E. Klaus, RP P 2744
22 Verhör vom 16. 10. 1945, S. 6, RP P 2744
23 Angabe von Klaus im Verhör vom 16. 10. 1945 sowie Mitteilungen Werner Boenings an Dr. H. Heiber in: Aktenvermerk, Vertraulich, vom 13. 12. 1957 von Dr. H. Heiber, München, Institut für Zeitgeschichte, ZS 1624 (im folgenden zitiert als: Boening/Heiber)

Anmerkungen zum vierten Kapitel

1 Eine Arbeit zu diesem Thema fehlt. Als erster Aufweis des Desiderats: Wäsström, S. Schweden als Arena der Nachrichtendienste während des Zweiten Weltkrieges, in: Bindschedler, R. L. i.a. Hrg., Schwedische und schweizerische Neutralität im Zweiten Weltkrieg, Basel und Frankfurt/Main, 1985, S. 120–127.

Aus der Sicht des deutschen und österreichischen Emigranten, vgl. Englisch, K. Den osynliga fronten. Spioncentral Stockholm, Stockholm 1985 sowie die Erinnerungen von Dr. Bruno Kreisky, die im Herbst 1986 im Siedler Verlag, Berlin erscheinen.

2 Vgl. Gruchmann, L. Schweden im Zweiten Weltkrieg. Ergebnisse eines Stockholmer Forschungsprojektes, in: Vierteljahreshefte für Zeitgeschichte (= VfZ) 25/1977, S. 591-657; Carlgren, W. M. Svensk utrikespolitik 1939-1945, Stockholm 1973 sowie ders. Die Mediationspolitik in der Außenpolitik Schwedens während des Zweiten Weltkrieges, in: Bindschedler, Neutralität, S. 97-110; Wilhelmus, W. Schweden und das faschistische Deutschland im Zweiten Weltkrieg, in: Zeitschrift für Geschichtswissenschaft (= ZfG) (Berlin-Ost), 21/1973, S. 791-809 und ders. Vorbereitungen der faschistischen Wehrmacht zur Besetzung Schwedens, in: ZfG (Berlin-Ost), 23/1975, S. 1032-40

3 Vgl. Carlgren, W. M. Svensk underrättelse tjänst 1939-1945, Stockholm 1985

4 Vgl. Aufzeichnung Canaris von diesem Treffen, Bundesarchiv (=BA) Militärarchiv (=MA) Freiburg, RW 39/1 sowie: Lutzhöft, H.-J. Schwedische Reaktionen auf die deutsche Politik im Osten 1939-1943, in: Zeitschrift für Ostforschung 29/1980, Heft 1, S. 71-83 und Björkman, L. Sverige inför Operation Barbarossa. Svensk neutralitetspolitik 1940-1941, Stockholm 1971

5 Meurling, P. Spionage och sabotage i Sverige, Stockholm 1952, S. 290f.

6 Lindberg, H., Svensk flyktingspolitik under internationellt Tryck 1936-1941, Stockholm 1973

7 Vgl. den Bericht der Parlamentarischen Untersuchungskommission unter dem Vorsitz Sandlers (Sandler-Kommission) über die sog. Paulsen-Affäre: Parlamentariska Undersökningskommissionen angående Flyktingärenden och Säkerhetstjänst, Stockholm 1946

8 De Witt-Poole - Interrogation Dr. Hans Thomsen in: Special State Interrogation, NA Mikrofilm-Serie M 679

9 Federal Bureau of Investigation (= FBI) Memo »Re Malcolm Lovell« vom 14. März 1946, FBI-Akte Nr. 100-25944,47 (15) sowie zum folgenden: Donovan-Nachlaß, US Military Academy, Carlisle Barracks, Carlisle/Penns.; ferner: Brown, A. C. The Last Hero. Wild Bill Donovan, New York 1984, S. 186ff.

10 Schreiben Lovells an Donovan vom 13. Dezember 1941 mit Begleitschreiben von William J. Donovan an Präsident F. D. Roosevelt vom selben Tage (»My dear Mr. President: Here is a report of the latest visit of Lovell with Thomsen. Sincerely . . .«) in: President F. D. Roosevelt Library, Hyde Park, New York, Box 163, OSS

11 Persönliche Mitteilung von Frau Lilian Brunés, geborene Algoth, verwitwete Klaus, und von Dr. Bruno Kreisky an Vf.

12 Aussage E. Klaus im Verhör vom 18. 10. 1945, S. 10f.

13 Ein Personaldossier der Gesandtin, das die Protokollangaben der Akkreditierung enthält, befindet sich im U.D.-Bestand des Reichsarchivs, Stockholm, ein zweites Personaldossier liegt im U.D. Die Biographien, die bisher über »die Kollontaj« existieren, sind überwiegend in sowjetischem oder aber feministischem Interesse konzipiert: Palencia, I. de, Alexandra Kollontay: Ambassadress from Russia, New York 1947, Itkina, A. M., Revoljucioner, tribun, diplomat, Moskau 1964 sowie Schejnis, A., Alexandra Kollontaj. Das Leben einer ungewöhnlichen Frau, Frankfurt/Main (Verlag Marxistische Blätter) 1984. In der UdSSR wurde Anfang der 1970er Jahre

der Film »Posol Sovetskogo Sojuza« (Botschafter der Sowjetunion) gezeigt, der ihr Leben nachzeichnet. Die im Deutschen veröffentlichten Essays und Erinnerungen stellen ihre extravagant weiblichen Seiten in den Vordergrund: Kollontaj, A., Wege der Liebe, Berlin (Buchverlag Der Morgen) 1982 und dies., Ich habe viele Leben gelebt... Köln (Pahl-Rugenstein) [3]1985. Eine objektive Darstellung steht aus. Die nachfolgenden Andeutungen wurden unter Zugrundelegung der 3. Lenin-Ausgabe geschrieben: Lenin, V. I., Sočinenija, izd. tret'e ..., pod redakciej L. B. Kameneva, Moskva: Gosudarstvennoe izdatel'stvo 1929–1935.

14 Paradoxerweise richtete im Jahre 1941 der Mann, der ein Mitwisser der Hintergründe der Ermordung von Rosa Luxemburg war, nämlich Wilhelm Canaris, seinen erwartungsvollen Blick auf ihre russische Genossin, Alexandra Kollontaj.

15 Bernhardson, C. O. Spionpolisen går på jakt, Stockholm 1952, S. 162–233 sowie: Funkamateur (Berlin-Ost), Nr. 9/1975, S. 426ff und Nr. 10/1975, S. 478ff.

16 Meurling, Spionage, S. 134

17 Vgl. Personaldossier W. S. Semjonow in den U.D.-Akten des Reichsarchivs. Demgegenüber berichtete Boening (Boening/Heiber, S. 4f.), Semjonow sei bereits im Herbst 1941, nachdem die Begegnungen zwischen Klaus und Madame Kollontaj bekannt geworden seien, nach Stockholm versetzt worden, um ein waches Auge auf die Gesandtin zu haben; er selbst (Boening) habe dann allerdings bald feststellen und »aus Begegnungen ersehen« können, daß es auch zwischen Klaus und Semjonow zu einem »ausgesprochen freundlichen Verhältnis gekommen ist«. Obgleich grundsätzlich nicht auszuschließen ist, daß Semjonow schon vor seiner offiziellen Akkreditierung gelegentlich in Schweden aufgetreten sein könnte (die schwedischen Akten enthalten allerdings keinen Hinweis in dieser Richtung), liegt doch die Vermutung nahe, daß sich Boening bei der Rückdatierung dieser Ereignisse um ein Dreivierteljahr geirrt hat. Leider konnte S. E. Botschafter W. S. Semjonow die Vf. nicht zu einem persönlichen Gespräch empfangen.

18 Schreiben von Herrn Lars Fogelberg an Vf. vom 28. 1. 1986

19 Schreiben vom 1. Archivar des Riksarkivet, F. Ludwigs, an Vf. vom 3. 3. 1986

20 Verhör vom 18. 10. 1945, S. 11

21 Boening/Heiber, S. 4

Anmerkungen zum fünften Kapitel – 1. Abschnitt

1 Angabe von Landsfiskal Lindblom vom August 1943, RP P 2744

2 Persönliche Mitteilung von Dr. Bruno Kreisky an Vf.

3 Boening/Heiber, S. 4

4 Die soeben in Moskau erscheinenden Memoiren von Anastas Mikojan (2 Bände, 1985/6) enthalten, wie der Vorabdruck erkennen läßt, wichtige Hinweise auf die psychische Lage Stalins sowie die innere Diskussion im Kreml in diesen Tagen; vgl. Mikojan, A. I., V pervye mesjacy Velikoj Otečestvennoj Vojny, in: Novaja i novejšaja istorija, 1985, Nr. 6, S. 93–103.

5 PA AA, Telegramm Nr. 731 vom 24. 6. 1941 aus der Deutschen Gesandtschaft Stockholm, gez. Wied, Büro des Staatssekretär, Akten betreffend: Schweden, Band 2, 113802

6 Vor dem Hintergrund dieser Gerüchte muß auch eine Information gesehen und gewertet werden, die im Juli 1941 wohl von Klaus über Boening zu Canaris und von diesem zu Hitler gelangte. Sie besagte, die Gesandtin, Madame Kollontaj, habe die Absicht geäußert, »sich von der Sowjetregierung loszusagen und sich nach Deutschland zu begeben, wenn ihr die nötigen Sicherheiten geboten werden. Frau Kollontaj hat ein Vermögen von 3 Millionen Dollar. Sie will in Deutschland ein Haus kaufen.« (Aufzeichnung Botschafter Ritter für Ribbentrop vom 20. Juli 1941, PA AA, Handakten Ritter, Akten betreffend: Rußland, Band 1-2, 1941-44, 358996). Diese Nachricht hatte Boening - wie er später angab: »auf Bestellung der Kollontaj«, d.h. offenbar aus dem Munde von Edgar Klaus - erhalten und auf zwei Reisen nach Berlin persönlich an seinen Chef Wilhelm Canaris weitergeleitet (Boening/Heiber, S. 4). Mit Recht »schüttelte Canaris zu diesen Angeboten beide Male nur ungläubig den Kopf« (Ebd.). Doch gab er sie - anders als Boening vermutete - tatsächlich mündlich an Hitler weiter. Daraufhin hat »der Führer ... angeordnet, daß Frau Kollontaj in jeder Weise und sehr großzügig entgegengekommen werden soll (Steuerfreiheit, absolute Sicherheit)«. (Ritter an den Reichsaußenminister, ebd.). Dieses Gerücht machte in den nachfolgenden Wochen in deutschen Regierungskreisen die Runde und wurde dabei bezeichnenderweise in dem Sinne abgewandelt, daß Madame Kollontaj bereit sei, sich für eine Summe von 3 Millionen Dollar »an die Deutschen zu verkaufen«. Auch Boening berichtete im Jahre 1957: »Mme. Kollontaj gab damals nach den Erfolgen der deutschen Truppen im Osten die Sowjetunion verloren und wollte sich den Deutschen verkaufen« (Boening/Heiber, S. 4). Natürlich trat dieser Moment nie ein, wie auch das sogenannte Angebot von Frau Kollontaj entweder ein Produkt der Stockholmer Gerüchteküche oder aber die Erfindung einer einzelnen Person war. So ist beispielsweise denkbar, daß die langjährige Privatsekretärin der Gesandtin, die Deutsche war, eine mißverständliche Andeutung gemacht hat, die dann in dieser Weise kolportiert wurde. Die Information selbst ist von höchst zweifelhaftem Wahrheitsgehalt. Hätte Frau Kollontaj je mit dem Gedanken gespielt, das stalinistische Rußland zu fliehen - und an Anlässen hätte es gewiß nicht gefehlt -, so hätte die gesunde Endfünfzigerin der dreißiger Jahre, die über die Stalinschen Säuberungen entsetzt war und ihre eigene Liquidierung erwarten mußte, wohl mehr Grund und Möglichkeiten dazu gehabt als die kränkliche Mitsechzigerin nun das Verlangen empfinden konnte, sich ausgerechnet in dem Moment von ihrer Heimat zu trennen, als diese unter den Schlägen des ihr verhaßten deutschen Militarismus um ihr Überleben kämpfte. Die Sache entbehrt jeder Grundlage. Aber vielleicht hat zwischen Stockholm und Berlin ein Informant mit Humor verfolgt, welchen Gang sie nahm. Oder sollte hier sogar eine Art persönliche Abrechnung des Mannes mit dem Führerhauptquartier vorliegen, dessen Berichte über die russischen Streitkräfte und die Defensivkraft der Sowjetarmee regelmäßig über Boening nach Berlin gelangten, dort auch Hitler und dem Generalstab zugeleitet wurden, aber nicht die geringste Beachtung fanden, »getreu der Morgensternschen Devise vom ›Nicht sein kann, was nicht sein darf‹ ... Später hätten sich dann die Clauss'schen Angaben immer als richtig und exakt erwiesen.« (Boening/Heiber, S. 4).

7 Informationsdienst des Auswärtigen Amts, Eilmeldung, PA AA Handakten Ritter, Akten betreffend: Rußland, Band 1-2, 1941-44, ohne Blattnummer

8 PA AA, Politische Abteilung, Akten betreffend: Allgemeine Akten betr. Lage in den besetzten Ostgebieten, Pol XIII, Bd. 19, März 1942: Deutsche Botschaft Moskau. Vom Ausbruch des deutsch-sowjetischen Krieges bis zur Rückkehr nach Deutschland. Tagebuch vom 22. Juni bis 24. Juli 1941
9 Poole-Interrogation Franz von Papen
10 PA AA, Telegramm Papens an den Reichsaußenminister (= RAM) Nr. 63, Büro des Staatssekretär, Akten betreffend: Rußland, Bd. 6, 113728
11 Diese Bemühungen sind Gegenstand einer zweiten Studie, die in diesem Zusammenhang entstand; sie trägt den Titel »Botschafter Graf Schulenburg und die deutsche Opposition gegen den Rußlandfeldzug« und soll im Frühjahr 1987 erscheinen.
12 PA AA, Telegramm Nr. 967 vom 17. 7. 1941 aus Stockholm, gez. Below, in: Büro des Staatssekretär, Akten betreffend: Schweden, Bd. 2, 142819
13 PA AA, Geheime Reichssache, Nachricht der Deutschen Informationsstelle III in Stockholm vom 19. August 1941, in: Büro des Staatssekretärs, Akten betreffend: Schweden, Bd. 3, 142919
14 PA AA, Geheime Reichssache P 178/41, gez. Weizsäcker, ebd. 143136-6
15 Foreign Relations of the United States (= FRUS), 1941, Bd. I, S. 89–90
16 Welles, S. Two Roosevelt Decisions: One Debit, One Credit, in: Foreign Affairs, 29/1950/1, S. 189
17 Lebedeva, N. S. Sekretnye kontakty ėmissarov deržav ›osi‹ i zapada v 1941–1942 gg., in: Novaja i novejšaja istorija 6/1984, S. 115–32
18 Hassell, Deutschland, S. 179
19 Izraeljan, V. L. Antigitlerovskaja koalicija (Diplomatičeskoe sotrudničestvo SSSR, SŠA i Anglii v gody vtoroj mirovoj vojny) Moskau 1964 und Volkov, V. K. U istokov sovetskoj programmy poslevoennogo ustrojstva mira v Evropy (1941–1943 gg.), in: Novaja i novejšaja istorija 6/1984, S. 43–62, hier S. 48f. Den Hinweis auf diesen Aufsatz verdanke ich Prof. Dr. D. Geyer.
20 »German and Russian militarism must be destroyed«. London, Nov. 12 (1941) Nr. 5392, Most Secret for William J. Donovan from Whitney, in: Roosevelt Library, PSF Box 141, OSS Subject File, COI*
21 Aus sowjetischer Sicht: Kuliš, V. M. Vtoroj front, Moskau 1960 und aus neuerer amerikanischer Sicht: Stoler, M. A. The Politics of the Second Front. American Military Planning and Diplomacy in Coalition Warfare, 1941–43, Greenwood Press, Westport/Conn. und London/England 1977
22 PA AA, Telegramm Nr. 3791 vom 31. 10. 1941 gez. Thomsen aus Washington, Handakten Ritter, Akten betreffend: Rußland, Bd. 1–2, 1941–44, 358864
23 Beide Noten veröffentlicht in: Sovetsko-anglijskie otnošenija vo vremja Velikoj Otečestvennoj vojny 1941–1945, Bd. 1, Moskau 1983, S. 173–6
24 Churchill, W. Second World War, 6 Bde., London 1949–54, Bd. 3, S. 587f.
25 Telegramm des Britischen Gesandten in Stockholm, Mallet, Nr. 545 an das Foreign Office vom 18. Juli 1942, FO 371/32910 sowie Geheimtelegramm des US-Gesandten in Stockholm H. Johnson, vom 4. 3. 1942 Nr. 422 an das State Department, NA RG 226 Records of the OSS, Stockholm folder Nr. 1
26 Försvarsstaben, Underrättelseavd. Quelle: MN, 26. 1. 1942, RP P 2744
27 NA RG 266, OSS 11002 vom 31. 1. 1942
28 NA RG 226, OSS 10423 vom 26. 1. 1942 mit Begleitschreiben des Direktors des FBI, John Edgar Hoover, an William J. Donovan vom selben Tage*
29 PA AA Pol I M Akten, Geheim, betreffend: Abwehr Schweden, September 1941, Abw. Nr. 968/42 geh I H Ost N, 318857
30 Ebd. 318858/9

31 PA AA, Verschlußsache A 31 gRs, gez. Wied, Pol I M Akten betreffend: Abwehr Schweden, September 1941, 318861

32 Nachgedruckt in: Vnešnaja politika Sovetskogo Sojuza v period Otečestvennoj vojny. Dokumenty i materialy, Bd. 1, Moskau 1946, S. 58

33 PA AA Telegramm Nr. 630 vom 2. 3. 1942 in: Büro des Staatssekretär, Akten betreffend: Rußland, Bd. 8, 1. März 1942 - 30. Juni 1942, 32999-33002

34 General Eugen Ott, ein Mann der Reichswehr aus der Umgebung Schleichers, gelangte nach dem Röhm-Putsch als Militärattaché an die Deutsche Botschaft Tokio. Hier wurde er zu einem der Wegbereiter des Anti-Komintern-Paktes, für dessen erfolgreichen Abschluß (27. November 1936) er zum Deutschen Botschafter in Japan ernannt wurde. Japanische Regierungskreise wußten zu berichten, daß Matsuoka immer ein ambivalentes Verhältnis zu Ott gehabt habe, dem möglicherweise auch ein Zweifel an Otts innerster Einstellung zur Sowjetunion zugrunde lag. Auf amerikanischer Seite trat schon während des Krieges der Verdacht auf, Ott könne in geschickt camouflierter Form sowjetische Interessen vertreten - ein Verdacht, der in den amerikanischen Befragungen Otts nach dem Kriege weder erhärtet noch behoben werden konnte. Auffällig war, daß Otts Frau, die zugleich die Geliebte von Richard Sorge war, in erster Ehe mit dem Stadtrat von Frankfurt am Main, May, einem Mitglied der Kommunistischen Partei, verheiratet war, der nach der Ehescheidung ins Ausland, offenbar nach Moskau, verzogen war. Richard Sorge, intimer Freund des Ehepaares Ott, der seit 1934 in Ostasien lebte, verbrachte die Tage in Tokio vom morgendlichen Frühstück bis zum abendlichen Schachspiel in der Residenz des Botschafters und verfügte auch in der Botschaft über den gesamten geheimen Nachrichtenapparat. Dafür half er Ott, durch Zuleitung geeigneter Nachrichten und Geheiminformationen, die Stufenleiter der höchsten politischen Glaubwürdigkeit zu erklimmen. Als der japanische Geheimdienst sein Augenmerk auf die Tätigkeit Sorges richtete, ihn schließlich am 18. Oktober 1941 verhaftete und seinen prosowjetischen Spionagering abzuurteilen begann, setzten sich Botschafter Ott und der an der Botschaft »eingebaute« Gestapo-Mann Meisinger, ein Mann der »linken«, prosowjetischen Gestapo-Gruppe um Müller, der ebenfalls in der Residenz ein und aus ging, in auffallender Weise dafür ein, Sorge aus den Händen der japanischen Justiz zu befreien. Auf japanischer Seite regte sich der Verdacht, daß Ott selbst möglicherweise einer der Männer gewesen war, die Sorge, einem früheren KP-Mitglied, um 1935 den Weg in die NSDAP geebnet hatten. (Eine japanische Anfrage verlief ergebnislos, da die entsprechenden NSDAP-Akten, in denen auch die Referenzen enthalten waren, nicht mehr auffindbar waren.) Der Fall Sorge belastete Ott so stark, daß er um die Jahreswende 1942/3 von Stahmer abgelöst und vom Auswärtigen Amt im Wartezustand gehalten wurde. Er setzte sich daraufhin mit Dr. Erich Kordt, dem früheren Leiter des Ministerbüros Ribbentrops im Auswärtigen Amt und damaligen Geschäftsträger der Deutschen Botschaft Nanking, in Verbindung und erreichte es, regelmäßig zu den Pressekonferenzen der Peking-Abteilung dieser Botschaft eingeladen zu werden. Nach Gerüchten von deutscher und japanischer Seite soll er von dort aus geheime Verbindungen zur Chinesischen Kommunistischen Regierung in Yenan unterhalten haben. Doch amerikanische Nachforschungen erbrachten keine Beweise (Interrogation Eugen Ott in: NA RG 331, Records of Allied Operational and Occupation Headquarters, World War II, IPS, Case Nr. 324, Bd. 1, Serie

1-73). Auch die Aufzeichnungen, die Sorge in japanischer Haft anfertigen mußte, geben keinen Aufschluß zu diesen Fragen (Sorge-Nachlaß, NA MMB). Die Biographie Sorges ist hinter diesem Erkenntnisstand zurück (Deakin, F. W. und Storry, G. R., Richard Sorge. Die Geschichte eines großen Doppelspiels, München 1965). Neuere sowjetische Darstellungen sind noch substanzloser.

35 Auch von schwedischer Seite wurde zu dieser Zeit das Angebot einer Vermittlung im deutsch-russischen Konflikt an Hitler herangetragen; vgl. PA AA, Botschafter Hewel, Vorlagen beim Führer, Januar 1940–April 1942, »Nr. 559, 10. 3. (1942), Ankara–Stockholm, T. C. 4226: Schwed. Vermittl. f. Abschluß deutsch-russ. Waffenstillst.« Diese Nachricht wurde Hitler allerdings erst am 14. 4. 1942 vorgelegt.

36 Bestimmte Bemerkungen von Klaus in seinem Verhör vom 25. 8. 1945 deuten darauf hin, daß der »Amtschef« selbst auf dieser Konferenz anwesend zu sein beabsichtigte.

37 Zitiert in: P. M. von Generaldirektor K. Höjer, Socialstyrelsen, an Seine Exzellenz den Außenminister vom 2. 10. 1942, U.D.

38 Mitschrift, Lka 1 S, 24. März 1942, RP P 2744

39 Die Konferenz hat vermutlich nicht stattgefunden. Die Akten der Deutschen Botschaft Kopenhagen weisen keinen derartigen Vermerk auf. Drei Tage nach dem festgesetzten Termin, am 26. März 1942, registrierten die schwedischen Behörden einen neuen Anruf des »Herrn X« (vermutlich von Lossow) aus dem OKW Berlin, in dem sich dieser davon überzeugen mußte, daß keine Möglichkeit einer Wiedereinreise von E. Klaus bestand. Seine Frage an Berger: »Ist dafür gesorgt, daß Ihr Gewährsmann nach Ostern (vermutlich falsche schwedische Mitschrift für: »Osten«, I. F.) das Visum, um das es sich handelt, bekommt?« wurde nun definitiv verneint. Darauf empfahl der Abwehr-Mitarbeiter Berger Herrn X in Berlin: »Es ist am besten, wenn die Herren sobald als möglich hierherkommen.« Der Herr aus Berlin versprach, dies auszurichten und in die Wege zu leiten. Am 1. Mai 1942 traf von Lossow zum ersten Mal in Stockholm ein.

40 PA AA, Amt Ausland/Abwehr, Abt. Ausland Nr. 0014 gKdos. I f, vom 23. 3. 1942, Politische Abteilung, Akten betreffend: Allgemeine Akten, Pol XIII, 1941, 358820–1.

41 Heinz, Canaris, S. 195f

42 War Department, Office of Assistant Chief of Staff, G-2, 18. Mai 1943, Magic-Summary Nr. 57, in: NA RG 457, Records of the National Security Agency, SRS 605, S. 4–5

43 Ribbentrop, J. v. Zwischen London und Moskau, Leoni 1953, S. 261

44 PA AA, Telegramm der Deutschen Gesandtschaft Helsinki Nr. 895 vom 30. 4. 1942 an den RAM, gez. Zechlin, in: Büro des Staatssekretär, Akten betreffend: Rußland, Bd. 8, 1. März - 30. Juni 1942, 33097

45 Darin bestand u. a. die japanische Auslegung; vgl. Magic-Summary Nr. 57, 18. Mai 1942, NA RG 457, SRS 605, S. 5

46 Diese Angabe entspricht auch den Mitteilungen von Frau Lilian Brunés an Vf.

47 Schellenberg bezeichnete Klaus in seinen Verhören nach dem Kriege als »einen der größten Schwindler«, der zwar nachgewiesenermaßen zur Sowjetischen Gesandtschaft Beziehungen besessen, sie aber nicht im Interesse Deutschlands genutzt habe; vgl. Schellenberg-Verhör in den Akten der schwedischen Reichspolizei, P 3075

48 PA AA, Schreiben Wieds vom 6. Mai 1942 an das Auswärtige Amt, Politische Abteilung, Akten betreffend: Allgemeine Akten, Pol XIII, 318869 sowie Schreiben gleichen Inhalts des Auswärtigen Amts, Politische Abteilung V.A.A. Kramarz an das Oberkommando der Wehrmacht Amt Ausland/ Abwehr vom 21. Mai 1942, ebd. 318874-5. Dem Schreiben Wieds liegen die Denunziations- bzw. Beschwerdeschreiben bei.
49 Mitschrift Lk 1 S, 20. Mai 1942, RP P 2744
50 P. M. von Gösta Engzell vom 27. 5. 1942, U.D.
51 PA AA, Telegramm Nr. 1646 vom 12. Juni 1942, Pol I M, Akten betreffend: Abwehr Schweden, September 1941, E 034410
52 PA AA, Abwehr Nr. 2231/42 g. Kos. I H Ost N, Politische Abteilung, Akten betreffend: Allgemeine Akten, Pol XIII, 318885
53 Ebd. 318886-7
54 Abwehr Nr. 3121/42 g. Kos. I H Ost N, ebd. 318902
55 Telegramm Nr. 2020, ebd. 318903
56 TgB. Nr. 897/7.42 Geh. vom 21. 7. 42
57 PA AA, Nr. 1976, Politische Abteilung, Akten betreffend: Allgemeine Akten, Pol XIII, 318909
58 Ebd. VS A 116 gRs. 318910-3
59 Ebd. 318915
60 Abgefangene schwedische Mitschrift: KO Schweden Tagebuch Nr. 237/01 42 gKdos. RP P 2744. Enthält leichte Abweichungen vom Text des AA.
61 PA AA, Nr. 2215, Politische Abteilung, Akten betreffend: Allgemeine Akten, Pol XIII, 318922
62 Unter »Gründe 1 Gr. verst.« ist eine Gruppe im Texte verstümmelter Mitteilungen zu verstehen. Auskunft Frau Dr. Keiper im PA AA.
63 Telegramm Nr. 1303 vom 24. Mai 1942 aus Stockholm, in: NA RG 226, OSS, Stockholm folder Nr. 1, Office of the Chief, Despatches received from Neutral Countries, 1941-2
64 Telegramm Nr. 1715 vom 5. Juli 1942, ebd.
65 PA AA, Telegramm des Deutschen Gesandten in Lissabon, Freiherr Hoyningen-Huene, Nr. 1675 vom 27. 5. 1942, in: Büro des Staatssekretär, Akten betreffend: Rußland, Bd. 8, 1. März 1942 - 30. Juni 1942, 33119
66 Texte der sowjetischen Vereinbarungen mit England und den USA in: Archiv der Gegenwart 1942, S. 5528-9, 5619-20
67 PA AA, Schreiben U.St.S.Pol. Nr. 392 vom 11. Juni 1942, gez. Woermann, in: Büro des Staatssekretär, Akten betreffend: Rußland, Bd. 8, 33143-5
68 PA AA, U.St.S.Pol. Nr. 527, Berlin, den 1. August 1942, gez. Woermann, in: Büro des Staatssekretär, Akten betreffend: Rußland, Bd. 9, 1. Juli 1942 bis 31. Dezember 1942, 33260
69 PA AA, Telegramm Nr. 1553, in: Büro des Staatssekretär, Akten betreffend: Rußland, Bd. 8, 33154
70 PA AA, Telegramm Nr. 1125 vom 19. 6. 1942, gez. Blücher, ebd. 33163
71 PA AA, Telegramm Nr. 2589 vom 6. 8. 1942, gez. Weber, in: Büro des Staatssekretär, Akten betreffend: »Zweite Front«, Bd. 1, vom 29. Juni 1942 bis 31. Oktober 1942, 79187
72 PA AA, Telegramm Nr. 1015 aus Santiago vom 22. 8. 1942, gez. Schoen, in: Handakten Ritter, Akten betreffend: Rußland, Bd. 1-2 von 1941-1944, 358755
73 NA RG 226 OSS Nr. 28240
74 Telegramm des Deutschen Gesandten in Lissabon, Freiherr Hoyningen-

Huene, Nr. 2348 vom 18. 7. 1942 in: Akten zur Deutschen Auswärtigen Politik (= ADAP), Serie E, Bd. II, S. 196f.

75 NA RG 226 OSS Nr. 23078

76 »LO«, der wichtigste Informant des schwedischen Verteidigungsstabes über E. Klaus, hatte das Vertrauen von Klaus dadurch erworben, daß er sich als vorzüglicher Bridgepartner empfahl und in langen abendlichen Partien das Gespräch immer wieder auf jene Gegenstände zu lenken verstand, die Klaus besonders am Herzen lagen. Zwischen LO und seiner Frau und dem Ehepaar Klaus entwickelte sich über die Kriegsjahre eine engere gesellschaftliche Beziehung. Die Frage, ob Klaus eine Ahnung vom Auftrage LOs hatte, ist schwer zu beantworten. Seine Frau, Lilian Brunés, verstand erst bei den Gesprächen mit Vf. die Tragweite dieser Zusammenhänge. Nicht auszuschließen ist die Annahme, daß Klaus ahnte, warum sich LO so intensiv um die Beziehung zu ihm bemühte. Möglicherweise wollte er den schwedischen Sicherheitsorganen in diesem Falle einen gewissen Einblick in seine wahren Aktivitäten und Absichten auf schwedischem Gebiet gewähren. Die Identität dieser äußerst wichtigen Quelle LO konnte der Vf. vom schwedischen Verteidigungsstab aus Gründen des Personenschutzes nicht mitgeteilt werden.

77 LO-Bericht vom 12. 4. 1943, RP P2744, S. 1

78 Telegramm des Britischen Botschafters in Washington, Viscount Halifax, Nr. 5556 vom 12. November 1942 an das Foreign Office, FO 371/32916

79 Befragung des früheren DNB-Korrespondenten Ernst Reibstein, in: Secret, Oct. 25, 1945, Enclosure to Despatch No. 12825, From American Legation Bern, NA RG 84; American Legation Bern, 59 A 543 Box 429, 800 Germany 1945, Folder: Subversive Movements. Freigegeben am 28. Januar 1983; Vf. verdankt den Hinweis auf diese Dokumente Dr. Richard Breitman, Washington D.C.

80 Aufzeichnung des Gesandten Krümmer, Berlin, den 28. Juli 1942, Nr. 218/42 g. in: ADAP E, II, S. 237

81 Ebd.

82 Oven, W. v. Mit Goebbels bis zum Ende, Buenos Aires 1949, S. 97f. und 157f.

83 P. M. Till Kommissarie Magnusson från ordonnanskonstapeln J. G. Edlung, vom 29. 8. 1942, RP P 2744

84 Nachlaß und Briefe von E. Klaus wurden Vf. von Lilian Brunés auf Zeit überlassen

85 Brief E. Klaus an Lilian Algoth vom 18. 8. 1942. Z. Zt. in der Hand der Vf.

86 Hoffmann, Widerstand, S. 655

87 LO-Bericht vom 28. 11. 1942, RP P 2744

88 Kleist, P. Zwischen Hitler und Stalin 1939–1945, Aufzeichnung, Bonn 1950, S. 274

89 Eintrag des Einreise- und Aufenthaltsvisums von Edgar Klaus mit persönlicher Unterschrift des Visuminhabers vom 22. 8. 1942, unter Hinweis auf Telegramm Nr. 599 der Schwedischen Gesandtschaft Berlin an das Utrikesdepartement, in: U. D. Expeditionen för utlänska passärenden, C 1 B: 11, Schwedisches Reichsarchiv Stockholm.

90 In den Gesprächen des inneren Kerns des deutschen Widerstandes tauchte im Sommer 1942 wiederholt der Vorschlag auf, Prinz Louis Ferdinand von Preußen im Falle eines siegreichen Putsches die Rolle eines konstitutionellen, repräsentativen Monarchen anzutragen. Louis Ferdinand, der sich zu

dieser Zeit für die Idee hatte gewinnen lassen, nahm seine Zustimmung 1943 zurück.

91 Verhör vom 20. Dezember 1945, RP P 2744

92 Magic-Summary vom 16. September 1942, NA RG 457, SRS 716, S. 4

93 Magic-Summary vom 21. August 1942, ebd., SRS 690

94 Magic-Summary vom 11. August 1942, ebd., SRS 680, S. 1-2

95 Magic-Summary vom 27. August 1942, ebd., SRS 696. Zum japanischen Koalitionsproblem vgl. Hillgruber, A. Die »Hitler-Koalition«. Eine Skizze zur Geschichte und Struktur des »Weltpolitischen Dreiecks« Berlin-Rom-Tokio 1933-1945, in: Vom Staat des Ancien Régime zum modernen Parteienstaat. Festschrift für Theodor Schieder zu seinem 70. Geburtstag, hrsg. von H. Berding, München 1978, S. 467-83

96 Magic-Summary vom 30. August 1943, ebd., SRS 1072, S. 4-5

97 *Daily Telegraph* New York vom 23. November 1942, Nr. 5797: »Russia would not parley with Hitler« sowie Telegramm Nr. 5556 von Viscount Halifax, Washington, an das Foreign Office vom 11. 11. 1942, F.O. 371/32916

98 Vgl. Lindgren, H. Adam von Trotts Reisen nach Schweden 1942-44, in: VfZ 18/1970, S. 275-91

99 PA AA, OKW-Bericht vom 28. 10. 1942, in: Büro des Staatssekretär, Akten betreffend: Rußland, Bd. 9, 33430

100 Ebd. 33420 und 33423-4

101 Telegramm aus Bern (Norton) an das Foreign Office vom 14. Oktober 1942, F.O. 371/32915

102 Military Intelligence Division W.D.G.S., Bericht vom 20. Oktober 1942, NA RG 226, OSS 22902

103 Lebedeva, Kontakty, S. 132

104 PA AA, Telegramme Nr. 3283 vom 14. 11. 42 und Nr. 3339 vom 20. 11. 42 aus Stockholm, gez. Wied, in: Büro des Staatssekretärs, Akten betreffend: Rußland, Bd. 9, 33444 und 33457-8

105 Telegramm des Deutschen Gesandten in Helsinki von Blücher an das Auswärtige Amt Nr. 1884 vom 30. Oktober 1942 und Telegramm Nr. 1910 vom 3. November 1942, gez. Zechlin, in: ADAP, E, IV, S. 201f. sowie Aktennotiz Staatssekretär v. Weizsäcker nach Gespräch mit dem Finnischen Gesandten Kivimäki vom 11. November 1942 und Vertrauliche Berichte Weizsäckers an den RAM Nr. 705 und 713 vom 1. und 7. Dezember 1942, in: PA AA, Büro des Staatssekretär, Akten betreffend: Rußland, Bd. 9, 33442-3, 33486-7 und 33494

106 Telegramm Nr. 1884 aus Helsinki, gez. Blücher, in: ADAP, E, IV, S. 201

107 P. M. vom 3. 3. 1943, Jarzow-Akte, RP, S. 10

108 Aufzeichnung über die Besprechung Ribbentrops mit Botschafter Oshima, 31. 8. und 1. 9. 1942 in Fuschl, in: ADAP, E, III, S. 435-41

109 Vgl. OSS-Bericht Nr. 25230 vom 11. Dezember 1942, NA RG 226

110 Magic-Summary, 28. November 1942, SRS 790, S. 1-2. Rückübersetzung aus dem Englischen durch Vf.

111 Ebd. S. 3

112 Magic-Summary Nr. 260 vom 11. Dezember 1942, SRS 803, S. 1

113 Der Staatssekretär des Auswärtigen Amts, Freiherr von Weizsäcker, an den Beauftragten für Propaganda im Stab RAM Megerle (z. Zt. Hauptquartier), Berlin, den 16. November 1942, in: ADAP, E, IV, S. 324-5

114 PA AA, Büro des Staatssekretär, Akten betreffend: Rußland, Bd. 9, 33479

115 Magic-Summary Nr. 265, SRS 808, vom 11. Dezember 1942

116 ADAP E, IV, S. 487
117 PA AA, Telegramm Nr. 3412 vom 28. 11. 1942 aus Stockholm, gez. Wied, in: Büro des Staatssekretär, Akten betreffend: Rußland, Bd. 9, 33481-2
118 Vgl. Boening/Heiber, S. 4 sowie Kleist, Hitler, S. 235ff. Die Offenbarungen Kleists über die angeblichen sowjetischen Friedensangebote an die Hitler-Regierung haben wiederholt Verwunderung und Kontroversen ausgelöst. Als einziger überlebender Beteiligter zum Kronzeugen geworden, beherrschte Kleist mit seiner Darstellung lange Zeit die historische Diskussion. Besonders deutsche Historiker sind immer wieder der Versuchung erlegen, die Darstellung Kleists als gesichert hinzunehmen und auf ihr eine Interpretation der sowjetischen Deutschlandpolitik während des Krieges aufzubauen. Auch die neuere amerikanische Geschichtsschreibung hat dieser Versuchung nicht widerstanden. Eine erste scharfsinnige Widerlegung der Schriften jüngerer deutscher Historiker zu diesem Fragenkomplex lieferte Heinrich Graf Einsiedel (Bridge mit Madame Kollontaj. Suchte Stalin 1943 einen Sonderfrieden mit Hitler? Fragen zu den Stockholmer Gesprächen, in: DIE ZEIT, Nr. 40, 30. September 1983.) Obgleich Graf Einsiedel die schwedischen sowie die jüngst freigegebenen amerikanischen Dokumente nicht kennt, zielt seine kritische Interpretation dieser Vorgänge in die richtige Richtung. Die Auswertung der Klaus-Dokumente zeigt, daß die Realität noch komplexer war.
119 Vgl. Schreiben von Oberstleutnant i. G. Kriegsheim: Der Chef des Generalstabes beim Befehlshaber d. rückw. Heeresgeb. Nord, Hauptquartier, den 5. 5. 1942, F. P. 11122, an H. Himmler, in: Berlin Document Center (= BDC)
120 Aktenkollektion des Schwedischen Außenministeriums über Dr. Peter Bruno Kleist und die Rückführung der sog. Estlandschweden
121 Aufstellung der Ein- und Ausreise-Daten durch das Ausländerbüro des Sozialamtes, in: P. M. über Dr. jur. Bruno Peter Kleist vom 9. 10. 1943, RP P 3760/40
122 Kleist, Hitler, S. 239
123 Ebd.
124 Kleist, Hitler, 238
125 Kleist, Hitler, S. 241 sowie Bestätigung des bei diesem Gespräch anwesenden Boening in: Boening/Heiber, S. 5. Kleist teilte in seiner Aufzeichnung nicht mit, daß ihn Edgar Klaus mit beschwörenden Worten warnte, daß die Zeit reif zu einer Neubesinnung und Entscheidung sei und Deutschland andernfalls mit sicherem Schritt dem Untergang entgegengehe. Vgl. LO-Bericht vom 3. 1. 1943, in dem die Worte Klaus' wiedergegeben werden: Er hätte vor kurzem die Gelegenheit gehabt, Ribbentrop eine Warnung zugehen zu lassen. RP P 2744.
126 Tatsächlich ging auch dem OSS in Washington die Nachricht zu, Molotow selber habe »Ende November« 1942 einen »persönlichen Repräsentanten« nach Berlin geschickt, um den Versuch zu machen, einen Sonderfrieden auszuhandeln. Dabei sollte sich Deutschland vollständig aus der Ukraine zurückziehen und die Garantie geben, daß die an Weißrußland angeschlossenen baltischen Staaten an die UdSSR fielen; NA RG 226 OSS 28240.
127 Ribbentrop, London, S. 262
128 Die Aufzeichnungen Ribbentrops entstanden in der Nürnberger Haft; die hier vorgenommene Identifikation mit dem Friedensplan entsprach wohl nicht zuletzt seinem Legitimationsbedürfnis.
129 Ribbentrop, London, S. 263

130 Kleist, Hitler, S. 242
131 Laut persönlicher Mitteilung von Dr. Karl Schnurre an Vf. sind mehrere derartige Versuche unternommen worden.
132 Ribbentrop, London, S. 264
133 Der Neffe von Botschafter Graf Schulenburg, Albrecht Graf Schulenburg, Falkenberg, wußte von zwei Denkschriften seines Onkels, von denen die erste Hitler im Zusammenhang mit dem Gespräch Schulenburgs mit Hitler am 28. 4. 1941 ausgehändigt wurde. Die zweite Denkschrift wurde bereits während des Krieges geschrieben. Sie wurde bisher nicht aufgefunden. Pers. Mitteilg. an Vf.
134 Magic-Summary Nr. 280, 31. Dezember 1942, SRS 823
135 LO-Bericht vom 28. 12. 1942, RP P2744
136 Ebd. S. 3

Anmerkungen zum fünften Kapitel – 2. Abschnitt

1 LO-Bericht vom 3. 1. 1943, RP P2744, S. 3. Ende November 1942 war im Reichssicherheitshauptamt eine Analyse des gesamten politischen Nachrichtenmaterials über die innere Situation der Sowjetmacht erstellt worden, nach der »der Gegner als moralisch und willensmäßig im augenblicklichen Zeitpunkt noch nicht als gebrochen angesehen werden« konnte (der Leiter des Auslandsnachrichtendienstes im Reichssicherheitshauptamt Schellenberg an Unterstaatssekretär Luther, Geheim, VI C – Tgb. Nr. 53 380/42 g., Berlin, den 23. November 1942, in: ADAP, E, IV, S. 369). Aufgrund dieser Einsicht, die sich durch die bei Stalingrad gemachten Erfahrungen verfestigte, entstand in der Umgebung Himmlers sporadisch der Wille zu einer Verständigung mit der Sowjetunion. Die Spannungen in der Anti-Hitler-Koalition, die mit der Wende von Stalingrad zunahmen und von Schellenberg mit größtmöglicher Genauigkeit verfolgt wurden, boten aus seiner Sicht Ansatzpunkte zu Sondierungen. Vgl. zum allgemeinen Rahmen: Förster, J. Stalingrad. Risse im Bündnis 1943/3, Freiburg i. Br. 1975 (= Einzelschriften zur militärischen Geschichte des Zweiten Weltkrieges, Bd. 16).
2 Ende November 1942 hatte das US-Kriegsministerium bei Analysen der deutschen Rundfunk- und Pressestimmen den Eindruck gewonnen, die Sowjetunion und -regierung werde in der deutschen Propaganda zunehmend milder beurteilt. So waren in der Woche vom 18.–24. November nur 2 Prozent aller Nachrichten über Stalin von Verunglimpfungen begleitet. Dem standen 16 Prozent der Nachrichten über Churchill und 42 Prozent über Roosevelt gegenüber. Auch der 6. Jahrestag des Anti-Komintern-Paktes (25. November 1942) wurde im Gegensatz zu den Feierlichkeiten der vorausgegangenen Jahre kaum erwähnt; Magic-Summary vom 28. November 1942, SRS 790, S. 4.
3 A Secret Russian Mission That Almost Changed History, by Dr. Paul Schwarz. As told to Guy Richards, in: Donovan Nachlaß, Carlisle/Penns. sowie Schwarz. P., Richards, G. A Secret Russian Mission That Almost Changed History, in: Liberty, July 5, 1947 und, von dort beeinflußt: Sanders, D. B. (Pseudonym), Stalin Plotted a Separate Peace, in: American Mercury, Nov. 1947, S. 519–27 und, mit zusätzlichen Informationen deutscher Angeklagter der Nürnberger Prozesse und unter Zugrundelegung der Aussagen von Peter Kleist: Kempner, R. M. W., Stalin's Separate Peace in 1943, in:

United Nations World, 4/1950, Nr. 3, S. 7-9; ferner: McNeill, W. H. America, Britain and Russia. Their Co-operation and Conflict 1941-1946, in: Survey of International Affairs, London, 1953, S. 324-5.

4 Konnte in den AA-Akten nicht ermittelt werden.

5 Nachlaß Präsident Roosevelt, Persönliche Akten, Box 6, OSS, Bericht A. S. Hewitt »Contact with Himmler«, mit Begleitschreiben von W. J. Donovan an den Präsidenten vom 20. März 1944, S. 14f. Roosevelt Library, Hyde Park, N.Y.

6 LO-Bericht vom 25. 1. 1943, RP P 753 sowie dass. P 2744, S. 2

7 LO-Bericht vom 14. 2. 1943, RP P 2744, S. 2

8 LO-Bericht vom 30. 1. 1943, RP P 2744

9 LO-Bericht vom 3. 7. 1943, RP P 753

10 Prinz zu Wied war am 10. Dezember 1942 von Ribbentrop davon in Kenntnis gesetzt worden, daß eine geheime Quelle Mitteilungen über seine »defaitistischen Äußerungen« gemacht habe. Ribbentrop forderte Wied in diesem Zusammenhang auf, die Deutsche Gesandtschaft »jederzeit als eine Gralsburg der Siegeszuversicht« erscheinen zu lassen (PA AA Telegramm Ribbentrops an Wied Nr. 3402 vom 10. Dezember 1942). Am 22. Dezember machte Ribbentrop in einem Glückwunschtelegramm zum 65. Geburtstag Wieds eine unüberhörbare Anspielung auf die gesundheitlichen »Beschwerden« des bekanntermaßen höchst munteren Gesandten. Und am 29. Dezember erfolgte die Abberufung. Sie vollzog sich im Rahmen eines größeren Revirements, in dem Prinz zu Wied von Dr. Hans Thomsen, Eugen Ott (Tokio) durch Stahmer (vorher Nanking) und von Stohrer (Madrid) durch von Moltke abgelöst wurden. Während die Neubesetzung in Tokio und Stockholm unter parteiamtlichen Gesichtspunkten vorgenommen wurde, blieben die Gründe für die Ernennung Moltkes zum Botschafter in Madrid unklar. (Vgl. Vortragsnotiz RAM vom 29. Dezember 1942; alle Dokumente in: PA AA, Büro des Staatssekretär, Akten betreffend: Schweden, Bd. 5, vom 1. Juli 1942 bis 31. Dezember 1942, 143825, 143827, 143844-5, 143853-4, 143866). Ob die von Ribbentrop wiedergegebenen Gerüchte, nach denen Prinz zu Wied angeblich »die Überzeugung (verloren hätte), daß Deutschland den Krieg gewinne«, in einem Zusammenhang mit der Bemerkung von E. Klaus stand, konnte nicht nachgeprüft werden. Während die Frau des Gesandten gelegentlich in aller Öffentlichkeit politisch kontroverse Bemerkungen machte, blieb sein Bild - das eines treuen und überzeugten, wenn auch passiven Anhängers der Hitler-Regierung und Mitläufers der nationalsozialistischen Bewegung - in der schwedischen Gesellschaft unverändert bestehen. Die Memoiren seiner Tochter haben dem nichts hinzugefügt (Wied, M. E. zu, En fläkt från det förgångna, Vällingby/Schweden 1981).

11 LO-Bericht vom 18. 1. 1943, RP P 2744

12 Nach Informationen, die dem amerikanischen Geheimdienst aus der UdSSR zugingen, bestanden im Januar 1943 keine Möglichkeiten zu einer deutsch-sowjetischen Annäherung: Die Sowjetregierung betrachtete Deutschland als geschlagen und wartete nur noch auf die Errichtung der Zweiten Front, um den Krieg möglichst bald zu beenden. Ferner benötigte sie zur Erhaltung beziehungsweise zum Wiederaufbau ihrer Infrastruktur die westlichen Lieferungen, die ihr im Rahmen des Leih-Pacht-Programms zufielen. Diese Lieferungen allein, so sagten Berichte aus der UdSSR, stellten eine hinreichende Garantie gegen den Abschluß eines Sonderfriedens mit Deutschland dar (Military Intelligence Division W.D.G.S., Report Nr. 9587, 1. Juli 1943, NA RG 226, OSS 38857).

13 Vor diesem Hintergrund war es vielleicht kein Zufall, wenn Mitte Januar 1943, also im unmittelbaren zeitlichen Kontext des Scheiterns dieser Sondierungen, dem Ostministerium die Erlaubnis zu einer neuen, in erster Linie propagandistischen Form der Kriegführung erteilt wurde, für die sich Vertreter des OKH seit September 1942 massiv eingesetzt hatten: der Aktion »von Russen zu Russen (Wlassow-Aktion)«. Sie sollte nun – »nachdem die günstigste Zeit für ihre Durchführung verstrichen« war (R. Gehlen) – die innere Zersetzung der sowjetischen Front einleiten. Vgl. Denkschrift Gehlens »Entwicklung und Lage der militärischen Propaganda im Osten seit Herbst 1942 (Wlassow-Aktion)« mit Begleitschreiben von H. v. Etzdorf, Vertreter des AA beim OKH an Botschafter z.b.V. von Rintelen vom 6. Juni 1943 (ADAP, E, VI, S. 6f.), in dem Etzdorf keinen Zweifel daran bestehen ließ, daß diese Aktion lediglich als ein Propaganda-Manöver in sowjetische Richtung zu verstehen sei.

14 PA AA, Telegramm aus Genf Nr. 23 vom 30. 1. 1943, Büro des Staatssekretär, Akten betreffend: Rußland, Bd. 10, 1. Januar 1943 bis 31. Mai 1943, 33562

15 LO-Bericht vom 25. 2. 1943, RP P 2744, S. 2

16 LO-Bericht vom 14. 2. 1943, RP P 2744, S. 1

17 LO-Bericht vom 25. 2. 1943, RP P 2744, S. 2

18 Ebd.

19 Angabe Klaus in: Akte Dr. jur. Bruno Kleist, 8. 11. 1945 in: RP P 2744

20 Verhör vom 24. 10. 1945, S. 11f., RP P 2744

21 Hans Schumann, ein in der Deutschen Gesandtschaft Stockholm »eingebauter« Agent unklarer Affiliation, gab in seinem Verhör durch die schwedischen Behörden am 28. Juli 1945 an, er habe einmal beobachtet, wie »Klaus alias ›Schönemann‹« Oberst Wagner in dessen Büro einen Bericht über ein »Friedensangebot« überreicht habe. Klaus habe dabei wiederholt von »Madame« (vermutlich Kollontaj) gesprochen. Verhör Schumann in Klaus-Akte, RP P 2744.

22 LO-Bericht vom 9. März 1943 RP P 2744

23 Verhör von Edgar Klaus vom 25. 8. 1945, S. 2, RP P 2744

24 P. M. Graf Hamilton ang. E. Klaus vom 31. Juli 1945, U. D. sowie Edgar Klaus, u.a. im Verhör vom 26. Oktober 1945, S. 34, RP P 2744

25 Schreiben des Königlichen Außenministeriums »Betr. E. Klaus und die Polenschweden« an Generaldirektor K. J. Höjer, Sozialamt, vom 14. August 1943, U.D.

26 Ich verdanke diese Informationen vor allem Gerda von Ramin, Ramholz; Nikolaus von Stumm (dem Sohn von Ferdinand Freiherr von Stumm), Magnus von Kühlmann Freiherrn von Stumm, Ramholz (dem Enkel von Richard von Kühlmann), sowie Botho Braun von Stumm. Der Name Arthur von Stumm oder Arthur Braun von Stumm hat in der Familie niemals existiert. Der einzige Bruder des Gesandten Gustav Braun von Stumm, Günther Braun von Stumm, war im Frankreichfeldzug schwer verwundet worden und befand sich zu dieser Zeit in den Heilstätten Bethel.

27 Pers. Mitteilung von Magnus von Kühlmann Freiherr von Stumm, Ramholz, an Vf. Einer dieser Besuche fand in der zweiten Novemberhälfte 1943 statt (*Daily Express* vom 22. 11. 1943 »Mystery Man: Two strange visitors in Sweden«) und Sa. Den. vom 26. 11. 1943 »London avlivar separatfredsrykte von Bismarcks och von Kuhlmanns Stockholms-besök gälla fredsförhandlingar«), ein anderer Mitte Mai 1944 (*Ny Dag* vom 16. 5. 1944 »Ater en tysk fredstrevare i Stockholm«).

28 Pers. Mitteilung Dr. Walter Schmid an Vf.
29 Akte Dr. Paul Schmidt bei der RP
30 Angabe Klaus im Verhör vom 8. Oktober 1945, S. 12, RP P 2744
31 Akte ang. Dr. jur. Bruno Kleist, 8. XI. 1945, S. 4, RP P 2744 / P 3760
32 In der Stockholmer Geheimdienstszene dieser Jahre waren mehrere Agenten bzw. Verbindungsmänner russischer Herkunft tätig. Ein Verbindungsmann Schellenbergs zur Sowjetgesandtschaft war - nach Schellenbergs späteren Aussagen (Schellenberg-Akte bei der RP) - ein »Prinz Sakomelsky«. Nach Kenntnis der Vf. existierte niemals ein »Prinz Sakomelsky«. Die »Meller-Sakomelskij«, eine bekannte russische Adelsfamilie, waren Barone. Und ein Träger dieses Namens, der in Stockholm mit Schellenberg in Verbindung gestanden hätte, konnte nicht ermittelt werden.
Ein weiterer russisch-stämmiger Agent in Stockholm war Pjotr Iwanow. Er war Angehöriger des polnischen Geheimdienstes und arbeitete an der Japanischen Gesandtschaft. Er hatte Einblick in die diplomatischen Vorgänge der Japaner, u. a. in die aus Berlin eingehenden Nachrichten, und dürfte bei der geheimen Nachrichtenvermittlung eine bedeutende Rolle gespielt haben.
Der dritte ehemals russische Bürger war ein Mann namens Dmijtriewskij (Die Schreibweisen seines Namens reichen von »Dymitriewsky« zu »Dmytrijewski« usf.). Klaus hat sich hier, im Verhör vom 8. Oktober 1945, offenbar auf ihn bezogen. Er scheute sich, den - wie er sagte - »Namen dieses berühmten Herrn« vor den schwedischen Behörden auszusprechen, und gab statt dessen Anfangs- und Endbuchstaben des Namens mit »D---i« an. Sergej Dmitrijewskij (geboren 1893 in Cholm, Russisch-Polen), Dr. jur. und früherer Lehrbeauftragter an einer Universität, war in der Zeit von 1925 bis 1930 Sowjetischer Gesandtschaftsrat in Schweden, wo er 1930 um politisches Asyl bat. Einer der berühmten Fälle »abgesprungener« sowjetischer Diplomaten jener Zeit, löste sein Abgang eine kleinere diplomatische Krise zwischen der UdSSR und Schweden aus. Ab 1949 (und bis zu seinem Tode im Jahre 1964) arbeitete Dmitrijewskij im Schwedischen Reichsarchiv an der Erforschung schwedisch-russischer Beziehungen im Mittelalter. 1957 wurde ihm die schwedische Staatsangehörigkeit zuerkannt.
33 Angabe Klaus im Verhör vom 8. Oktober 1945, S. 12, RP P 2744
34 Telegramm Nr. 644, 50 / 33 609, in: ADAP, E, V, S. 389
35 Telegramm Nr. 503 von Ribbentrop an die Gesandtschaft in Stockholm vom 11. 3. 1943, in: ADAP, E, V, S. 388f.
36 Der Besuch Ribbentrops in Rom Anfang März 1943 gab Anlaß zu solchen Gerüchten. Ferner war die Reise des Prinzen Friedrich Christian zu Schaumburg-Lippe, Ministerialrat im Propagandaministerium, in die Schweiz bekanntermaßen eine im Auftrage Goebbels' unternommene Kontaktreise zu Vertretern der Westalliierten. Daneben war die Auslandsaktivität nicht unbemerkt geblieben, die die um die »West-Lösung« bemühten Kreise des deutschen Widerstandes nach der Erfahrung von Stalingrad forciert entwickelten (u. a. Reise Dr. Joseph Müller zum Vatikan Mitte März 1943). Aus der Sicht der ausländischen Presse und Geheimdienste, die sowjetischen eingeschlossen, waren diese inoffiziellen Kontaktbemühungen, die von den Kräften des deutschen Widerstandes ausgingen und vor dem Hintergrund der Konferenz von Casablanca (Forderung nach »bedingungsloser Kapitulation«) eine zunehmend dramatische Tonlage entwikkelten, nur schwer von gleichgerichteten und nahezu gleichlautenden ge-

heimen Aufträgen von Teilen der offiziellen deutschen Reichsspitze zu unterscheiden.

37 Telegramm Ribbentrops an Botschafter von Stahmer Tokio Nr. 465 vom 15. 4. 1943, in: ADAP, E, V, S. 606f.

38 Ebd.

39 Nach der Aufzeichnung von Gottfriedsen, F 13/119-42, F 4/0093-92, zit. in: ADAP, E, V, S. 653

40 PA AA, St. S. Nr. 245 vom 19. April 1943, in: Büro des Staatssekretär, Akten betreffend: Rußland, Bd. 10, 1. Januar 1943 bis 31. Mai 1943, 33697

41 PA AA Leiter Abt. Pol. Nr. 267, gez. Woermann, Berlin, den 27. April 1943, in: Büro des Staatssekretär, Akten betreffend: Rußland, Bd. 10, 33711

42 Wheeler-Bennett, J. W., The Future of German-Russian Relations, Mit Begleitschreiben: British Embassy, Washington D.C., April 26th, 1943, gez. Halifax, an Anthony Eden, F.O. 371/36959

43 Am 1. Januar 1943 hatten die Vereinten Nationen in Washington die Deklaration abgegeben, daß keine der beteiligten Mächte einen Sonderwaffenstillstand oder Sonderfrieden mit dem Feinde vereinbaren würde.

44 OSS-Bericht Nr. 38396 vom 31. Mai 1943, NA RG 226

45 OSS Nr. A-5094 vom 11. Mai 1943, USSR 3700, G - 2; NA RG 226

46 OSS Nr. A - 9469 vom 9. August 1943, USSR 6900, G - 2, NA RG 226; vgl. auch: Mastny, V. Stalin and the Prospects of a Separate Peace in World War II., in: The American Historical Review, 77, I, Februar 1972, S. 1365-88, hier S. 1375ff.

47 LO-Bericht vom 3. 7. 1943, RP 2744 und P 753

48 Am 30. 1. 1943 war Madame Kollontaj in Begleitung von Gesandtschaftsrat Wladimir Semjonow im Sanatorium Mösseberg eingetroffen. Während Semjonow am 31. 1. wieder abreiste, blieb Frau Kollontaj offenbar ohne Unterbrechung bis zum 31. 10. 1943 im Sanatorium. Die Patientenlisten dieses Sanatoriums weisen zwar einige deutsche Namen auf. Doch lassen diese keine Rückschlüsse zu. Auffällig ist, daß vom 5. bis 7. März eine geborene Gräfin Hamilton im Sanatorium war - der Anwalt von Edgar Klaus, der vermutlich in Einzelheiten über seine Aufgaben und Demarchen informiert war, Arran Graf Hamilton, könnte dabei als Mittler fungiert haben. Und in der Zeit vom 9. Juli bis 12. August 1943 hielt sich ein weiteres Mitglied der Familie, Eva Gräfin Hamilton, im Sanatorium auf. Besucher aus der Sowjetischen Gesandtschaft Stockholm stellten sich bei Frau Kollontaj mit einer gewissen Regelmäßigkeit ein. Neben ihrem Sohn, Michail Kollontaj, der Schwiegertochter Irina und dem kleinen Enkelsohn Wladimir (Aufenthalte: 20.-21. 2., 23.-26. 4., 8. 5.-4. 6., 10.-11. 7.) empfing die Botschafterin den Besuch von Wladimir Semjonow (11.-12. 5., 9.-10. 10.) und Michail Nikitin (Beruf »Direktor«, vom 10. bis 11. Juli, zusammen mit Michail Kollontaj). Daß in diesen Zeiträumen deutsch-sowjetische Begegnungen stattgefunden hätten, läßt sich anhand der Patientenlisten nicht bestätigen.

49 Auswärtiges Amt, Inl I Partei 77/43 g. in: BA MA RW 5 / v. 647

50 Telegramm Nr. 1479 vom 2. Mai 1943, in: ADAP, E, VI, S. 6-7

51 ADAP, E, VI, S. 6. Eine große Zahl der im Vatikan zirkulierenden Gerüchte entstammte der Phantasie des ehemaligen Journalisten Virgilio Scattolini. Über diese Zusammenhänge vgl. Graham, Father R. A., S. J. The Scattolini Story, in: Religious News Service, New York, 14. September 1973. Den Hinweis auf diese Entdeckung Father Grahams verdanke ich Herrn John E. Taylor, NA MMB

52 Magic-Summary, Nr. 516, 24. August 1943, SRS 1066, S. 7–8
53 Schellenberg-Verhör, Schellenberg-Akte RP sowie Onodera-Akte RP P 3825/41
54 Telegramm Nr. 893 vom 17. März 1943, gez. Stahmer, in: ADAP, E, V, S. 417–20
55 P. M. vom 7. 5. 1943, Akte E. Klaus, RP P 2744 und a.a.O.
56 Der schwedische Agent, der Klaus über mehr als drei Jahre hin observierte, hat in zwei mehrstündigen Gesprächen mit Vf. darauf hingewiesen, daß diese Tatsache keinesfalls die Möglichkeit ausschloß, daß nicht schon vorher Kontakttreffen dieser Art stattgefunden haben. Ganz im Gegenteil schienen die besonderen Schwierigkeiten, die bei der Observierung von E. Klaus entstanden, den Eindruck nahezulegen, daß zahlreiche solcher Treffen (mit Nikitin und anderen Sowjetvertretern) stattgefunden haben.
57 Wheeler-Bennett, Nemesis, S. 589, Hoffmann, Widerstand, S. 345ff.
58 OSS Washington D.C., 29. April 1943, NA RGG 226 OSS 27331*
59 Identität konnte nicht ermittelt werden; Utdrag (d.i. Auszug aus einem Verhör), S. 734, Beilage zur Akte Klaus, RP P 2744
60 P. M. von K. J. Höjer vom 11. 3. 1943, U. D.
61 PA AA, Telegramm Nr. 1030 vom 25. Mai 1943, Az.: eo Pol I M 1184 gRs, gez. Grote, nach Stockholm, in: Pol I M Geheim Akten betreffend: Abwehr Schweden, Bd. 1, September 1942, 318980–1
62 Während seines ersten schwedischen Winters hatte Edgar Klaus eine junge Dame der guten schwedischen Gesellschaft mit dem Namen Lilian Algoth kennengelernt. Ihr Vater, »Generator-Algoth«, hatte im Zarenreich große schwedische Firmen vertreten und dabei in Astrachan eine in Rußland gebürtige Deutsche, Amalie Kern, geheiratet. 1916 wurde Lilian Algoth in Astrachan geboren. Ihre Mutter sprach deutsch und russisch. Nach der Oktoberrevolution siedelte die Familie zunächst nach Warschau, später in die Heimat des Vaters, nach Stockholm, über. Die polyglotte, hochgebildete und gutaussehende junge Dame bewegte sich in Emigrantenkreisen und lernte dort auch Edgar Klaus kennen. Trotz des beträchtlichen Altersunterschieds war sie von den Qualitäten des weitgereisten Weltmanns so beeindruckt, daß sie im Frühjahr 1942 einwilligte, seine Frau zu werden. Am 3. März 1942 fand die Verlobung statt. Doch die für die Sommermonate geplante Eheschließung kam nicht zustande, da die Deutsche Gesandtschaft, die die entsprechenden Formalitäten erledigen sollte, den Ariernachweis von Klaus forderte. So ging das Paar im Sommer 1942 ein nach schwedischem Recht gültiges Ehegelöbnis ein. Aus der Sicht der Deutschen Gesandtschaft lebte Edgar Klaus in »wilder Ehe« (vgl. auch Boening/Heiber, S. 5). Nach seiner Rückkehr aus Deutschland im August 1942 gelang es ihm jedoch, einen liberalen deutschen Pastor für die kirchliche Eheschließung zu gewinnen. Die Heirat fand am 7. September 1942 statt. Klaus übertrug seiner jungen Frau laut öffentlicher Bekanntmachung seinen Aktien- und Grundbesitz. Das Ehepaar bewohnte zusammen die geräumige Suite Zimmer Nr. 407 und 408 im Carlton-Hotel, Kungsgatan 52. Mitteilung an Vf. von Lilian Brunés, geborene Algoth.
63 Schreiben des Königl. Außenministeriums, Stockholm, den 27. Mai 1943, gez. Gösta Engzell, Leiter der Rechtsabteilung, an Generaldirektor Höjer, Sozialamt, U.D.
64 PA AA, Telegramme Nr. 1558 vom 2. 6. und Nr. 1715 vom 16. 6. 1943, gez. Thomsen, an Auswärtiges Amt, Pol I M, in: Pol I M Geheim Akten betref-

fend: Abwehr Schweden, Bd. 1, September 1942, 318983-4 sowie der von schwedischer Seite aufgefangene Funkspruch von Neumann (Deckname von Oberst Dr. Hans Wagner) an OKW / Abw. I vom 19. 6. 1943, RP P 2744

65 P. M. Höjers vom 1. Juli 1943, U.D.

66 PA AA, Telegramm Nr. 1382, im Anschluß an Nr. 1030 vom 25. 5., gez. Grote, in: Pol I M Geheim Akten betreffend: Abwehr Schweden, Bd. 1, 318982. Die anderen Telegramme dieses Aktenganges konnten nicht ermittelt werden.

67 *Izvestija* vom 5. Mai 1943

68 *Krasnaja Zvezda* vom 22. Mai 1943

69 Vgl. Soviet Attitudes towards Germany, as evidenced by Soviet Periodicals, June 22, 1941 to June 1, 1943, OSS, 4. September 1943, NA RG 226, OSS Nr. 44338, S. 5

70 Vgl. OSS-Bericht Nr. 37875 vom 30. Juni 1943 sowie Information des Polnischen Geheimdienstes London, bezogen von Stockholmer Quellen: OSS Nr. 38396 vom 31. Mai 1943, in: NA RG 226

71 Gespräch Molotows mit Standley am 26. Mai 1943, in: FRUS, Bd. III, S. 536

72 Woodward, L. British Foreign Policy in the Second World War, Bd. II, London 1971, S. 560

73 Woodward, Policy, II, S. 555

74 PA AA, Telegramm Nr. 1774 vom 25. 5. 1943 aus Lissabon, gez. Dietmar, in: Büro des Staatssekretär, Akten betreffend: Rußland, Bd. 10, 33788

75 Vgl. die Berichte Franz von Papens: PA AA, Telegramme Nr. 780 vom 27. Mai, Nr. 790 vom 28. Mai und Nr. 802 vom 30. Mai 1943 aus Ankara, in: Büro des Staatssekretärs, Akten betreffend: Rußland, Bd. 10, 33800, 33807-8, 33811-2

76 Hermann Rasch, von der schwedischen Polizei unter der Aktennummer P 3247 observiert, hat sich nach Kenntnis der schwedischen Behörden mindestens zweimal, nämlich am 19. Februar und 10. Juli 1944, mit Kleist getroffen. Ein Treffen zwischen Rasch und Klaus fand offenbar nicht statt. Demgegenüber traf sich Rasch häufig mit zahlreichen Sowjetvertretern.

77 Schellenberg-Akte, RP, S. 5

78 Statspolisen Stockholm, Roteln II A, Geheim, Nr. 2/1958, 7. 10. 1958, als Beilage der Schellenberg-Akte P 3075

79 In dieser Verschleierung des Nachrichtenempfängers scheint eine häufig angewandte Methode der Roten Kapelle bestanden zu haben. Wie aus neueren Veröffentlichungen über die Rote Kapelle Deutschland ersichtlich ist, ging auch Rudolf von Scheliha, der Hauptinformant aus dem Auswärtigen Amt, bei der Weitergabe wichtigster Geheimdokumente an seine Mitarbeiterin Ilse Stöbe von der Annahme aus, »daß die von ihm beschafften Informationen nach London und nicht nach Moskau gingen«. (Blank, A. S./ Mader, J., Rote Kapelle gegen Hitler, [Berlin-Ost] [1]1979, S. 136.) Scheliha, der im Prozeß gegen die Rote Kapelle zum Tode durch den Strang verurteilt wurde (1942), wird bis heute in den Standardwerken der deutschen Widerstandsliteratur übergangen oder aber als eine Art Unberührbarer behandelt. Das Auswärtige Amt hat ihn weder in seine Gedenkschriften über die dem Amt angehörenden Opfer der NS-Tyrannei aufgenommen, noch hat es seinen Namen auf dem Gedenkstein der Opfer der NS-Justiz eingravieren lassen. Eine Persönlichkeit von hoher moralischer Integrität, wartet von Scheliha noch heute auf seine »Rehabilitierung«.
Daneben scheinen diese Praktiken der Verschleierung auch von der soge-

nannten Rado-Gruppe der Roten Kapelle Schweiz angewandt worden zu sein. Der in der Schweiz lebende, deutsche politische Emigrant Rudolf Roessler (Deckname: Lucie) unterhielt vermutlich persönliche Verbindungen, die bis ins Führerhauptquartier und in den Generalstab reichten und über die große Teile der deutschen Militärplanung innerhalb weniger Stunden in die Schweiz gelangten. Dieses System funktionierte im Sommer 1943 nahezu perfekt. Die beiden englischen Historiker, die im nachhinein den Versuch machten, den Nachrichtenzubringerdienst der Rado-Gruppe aufzurollen, trafen bei ihren Befragungen in Deutschland auf eine merkwürdige Zurückhaltung. (Accoce, P., Quet, P. [Pseudonyme], The Man Called Lucy, New York 1967.) Es entsteht der Eindruck, daß die mutigen Militärs, die sich zur Übermittlung der deutschen Militärdispositionen im Osten in die Schweiz entschlossen hatten, nach Kriegsende einen Schock der Ernüchterung erlitten, als ihnen bewußt wurde, daß dieses hochempfindliche Material nicht zu den Westmächten, sondern geradewegs in die sowjetische Führungsspitze gelangte.

80 Gesandter I. Klasse Dr. Paul Schmidt(-Presse) war 1911 in Kelbra/Thüringen geboren. Parteimitglied seit März 1931, wurde er von der NSDAP zur Universität delegiert. Seit 1932 Parteisprecher der Universität Kiel, 1935 Dr. phil. Ab 1937 in Berlin Mitarbeiter von Graf Dürckheim-Montmartin, dem Ratgeber Ribbentrops, über den er auch ins Auswärtige Amt gelangte. Ab April 1939 Leiter der Presseabteilung des AA. Eine noch immer erschütternde Offenbarung von Prinzipienlosigkeit und sofortigem Umschwenken zur neuen Ordnungsmacht enthält die Befragung durch US-Behörden nach Kriegsende: Interrogation Dr. Paul Schmidt, vom 16. Juni 1945: »The German Foreign Office and its Press Section«, NA RG 165, Records of the War Department General and Special Staffs, SAIC/47.

81 P. M. till Hd 1206/42, vom 18. 8. 1943, RP P 2744

82 *New York Times* Nr. 31, 190, S. 3

83 PA AA, Telegramm Nr. 1730 der Presseabteilung des Auswärtigen Amts vom 17. Juni 1943 in: Büro des Staatssekretär, Akten betreffend: Schweden, Bd. 7, 16. Mai 1943 bis 31. Oktober 1943, 144405-6

84 PA AA, Telegramm Nr. 1748 aus Stockholm vom 18. 6. 1943, gez. Thomsen, ebd. 144405-6

85 OSS-Bericht Nr. A - 9647 vom 9. August 1943, USSR 6900, G - 2, sowie Telegramm des US-Gesandten in Stockholm, H. Johnson, an den Staatssekretär im State Department vom 17. Juni 1943; Mastny, Stalin, S. 1378ff.

86 F.O. 371/36955 und F.O. 371/36956

87 LO-Bericht vom 2. 7. 1943, RP P 2744

88 LO-Bericht vom 3. 7. 1943, RP P 753 und P 2744

89 Statspolisen Stockholm, Roteln II A, Nr. 2/1958, 7. 10. 1958, Geheim, Beilage zur Akte Schellenbergs, RP P 3075

90 Am 6. 12. 1943 wandte sich E. Klaus mit einem anonymen Schreiben an die Sowjetische Gesandtschaft. Ein inneres Kuvert trug die Anschrift »Madame Kollontaj oder Genossen Semjonow«. In diesem Brief teilte Klaus u. a. mit, in der deutschen Führungsspitze werde ein Außenministerwechsel erwogen. Dabei habe sich Kleist für eine Abberufung Ribbentrops und »die Entfernung von Dr. Schmidt« ausgesprochen. Auch in der Generalität bestehe der Wunsch, Kleist bei den bevorstehenden Friedensverhandlungen zu verwenden, da »er bisher nicht als diskreditiert gilt« und ein Kenner der russischen Fragen sei. Kleist, der ja auch Ribbentrop nach Moskau

begleitet habe, sei seit 1941 ein Gegner des Überfalls auf Rußland gewesen. (Transumt ur 9 Tyskland, skrivelser, Till hd. 3760/40, RP Kleist-Akte, S. 22.)

91 Ribbentrop, London, S. 264

92 P.M. des Ausländerbüros des Sozialamtes vom 9. 10. 1943, Kleist-Akte RP P3760/40. Kleist gibt in seiner »Aufzeichnung« irrtümlich den 17. 6. als Tag der Ankunft an; Kleist, Hitler, S. 244

93 Kleist, Hitler, S. 245

94 Kleist, Hitler, S. 252

95 Kleist, Hitler, S. 254. Erstaunlicherweise hat Kleist die Zusammenhänge auch nicht annäherungsweise durchschaut. Nach seiner Sicht der Dinge war »sein Gewährsmann Clauß« in der Sorge, ob Kleist »auch der rechte Übermittler des Alexandrow-Angebotes sei, zum deutschen Militärattaché in Stockholm gegangen und hatte dort ebenfalls eine Meldung angebracht. Der Militärattaché hatte an seinen Chef, den Admiral Canaris, und Canaris an Hitler berichtet . . .« Kleist, Hitler, S. 252.

96 Kleist, Hitler, S. 258.

97 Sie lag möglicherweise auch dem aus den diplomatischen Akten »verschwundenen« Drahtbericht Nr. 1768 aus Stockholm vom 21. 6. zugrunde; vgl. Rückbezug Thomsens auf diesen, heute unauffindbaren, Drahtbericht in Telegramm Nr. 1767 vom 21. 6. 1943, in: ADAP, E, VI, Nr. 107, S. 192.

98 PA AA, Geheime Reichssache. Nur als Verschlußsache zu behandeln. Telegramm Nr. 1767 vom 21. 6. 1943, ebd.

99 Kleist, Hitler, S. 252f.

100 Mitteilung der Australischen Botschaft Bonn vom 10. 1. 1986 an Vf.

101 Mitteilung von S. Schwabsky, Second Secretary, Australian Embassy, an Vf. im Schreiben vom 10. 1. 1986.
Nach Bekanntwerden der Verlautbarungen Peter Kleists in der Weltpresse sah sich Frau Kollontaj genötigt, zu diesen Fragen Stellung zu nehmen. In einer Mitteilung an die *Izvestija* (wiedergegeben und kommentiert im *Svensk Dagbladet* vom 30. 7. 1947) dementierte sie die Angaben Kleists energisch und wies darauf hin, daß der von Kleist in Stockholm gewähnte Ressortleiter im Sowjetischen Außenkommissariat, A. M. Alexandrow, sich zur fraglichen Zeit in Australien aufhielt.

102 Kleist, Hitler, S. 252. Nach Mitteilung von Kleist hatte die Nachricht, die Hitler – wie Kaltenbrunner vorgab: von Canaris – zugeleitet wurde, den Inhalt gehabt: »Der Jude Clauß erklärt, daß der Jude Alexandrow in Stockholm sei, um auf einen deutschen Unterhändler zu warten.« (Ebd.) Es ist evident, daß eine solche Mitteilung nicht dem Munde von Canaris entstammen konnte. Wenn sie in dieser Form gemacht worden ist, konnte sie aber von dem Mann stammen, der sie Kleist wiedererzählte: nämlich von Kaltenbrunner oder aber von seinem Chef Schellenberg, der die Information von Kaltenbrunner erhalten hatte.

103 Nach den Auskünften, die Walter Schellenberg nach Kriegsende gab, hatte Klaus »an Vorbereitungen teilgenommen, einen Kompromißfrieden zustande zu bringen. ... Bei einer Gelegenheit hatte er den Deutschen in Stockholm mitgeteilt, daß er eine Möglichkeit hatte, einen Separatfrieden zwischen Rußland und Deutschland zu vermitteln. Diese Mitteilung hat das Hauptquartier in Berlin erreicht; aber sie wurde gar nicht beachtet.« (Schellenberg-Befragung vom 22. Juni 1945, Protokollant: J. Segerström, Schellenberg-Akte, RP.) Die Frage sei – wie Schellenberg auch berichtete – »niemals ernstlich aufgegriffen worden, da Hitler davon nichts hören wollte«. (Schellenberg-Akte RP, S. S. 4.)

Gustav Hilger berichtete nach dem Krieg, ihm sei während des ganzen Krieges »kein ernsthafter Friedensfühler nach Rußland« zu Ohren gekommen. Als Hitler aber mitgeteilt wurde, daß Ribbentrop ohne sein Wissen einen Mann namens Kleist nach Schweden geschickt hatte, der einen »nicht-arischen Agenten« namens Klaus mit Verbindung zur Sowjetgesandtschaft »benutzte«, sei »der Führer in die Luft gegangen«; und es sei nichts Konkretes dabei herausgekommen. (Poole-Interrogation Gustav Hilger, S. 3 sowie dieselbe Auskunft Hilgers in: NA RG 165, Records of the War Department General and Special Staffs, S. 3.)
Andor Hencke, seit April 1943 Nachfolger von Unterstaatssekretär Woermann im Auswärtigen Amt, teilte in der Poole-Befragung mit, daß Hitler seines Wissens »in keiner Phase dieses gigantischen und wechselvollen Kampfes ... von sich aus den Versuch unternommen (hat), zu einer Verständigung mit Rußland zu gelangen. Unbelehrbar durch die Erfahrungen und unter Mißachtung aller militärischen und politischen Realitäten war er bis zuletzt von dem Glauben besessen, daß eines Tages die russischen Heere erschöpft und ausgeblutet zusammenbrechen würden.... Nach Mitteilung seiner engsten Mitarbeiter hat sich Hitler, je aussichtsloser die Lage wurde, desto stärker in die Wahnvorstellung verrannt, er sei dazu ausersehen, ... einen Damm gegen den Europa überflutenden Bolschewismus aufzurichten.«

104 Pers. Mitteilung von Botschafter a.D. Horst Groepper an Vf.

105 Ribbentrop, J. v. in: Der Prozeß gegen die Hauptkriegsverbrecher vor dem Internationalen Militärgerichtshof, Nürnberg 1947, Bd. X, S. 338–9. Vgl. auch: Minuth, K.-H. Sowjetisch-deutsche Friedenskontakte 1943, in: Geschichte in Wissenschaft und Unterricht, 16/1965, S. 38–45, hier S. 41

106 Vgl. Mitteilungen von Averell Harriman an das State Department über Gerüchte einer Reise Ribbentrops nach Moskau, die in der Schweiz, in Spanien und im Vatikan zirkulierten; FRUS, III, S. 690

107 Vgl. u.a. Sanders, Stalin, S. 519 und Kempner, Stalin, S. 7f. sowie als erster deutscher Historiker: Mettes, H. J., Russische Geschichte, Bonn 1949, S. 174f.

108 Liddell Hart, B. N. History of the Second World War, London 1970, S. 488: Nach Mitteilung »deutscher Offiziere, die als politische Ratgeber anwesend waren«, hätte Ribbentrop im Juni 1943, vor Einsetzen der Offensive von Kursk, in der in deutschen Händen befindlichen, südukrainischen Stadt Kirowograd den sowjetischen Außenminister Molotow getroffen; Ribbentrop habe dabei eine Grenzziehung »entlang dem Dnjepr« vorgeschlagen, während Molotow auf der alten Grenze bestanden habe. Wenige Jahre später teilte auch Prof. W. N. Medlicott mit, er habe von »späteren Berichten eines Treffens zwischen Molotow und Ribbentrop in Kirowograd im Juni 1943« gehört (English Historical Review, LXXXVIII, Oktober 1973, S. 866–8).
Eine Nachprüfung dieser Behauptungen durch H. W. Koch ergab, daß Lidell Hart diese Information von einem, ihm namentlich nicht bekannten deutschen Offizier in englischer Gefangenschaft erhalten hatte, während Medlicott sich ausschließlich auf Liddell Hart bezog. (Vgl. Koch, Spectre, S. 531 und 547.)

109 Vgl. Mitteilung von Prof. Donner an die Britische Gesandtschaft Stockholm vom 27. Juni 1943: Die Deutschen streuten in Finnland Gerüchte aus, nach denen der wahre Grund für das Scheitern der deutsch-sowjetischen Verhandlungen in Stockholm die deutsche Forderung nach Freiheit für Finnland und die Baltenstaaten in ihren maximalen historischen Grenzen gewe-

sen sei; F.O. 371/36959. Zugleich versuchte aber Ribbentrop in Berlin, die Finnen durch Anspielungen auf einen »Sonderfrieden zwischen Rußland und Deutschland mit den entsprechenden Konsequenzen für Finnland« in einer Linie mit den Achsenmächten zu halten; FRUS, III, S. 246. Und eine ähnliche Taktik benutzte der Reichsaußenminister auch in seinen Gesprächen mit Vertretern der japanischen Regierung.

110 Aussage Botschafter Hewel in: Der Prozeß gegen die Hauptkriegsverbrecher vor dem internationalen Militärgerichtshof, Nürnberg 1947f., hier: Bd. 16, S. 533

111 Memorandum »Bericht über die Frage eines möglichen Separatfriedens zwischen Rußland und Deutschland« (Englisch); Beilage in: OSS Nr. 44884, von Henry Field to Brigadier General William J. Donovan, vom 25. Juni 1943, NA RG 226, Entry 16, Box 367, Tab 2*

112 Woodward, Policy, S. 558

113 Majskij, I. M. Vospominanija sovetskogo posla. Vojna, 1939–1943, Moskau 1965, S. 343.

114 Volkov, Istokov, S. 56

115 Malinin, N. (vermutlich Pseudonym), O »celjach vojny«, in: Vojna i rabočij klass, 2/1943 (1. 7. 1943), S. 11–15. Alle Anzeichen sprechen dafür, daß es sich hier um eine kollektive Arbeit handelte, in der Litvinov der amerikanische Teil, Majskij der englische Teil und vielleicht Stalin selbst die indirekt vorgenommene sowjetische Kriegszielbestimmung zufiel.

116 Volkov, Istokov, S. 56

117 Die Idee war nicht originell: Im Jahre 1812 hatte Zar Alexander I. aus deutschen politischen Emigranten und soldatischen Überläufern das »Deutsche Komitee« unter dem Vorsitz des Freiherrn vom und zum Stein gegründet.

118 Vgl. Accoce/Quet, Lucy

Anmerkungen zum fünften Kapitel – 3. Abschnitt

1 LO-Bericht vom 20. 7. 1943, RP P 2744

2 LO-Bericht vom 26. 7. 1943, RP P 2744

3 Verhör vom 26. 10. 1945, U.D.

4 P.M. an Bürochef Magnus Hallenborg vom U.D. mit Begleitschreiben vom 2. August 1943, von dort zur Kenntnisnahme weitergeleitet an Generaldirektor Kurt J. Höjer, Sozialamt, mit Schreiben vom 5. August 1943, U.D.

5 Vorsitzender des Aufsichtsrates des Saar-Konzerns war damals Ferdinand Freiherr Stumm, zweiter Vorsitzender Dr. Richard von Kühlmann, der frühere Staatssekretär. Ein Arthur von Stumm existierte nicht (s.o.).

6 V.P.M. von K. J. Höjer an Seine Exzellenz den Außenminister vom 2. Oktober 1943, U.D.

7 Ebd. Marginalie, gez. Sekr. Åman

8 Konnte in den Akten nicht ermittelt werden.

9 Vgl. Schellenberg, W. Aufzeichnungen. Die Memoiren des letzten Geheimdienstchefs unter Hitler, Wiesbaden/München, 1979, S. 315

10 PA AA, Telegramm vom 11. 7. 1943 (in »Führer-Typen«), Büro RAM, gez. Loesch, über St. s. Herrn LR Wagner, in: Inland II g, Tätigkeit des SD, der Abwehr ... Schweden, Az 83-60 E lfd. 95, E 489377

11 PA AA, Inland II 332 gRs, Telegramm 1455, gez. Wagner, ebd. E 489376

12 PA AA, Telegramm Nr. 2048 vom 22. 7. 1943, gez. Dankwort, ebd. E 489378
13 Telegramm von Stahmers, Tokio, Nr. 2178 vom 13. Juli 1943, in den Akten nicht ermittelt, angeführt in der Antwort Ribbentrops Telegramm Nr. 1146 vom 1. August 1943, in: ADAP, E, VI, S. 350
14 Sanders, Stalin, S. 523. Weder in den veröffentlichten Lagebesprechungen (Heiber, H. Hrg. Hitlers Lagebesprechungen 1942–1945, Stuttgart 1962) noch in den unveröffentlichten Protokollfragmenten, die sich im BA MA befinden, konnte ein Hinweis auf die bei Sanders erwähnte Besprechung ermittelt werden.
15 Dieser Wortlaut klingt so stark an amerikanische Befürchtungen an, daß sich die Frage erhebt, ob hier nicht ein Fall japanischer Desinformation vorliegt. Der Hauptinformant des Autors Sanders (sein Pseudonym konnte nicht erhellt werden) war vermutlich ein Japaner, möglicherweise der japanische Marineattaché in Stockholm, der in Sanders' Bericht eine so wichtige Schlüsselrolle spielte. Wenn diese Person mit dem Japanischen Militärattaché in Stockholm, Onodera, identisch sein sollte, so besteht Zweifel an der Echtheit der von Sanders festgehaltenen Informationen.
16 Der Moskauer Rundfunk übertrug dieses Dementi in deutscher Sprache bereits am 17. 7. um 0.15 Uhr; F. O. 371 / 36959, Nr. 4205. Die *Neue Zürcher Zeitung* brachte am 18. 7. eine Mitteilung über »Ein Dementi der Agentur TASS«.
17 PA AA, Telegramm Nr. 2320 vom 28. 7. 1943, gez. Stahmer, in: Handakten Ritter, Akten betreffend: Rußland, Bd. 1–2 von 1941–1944, 368757–8
18 29. Juli 1943, OSS Nr. 41626, NA RG 266
19 Commandement en S. R. Guerre, Nr. 2.950/RG, Juillet 1943, übergeben an das OSS, Nr. 43031, NA RG 226
20 Magic-Summary Nr. 501 vom 9. August 1943, und Nr. 502 vom 10. August 1943, SRS 1051 und SRS 1052, NA RG 457
21 Magic-Summary, Nr. 504, vom 7./12. August 1943, SRS 1054, NA RG 457
22 OSS Nr. 46634, Istanbul, August 1943, NA RG 226*
23 Telegramm Nr. 1146 vom 1. 8. 1943, gez. Ribbentrop, in: ADAP, E, VI, S. 350f.
24 Aufzeichnung VLR Rudolf Likus, Berlin, den 9. August 1943, Beilage: Vertraulicher Bericht über die außen- und innenpolitische Lage in der Sowjetunion, in: PA AA, Dienststelle Ribbentrop, Az: 26/1, Bd. 7, 130779–89
25 Foreign Office, N 4319 vom 30. Juli 1943, F. O. 371/36959
26 OSS 42587, vom 28. Juli 1943, verteilt am 30. August 1943, NA RG 226
27 OSS OB - 2473, vom 12. August 1943, verteilt am 16. August 1943, NA RG 226
28 Comments on the Moscow Manifesto to Germany, mit Begleitschreiben an den Präsidenten vom 11. August 1943, in: Roosevelt Library, Collection PSF, Box, Nr. 167, OSS.
29 Heinz, Canaris, S. 207
30 Schellenberg, Aufzeichnungen, S. 346
31 Heinz, Canaris, S. 207
32 Ebd.
33 Ebd.
34 Wheeler-Bennett, Nemesis, S. 600 unter Verweis auf Dulles, A. W., Germany's Underground, New York 1947, S. 162
35 LO-Bericht vom 9. 8. 1943, RP P 2744
36 Ribbentrop, London, S. 264

37 Kleist, Hitler, S. 257
38 Kleist, Hitler, S. 259
39 Ribbentrop, London, S. 264
40 Kleist, Hitler, S. 261
41 Kleist schrieb später (Hitler, S. 278 ff. »Herr Clauß informiert weiter«), Klaus habe ihn nach dem Fehlschlagen des dritten Treffens (Ende September/Anfang Oktober 1943) durch versiegelte Briefe weiter über bestimmte innersowjetische Entwicklungen unterrichtet. Doch hat dieser Briefkontakt in Wahrheit vielleicht schon früher bestanden. In jedem Falle dürfte die Wichtigkeit dieser Nachricht Kleist veranlaßt haben, Klaus über den Kurier oder die Abwehrverbindung sofort die entsprechenden Informationen zukommen zu lassen.
42 LO-Bericht vom 27. 8. 1943, RP P 2744
43 OSS 43719, vom 19. August / 13. September 1943, NA RG 226
44 Mitteilung des Japanischen Botschafters in Lissabon, Morishima, an das Japanische Außenministerium vom 25. August 1943, in: Magic-Summary, Nr. 520, SRS 1070, S. 12, NA RG 457.
45 Broadcasting Monitoring Report, G – 2, USSR 6900, vom 21. August 1943; Mastny, Stalin, S. 1385. Langjährige Beobachter der deutsch-sowjetischen Beziehungen fühlten sich durch diese Atmosphäre »in alarmierender Weise« an das erinnert, was dem Molotow-Ribbentrop-Pakt vorausging; Sherwood, R., Roosevelt and Hopkins, New York 1948, S. 734.
46 Magic-Summary, Nr. 522 vom 30. August 1943, S. 2, SRS 1072, NA RG 457.
47 OSS 44967 vom 1. September 1943, NA RG 226*
48 103 Circular Empax Dally, vom 28. Juni 1942, Weekly News Directive, Nr. 2, III: Axis Peace Feelers, F.O. 371/32910
49 Zum allgemeinen Hintergrund, vgl. Fischer, A. Sowjetische Deutschlandpolitik im Zweiten Weltkrieg 1941–1945, Stuttgart 1975 (= Studien zur Zeitgeschichte. Herausgegeben vom Institut für Zeitgeschichte). Der 1984 erschienene Aufsatz von V. K. Volkov (U istokov) öffnet allerdings völlig neue Perspektiven.
50 Volkov, Istokov, S. 58, ohne das genaue Datum sowie Hintergründe, exakte Vorgänge und Quellennachweis
51 Volkov, Istokov, ebd.
52 Woodward, Policy, S. 577
53 LO-Bericht vom 27. 8. 1943, RP P 2744
54 Nach Darstellung Sanders' hatte der japanische Marineattaché die Bedingungen Alexandrows – deutscher Rückzug bis zu den Grenzen des *status quo ante* 1941 – nach Berlin überbracht. Die Nazis hätten dann gezögert und Alexandrow schließlich mitteilen lassen, er solle wieder abreisen; das Reich würde eventuell zu einem späteren Zeitpunkt, wenn es nämlich auf diese sowjetischen Friedensfühler einzugehen gedenke, eine entsprechende Antwort durch die Japaner überbringen lassen; Sanders, Stalin, S. 522
55 Kleist, Hitler, S. 266
56 Ende August entsandte Stalin Botschafter Majskij noch einmal zum englischen Außenminister Eden. Majskij versuchte durch bohrende Fragen festzustellen, wie sich die Beziehung der UdSSR zu ihren westlichen Verbündeten sowie die Grenzziehungen (und besonders die sowjetische Westgrenze) nach Kriegsende gestalten würden. Er erhielt keine befriedigende Antwort; Woodward, Policy, S. 579.
57 Kleist, Hitler, S. 266

58 LO-Bericht vom 7. 9. 1943, RP P 2744
59 LO-Bericht vom 8. 9. 1943, RP P 2744
60 Ernst Egon Bremer kam im April 1941 zum ersten Mal aus Berlin nach Schweden. Er gab seine Beschäftigung mit »Geschäftsmann in der Industrie« an. Die schwedische Polizei observierte seine Aufenthalte und registrierte mehrere Begegnungen mit Klaus. Über seine Identität wurde nichts Näheres bekannt.
61 Kleist, Hitler, S. 269
62 Ebd.
63 Ribbentrop, London, S. 264
64 Konnte nicht nachgeprüft werden.
65 Ein OSS-Bericht aus Istanbul vom Ende September 1943 (OSS Nr. 46550 vom 29. 9./5. 11. 1943, NA RG 226*, kam diesem Sachverhalt nahe. Er besagte, das Auswärtige Amt hoffe noch immer, Rußland als Faktor in einem politischen Handelsgeschäft zu benutzen. Diese Hoffnung basiere auf dem offenkundigen Interessenkonflikt zwischen dem vielfach überlasteten Rußland und seinen Verbündeten; man gehe davon aus, daß die Möglichkeit eines Kompromisses oder einer Verständigung mit Rußland Deutschland nach wie vor offenstehe.
66 Kleist, Hitler, S. 274
67 Ebd.
68 Magic-Summary, Nr. 522, vom 30. August 1943, S. 2, SRS 1072, NA RG 457
69 Ribbentrop, London, S. 264
70 Ebd. S. 265
71 Ebd.
72 Kleist, Hitler, S. 275
73 Leonhard, W. Die Revolution entläßt ihre Kinder, München [6]1983, S. 260–2
74 Am 10. September forderte die Innenabteilung des Schwedischen Verteidigungsstabes von den Polizeibehörden Angaben über Kleist und seinen Besuch in Stockholm. Es kann nicht ausgeschlossen werden, daß diese Anfrage auf Wunsch einer ausländischen Regierung oder eines ausländischen Geheimdienstes erfolgte; vgl. Zusammenstellung der Berichte über Kleist vom 22. 12. 1943, RP P 3760/40
75 Kleist, Hitler, S. 277
76 Ebd.
77 Kleist wurde der Mitbegründer einer neonazistischen Partei und Bewegung in der Bundesrepublik. Er nahm sich in der Zeit der großen Koalition und der Brandtschen Ost-Politik, nach Scheitern seiner Bemühungen und Eintreten einer schweren Krankheit, im Jahre 1971 das Leben.
78 FRUS, III, S. 696–7
79 *Aftonbladet* vom 19. und 20. 9. sowie *Stockholms Tidningen* vom 21. 9. 1943
80 OSS R & A, Nr. 1193 vom 14. September 1943, NA RG 226, U.S.S.R. Division, 19 GS Box 5, Entry 1*
81 Comments on »Report on Possibilities of a Soviet-German Peace«, from Henry Field to Brigadier General William J. Donovan, OSS 44884; der Name des Autors konnte vom CIA nicht an Vf. freigegeben werden.
82 FRUS, III, S. 698–9
83 Major bzw. Oberst Bam(m)ler, erwähnt in: Heinz, Canaris, S. 63, Gisevius, Ende, S. 126.
84 *Nya Dagligt Allehanda* vom 1. 10. 1943.

85 PA AA, Telegramm Nr. 2624 vom 20. 9. 1943 aus Stockholm, gez. Thomsen, in: Büro des Staatssekretär, Akten betreffend: Schweden, Bd. 7, vom 16. Mai bis 31. Oktober 1943, 144637-8
86 Fischer, A. Hrg. Teheran, Jalta, Potsdam, Köln 1985.
87 Dr. Igor F. Maximytschew, von 1976–1984 Botschaftsrat und Kulturattaché der Sowjetischen Botschaft Bonn, und Autor des Buches *Der Anfang vom Ende. Deutsch-sowjetische Beziehungen 1933–1939* (Köln 1985), erklärte der Vf. im Rahmen eines ausführlichen Informationsgespräches, die Sowjetregierung habe von diesen Vorgängen keine Kenntnis besessen, und ein Absprung Schulenburgs hinter den sowjetischen Linien hätte vermutlich mit seiner sofortigen Erschießung oder Einlieferung in ein sibirisches Straflager geendet. Diese Vermutung gewinnt vor dem Hintergrund der Kenntnis der sowjetischen »Wende« von Anfang September 1943 ein besonderes Gewicht.
88 Goebbels, Tagebucheintrag vom 23. 9. 1943, in: Lochner, L. P. Hrg. The Goebbels Diaries, Garden City 1948, S. 477; dt.: Goebbels, J. Tagebücher aus den Jahren 1942–1943. Hrg. Lochner, L. P. Zürich 1948. Nach den Angaben Ribbentrops war Hitlers Bewunderung für Stalin seit der Wende von Stalingrad sehr groß. Er betrachtete Stalin als den einzigen großen Gegner, den er habe, und dies »weltanschaulich und militärisch«; Ribbentrop, London, S. 263.
89 Aufzeichnung des Staatssekretärs im Auswärtigen Amt, Baron Steengracht von Moyland, für den Reichsaußenminister, St.S.Nr. 433 vom 30. September 1943, in: ADAP, E, VI, S. 606
90 Aufzeichnung LR Gottfriedsen, 5. Oktober 1943, in: ADAP, E, VII, S. 23–7, hier S. 27
91 Schellenberg-Akte bei der RP sowie: J. Wallenberg-Affidavit für Walter Schellenberg: J. Wallenberg, Stockholm, den 20. April 1948, Schellenberg Defense Exhibit Nr. 25, NA RG 235, Records of the National Archives, Collection of World War II War Crimes
92 P.M. über das Verhör Goltz: Av Avskrift. Kungl. Utrikesdepartmentet, Stockholm, 4. Oktober 1945, Beilage zur Akte Schellenberg, RP Hd. 1680/43. Hewitt, zweifellos der Urheber des OSS-Berichtes Nr. 50601 zum Thema »Peace Possibilities between Germany, America and England«, berichtete von dem Treffen mit Goltz (»a prominent Nazi«) am 5. Oktober 1943, und betonte, die Position des Grafen sei »total fiktiv« gewesen.
93 Pers. Mitteilung von Frau Irmgard Kersten an Vf.
94 Hewitt, A. S. »Contact with Himmler«, mit Begleitschreiben »Memorandum for the President«, gez. William J. Donovan, vom 20. März 1944, Roosevelt Library. Der hier genannte Dr. Braun könnte mit dem Gesandten Dr. Gustav Braun von Stumm identisch sein (S. 13).
95 Der Chef der Sicherheitspolizei und des SD VI D B Nr. 1494/43 g. Rs. Berlin, den 19. Oktober 1943, zu Inl. II 460 g. Rs. gez. Kaltenbrunner, in: ADAP, E, VII, S. 105–6.
96 Ebd. S. 106, Anm. 6
97 Zusammenstellung der Observierung von Finke, Schellenberg, Kersten u. a. in der Zeit vom 1. 11.–4. 11. 1943, Akte Finke RP ang. 1692/42 sowie Zusammenstellung P.M. zur Akte Schellenberg, RP P 6199 vom 3. 1. 1944
98 Hewitt, »Contact«, S. 14
99 U.a. OSS Nr. 46633 vom 2./20. Oktober 1943, Istanbul, NA RG 226 sowie OSS 47083 vom 3./4. November 1943, Schweiz, NA RG 226

100 Political Memorandum, vom 21./30. Oktober 1943, N. 6364, F.O. 371 / 36960
101 OSS Nr. 47032, NA RG 226
102 Mitschrift des Gespräches durch IKO, Lka 1 S, in: RP P 2744
103 Matloff, M. Strategic Planning for Coalition Warfare, 1943–1944, Washington 1948, S. 286–7
104 Military Intelligence Division, W.D.G.S., 1. Oktober 1943, OSS Nr. 46519, NA RG 226
105 Intelligence Report, 8. 10. 1943, OSS Nr. 46983, NA RG 226
106 Geheimakten William L. Langer, Dokument vom 26. 10. 1943, Russo-German Relations, Box 1, Entry 1, NA RG 226*
107 Hopkins, H., We Can Win in 1945, in: American Magazine, Oktober 1943.
108 Ebd. S. 100
109 Sanders, Stalin, S. 525
110 Stalin, S. 1387
111 Memorandum C. Hulls vom 30. 10. 1943, in: FRUS, 1943, I, S. 689
112 LO-Bericht vom 31. 10. 1943, RP P 2744
113 LO-Bericht vom 31. 10. 1943, RP P 2744. Diese Argumentation wurde innerhalb der deutschen Widerstandsbewegung vor allem im Kreisauer Kreis vorgebracht. Während Klaus dieses Argument an seinen schwedischen Bridgepartner weitergab, befand sich Adam von Trott zu Solz, ein führendes Mitglied des Kreisauer Kreises, zum zweiten Mal in Stockholm (27. 10. bis 3. 11. 1943). Trott suchte hier im Auftrag seiner Widerstandsgruppe eine Verbindung zu den Alliierten herzustellen und versuchte – nach Aufzeichnung von Ulrich von Hassell (Deutschland, S. 287–8) – auch zum ersten Mal, von Frau Kollontaj zu einem Gespräch empfangen zu werden. Dieser Versuch verlief nach Hassell erfolglos. Allerdings kann nicht ausgeschlossen werden, daß Trott, der in einschlägigen Stockholmer Kreisen eine *tour d'horizon* durchführte und dabei u.a. Gesandtschaftsrat Dr. Dankwort und Außenminister Günther aufsuchte, auch ein Treffen mit Klaus hatte. Hier könnte die Möglichkeit eines Direktkontaktes mit Madame Kollontaj erörtert worden sein. Es ist bekannt, daß sich Trott mit der Bitte um Vermittlung an mehrere Personen wandte. Der Leiter der Politischen Abteilung des Schwedischen U.D., Staffan Söderblom, der in der Sowjetgesandtschaft aus und ein ging, stand den Wünschen Trotts ablehnend und grundsätzlich negativ gegenüber (Lindgren, Trott) und hat vielleicht sogar seinen Einfluß in dieser Richtung geltend gemacht.
Der Besuch des »jungen Mannes aus dem A.A.«, der schwedische Unterstützung für die antinazistischen Deutschen zu gewinnen suchte, drang auch in die Presse; im *Daily Express* vom 22. 11. 1943 behandelte ihn Gordon Young (ohne Namensnennung von Trotts) im Zusammenhang mit den Friedensfühlern, die Dr. Richard von Kühlmann und Otto Prinz Bismarck in englische Richtung ausgestreckt hatten.
114 Kleist, Hitler, S. 280
115 Der frühere Botschaftsrat und Geschäftsträger der Sowjetischen Botschaft Berlin, Georgij Alexandrowitsch Astachow, ein gebürtiger Donkosak, war zu dieser Zeit schon nicht mehr am Leben. Nach der Rückführung der Angehörigen der Sowjetischen Botschaft in die UdSSR wurde er noch im Jahre 1941 in ein Straflager im hohen Norden (Komi ASSR) verbannt, wo er bald darauf umkam; vgl. Gnedin, E., Katastrofa i vtoroe roždenie. Memuarnye zapiski, Amsterdam 1977, S. 57f. Ich verdanke diesen Hinweis Herrn Dr. W. Schmid.

116 Telegramm Nr. 3119 vom 10. 11. 1943 aus Bern, gez. Köcher, in: ADAP E, VII, S. 175
117 Kleist, Hitler, S. 277
118 Stockholms Polis, Kriminalavdelningen, 2:a sektionen, 6:e roteln, 2:a byrå, P.M. vom 8. 7. 1944, in: Kungl. Utrikesdepartementet, Avd: R, Grupp: 72, Mål: L, Uppgifter om spioner i Sverige XXXXV, Juli 1944
119 Kleist, Hitler, S. 280
120 Ebd. S. 281. Dieses Insider-Wissen über die Operationen der Roten Kapelle hätte Klaus - wenn es sich nicht um reine Vermutungen handelte - von der Abwehr oder aber von sowjetischer Seite beziehen können.
121 Zusammenstellung in der Angelegenheit Hd. 3760/40 (Kleist) vom 18. 1. 1944, S. 2, RP.
122 Schreiben Molotows an Harriman vom 12. November 1943, in: FRUS, 1943, I, S. 502-3 und Minuth, Friedenskontakte, S. 39

Anmerkungen zum fünften Kapitel - 4. Abschnitt

1 Vgl. Fischer, Deutschlandpolitik, S. 74 und S. 196/7; die Quellenbasis zur Dokumentation dieses Planes ist allerdings dürftig und besteht vorwiegend aus Erinnerungen.
2 Deane, J. R., The Strange Alliance: The Story of Our Efforts at Wartime Cooperation with Russia, New York 1947, dt.: Deane, J. R., Ein seltsames Bündnis. Amerikas Bemühungen, während des Krieges mit Rußland zusammenzuarbeiten, Wien s.d.
3 Roosevelt an Harriman am 30. März 1944 und Harriman an Roosevelt, in: NA RG 334, »US Military Mission to Moscow«, OSS*, zitiert in: Brown, Donovan, S. 425/852.
4 Memorandum for the Joint Chief of Staff, 28. Januar 1944, Subject: OSS Mission to the USSR, gez. G. Edward Buxton, Acting Director, in: Donovan-Nachlaß, Military Academy, Carlisle/Penns.*
5 Schreiben W. J. Donovans an Colonel R. T. Maddocks, Through Brigadier General John R. Deane, vom 8. März 1943, in: Donovan-Nachlaß, ebd.
6 Memorandum vom 15. März 1944, File OSS - USSR, Donovan-Nachlaß, ebd.
7 Intelligence to be Furnished U.S.S.R., February 4, 1944, OSS, DF, zitiert nach: Brown, A. Donovan, S. 424, 852
8 Applebaum, W., Hartshorne, R., Topics for Interchange of Intelligence Materials with the USSR, 20. Januar 1944, in: Langer-Papers, Mission to Moscow, NA RG 226, Box Nr. 19, Entry 1*
9 Konnten trotz intensiver Suche von Vf. nicht lokalisiert werden.
10 Note P. N. Fitins an John R. Deane, in: NA RG 334, US Military Mission to Moscow, OSS Germany, zitiert von: Brown, Donovan, S. 425 und 852
11 Die außergewöhnliche Leistung von Fritz Kolbe wird erstmals und die Bedeutung der »Breakers«-Informationen für das Verständnis der Alliierten vom deutschen Widerstand anhand neu freigegebener Originaldokumente vertieft in der nachfolgenden Studie der Vf. über Graf Schulenburg und die sogenannte Ost-Lösung des deutschen Widerstandes dargestellt.
12 Office of Strategic Services, Memorandum for the Joint U. S. Chief of Staff, Subject: OSS Operations in Switzerland 1942-1945, gez. G. Edward Buxton, Acting Director, in: Donovan-Nachlaß, Carlisle/Penns.*

13 Vgl. »Notes de Mgr. Tardini« über sein Gespräch mit Botschafter von Weizsäcker am 20. Februar 1945, in: Blet, P. i.a. Le Saint Siège et la Deuxième Guerre Mondiale, Bd. 11 der: Actes et Documents du Saint Siège Relatifs à la Seconde Guerre Mondiale, Vatikan 1981, S. 692f. und Stehle, H., Wie Hitler sich vom Westen retten lassen wollte, in: DIE ZEIT, Nr. 30, 13. Juli 1982.

14 Vgl. Schreiben des Britischen Gesandten in Mexiko an Neville M. Butler, Leiter der Nordamerika-Abteilung des Foreign Office, vom 22. Januar 1944, F.O. 371 / 43360

15 Telegramm Nr. 117 vom 17. Januar 1944, gez. Balfour, aus Moskau an das Foreign Office, F.O. 371/43359

16 Aufzeichnungen Lord Beaverbrooks und A. Edens für Premierminister W. Churchill vom 24. und 28. Januar 1944, F.O. 371 / 43360

17 Note Gusjews an die Regierungen Großbritanniens und der USA vom 3. Februar 1944, F.O. 371 / 43360

18 Aufzeichnung des VLR R. Likus vom 18. Januar 1944, in: ADAP, E, VII, S. 336

19 Office of Strategic Services, Official Dispatch, 2. Februar 1944, nach Bern, Schweiz, in: OSS-Akten, die heute von der Central Intelligence Agency verwaltet werden (= CIA-OSS), Breakers-Files

20 Telegramm Nr. 303 vom 5. Februar 1944, F.O. 371/43360

21 LO-Bericht vom 5. 1. 1944, RP P 2744

22 Brief (E. Klaus') an Gesandtschaftsrat Semjonow vom 6. 12. 1943, in: Transumt ur 9 Tyskland, skrivelser, Till hd. 3760/40, RP, Kleist-Akte, Nr. 22

23 Vgl. Despatch Nr. 2180 vom 13. September 1943 der American Legation, NA US-State Department Papers

24 Memorandum of Conversation, Titel: Alleged Peace Negotiations in Moscow between the Soviet Government and Free German Committee, etc. Beilage zu: Despatch Nr. 2729 vom 25. Januar 1944, vom amerikanischen Gesandten Herschel V. Johnson an den Staatssekretär in Washington, in: NA RG 226, OSS Nr. 63041*

25 Diese Vermutung wurde in den Wochen der alliierten Herbstkonferenzen 1943 von verschiedenen Seiten geäußert. Kommunistische Untergrundgruppen in Deutschland, die an der Führungsrolle Moskaus festhielten, betonten ab Oktober 1943, daß diesem Zweiten Weltkrieg möglicherweise ein weiterer, letzter Krieg in Mitteleuropa folgen werde, der mit dem »Sieg des Sozialismus über den Kapitalismus« enden werde; vgl. Kennan, G., Weber, H., Aus dem Kadermaterial der illegalen KPD 1943, in: VfZ 20/1972, Heft 4, S. 432f. Diese Vermutungen gingen sowohl auf die Ängste Stalins vor der »Ausblutungs«-Strategie Churchills als auch auf die sowjetischen Zweifel an der Aufrichtigkeit Churchills und Roosevelts in Teheran zurück.

26 Telegramm Nr. 1132 von »Carib« und »Jackpot« an das OSS Bern; noch nicht freigegeben.

27 Telegramm Nr. 1813–1814 vom 20. Januar 1944 an »Carib« und »Jackpot«, Breakers-Cables, CIA-OSS

28 Telegramm Nr. 1158, Breakers-Cables, CIA-OSS

29 Telephongespräch von Frau L. Klaus mit ihrer Schwägerin, Lka 1 S, 17. 2. 1944, RP P 2744

30 Heinz, Canaris, S. 210

31 Identität konnte nicht ermittelt werden; Utdrag ..., S. 734, »V-mann ›juden Schönemann‹ = Klaus ...«, RP P 2744

32 Betr.: Deutscher Ministerialdirigent in Stockholm, in: ADAP, E, VII, S. 568
33 3669/E 034 402, ebd.
34 Lindgren, Trott, S. 280
35 Office of Strategic Services, 14. April 1944, Official Dispatch von Washington nach Bern, Breakers-Cables, CIA-OSS
36 Office of Strategic Services, USA FIME, G 2394, eingegangen am 5. April 1944, NA RG 226, OSS Nr. 69288*
37 Der Chef der Sicherheitspolizei und des SD an das Auswärtige Amt, Telegramm des RSHA, gez. Schellenberg, vom 8. April 1944, in: ADAP, E, VII, S. 618
38 811/276 289–90, Akten Inland II g., Bd. 476, ebd.
39 Heinz, Canaris, S. 202
40 Office of Strategic Services, Official Dispatch, 13. Mai 1944, in: Breakers-Cables, CIA-OSS
41 Office of Naval Operations. Intelligence Report vom 27. Mai 1944. NA RG 226, OSS Nr. 79371
42 Vgl. The Finnish-Russian Contacts. A retrospect and a query, May 1944, NA RG 226, OSS Nr. 77602*
43 Nano, F. C. The First Soviet Double Cross. A chapter in the secret history of World War II, in: Journal of Central European Affairs, 12. April 1952, Nr. 1, S. 236–258.
44 Schreiben an Semjonow, S. 38, RP
45 Graf Folke Bernadotte, Kleist-Akte RP
46 Schreiben vom 26. 6. 1944 an Semjonow, S. 38, RP
47 Brandt, W. Links und Frei. Mein Weg 1930–1950, Hamburg 1982, S. 368
48 Vgl. Wilhelmus, W. Märkliga chaufförer. Svenska socialdemokrater hjälper tyska kommunister under andra världskriget, in: Arbetarhistoria (Stockholm), Nr. 35, 9/1985, 3, S. 2–11
49 Office of Strategic Services, Washington D. C., 18. Juli 1944, NA RG 226, OSS Nr. 38803
50 Office of Strategic Services Washington D. C., 23. Juni / 10. Juli 1944, NA RG 226, Nr. L 38800
51 Brandt, Links, ebd., sowie pers. Mitteilung an Vf.
52 The Minister in Sweden to the Secretary of State, Stockholm, June 26, 1944, 9 p.m. über den Aufenthalt Adam von Trotts zu Solz in Stockholm, Telegramm Nr. 2309, Cos. Nr. 103.919 / 6 - 2644, NA State Department Papers
53 Sykes, C. Troubled Loyalty. A Biography of Adam von Trott zu Solz, London 1969ff., Lindgren, Trott, S. 282. Meines Wissens ist weder Alva noch Gunnar Myrdal je zu diesen Vorgängen befragt worden. Als die Vf. ihre Recherchen durchführte, erlaubte der Gesundheitszustand des Ehepaares eine Befragung nicht mehr. Alva Myrdal starb am 2. 2. 1986. Der Nachlaß befindet sich (unausgewertet) im Arbetarrörelsen, Stockholm.
54 Finker, K., Stauffenberg und der 20. Juli 1944, Köln 1977, S. 215 und 431
55 Finker, K., Graf Moltke und der Kreisauer Kreis, Berlin (Ost) 1980, S. 197
56 Official Dispatch, July 4./5., 1944, Breakers-Cables, CIA-OSS
57 New York *Daily News* vom 23. 4. 1948 und *Stockholms Tidningen* vom 23. 4. 1948 sowie *Expressen* vom 23. 4. 1948
58 Pers. Mitteilung Botschafter a.D. Groepper und Dr. K. Schnurre an Vf.
59 Pers. Mitteilung von Botschafter a.D. Hans Herwarth von Bittenfeld an Vf.
60 Stockholms Polis, Kriminalavdelningen, 2:a sektionen, 6:e roteln, 2:a byrå, P.M. vom 8. 7. 1944, in: Kungl. Utrikesdepartementet, Avd: R, Grupp: 72, Mål: L, Uppgifter om spioner i Sverige, XXXXV, Juli 1944

61 Aussage der Witwe, Clarita von Trott zu Solz, bei Lindgren, Trott, S. 282
62 P.M. vom 8. Juli 1944, Stockholms Polis, ebd. S. 3
63 Mitschrift des Abhördienstes, IKO, Lka 1 S, vom 26. Juni 1944, RP P 2744
64 Office of Strategic Services, Washington D.C., 12. Juni / 14. Juli 1944, NA RG 226, OSS Nr. L 39004*
65 P.M. vom 8. Juli 1944, Stockholms Polis, ebd.
66 OSS Nr. 39004, ebd.*
67 Office of Strategic Services, Washington D.C., 6./8. Juli 1944, NA RG 226, OSS Nr. 80176*
68 Heinz Pentzlin war ein Wirtschaftsjournalist, der von 1941 bis 1945 in Stockholm für die *Frankfurter Zeitung* und den *Deutschen Verlag* arbeitete. Er war Mitglied der Reichspressekammer und anderer nationalsozialistischer Organisationen. Er traf sich vorwiegend mit Angehörigen der Deutschen Gesandtschaft Stockholm, wurde aber auch bei Treffen mit Kleist und Iwanow (Ivanoff), einem potentiellen Vermittler von Sowjetkontakten, observiert. Er stand ferner in Verbindung mit dem Leiter der Presseabteilung des AA, Dr. Paul Schmidt, sowie mit dem Chefredakteur der *Frankfurter Zeitung,* Rudolf Kircher; dieser war von Dr. P. Schmidt(-Presse), zu dem er offenbar engere Beziehungen unterhielt, im Jahre 1943 für längere Zeit nach Stockholm geschickt worden (Schmidt gab an, er habe ihn vor den gefährlichen Nachstellungen von Goebbels retten wollen; Schmidt - Interrogation, 16. Juni 1945, S. 6, ebd.).
69 OSS-Bericht Nr. L 39004, ebd.*
70 Donovan an Roosevelt, 24. Juli 1944, Roosevelt Library, PSF, Box Nr. 168
71 Office of Strategic Services, Washington D.C., 15. Juli 1944, über London, NA RG 226, OSS Nr. L 40078*
72 Mitteilung der British Broadcasting Corporation (BBC) am 27. 7. 1944, 8.00 Uhr morgens
73 Office of Strategic Services, Washington D.C., den 27. Januar 1945, Memorandum for the President, gez. Charles S. Cheston, Acting Director. Roosevelt Library, PSF Box 170
74 NA Suitland, Foreign Broadcast Intelligence Service. Transcripts of Monitored Foreign Broadcasts, 1941–1946, London, July 19th–August 8th, 1944
75 Pers. Mitteilung von Dr. Karl Schnurre an Vf. Dr. Schnurre betonte, daß er zwar gelegentlich indirekte Kenntnis dieser Vorgänge erlangte, jedoch bis Frühjahr 1945 nicht selbst beteiligt war.
76 Office of Strategic Services, Official Dispatch from Bern, Nr. 4377, 28. Januar 1945, Breakers-Cables, CIA-OSS
77 Office of Strategic Services, Official Dispatch, Nr. 4077, 25. Januar 1945, Breakers-Cables, CIA-OSS
78 Der Direktor des OSS, Donovan, dem diese Mitteilungen aus Bern zugingen, fügte sie am 1. Februar 1945 zu einem Bericht für Präsident Roosevelt zusammen; dort heißt es: »Another important reason for the failure was the last-minute divergence of views among the plotters. Von Stauffenberg and his younger immediate collaborators reached a decision in favor of an Eastern solution which would involve opening the fronts at once to the USSR without even trying to negotiate with the Soviets. Von Stauffenberg alleged to his fellow conspirators that he had been in touch with General von Seydlitz and the Free German Committee in Moscow. He said he had obtained assurances from von Seydlitz, through Madame Kollontay, the Soviet Ambassador to Sweden, that Germany would receive a fair peace and

that the Wehrmacht would not be completely disarmed. Trott zu Solz ... had tried to contact the British in Stockholm, and having received no encouragement, had also come to favor an Eastern solution and gave his support to von Stauffenberg. ... The younger men like von Stauffenberg and Trott zu Solz saw in American policy, or lack of policy, no hope for Germany's future, and therefore were prepared to take their chances with the USSR.« Donovan, in: The German Coup d'État (Continued), in: Roosevelt Library, PSF Box 171, S. 5.

79 Die »Person, die Himmler sehr nahesteht«, vollen Einblick in die Untersuchungsakten der Freisler-Prozesse gegen die sogenannten Verschwörer des 20. Juli hatte und häufig in die Schweiz reiste, scheint Schellenberg gewesen zu sein; Office of Strategic Services, Washington D.C. 23./31. August 1944, NA RG 226, OSS Nr. L 43891

80 Pers. Mitteilung von Dr. Otto John an Vf. sowie John, O. Falsch und spät. Der 20. Juli 1944, München 1984

81 Brief Hillel Storchs an Prof. M. Penkower, vom 2. Mai 1981, Kopie im Besitz der Vf., übergeben von Botschafter a.D. Gösta Engzell, sowie: Penkower, M. N., The Jews Were Expendable. Free World Diplomacy and the Holocaust, Illinois 1983, S. 268.

82 Historiker der DDR haben es aufgrund der im Zentralarchiv Potsdam eingelagerten Akten des Reichssicherheitshauptamtes für legitim angesehen, Dr. Eugen Gerstenmaier, dessen Zugehörigkeit zum RSHA sie dokumentierten, die Rolle des Verräters im engsten Kreise des Widerstandes zuzuschreiben (vgl. Vom SD-Agenten P 38/546 zum Bundestagspräsidenten. Dokumentarbericht, Berlin-Ost 1963). Durch Gerstenmaier, so behauptet diese materialreiche Dokumentation, sei Himmler in allen Details über die Vorbereitungen sowie - nach ihrem Scheitern - die handelnden Personen der Verschwörung unterrichtet worden. Dr. Gerstenmaier hat diese Schuldzuweisung nach Wissen des Vf. noch nicht in allen wesentlichen Teilen zurückgewiesen und entkräftet. - Schellenberg hat in der Nürnberger Haft mit Nachdruck darauf hingewiesen, daß Himmler ein detailliertes Wissen von den Vorbereitungen besaß und es aufgrund dessen so einzurichten wußte, daß er sich nicht - wie es der Attentäter plante - unter den potentiellen Opfern befand (Schellenberg, W., Did Himmler Know of the 20th of July?, in: Donovan-Nachlaß, Carlisle/Penns.). Himmlers Arzt und Masseur Felix Kersten überraschte seinen Patienten unmittelbar nach dem Fehlschlagen des Umsturzversuchs beim Verbrennen von Dokumenten, die nach Ansicht Kerstens zweifellos mit dem Attentat zu tun hatten (Pers. Mitteilung von Frau Irmgard Kersten an Vf.).

83 Sowohl aus der Sicht der westlichen Alliierten als auch aus sowjetischer Sicht war zu diesem Zeitpunkt jede Möglichkeit eines Gesprächs mit einem Vertreter des engen Führungskerns um Hitler und vor allem Himmler undenkbar. »Keiner der gegenwärtigen Nazi-Führer«, so hielt eine OSS-Analyse vom 24. 8. 1944 fest, konnte damit rechnen, »von Rußland oder England und Amerika als Partner in einem Sonderfrieden anerkannt zu werden oder seine Haut zu retten, indem er die Kapitulation Deutschlands zustande bringt. Die Nazi-Führer haben nur eine Hoffnung: Die westliche Invasion irgendwie zurückzuschlagen, dann die Ostfront zu stabilisieren und damit eine neue Ausgangslage mit einer gewissen Handlungsfreiheit zu schaffen. Die Nazi-Führer wissen, daß sie zusammenhalten (hang together) müssen, denn sonst werden sie zusammen gehängt (hanged together).« Recent Events, 24. 8. 1944, NA RG 226, OSS-Nr. 88368, S. 1.

84 Für diese Annahme spricht die Tatsache, daß Kleist sich am 10. Juli 1944 in Stockholm (mindestens) zum zweiten Mal mit Hermann Rasch, Schellenbergs angeblichem Verbindungsmann zur Sowjetgesandtschaft, traf; Schellenberg selbst betonte ja nach dem Kriege, er habe Kleist an Rasch verwiesen. Eine derartige Vermutung wurde auch auf westlicher Seite geäußert. In einem gemeinsamen Bericht der Mittel-Europa-Abteilung des OSS unter Harold Deutsch und des britischen Geheimdienstes unter dem Titel »Die letzten Ereignisse in Deutschland im Lichte der angeblichen russisch-deutschen Annäherung« (Recent Events in Germany in the Light of the Rumored Russo-German Rapprochement, vom 24. August 1944, NA RG 226, OSS Nr. 88368) wurde die Frage aufgeworfen, ob »die Kleist-Mission nach Stockholm« nicht im Zusammenhang mit dem Umsturzversuch stehe und als der Versuch betrachtet werden müsse, »alle Hindernisse zu einer Verständigung mit Rußland aus dem Wege zu räumen«. Der Bericht gelangte nach ausführlichen Erörterungen zu dem Schluß, daß die beiden Ereignisse aus unterschiedlichen Wurzeln gespeist wurden: Die Verschwörung der Generale, unter denen - ebenso wie unter den Himmler-Anhängern - zweifellos auch eine gewisse Ost-Orientierung existiere, sei von der Ausweglosigkeit der militärischen Lage ausgegangen und habe in erster Linie eine schnelle Kapitulation im Westen und erst in zweiter Linie Separatfriedensverhandlungen mit der UdSSR angestrebt. Die Kleist-Mission hingegen sei in die vielbeobachtete Taktik der Hitler-Regierung einzureihen, die einen Keil zwischen die Alliierten zu treiben suche.

85 Für die Sowjetregierung stand es fest, daß die deutsche Führung, besonders Himmler, als Kriegsverbrecher abgeurteilt würde; vgl. Russian Intention to Punish War Criminals, OSS R & A Nr. 1968, vom 27. Juni 1944, NA RG 226.

86 Hoffmeister, Ansprache, BBC; aus dem englischen Text rückübersetzt von Vf.

87 Pers. Mitteilung an Vf.

88 Eine Auswertung der sowjetischen Pressestimmen zum Ereignis des 20. Juli 1944 enthält: OSS-Bericht Nr. 36305 vom 24. Juli 1944, NA RG 226

89 Pers. Mitteilung von Heinrich Graf Einsiedel an Vf.

90 Pers. Mitteilung von Botschafter a.D. Jesko von Puttkammer an Vf.

Anmerkungen zum fünften Kapitel - 5. Abschnitt

1 Office of Strategic Services, Washington D.C. Bericht aus der Schweiz, 25./26. Juli 1944, NA RG 226, OSS Nr. 83419*

2 Intelligence Report, The Naval Attaché, Lissabon, den 27. Juli 1944, in: NA RG 226, OSS Nr. 86700

3 Office of Strategic Services, Washington D.C., 28./29. Juli 1944, Bericht aus der Schweiz, NA RG 226, OSS Nr. 86703(?)

4 Der Chef der Sicherheitspolizei und des SD an das Auswärtige Amt, Berlin, den 26. Juli 1944, in: ADAP, E, VIII, S. 257–8

5 Office of Strategic Services, 17./23. August 1944, NA RG 226, OSS Nr. L 42768*

6 PA AA, Vizekonsul Dr. Sonnenhol, Inland II B an Gruppenleiter Inl. II, Berlin, 26. Juli 1944, Inland II g 59, Akten betreffend: Sabotage und Attentate. 20. Juli 1944, 415108

7 Office of Strategic Services, Washington D.C., Bericht aus der Schweiz (vermutlich von Fritz Kolbe), vom 27. Juli/10. August 1944, NA RG 226, OSS Nr. 86703*

8 Während der Haft und der Verhöre des Grafen Schulenburg trugen die Dienststellen und Verbindungsleute Kaltenbrunners zum Auswärtigen Amt wiederholt die Anregung an den Reichsaußenminister heran, den Fall Schulenburg von den Hauptprozessen gegen die Verschwörer »abzuzweigen«, was zu einer Begnadigung oder Haftstrafe, aber nicht zur Hinrichtung geführt hätte. Sowohl Ribbentrop als auch Staatssekretär Steengracht von Moyland verhielten sich passiv. Als schließlich die Gerichtsverhandlungen gegen Schulenburg und Erwin Planck (den Sohn des Physikers) liefen, ließ Kaltenbrunner eine letzte Anfrage an das Auswärtige Amt richten. Die Antwort war eine von Mirbach unterzeichnete »Notiz. Auf Weisung des Herrn Staatssekretärs habe ich ... mitgeteilt, daß der Herr Reichsaußenminister in der Angelegenheit Schulenburg grundsätzlich glaube, daß er die Beurteilung der Angelegenheit dem Herrn Reichsjustizminister überlassen müsse.« (Geheime Reichssache, 57.5.326/44, Berlin, den 6. November 1944, in: PA AA Inland II g 59, Akten betreffend: Sabotage und Attentate, 20. Juli 1944, 405741.) Vier Tage später wurde Botschafter Graf Schulenburg im Alter von 69 Jahren gehängt.

9 Schreiben an den Reichsaußenminister über den Staatssekretär (Baron Steengracht), den 29. August, e.o. pers. H 470/44 g., ebd. 415037

10 »Vermerk betreffend Sowjet-Kontakt«, RSHA, VI, B. Nr. 38/44 g. Rs. vom 4. 8. 1944, in: BA EAP 173 - b - 20 - 10/11 bzw. in der Mikrofilm-Serie des NA: T 175, R 579, F 122–150. Die Vf. verdankt den Hinweis auf diese Aktensammlung Herrn Dr. Robert Wolfe, dem Direktor der Modern Military Branch der N.A.

11 Ribbentrop, London, S. 265

12 Da dies jetzt, im August 1944, der Fall war, konnten sich Schulenburg und Trott auch früher in der Person und Handlungsweise Kleists getäuscht haben.

13 Amtschef VI, VI - B. Nr. 38/44 g. Rs., Berlin, den 4. August 1944, in: BA EAP ebd.

14 *Svensk Dagbladet* vom 7. 9. 1944

15 Ribbentrop, London, S. 265

16 Vgl. Joint Intelligence Committee 206/1. Prospects of a German Collapss or Surrender, 4. August 1944, in: Donovan-Nachlaß, Carlisle/Penns. sowie OSS R & A-Branch, Nr. 2218 »Britain's Security Interests in the Post-War World, 15. September 1944, Department of State (OSS R & A-Collection). Die Analyse verdeutlichte, daß Großbritannien Rußland gegenüber eine »Balance-of-power«-Strategie betrieb, da es die UdSSR als »the most potential threat« seiner auf dem Kontinent angestrebten Position betrachtete. So hoffte England verhindern zu können, daß »Russia the sole great power on the Continent« werde, »a position unique in modern history«, und daß »Russia will at some future time dominate the Continent, including Germany«.

17 BA EAP ebd., »Westfalen«, den 7. September 1944

18 Ribbentrop, London, S. 265

19 Ebd. S. 266

20 Storch betonte in seinem Brief an Penkower vom 2. Mai 1981: »... it was he (Claus) who introduced me to Kleist in 1944«; sowie Penkower, Jews, S. 269.

Bei seiner Verhaftung am 10. August 1942 fand die schwedische Polizei in einer Tasche von Edgar Klaus eine Liste mit mehreren Namen von Angehörigen Storchs sowie einen handschriftlichen Vermerk des Inhalts, daß diese Personen aus dem Konzentrationslager zu befeien und nach Schweden zu entlassen seien. Klaus hat sich zum Inhalt dieser Liste nicht geäußert. Die schwedische Polizei nahm sie zum Anlaß, um Klaus der geplanten, heimlichen Infiltration fremder Agenten nach Schweden zu beschuldigen. Tatsächlich war diese Liste für die Abwehr bestimmt, die sich um die Freigabe dieser Personen bemühen sollte. (In anderen Fällen reiste Boening mit solchen von Klaus erhaltenen Listen nach Berlin, um sie Oberst Hansen persönlich zu überbringen. In einigen Fällen mußte er nach kürzerer Zeit des Nachforschens von Hansen die Worte hören, die Menschen, nach denen er suche, seien bereits getötet.) Neben Storch versprach E. Klaus auch Felix Niebuhr und anderen emigrierten Juden, sich über seine Bekannten in Berlin für die Freilassung ihrer inhaftierten Verwandten einzusetzen. Die Tatsache, daß diese Familienangehörigen nicht immer sofort nach Schweden entlassen wurden, hat Niebuhr und Storch zu starkem Mißtrauen veranlaßt und bewogen, bei der schwedischen Polizei Anzeige gegen den »Gestapo-Agenten« Klaus zu erstatten. In Wahrheit gelangte ein Teil der betreffenden Angehörigen Storchs später wohlbehalten nach Stockholm (Pers. Mitteilung von Lilian Brunés an Vf.).

21 Brief Storchs an Penkower vom 2. Mai 1981, S. 2

22 Penkower, Jews, 269

23 P.M. ang. Bruno Kleist, Hd. 3760/40 vom 21. September 1944, RP

24 Schellenberg berichtete später in seinem Verhör, Klaus, der nachgewiesenermaßen enge Beziehungen zur Sowjetgesandtschaft unterhalten habe, habe das Deutsche Reich viel Geld gekostet (Schellenberg-Akte, Verhör, S. 4). Er vergaß zu erwähnen, um welche Art Geld es sich handelte.

25 Schellenberg, Aufzeichnungen, S. 343. Klaus hat dieses Geld nicht angetastet. Seine Frau deponierte es ahnungslos in einem Banksafe. Nach dem Krieg hat sie es mit Hilfe von Felix Niebuhr der Bank übergeben.

26 Zeitungsausschnitte in der Kleist-Akte der Reichspolizei. Presseorgan konnte nicht ermittelt werden.

27 Es handelte sich aller Wahrscheinlichkeit nach um Fritz Kolbe. Nach dem Krieg gab Kolbe im Rahmen der Poole-Interrogation, am 1. 12. 1950, zu Protokoll: »An expert on Soviet affairs KLEIST made several attempts during the second half of 1944 to initiate conversations in Stockholm with Soviet representatives.«

28 Im englischen Text der Nachricht steht dieses deutsche Wort (wenn auch in leicht entstellter Schreibweise) in Klammern hinter dem englischen Ausdruck.

29 Otto Karl Köcher, der Deutsche Gesandte in Bern.

30 D.h. in Deutschland, also entweder in Berlin, im Sonderzug »Westfalen«, in dem sich Ribbentrop in der Nähe Hitlers aufhielt, oder aber im Führerhauptquartier.

31 Office of Strategic Services, 12. Oktober 1944, Memorandum for the President, gez. William J. Donovan, Director, in: Roosevelt Library, PSF Box 169

32 Ribbentrop, London, S. 266

33 Der Chef der Sicherheitspolizei und des SD, VI, B. Nr. 38/44 g. Rs., Berlin, den 6. Oktober 1944, Chefsache – Nicht über Registratur! An den Reichsführer – SS. Feld-Kommandostelle, Betr.: Dr. Kleist, in: BA EAP ebd.

34 Kleist: »Inhaltswiedergabe meines Berichtes vom 3. Oktober 1944 aus Stockholm (d. h. Wiedergabe des Inhalts der Drahtberichte an und von Ribbentrop vom 3. 10. 1944, I. F.) aus Stockholm«, geschrieben für Amt VI des RSHA, in: BA EAP ebd.

35 BA EAP ebd.

36 Kleist war während der ersten sowjetisch-deutschen Fühlungnahmen im Sommer 1939 über Major Tschunke (ehemals Reichswehr), ein Mitglied des Rußland-Ausschusses der Deutschen Wirtschaft, der u. a. den Otto-Wolff-Konzern in Rußland-Fragen beriet, an Astachow, den damaligen sowjetischen Geschäftsträger in Berlin, herangetreten. Astachow war jetzt schon nicht mehr am Leben.

37 Schreiben Schellenbergs an Himmler vom 9. Oktober 1944, in: BA EAP ebd.

38 Office of Strategic Services, Washington D. C., 18. Oktober 1944, Memorandum for the President, gez. William J. Donovan, Director, in: Roosevelt Library, PSF Box 169

39 Office of Strategic Services, Official Dispatch, 4. 10. 1944, Breakers-Cables, CIA-OSS

40 Vgl. Japan as Mediator in the Russo-German Conflict, 29. Dezember 1944, NA RG 457, Records of the National Security Agency, SRN - 067, S. 1–3

41 Japan as Mediator, ebd. S. 16

42 Ebd. S. 17

43 Germany. Himmler's grip on foreign affairs, Nr. 67, vom 29. Januar 1945, NA RG 226, OSS Nr. L 53472

44 *Stockholms Tidningen* vom 3. Januar 1945 »Tysk ryssexpert häktad före resa« und *Aftonbladet* »Tysk ›fredambassadör‹«

45 Ribbentrop, London, S. 266

46 Befragung Gustav Hilgers vom 17. Juli 1945, in: NA RG 165, Records of the War Department General and Special Staffs, S. 4

47 »Nazist fredstrevare gjordes via Stockholm?«

48 »Tyska fredstrevarna splittringsförsök«

49 *Expressen* vom 16. 3. 1945 »Ribbentrops man skulle endast sondera«

50 *Svensk Dagbladet* vom 16. 3. 1945 »Regeringsrådet Hesse. Ribbentrops ombud« und *Svensk Dagbladet* vom 17. 3. 1945 »Hesse fick Ribbentrop att tro på England svaget«

51 *Stockholms Tidningen* vom 19. März 1945 »Ribbentrops vingbrutna fredsduva«

52 Pers. Mitteilung von Dr. K. Schnurre an Vf.

53 *Aftonbladet* vom 28. 3. 1945 »Tyska förhandlare med flyg till Stockholm«, *Morgens Tidningen* vom 29. 3. 1945 »Kärt besvär förgäves för Schnurre«

54 *Dagens Nyheter* vom 4. 4. 1945 »Schnurre i kontakt med engelsmännen«, *Stockholms Tidningen* vom 4. 4. 1945 »Schnurrevisit i brittlegationen«, *Expressen* vom 4. 4. 1945 »Fredrykte kring Schnurre lanserat från tysk håll«, mit dem Inhalt, daß die die Schnurre-Reise begleitenden Friedensgerüchte von deutscher Seite ausgestreut würden, sowie *Afton Tidningen* vom 4. 4. 1945 »Tysk ambassadråd sonderar fredsterräng hos britterna«.

55 *Afton Tidningen* vom 6. 4. 1945 »Hr Schnurre blir kvar i Stockholm?«

56 *The Morning Advertiser* vom 5. 4. 1945 »German ›Peace Envoy‹ taken ill, *Eastern Daily Press* vom 6. 4. 1945 »Schnurre Mystery«, *Daily Express* vom 6. 4. 1945: »Herr Doktor ›rather tired‹«

57 *Dagens Nyheter* vom 18. 3. 1945 (»Fredstrevare«) berichtete, daß die deutschen »Friedensboten« in den letzten Tagen äußerst emsig gewesen seien.

Eine deutsche »Friedensdelegation« habe versucht, in der Villangatan mit Frau Kollontaj zusammenzutreffen. Von dort habe man sie nach Saltsjöbaden geschickt, wo sich die Botschafterin angeblich aufhalte. »Sofort begibt sich die Delegation dorthin, denn die Zeit ist teuer. Dann aber tritt Dunkel auf die Bühne; man kann nur wissen, ›wie es ging‹: Nicht das geringste Interesse für das *propos* der deutschen Herren!« Hierauf habe sich die deutsche Delegation zur Britischen Gesandtschaft begeben. Dort wurde sie auf unterster Ebene empfangen und ebenfalls mit der Antwort abgespeist: »Nein - wozu?« Die Deutschen, so kommentierte das Blatt sarkastisch, hätten den ausgezeichneten Vorschlag mitgebracht, die Alliierten sollten ihnen helfen, den Teufel durch Beelzebub auszutreiben. Hitler sollte gehen und von Himmler als Repräsentanten einer demokratischen und friedliebenden Regierung ersetzt werden.
Da sich Kleist Mitte März 1945 erneut in Stockholm befand, diesmal aber kein Treffen zwischen Kleist und Klaus observiert wurde, kann nicht ausgeschlossen werden, daß Kleist nunmehr im Auftrage Himmlers, und vielleicht in Begleitung von Hermann Rasch und August Finke, diesen letzten Kontaktversuch unternahm; vgl. Verhör Erna Kühl, Kleist-Akte, RP.

58 *Dagens Nyheter,* ebd.

59 Das Image der Sowjetbotschafterin in der deutschen Presse hatte seit Sommer 1944 eine erstaunliche Aufwertung erlangt; vgl. *Pester Lloyd* vom 14. 7. 1944 »Frau Kollontai. Porträt einer interessanten Sowjetgröße«.

60 *Morgens Tidningen* vom 9. 4. 1945 »Rysk forskning går snabbt framåt. Nyheter trots krigesäger Nanna Svartz«

Anmerkungen zum sechsten Kapitel

1 LO-Bericht vom 11. 3. 1945

2 *Dagens Nyheter* vom 22. 2. 1945 »Gestapoman reser hem«.

3 Vgl. Högvarteret. Försvarstaben, Avd. In, Nr. 29: 20, Den 22. 2. 1945, Till Chefen för Kungl. Urtikesdepartementets rättsavdelning, Utrikesrådet G. Engzell, U.D.

4 Brief Storchs an Penkower, 2. Mai 1981, Abs. 1 und 15 sowie LO-Bericht vom 2. 2. 1945, RP P2744

5 Brandell, U., 5 Maj 1945: Hemligt uppdrag i Stockholm, in: *Svenska Dagbladet,* 5. 5. 1985

6 Schreiben von E. Klaus an Direktor Larson, Hälsingmo förleggning, aus Gävle, 10. Oktober 1945, U.D.

7 Schreiben Hamiltons mit beigelegten P.M. vom 18. Juli 1945 und vom 31. Juli 1945, U.D.

8 Kleist schrieb später (Hitler, S. 284), auf Klaus habe in Deutschland ein britisches »Interrogation camp« gewartet.

9 Pers. Mitteilung von Lilian Brunés an Vf.

10 Dödsbevis, Gävle, 6. 4. 1946, Läkare: Börje Uhnoo, RP P 2744

11 *Stockholms Tidningen* vom 23. 4. 1948 und *Expressen* vom 23. 4. 1948

12 Boening/Heiber, S. 7

13 Vgl. *Svensk Dagbladet* vom 24. 4. 1948 »Krigets mystiske man in Sverige« sowie *Expressen* vom 3. 5. 1948 »Fredsdelegaten«

14 Falkenstam, C. Krigets Mystiske Man, in: *Tidningen Allt,* Nr. 2, 1950

Bibliographie und Quellen

Verwendete Literatur

Schriften und Broschüren

Abshagen, K.-H., Canaris. Patriot und Weltbürger, Stuttgart 1949

Accoce, P., Quet, P. (Pseudonyme), The Man Called Lucy, New York 1967

Assmann, K., Deutsche Schicksalsjahre. Historische Bilder aus dem Zweiten Weltkrieg und seiner Vorgeschichte, Wiesbaden 1950

Bernhardson, C. O., Spionpolisen går på jakt, Stockholm 1952

Björkman, L., Sverige inför Operation Barbarossa. Svensk neutralitetspolitik 1940-1941, Stockholm 1971

Blank, A. S., Mader, J., Rote Kapelle gegen Hitler, Berlin (Ost) 1979

Brandt, W., Links und frei. Mein Weg 1930-1950, Hamburg 1982

Brown, A. C., The Last Hero. Wild Bill Donovan, New York 1984

Buchheit, G., Der deutsche Geheimdienst. Geschichte der militärischen Abwehr, München 1966

- Soldatentum und Rebellion. Die Tragödie der deutschen Wehrmacht, Rastatt und Baden 1961

Carlgren, W., Svensk underrättelse tjänst 1939-1945, Stockholm 1985

- Svensk utrikespolitik 1939-1945, Stockholm 1973

Churchill, W., Second World War, 6 Bde., London 1949-54

Colvin, I., Chief of Intelligence, London 1951

Deakin, F. W., Storry, G. R., Richard Sorge. Die Geschichte eines großen Doppelspiels, München 1965

Deane, J. R., The Strange Alliance: The Story of Our Wartime Cooperation with Russia, New York 1947, deutsch: Deane, J. R., Ein seltsames Bündnis. Amerikas Bemühungen, während des Krieges mit Rußland zusammenzuarbeiten, Wien o. J.

Dulles, A. W., Germany's Underground, New York 1947

Einsiedel, Heinrich Graf, Tagebuch der Versuchung, 1942-1950, Frankfurt a. M., Berlin und Wien 1985

Englisch, K., Den osynliga fronten. Spioncentral Stockholm, Stockholm 1985

Finker, K., Graf Moltke und der Kreisauer Kreis, Berlin-Ost 1980

Finker, K., Stauffenberg und der 20. Juli 1944, Köln 1977

Fischer, A., Sowjetische Deutschlandpolitik im Zweiten Weltkrieg 1941-1945, Stuttgart 1975 (= Studien zur Zeitgeschichte. Herausgegeben vom Institut für Zeitgeschichte).

Förster, J., Stalingrad. Risse im Bündnis 1942/43, Freiburg i. Br. 1975 (= Einzelschriften zur militärischen Geschichte des Zweiten Weltkrieges, Bd. 16)

Gisevius, H. B., Bis zum bitteren Ende, München 1946, 2 Bde. sowie München ^{3}1982

Gnedin, E., Katastrofa i vtoroe roždenie. Memuarnye zapiski, Amsterdam 1977

Groscurth, H., Tagebücher eines Abwehroffiziers 1938-1940, Hrg. H. Krausnick und H. C. Deutsch, Stuttgart 1970 (= Quellen und Darstellungen zur Zeitgeschichte, Bd. 19).

Halder, F., Generaloberst, Kriegstagebuch. Tägliche Aufzeichnungen des Chefs des Generalstabes des Heeres 1939-1942, bearbeitet von Hans-Adolf Jacobsen, 3 Bde., Stuttgart 1962-4
Hammerstein, L. Frhr. v., Kurt Freiherr von Hammerstein-Equord 1878-1943, o. O., o. J.
Hassell, U. v., Vom Andern Deutschland. Aus den nachgelassenen Tagebüchern 1938-1944, Zürich und Freiburg i. Br. 1946
Herwarth, H. v., Zwischen Hitler und Stalin. Erlebte Zeitgeschichte 1931 bis 1945, Frankfurt a. M., Berlin, Wien 1982
Hill, L., Die Weizsäcker-Papiere 1933-1950, Berlin 1974
Hillgruber, A., Kontinuität und Diskontinuität in der deutschen Außenpolitik von Bismarck bis Hitler, Düsseldorf 1969
- Sowjetische Außenpolitik im Zweiten Weltkrieg, Königstein/Ts. und Düsseldorf 1979
Hitler, A., Mein Kampf, München 1939
- Hitlers zweites Buch. Ein Dokument aus dem Jahre 1928, eingeleitet und kommentiert von Gerhard L. Weinberg, Stuttgart 1961 (= Quellen und Darstellungen zur Zeitgeschichte, Bd. 7)
Höhne, H., Canaris. Patriot im Zwielicht, München 1978
Hoffmann, P., Widerstand · Staatsstreich · Attentat. Der Kampf der Opposition gegen Hitler, München 1969
Itkina, A. M., Revoljucioner, tribun, diplomat, Moskau 1964
Izraėljan, V. L., Antigitlerovskaja koalicija (Diplomatičeskoe sotrudničestvo SSSR, SŠA i Anglii v gody vtoroj mirovoj vojny), Moskau 1964
John, O., Falsch und spät. Der 20. Juli 1944, München 1984
Klee, K., Das Unternehmen »Seelöwe«. Die geplante deutsche Landung in England 1940, Göttingen 1958 (= Studien und Dokumente zur Geschichte des Zweiten Weltkrieges, Bd. 4a)
Kleist, P., Zwischen Hitler und Stalin 1939-1945, Aufzeichnung, Bonn 1950
Kollontaj, A., Ich habe viele Leben gelebt ... Köln ^{3}1985
- Wege der Liebe, Berlin 1982
Kotze, H. v. Hrg., Heeresadjutant bei Hitler 1938-1943. Aufzeichnungen des Majors Engel, Stuttgart 1974
Krausnick, H., Wilhelm, H.-H., Die Truppe des Weltanschauungskrieges. Die Einsatzgruppen der Sicherheitspolizei und des SD 1938-1942, Stuttgart 1981 (= Quellen und Darstellungen zur Zeitgeschichte, Bd. 22)
Kreisky, B., Erinnerungen, Berlin 1986
Kuliš, V. M., Vtoroj front, Moskau 1960
Lenin, V. I., Sočinenija, izdanie tret'e ... pod redakcijej L. B. Kameneva, Moskau und Leningrad 1929-1935
Leonhard, W., Die Revolution entläßt ihre Kinder, München ^{6}1983
Liddell Hart, B. N., History of the Second World War, London 1970
Lindberg, H., Svensk flyktingspolitik under internationellt Tryck 1936-1941, Stockholm 1972
Majskij, I. M., Vospominanija sovetskogo posla. Vojna, 1939-1943, Moskau 1965
Matloff, M., Strategic Planning for Coalition Warfare, 1943-1944, Washington (D. C.) 1948
Maximytschew, I. F., Der Anfang vom Ende. Deutsch-sowjetische Beziehungen 1933-1939, Köln 1985
Mel'nikov, D., Zagovor 20 ijulja 1944 goda v Germanii. Legenda i dejstvitel'nost', Moskau 1962

Mettes, H. J., Russische Geschichte, Bonn 1949
Meurling, P., Spionage och sabotage i Sverige, Stockholm 1952
Oven, W. v., Mit Goebbels bis zum Ende, Buenos Aires 1949
Palencia, I. de, Alexandra Kollontay: Ambassadress from Russia, New York 1947
Parlamentariska Undersökningskommissionen angående Flyktingärenden och Säker hetstjänst, Stockholm 1946
Penkower, M. N., The Jews Were Expendable. Free World Diplomacy and the Holocaust, Illinois 1983
Ribbentrop, J. v., Zwischen London und Moskau. Erinnerungen und letzte Aufzeichnungen, Leoni 1953
Schejnis, A., Alexandra Kollontai. Das Leben einer ungewöhnlichen Frau, Frankfurt a.M. 1984
Schellenberg, W., Aufzeichnungen. Die Memoiren des letzten Geheimdienstchefs unter Hitler, Wiesbaden und München 1979
Sherwood, R., Roosevelt and Hopkins, New York 1948
Stalin, J., Über den Großen Vaterländischen Krieg der Sowjetunion, Berlin 1945
Stoler, M. A., The Politics of the Second Front. American Military Planning and Diplomacy in Coalition Warfare, 1941–1943, Greenwood Press, Westport, Conn. und London/England 1977
Sykes, C., Troubled Loyalty. A Biography of Adam von Trott zu Solz, London 1969
Thun-Hohenstein, R. G. Graf v., Der Verschwörer. General Oster und die Militäropposition, Berlin 1982
Vom SD-Agenten P 38/546 zum Bundestagspräsidenten. Dokumentarbericht. Berlin-Ost 1963
Wagner, E. Hrg., Der Generalquartiermeister. Briefe und Tagebuchaufzeichnungen des Generalquartiermeisters des Heeres, General der Artillerie Eduard Wagner, München 1963
Warlimont, W., Im Hauptquartier der deutschen Wehrmacht 1939–1945. Grundlage, Formen, Gestalten, Frankfurt a.M. und Bonn 1962
Wheeler-Bennett, J., Die Nemesis der Macht. Die deutsche Armee in der Politik 1918–1945, Düsseldorf 1954
Wied, M. E. zu, En fläkt från det förgångna, Vällingby, Schweden 1981
Woodward, L., British Foreign Policy in the Second World War, Bd. II, London 1971

Aufsätze

Carlgren, W., Die Mediationspolitik in der Außenpolitik Schwedens während des Zweiten Weltkrieges, in: Bindschedler, R. L. i.a. Hrg., Schwedische und schweizerische Neutralität im Zweiten Weltkrieg, Basel und Frankfurt a.M. 1985, S. 97–110
Einsiedel, H. Graf v., Bridge mit Madame Kollontaj. Suchte Stalin 1943 einen Sonderfrieden mit Hitler? Fragen zu den Stockholmer Gesprächen, in: DIE ZEIT, Nr. 40, 30. September 1983.
Etzdorf, H. v., Meine Tätigkeit als Vertreter des Auswärtigen Amtes beim Oberkommando des Heeres, in: Haas, W., Beitrag zur Geschichte der Entstehung des Auswärtigen Dienstes in der Bundesrepublik Deutschland, Bonn 1969, S. 528–31.
Falkenstam, C., Krigets Mystiske Man, in: Tidningen Allt, Nr. 2, 1950

Finker, K., Politischer Realismus und militärisches Verantwortungsbewußtsein. Einige geschichtliche Erfahrungen aus dem 20. Juli 1944, in: Militärgeschichte, Berlin-Ost, 3/1984, S. 195-200

Gibbons, R., Opposition gegen »Barbarossa« im Herbst 1940. Eine Denkschrift aus der deutschen Botschaft Moskau, in: Vierteljahrshefte für Zeitgeschichte, 3/1975, S. 332-40

Graham, R. A., The Scattolini Story, in: Religious News Service, New York, 14. September 1973

Graml, H., Der Fall Oster, in: Vierteljahrshefte für Zeitgeschichte, 14/1966

Groehler, O., Zur Einschätzung der Roten Armee durch die faschistische Wehrmacht im ersten Halbjahr 1941, dargestellt am Beispiel des AOK 4, in: Militärgeschichte, 6/1968

Gruchmann, L., Schweden im Zweiten Weltkrieg. Ergebnisse eines Stockholmer Forschungsprojektes, in: Vierteljahrshefte für Zeitgeschichte 25/1977, S. 591-657

Hillgruber, A., Die »Hitler-Koalition«. Eine Skizze zur Geschichte und Struktur des »Weltpolitischen Dreiecks« Berlin-Rom-Tokio 1933-1945, in: Vom Staat des Ancien Régime zum modernen Parteienstaat. Festschrift für Theodor Schieder zu seinem 70. Geburtstag, Hrg. H. Berding, München und Wien 1978, S. 467-483.

- Der Hitler-Stalin-Pakt und die Entfesselung des Zweiten Weltkrieges, in: A. Hillgruber und K. Hildebrandt, Kalkül zwischen Macht und Ideologie. Der Hitler-Stalin-Pakt, Parallelen bis heute? Zürich 1980 (= Texte und Thesen. 125. Sachgebiet Politik), S. 7-34
- Japan und der Fall »Barbarossa«. Japanische Dokumente zu den Gesprächen Hitlers und Ribbentrops mit Botschafter Oshima von Februar bis Juni 1941, in: Wehrwirtschaftliche Rundschau, 18/1968, S. 312-336
- Das Rußland-Bild der führenden deutschen Militärs vor Beginn des Angriffs auf die Sowjetunion, in: Rußland-Deutschland-Amerika. Russia-Germany-America, Festschrift für Fritz T. Epstein zum 80. Geburtstag, Wiesbaden 1978 (= Frankfurter historische Abhandlungen, Bd. 17), S. 296-310.

Kempner, R. M. W., Stalin's Separate Peace in 1943, in: United Nations World, 4/1950, Nr. 3, S. 7-9

Kennan, G., Weber, H., Aus dem Kadermaterial der illegalen KPD 1943, in: Vierteljahrshefte für Zeitgeschichte 20/1972, H. 4

Koch, H. W., The Spectre of a Separate Peace in the East: Russo-German ›Peace Feelers‹, 1942-44, in: Journal of Contemporary History, Bd. 10, Nr. 3, Juli 1975, S. 531-49

Lebedeva, N. S., Sekretnye kontakty ėmissarov deržav ›osi‹ i zapada v 1941-1942 gg., in: Novaja i novejšaja istorija 6/1984, S. 115-32

Lindgren, H., Adam von Trotts Reisen nach Schweden 1942-44, in: Vierteljahrshefte für Zeitgeschichte 18/1970, S. 275-91.

Lutzhöft, H.-J., Schwedische Reaktionen auf die deutsche Politik im Osten 1939-1943, in: Zeitschrift für Ostforschung 29/1980, H. 1, S. 71-83

Malinin, N., O »celjach vojny«, in: Vojna i rabočij klass, 2/1943 (1. 7. 1943), S. 11-15.

Martin, B., Verhandlungen über separate Friedensschlüsse 1942-1945. Ein Beitrag zur Entstehung des kalten Krieges, in: Militärgeschichtliche Mitteilungen 2/1976, S. 95-113

Mastny, V., Stalin and the Prospects of a Separate Peace in World War II, in: The American Historical Review, 77, I, Februar 1972, S. 1365-88

Mikojan, A. I., V pervye mesjacy Velikoj Otečestvennoj Vojny, in: Novaja i novejšaja istorija, 1985, 6, S. 93–104.
Minuth, K.-H., Sowjetisch-deutsche Friedenskontakte 1943, in: Geschichte in Wissenschaft und Unterricht, 16/1965, S. 38–45
Müller, K.-J., Struktur und Entwicklung der nationalkonservativen Opposition, in: Aufstand des Gewissens. Der militärische Widerstand gegen Hitler und das NS-Regime 1933–1945. Im Auftrag des Bundesministeriums für Verteidigung zur Wanderausstellung herausgegeben vom Militärgeschichtlichen Forschungsamt, Herford und Bonn, o. J. [1984], S. 263–309
Nano, F. C., The First Soviet Double Cross. A chapter in secret history of World War II, in: Journal of Central European Affairs, 12. April 1952, Nr. 1, S. 236–58
»Operationsentwurf Ost«, Der, des Generalmajors Marcks vom 5. August 1940, Hrg. I. Lachnit und F. Klein, in: Wehrforschung, 4/1972, S. 114–123
Sanders, D. B. (Pseudonym), Stalin plotted a Separate Peace, in: American Mercury, November 1947, S. 519–27
Schwarz, P., Richards, G., A Secret Russian Mission That Almost Changed History, in: Liberty, July 5th, 1947
Stehle, H., Wie Hitler sich vom Westen retten lassen wollte, in: DIE ZEIT, Nr. 30, 13. Juli 1982
Ueberschär, G. R., Ansätze und Hindernisse der Militäropposition gegen Hitler in den ersten beiden Kriegsjahren (1939–1941), in: Der militärische Widerstand gegen Hitler und das NS-Regime 1933–1945, Bd. 5 der Vorträge zur Militärgeschichte, Bonn 1984, S. 81–109
Uhlig, H., Das Einwirken Hitlers auf Planung und Führung des Ostfeldzuges, in: Vollmacht des Gewissens, Bd. 2, Frankfurt a. M. 1965, S. 147–286
Volkov, V. K., U istokov sovetskoj programmy poslevoennogo ustrojstva mira v Evrope (1941–1943 gg.), in: Novaja i novejšaja istorija 6/1984, S. 43–62
Wäsström, S., Schweden als Arena der Nachrichtendienste während des Zweiten Weltkrieges, in: Bindschedler, Neutralität, S. 120–127
Welles, S., Two Roosevelt Decisions: One Debit, One Credit, in: Foreign Affairs, 29/1950/1
Wilhelmus, W., Märkliga chaufförer. Svenska socialdemokrater hjälper tyska kommunister under andra världskriget, in: Arbetarhistoria (Stockholm), Nr. 35, 9/1985, 3, S. 2–11
– Schweden und das faschistische Deutschland im Zweiten Weltkrieg, in: Zeitschrift für Geschichtswissenschaft, Berlin (Ost), 21/1973, S. 791–809.

Unveröffentlichte Manuskripte

Einsiedel, H. Graf von, Gegendarstellung zu den Erinnerungen von Wolfgang Leonhard an angebliche oder tatsächliche Vorgänge im Umfeld der Gründung des Bundes Deutscher Offiziere beim NKFD August/September 1943 in Moskau, Juni 1986; im Besitz der Vf.
Heinz, F. M., Von Wilhelm Canaris zur (sic!) NKWD, National Archives, Modern Military Branch
Schellenberg, W., Did Himmler Know of the 20th of July? in: Nachlaß W. Donovan, US Military Academy, Carlisle/Penns.
Wheeler-Bennett, J. W., The Future of German-Russian Relations, Foreign Office, 371/36959

Quelleneditionen

Akten zur Deutschen Auswärtigen Politik, Serie E, Göttingen 1972f.
Archiv der Gegenwart, 1942
Blet, P. i. a., Le Saint Siège et la Deuxième Guerre Mondiale, Bd. 11 der: Actes et Documents du Saint Siège Relatifs à la Seconde Guerre Mondiale, Vatikan 1981
Fischer, A. Hrg., Teheran, Jalta, Potsdam, Köln 1985
Foreign Relations of the United States, Bd. I-III, Washington D.C.
Heiber, H. Hrg., Hitlers Lagebesprechungen 1942-1945, Stuttgart 1962
Lochner, L. P., Hrg., The Goebbels Diaries, Garden City 1948, deutsch: Goebbels, J., Tagebücher aus den Jahren 1942-1943, Hrg. L. Lochner, Zürich 1948
Der Prozeß gegen die Hauptkriegsverbrecher vor dem Internationalen Militärgerichtshof, Nürnberg 1947ff.
Sovetsko-anglijskie otnošenija vo vremja Velikoj Otečestvennoj vojny 1941-1945, 2 Bd., Moskau 1983f.
Vnešnaja politika Sovetskogo Sojuza v period Otečestvennoj vojny. Dokumenty i materialy, Moskau 1946f.

Fundorte und ungedruckte Quellen

Arbetarrörelsen, Stockholm
Berlin Document Center
British Broadcasting Corporation, Archiv
Bundesarchiv Koblenz
Bundesarchiv Militärarchiv, Freiburg i. Br.
Central Intelligence Agency, Washington D.C.
Federal Bureau of Investigation, Washington D.C.
Foreign Office Public Record Office, Kew/London, besonders Aktengruppe 371 (Mikrofilm)
Institut für Zeitgeschichte: Mitteilung W. Boenings an Dr. H. Heiber (Aktenvermerk, Vertraulich, vom 13. 12. 1957, ZS 1624)
Nachlaß Edgar Klaus, im Privatbesitz von Frau Lilian Brunés, Stockholm
National Archives, Suitland: Broadcasting Monitoring Reports 1941-1945
National Archives, Washington D.C.:
- Record Group 165 (Records of the War Department General and Special Staffs)
- Record Group 226 (Records of the Office of Strategic Services)
- Record Group 235 (Collection of World War II War Crimes)
- Record Group 331 (Records of Allied Operational and Occupation Headquarters, World War II)
- Record Group 457 (Records of the National Security Agency)
- Special State Interrogation (De Witt-Poole Interrogation), Mikrofilm Serie M 679
- US-State Department Papers

Politisches Archiv des Auswärtigen Amts, Bonn:
- Botschafter Hewel, Vorlagen beim Führer
- Büro des Staatssekretär: Akten betreffend: Schweden
- Akten betreffend: Rußland
- Akten betreffend: »Zweite Front«

Dienststelle Ribbentrop
Generalkonsulat Riga: Spionage- und Agentenwesen
Handakten Ritter, Akten betreffend: Rußland
Inland IIg., darunter: Inland IIg. 59: Akten betreffend: Sabotage und Attentate. 20. Juli 1944
Politische Abteilung, Deutsche Botschaft Moskau
Pol. XIII
Pol I M, darunter: Akten, Geheim betreffend: Abwehr Schweden
Riksarchivet, Stockholm: Aktenbestand Utrikesdepartement
Akten zur Paulsen-Lönnegren-Affäre
Rikspolis, Stockholm: Personaldossiers: Akte E. Klaus (P 2744)
Akte B. P. Kleist (P 3760/40)
Akte W. Schellenberg (P 3075) u.a.
Roosevelt Library, Hyde Park, New York: Persönliche Akten des Präsidenten
OSS Subject Files
Sanatorium Mösseberg, Südschweden: Patienten- und Besucherlisten
US Military Academy, Carlisle Barracks, Carlisle/Penns.: Nachlaß W. J. Donovan
Utrikesdepartement Stockholm: Uppgifter om spioner i Sverige
Socialstyrelsen/Utlänningskommission
Akten Dr. Bruno Peter Kleist: Rückführung der Estlandschweden.

Persönliche Mitteilungen

Altbundeskanzler Willy Brandt, Bonn
Dr. Richard Breitman, Washington D.C.
Lilian Brunés, Stockholm
Heinrich Graf Einsiedel, München
Botschafter a.D. Gösta Engzell, Stockholm
Botschafter a.D. Horst Groepper, Bonn
Botschafter a.D. Hans Herwarth von Bittenfeld
Dr. Otto John, Innsbruck
Irmgard Kersten, Stockholm
Altbundeskanzler Dr. Bruno Kreisky, Wien
Botschafter a.D. Jesko von Puttkammer
Gerda von Ramin, Schloß Ramholz
Botschafter a.D. Dr. Walter Schmid
Gesandter a.D. Dr. Karl Schnurre
Albrecht Graf Schulenburg, Burg Falkenberg
Botho Braun von Stumm, München
Magnus von Kühlmann Freiherr von Stumm, Schloß Ramholz
Nikolaus von Stumm, München

Namenregister

Abbildungsnachweis

Photos aus Privatbesitz, aus dem Bildarchiv des Auswärtigen Amts und aus dem Bildarchiv Preußischer Kulturbesitz Berlin und Dokumente aus dem Politischen Archiv des Auswärtigen Amts, der Schwedischen Reichspolizei und dem Reichsarchiv.

CIP-Kurztitelaufnahme der Deutschen Bibliothek

Fleischhauer, Ingeborg:
Die Chance des Sonderfriedens: dt.-sowjet. Geheimgespräche 1941–1945 / Ingeborg Fleischhauer. –
Berlin: Siedler, 1986.
ISBN 3-88680-247-7

Satz und Reproduktionen: Dörlemann-Satz, Lemförde
Druck: Gericke, Berlin
Buchbinder: Lüderitz & Bauer, Berlin
Printed in Germany 1986
ISBN 3-88680-247-7